（示意图）

—— 正途
······ 异途（捐纳、军功等）

举人

会试／殿试

进士

官吏
（及有官衔者）

为廪生（享有津贴的生员）、

承而来）、优监（品行兼优的监生）。

长城砖

Elites in Flux
The Historical Fate of Chinese Gentry (1840–1949)

近代绅士

一个阶层的历史命运

王先明——著

天津出版传媒集团
天津人民出版社

图书在版编目(CIP)数据

近代绅士:一个阶层的历史命运 / 王先明著.
天津:天津人民出版社, 2025. 7(2025.9重印). -- (长城砖).
ISBN 978-7-201-21080-3

Ⅰ. D691.7

中国国家版本馆CIP数据核字第2025WV7439号

近代绅士:一个阶层的历史命运

JINDAI SHENSHI : YIGE JIECENG DE LISHI MINGYUN

出　　版　天津人民出版社
出 版 人　刘锦泉
地　　址　天津市和平区西康路35号康岳大厦
邮政编码　300051
邮购电话　(022)23332469
电子信箱　reader@tjrmcbs.com

总 策 划　沈海涛
策　　划　金晓芸　燕文青
责任编辑　燕文青
装帧设计　图文游击工作室
　　　　　汤　磊

印　　刷　河北鹏润印刷有限公司
经　　销　新华书店
开　　本　880毫米×1230毫米　1/32
印　　张　17.25
字　　数　370千字
版次印次　2025年7月第1版　2025年9月第2次印刷
定　　价　118.00元

目录

上编

上编

第一章
千年流变——绅士阶层的历史考察

近代中国社会在历史的存续和时代的变迁中所拥有的丰厚的理性内涵和复杂的内容，都不是一些简单的定性概念和原则所能包容的，如果我们长久地被程式化的定性教条所束缚，而不能深入近代社会生活的深层，那将最终丧失一个历史学者应有的良知和责任。

一旦我们真诚地投入离当下并不太遥远的近代社会历史的探索中，就会发现，历史事实与我们意识中固有的框架常常很难契合：在近代社会结构“千古变局”的激烈易动中，一个通常被人们所忽略的社会集团——绅士阶层，在当时的社会结构中却是地位最为重要、变动也最为剧烈的社会力量。

历史是以事实为基石的哲学。让我们依循着客观的历史进程，借助史实的力量去展示近代绅士阶层的历史特色。

一、身份的起源

士绅，又称绅衿，是近代绅士阶层的主体。在叶镇的《作吏要言》中，绅士与绅衿是彼此不分、相互交替使用的完全一致的概念：“为官不接见绅衿，甚属偏见。地方利弊，生民休戚，非咨访绅士不能周知。若概不接见，势惟书役之言是听矣。况邑有兴建，非公正绅士不能筹办。”[①]但是，悠长的历史进程所赋予“绅士”的近代内涵，相对湮没了它原本的意义。追溯历史渊源，我们不难发现，绅、士、衿原本含义不同，指称有别。

“古之仕者，垂绅插笏。”[②]绅，指绅带，是古代士大夫束在衣外的大带。《周礼・典瑞》称：“‘王晋大圭。’晋者，缙也，谓插于绅带之间。‘疏曰：汉有缙绅之士，亦谓插笏于绅。’”[③]绅的引申含义为“束绅之士”，是指以“绅带”为标志的具有特定身份的人。所以清代学人梁章钜认为，绅士是“搢笏之士者，搢笏而垂绅带也”[④]。

士是含义极为宽泛、起源甚为久远的概念。《诗・小雅・甫田》有“今适南亩，或耘或耔，黍稷薿薿，攸介攸止。烝我髦士”之句。“髦，俊也；俊士，秀民也。古者士出于农，而工商不与焉。”管仲所谓“农之子常为农。朴野而不慝，其秀才之能为士者，则足赖也”[⑤]。事实上，古代之“士”既可指居官与有职位的人，也可指有一定社会地位的文人。“他们是知识分子与官僚相结合的产物，是两者的胶着体。”[⑥]

衿，指青衿，是古代衣服的交领。“青青子衿”，“青衿，青

---

① 〔清〕徐栋：《牧令书》卷七《取善》，道光十八年戊申楚兴国李炜校刊本，第4页。

② 《辞源》（修订本），商务印书馆1986年，第1298页。

③ 〔清〕翟灏编：《通俗编》卷五《仕进》，乾隆十六年无不宜斋刊本。

④ 〔清〕梁章钜：《称谓录》卷二五《绅士》，台北宗青图书出版公司1985年。

⑤ 《管子・匡君小匡》第二十。参见刘泽华：《战国时期的“士”》，《历史研究》1987年第4期。

⑥ 刘泽华：《战国时期的“士”》，《历史研究》1987年第4期。

领也，学子之所服”。[①]青衿作为学子特定的服饰，成为以后科举中秀才（生员）的固定服饰，并且随着漫长的社会历史的演进，如同“绅带”一般，“衿”也由原初的“衣饰”变易为一种特定社会集团的代称。

在“定贵贱，明等威”的封建社会结构中，在复杂的层累的社会关系体系中，既然人们的社会地位被区分出严格的等级，人们具有贵贱尊卑的各种身份，那么，用以标识这种等级或身份的服饰也就有所不同，特定的服饰不啻是特定的社会等级集团的一种识别。“一代之兴，必有一代冠服之制。”[②]如明末：

> 其便服自职官大僚而下至于生员，俱戴四角方巾，服各色花素绸纱绫缎道袍。其华而雅重者，冬用大绒茧绸，夏用细葛，庶民莫敢效也……总非士林，莫敢服矣。[③]

不同的服饰体现着不同的身份和等级，至于人类远祖发明的服饰本身的物质功用和美学价值，却在封建等级的形成历史中，被人类创造的另一层次的“文明”的亮光所遮没。至于清代官僚服饰所用的“补服”“顶戴”及朝珠、腰带、花翎之类，其质料、花纹、图案所体现的等级、身份、品位就更为鲜明和严格了。

无论“绅”还是“衿”，最初都是明示等级、标识身份的一

① 《诗·郑风·子衿》，见《辞海》，上海辞书出版社1979年缩印本，第1986页。
② 〔清〕叶梦珠：《阅世编》，上海古籍出版社1981年，第173页。
③ 〔清〕叶梦珠：《阅世编》，第173页。

种服饰。作为这一概念的引申，它发展为特指有一定地位和身份的人——士或士大夫。但是，“乡宦之家居者为缙绅”[①]之绅，是指退职家居的官僚，而士或士大夫则是指任官的读书人。“士者，事也，任事之称也”，“进贤达能谓之大夫也”。[②]《汉书》中说：“士农工商，四人有业。学以居位曰士。”[③]在古代，“作而行之，谓之士大夫”，人们通常认为“起来执行政务的是士大夫”。[④]因此，缙绅与士大夫曾经是含义近似的称谓概念。

隋唐科举制度的建立，使拥有身份也拥有知识和地位的“士”，获得了一种具有广泛性和相对平等性的制度化保障。尽管“科举制度的推行，使得在歧路上摇摆了一千余年的中国古代知识阶层与封建专制政治彻底合流”[⑤]，但是，借助于科举这一制度化流动渠道，无论是统治者还是被统治者，都在全力以赴“创造”着愈来愈多的“功名”之士和身份之士。等级、身份作为封建时代人们社会关系体系中特定地位的标识，它所拥有的社会价值分量与其数量注定此消彼长：其人数愈多，其价值愈轻。恒定的社会历史规律的内在作用，从来都是在人类并不自觉的活动和盲目追求的现象背后，发挥着不可抗拒的威力。

明清之际，依循着科举途径，士子谋取功名者不断增多，遂使功名之士与国家官僚职位所能容纳的数量差距拉大。即使

---

① 〔清〕叶梦珠：《阅世编》，第171页。
② 〔汉〕班固等：《白虎通·爵》卷一，《百子全书》，上海扫叶山房1919年石印本。
③ 〔汉〕班固：《汉书》卷二四上《食货志四上》，中华书局1962年，第1117页。
④ 参见林尹：《周礼今注今译》，书目文献出版社1985年，第419页。
⑤ 任爽：《科举制度与盛唐知识阶层的命运》，《历史研究》1989年第4期。

功名在身，也很难人皆入“仕”。《客座偶谈》所言并非虚语：“进士固即时任用，而得意者尚不及半。举贡分途、消纳十不得一。”①

如此，士才超越了过去“学以居位曰士”的内涵，而具有了更广泛的社会性意义。于是，“绅”与“士”所指称的对象产生了不同。在明末清初之际，绅还保留着“缙绅之士”的历史遗痕，而与纯粹的“功名”之士有所区别，“今则缙绅，举贡概用肩舆，士子暑不张盖，雨则自擎，在贫儒可免仆从之费，较昔似便，然而体统则荡然矣”②。叶梦珠在记述清顺治中期的礼乐仪节时说：“缙绅大老之丧，但有行状。……（且有）行述行略之刻。……其后凡属缙绅皆用，今则士流亦效之。恐日后滥觞，流及市井舆隶之温饱者，从风而靡耳。”③因而，言绅称士显有区别。

然而，历史是既具有累积继承也具有扬弃变异的动态发展过程。正像大不列颠政治土壤中孕生的“绅士一词并不是披坚执锐的骑士和罗马时代的斯多噶哲人的称谓”④一样，中国社会中晚近时代的“绅士”一词，也逐渐远离了它所拥有的原生形态的含义。当然，即使如此，近代时期“绅士”的含义也不能完全摆脱它初始生发的内在要素的制约。

不过，历史却隐约地衬托在它的背后。

---

① 何刚德：《客座偶谈》卷二，上海古籍书店1983年，第9—10页。

② 〔清〕叶梦珠：《阅世编》，第86页。

③ 〔清〕叶梦珠：《阅世编》，第39页。

④ 〔英〕丽月塔：《绅士道与武士道：日英比较文化论》，王晓霞译，浙江人民出版社1990年，第84页。

二、绅士的构成

不断地在发展中完善自身，同时也改变自身，这大约是社会运行的无可置疑的规则。尽管人类有着追怀往事的天性和详尽记述历史的辛勤，但在发展了的现实中（即便是同一社会事物在同一性质社会中的自然延续），也难以完全再现它原初的形态、特征和意义。

称谓的概念不可能是固定不变的，尤其是那些昭示尊贵身份的称谓。随着社会历史的发展和社会关系秩序的变动，称谓的概念本身及其指属范围，都会相应地改变。明清时期，“绅”与“士”由原本的各有所指，发展为一个整体的概念，表现出“绅士”合指的趋向。叶梦珠《阅世编》“冠服”中就将职官和举贡生员概称为绅士。该书在记述顺治十七年（1660）江南黜革绅衿一万三千余人时，把曾出仕者称为乡绅，未出仕者称为士、衿；合而言之，则统称绅衿。①在此，绅衿与绅士含义是完全相同的。在近代时期，绅士或绅衿的这一含义已具有社会普遍认同的意义了，如《申报》刊文称：“世之有绅衿也，固身为一乡之望，而百姓所宜矜式，所赖保护者也。”②因而，这里的绅衿同“绅为一邑之望，士为四民之首”③的绅士是完全同一的。

在近代社会中，无论是举贡生员还是乡居缙绅（职官），凡获得封建社会法律所认可的身份、功名、顶戴的，“无论已仕未

① 参见〔清〕叶梦珠：《阅世编》，第141页。

② 《申报》1872年5月1日。

③ 徐世昌：《将吏法言》卷五，静远堂1919年，第8页。

仕"，一概属于绅士阶层。[①]因而，"官退为绅，绅出为官，初非异致"[②]。

绅士成为一个整体化的称谓概念，是这一社会集团本身发展到近代已具有了相对稳定的状态和内部聚合力的社会存在的反映。

首先，清中叶以后直至近代。获得功名、身份的士子数量增长较快，而封建官僚系统中的基本官职数量却大体保持稳定。官僚后备队伍的基数大大超过官僚队伍本身，二者之间的差距造成功名之士的不断沉积。"在十九世纪社会中取得成就的合法道路上的这些滞碍，即教育和文官制度中的问题，促使人们诉诸非法途径，从而提高了非法途径的重要性，特别在富裕和有权势的人们中更是如此。……从而扩大了候补官员的队伍，他们麇集在水陆交通要道等候着不可能兑现的任命。"[③]如此，同大体保持常量的官僚相比，全国数万举贡、数十万生员[④]，就只能望仕兴叹以"顶戴荣身而已"[⑤]。他们逐步沉积下来，成为比较稳定的社会集团力量。

其次，清代"独奈何进身之始，科甲、保举、捐纳既已不一其途"[⑥]，遂使社会集团间的流动加强，形成"朝犹等于负贩，夕已列于缙绅"[⑦]这一颇令"正途"绅士心寒意冷的局面。特别

---

① 参见明清档案馆编：《义和团档案史料》上，中华书局1959年，第217页。
② 《申报》1906年4月11日。
③ 〔美〕费正清、〔美〕刘广京编：《剑桥中国晚清史（上）》，中国社会科学院历史研究所编译室译，中国社会科学出版社2006年，第120—121页。
④ 参见《政务处奏酌拟举责生员出路章程折》，《东方杂志》1906年第4期。
⑤ 《论秀才轻重》，《申报》1883年10月18日。
⑥ 夏东元编：《郑观应集》上，上海人民出版社1982年，第352页。
⑦ 夏东元编：《郑观应集》上，第563页。

是太平天国的兴起加大了清政府的财政压力，导致其不得不充分利用捐纳制度以支撑日渐枯竭的财政。由此，清王朝“创造一个起平衡作用的绅士集团的最初目的不复存在”[①]。在钱财与人才双重匮乏的压力下，缺乏政治远见的国家权力中枢，只能舍远求近地从功利目的出发选择“财源”，而不顾及人才制度的终极目标，这似乎是任何一个并不高明的统治政权所具有的共同品格。结果，从19世纪上半叶至下半叶，由捐纳而列位绅士集团的人数迅速增加，其增长率为50%。[②]据统计，太平天国前，捐官人数约为35.5万人，而在19世纪最后三十年中，捐官人数骤增至53.4万多人。[③]许多人通过“异途”跻身于绅士集团，因而“光绪中叶以后，捐例迭次减成，有余赀而慕虚荣者争辇金纳之。于是，戴翎顶膺封赠，门列衔牌，出备舆从，俨然宦家气象，名器之滥至斯为极”[④]。功名、身份既作为封建时代个人政治生命历程中永恒矗立的界碑，也作为封建王朝政治生命赖以安稳的基石，曾经有过荣盛昌明的岁月；但面对历史，我们不能不承认，社会的法则有时也真如自然的法则一般：一旦一座山岳耸立出平原，那么，侵蚀作用同时也就会开始了。清王朝作为中国封建社会历史上的最后一个王朝，在它的晚期，终于以“卖官鬻爵，那怜十载

---

① 张仲礼:《中国绅士:关于其在十九世纪中国社会中作用的研究》,李荣昌译,上海社会科学院出版社1991年,第153页。

② 参见张仲礼:《中国绅士》,第153页。

③ 参见孙立平:《中国近代史上现代化努力失败原因的动态分析》,《学习与探索》1991年第3期。

④ 民国《南汇县续志》卷一八《风俗志》,1929年刻本,第868—869页。

寒窗”[1]的气魄，执行着削弱功名、身份制度的不自觉的法则。

迅速增长着的功名、身份之士的数量，事实上就是功名、身份贬值的一个社会标尺。大量通过各种途径获得功名、身份的人，由于官职的相对减少（官僚后备力量与官职数量之间本是反比关系）而不断地沉积下来，同时又因其特殊的身份地位而不屑从事其他行业，遂凭借名器、顶戴成为超乎平民之上的特殊社会力量。尽管他们出身途径不同，功名身份有别，却都具有区别于平民的身份，而这正是他们之间的“同一性”。这个为封建国家机器同时也为封建社会所认可的“同一性”决定了他们在社会关系结构中的独特地位，使这一社会集团具有了相对的内聚力。绅士，也就成为有固定指称对象的整体化的称谓概念。

近代社会常将绅界与官界、学界、商界并称，把它划分为最基本的社会集团。在清末户口统计项目中，绅士也是同官、农、工、商并存的一项。[2]但是，作为一个独特的社会集团，绅士比之于其他社会群体，其内部构成则更为复杂一些。检阅近代官私文献资料，我们发现所谓绅士者，大约有以下几类成分：

（一）具有生员以上的科举功名者。民众通过科举获得功名身份，是封建政治跨入成熟期的制度化社会流动的主要形式。虽苦贫寒士，一经科举与试，取得功名，便护身有符，成为高于平民之上的特权分子。“是以一游黉序，即为地方官长所敬礼，乡

① 〔清〕洪仁玕：《洪仁玕颁新政喧谕》，收入《太平天国史料》，中华书局 1955 年，第 146 页。

② 参见《清末的北京人口》，《文摘报》1986 年 8 月 21 日。

党绅士所钦重，即平民且不敢抗衡，厮役隶人无论已。”[①]即使是秀才（生员）身份，也足以跻身于绅士集团。“大抵为秀才者，区区小功名足以自异于人，而人亦以其秀才而相与异之。”[②]在近代绅士集团中，从数量和地区分布来看，生员是其最基本的组成部分。因而，通过科举途径获得举贡生员以上功名者，就自然成为绅士中的一分子。在清末民政部户口统计说明和近代学堂“绅班”招生章程中，都明确“举贡生员”为“绅士”。[③]

（二）由捐纳而获得身份者。晚清捐纳大开，由此而晋身者大有人在。郑观应辛辣地讽喻道：“天下自捐纳之开，朝廷之上几有市道焉。……从此守财之虏，纨绔之子，只须操数百金、数千金、数万金以输之部，立可致荣显。”[④]为了获得封建等级身份，在朝廷标价售爵的鼓励下，富商地主无不争相捐资纳爵。在近代官场上，有些捐纳现象可谓奇绝：

1. 咸、同以后，捐例泛滥，捐纳人员的流品愈发失控。拥有钱财的富有阶层频频走上以钱易权之路，不仅商人捐官司空见惯，且“有众商伙捐，一人出名赴官，众人随同牟利”[⑤]。

2. 之前处于贱民、例不准捐纳的仆隶等人，亦可趁捐纳失控之际捐钱赢官。“近日捐班流品太杂，竟有市井、驵侩及劣幕、

---

① 〔清〕叶梦珠：《阅世编》，第83页。
② 《论秀才轻重》，《申报》1883年10月18日。
③ 参见《大清宣统新法令》第二册，第5页；〔清〕锡良：《锡良遗稿》第一册，中华书局1959年，第649页。
④ 夏东元编：《郑观应集》上，第563页。
⑤ 〔清〕王延熙、〔清〕王树敏辑：《皇清道咸同光奏议》，“近代中国史料丛刊”第34辑，台湾文海出版社1969年，第103页。

蠹书、土痞、无赖、舆台、仆隶之徒亦张罗杂凑，溷入仕途。”[①]

（三）乡居退职官员。在封建等级社会里，官、民势分悬殊，为官者必先具有功名身份，退职官员也必然保留其独特的身份，成为地方绅士中的中坚分子。因此，绅士必然包括“已仕而致政归里者”[②]。

（四）具有军功的退职人员。近代中国社会战事频仍，由军功升迁的人员显著增多。他们退职回籍，恃军功顶戴而名列绅士。湘军将领在镇压太平天国后，衣锦还乡，“长沙新增‘宫保第’十三家，湘乡一县二品以上军功的官僚绅士将近二千家”[③]。由此形成湖南湘乡地区绅士集团的主要力量，造成“军兴以来绅权大张”[④]之势。在清朝大员奏折中，这些军功退职人员也明确被称为“绅士”。[⑤]

（五）具有武科功名出身者。“古今取士非一途，而武居其一；武人进身非一途，而武科居其一。”[⑥]通过武科取得功名身份者，也属于绅士中的一分子。1902年袁世凯奏称：“有劣绅武举人景廷宾……纠众抗拒。”[⑦]郭嵩焘也在奏稿中多次提到武进士出

① 《清实录》第46册《穆宗毅皇帝实录》(二)同治二年癸亥五月丙寅，中华书局2008年，第49676页。

② 〔清〕石成金：《官绅约》，收入〔清〕陈宏谋辑：《学仕遗规》，陈乃宣、许虹点校，武汉大学出版社2019年，第389页。

③ 杨世骥：《辛亥革命前后的湖南史事》，湖南人民出版社1958年，第8页。

④ 〔清〕胡思敬：《退庐疏稿》，南昌退庐刊本1924年，第325页。

⑤ 参见〔清〕沈葆桢：《沈文肃公政书》卷一《韩进春请补抚标中军参将片》，江左书林藏版1880年。

⑥ 〔清〕樊增祥：《樊山集》第二三卷《陕西辛卯科武乡录叙》，台湾文海出版社1978年，第739—740页。

⑦ 民国《广宗县志》“大事记”，广宗文献委员会1933年，第52页。

身的地方绅士。[①]在以功名身份来择定人们社会地位的封建时代，武科功名自然也意味着对于平民阶层的跨越。在《冈城枕戈记》中，作者甚至直接把武举人、武进士称为武绅士，咸丰四年七月十三日“在局诸绅……借辞潜遁，局为之空。时留局者……十数武绅士而已”[②]。

显然，以上五种出身并非绅士构成的全部，但它却是基本的构成元素。尤其在近代，清王朝出于政治和经济的需要，为庶民开辟了更多的通往绅士这一特权集团的路径，这不仅使得绅士们的功名或身份在社会中的地位相对降低，而且也使得绅士身份的获取途径呈现出多元趋向。（见本书环衬附图）[③]

三、绅士的属性

无论是从其社会特征，还是从其来源上观照，近代绅士同其历史相比，的确已被社会赋予了更多的属于时代的东西。但要真正把握近代绅士的特征及其社会属性，还必须将其置于社会关系体系中作横向的对比分析，尤其需要同那些与其历史和现象有所关联的社会集团相区别。

（一）绅士集团与官僚阶层。“须知在任之官，还乡即绅也。”[④]绅与官在封建社会中是很难截然分割的社会群体，因为二

---

① 参见《郭嵩焘奏稿》，岳麓书社1983年，第308页。
② 〔清〕陈殿兰：《冈城枕戈记》，《广东历史资料》1959年第1期。
③ 参见张仲礼：《中国绅士》，第8页。
④ 〔清〕樊增祥：《樊山政书》卷二〇《批睢宁县禀》，那思陆、孙家红等点校，中华书局2007年，第563页。

者之间不仅有频繁的社会对流，而且绅官关系的协调、平衡又是封建政治机制得以正常运作的基本条件。官僚是绅士向上流动（入仕）的结果，绅士则是官僚集团的后备力量或官僚卸任荣归后的社会位置。地方上的巨绅也多是曾位居显要的退职官僚，如湘绅王先谦、叶德辉、孔宪教等。但是，绅士和官僚毕竟内涵不同，外延也不尽一致。绅士是指地方社会中有身份有地位的人，尽管其中包括了退职的官吏；而官僚则是指政府中的官吏，所谓“同官曰僚”，《诗经·大雅·板》中即谓“我虽异事，及尔同僚”，《三国演义》第三十四回中说“引一班文武官僚出迎”。社会给予官僚的确切含义是指担任国家或政府职务的人员，而绅士恰恰是指不在职的地方上有地位的人士。尤其在近代，绅士与官僚士大夫的区别已十分明显：“夫士大夫身登仕版，有禄于朝……若夫缙绅，伏处里巷”①，朝野之分成为二者的根本区别。即使把退职乡居的官员们划归在官僚集团中，那么，绅士集团也仅仅是整个封建官僚阶层中的一部分而已，因而绅士集团不能等同于官僚阶层。

（二）绅士集团与知识分子阶层。绅士中包括了一部分“任官职的读书人”——士大夫，而且科举中的功名之士“举贡生员”又是绅士集团的主体。从“读书人”即知识分子这种较宽泛的意义上考虑，绅士集团（举贡生员及进士之类）与知识分子确实不无关系。但绅士集团又不同于知识分子阶层。

首先，知识分子是指有一定文化知识，并从事脑力劳动的

① 郑蔡等修，桂坫纂：《南海县志》卷一八《忠义传序》，1911年刻本。

人；而绅士则并不尽然，因为其中捐纳、军功、保举出身者，并不必然具有知识分子的特征。

其次，武科出身而具有功名身份者也属于绅士集团，如“地方官历来办案交涉，绅士辄多方为之解脱……杨屋村一案，有武进士杨林芳来营关说”①。由武科出身的绅士，其中虽不乏饱学之士，却也有许多不具备知识分子的素质和特征。

最后，知识分子和绅士集团划分的标准截然不同。知识分子以其有无文化知识和是否从事脑力劳动来划分；绅士则以其有无身份来判定。而且，中国近代的知识分子作为一个相对独立的社会阶层，是伴随着近代学堂和近代教育制度的创建而产生，并在五四运动前后才初步形成，绅士则是封建社会政治制度不断发展的产物。无论就其社会历史基础，还是内涵、特征来看，绅士都不等同于知识分子。

那么，绅士是什么？特定社会集团的表述旨在说明它在社会关系体系中作为社会群体的相对独立性，并不足以反映绅士的社会属性。

回溯历史，史实可以极大地丰富我们的认识；但是，理性的认识只有在超越具体史实的思维过程中获取。让我们循着现象的曲折迷离的通道，走向展示历史本质的深奥的殿堂。

清末，在国家权威性文件法令中，常把绅士（士绅）作为一个社会职业集团，如民政部的户口职业统计如下表：

---

①《郭嵩焘奏稿》，第308页。

地方	职业
北京	官员　士绅　农业　工业　商业　兵勇
宾州	官员　士绅　农业　工业　商业　兵勇
农安	官员　士绅　商业　平民　兵勇

但是，职业是人们从事社会工作的性质，是社会分工程度的体现。绅士这一社会集团却不具有共同的社会工作特征，绅士们所从事的工作和社会活动千差万别，各具特征：有执掌书院的山长，如绅士柯作楫为鹤鸣书院山长，王先谦为岳麓书院山长等；有经营地方公产者，如绅士陈树钧为积谷仓董；还有“充当书吏、衙役、乡约者”[①]；更有无事乡居以“包揽”“词讼”、“武断乡曲”[②]为业者。另外，社会职业集团从经济收入方式来看，“其中每个集团的成员的收入都来自同一源泉”[③]。可以说，经济收入方式和收入源泉的同一性，是社会职业集团划分的基本标志。绅士们从事的社会工作和社会活动既然千差万别，他们的经济收入也就没有相同或固定的来源。他们或者借助官府力量获得各种合法、非法的收入，“士绅以假公肥己为专长”[④]；或者从办理地方公共事务的过程中得到分润；而大多是依仗家庭经济（地主、商人）来维持生计。故而，绅士不是一个社会职业集团。

如此，问题本身就引导着我们必须从社会阶级关系角度来考察绅士集团的社会属性。封建社会的阶级关系基本表现为地主和

① 李澍恩编:《宾州府政书》丙、丁编“风土调查”,商务印书馆1948年。
② 徐世昌:《将吏法言》卷五,第8页。
③ 马克思:《资本论》第三卷,人民出版社1975年,第1001页。
④《论社会改革》,《东方杂志》1906年第8期。

农民两大阶级的对立关系。“士绅者，一邑之矜式也”[①]，“世之有绅衿也，固身为一乡之望，而百姓所宜矜式、所赖保护者也”[②]。是的，如果简单地套用阶级分类的机械方法，具有超乎平民之上身份的绅士理当属于地主阶级。然而，真实的社会生活原本就比有限的理论原则要丰富和复杂许多，况且，无论怎样的理论和原则，也只有在适应社会历史和社会生活的条件下才具有属于真理的意义。对此，恩格斯曾经有过精辟的论述：

> 原则不是研究的出发点，而是它的最终结果；这些原则不是被应用于自然界和人类历史，而是从它们中抽象出来的；不是自然界和人类去适应原则，而是原则只有在符合自然界和历史的情况下才是正确的。这是对事物的唯一唯物主义的观点。[③]

再则，传统社会不像近代资本主义社会那样，把社会阶级关系简化为两大对立的阶级阵营（马克思语），而是形成自上而下的具有多种等级、阶层、身份构造起来的复杂层累的社会阶级结构。“在过去的各个历史时代，我们几乎到处都可以看到社会完全划分为各个不同的等级，看到由各种社会地位分成多种多样的层次。……而且几乎在每一个阶级内部又有一些特殊的阶层。”[④]

---

① 俞家骧主修，赵意空纂修：《临晋县志》，1924年刊本，第3页。
② 《绅衿论》，《申报》1872年5月1日。
③ 《马克思恩格斯选集》第三卷，人民出版社2012年，第410页。
④ 《马克思恩格斯选集》第一卷，人民出版社2012年，第400—401页。

除了地主和农民两大对立的阶级之外，传统农耕社会还有各种等级和社会阶层的存在。这些等级、阶层都成为封建社会构成的不可或缺的要素。因此，把具有独特社会地位的绅士简单归属于地主阶级，既不符合复杂层累的社会阶级结构实际，也无法对绅士这一特定社会集团作出科学的、实事求是的分析。

绅士集团并不一般地等同于地主阶级。阶级通常是由在一定生产关系中处于相同地位的人们组成的，可以说划分阶级的标准是经济。地主必须通常占有相当数量的土地，并以剥削农民为生；资本家也必须拥有资本，并以剥削雇佣工人为生。但绅士之所以为绅士，是以其有无功名、身份而定。当然，拥有土地也拥有功名的绅士在传统时代为数较多，但贫寒穷困的绅士也实非少数，“四民中士最贵，亦最贫。……举人为破家之子，亡命之徒。举人老，盘川少，不虚也”①。

奔涌流变的历史长流孕生着今人无法直接感知的各种可能性和多样性，但今人却又惯于用自己的生活经验去比附或勾画历史。历史研究领域中的这种“古今错位”也就成为探求历史真实的阻力。人们习惯于用贫富对立（亦即阶级对立）这一属于现代历史的概念或思维形式简单地去裁定历史，却疏漏了传统社会生活中的一个基本事实：贵贱之分并不与贫富之分相等同。

所谓绅士者，主要因其贵而非因其富。在晚清专制王朝步入垂暮之时，这种贵的社会地位与富的经济地位似乎相去更远了。作为社会生活窗口的《大公报》曾为此大鸣不平：“悲哉绅

---

① 〔清〕冯桂芬：《校邠庐抗议·改会试议》，上海书店出版社2002年，第40页。

也，痛哉绅也。……读书之人不善逢迎，则保举无路；不善居积，则捐纳无资。”①

是的，这是任何今人都无法改变的事实（尽管我们可以对此事实作各种不同的分析和结论）：那个时代的地主，一般在经济上的生活是比较富裕的；而那个时代的绅士，有些在经济上却十分拮据，生活得寒酸苦涩，以至于在近代留学热潮中，往往陷入“有志游学，无资办装”②的困境。因而，从经济地位上观照，绅士绝不等同于地主。

在主要以“贵贱”为尺度裁定人们社会地位的封建时代里，尽管绅士“富”不及地主，而其“贵”又为一般庶民地主所不及。在封建等级社会中，功名、身份保障着绅士独特的社会地位，并以此同一般地主相区别。

第一，在官府差徭方面，绅士享有优免权。差徭征收，各地一向按衿户、民户区分，通常各级衙门所征发的差役，并不派及绅士，“乡绅举贡生员，当以优礼本身，亦免编派”③。

第二，绅士还享有各种法外特权。官府屈从于绅士势力，各种捐项杂税也不曾摊及绅士。“所谓绅士者……无论有地百千垧，丝毫不捐其出。此款者半为良弱小民”④，所以“家有举贡士，

---

①《节录江西浮梁汪勉齐孝廉上淮盐督销总办欧阳观察书》,《大公报》1904年2月5日。

②〔清〕樊增祥:《樊山政书》卷一五,第420页。

③〔清〕马逢臬:《筑堤详文》,见〔清〕徐栋:《牧令书》卷九《农桑上》,第42页。

④ 李澍恩编:《宾州府政书》丙编“风土调查”。垧,旧时土地面积单位,各地每垧合亩数各有不同,如西北地区1垧合3亩至5亩不等。

敢把钱粮蚀”[①]。

第三，官府常把绅士独立编户，以别于平民或一般地主。“自文生员以上及有职人员、绅衿子弟又读书训蒙诸人，应提出丁册，另编绅士册”[②]。

第四，官员优礼绅士，“其交际之间，宜待之以礼，用刺相见，悉照旧规”[③]。

无疑，从专制社会的政治法律地位来看，绅士不能等同于地主。因此，以一种宽泛的、容涵着今人意识的地主阶级概念去律定历史上的绅士，无助于对绅士本身社会地位和时代特征的科学说明。

绅士之所以为绅士，并不是由于其必然的占有多少土地，而是由于其具有独特的政治地位和社会地位，而这种地位的获得主要由于其功名、顶戴。对此，《皇朝掌故汇编》曾有过简洁明白的解说：

> 教士常言，教民与平民争讼，教民多输，以平民有秀才、举人、进士说情，而教民无之……教民列于绅董之列者极少，今宜由教士择其身家清白年长性醇，入教已逾十年，不犯教规不滋事端，为乡里所信服者……不论有无职衔、

---

①〔清〕钱麟书:《潜皖偶录》卷九，皖垣铅印本1910年。

②〔清〕孙鼎烈:《四西斋决事》卷六《开办城厢团防并酌定章程示》，武林木活字印本1904年。

③〔清〕黄六鸿:《福惠全书》卷四《莅任·承事上司》，收入官箴书集成编纂委员会编:《官箴书集成》第3册，黄山书社1997年，第263页。

> 顶戴，准官谕派作为教中董事，凡遇教堂公事，准其来见。州县官待以乡绅之礼，略如生监见官礼节。①

毫无疑问，皇权专制制度所赋予的功名、顶戴，才是绅士之所以为绅士的唯一标志。财富不决定身份，而身份却可以影响财富，这是传统社会与近代社会相区别的时代特征之一。

当然，绅士也不纯然是一个等级身份。等级身份一般具有世袭性，如贵族身份中的公、侯、伯、子、男，等级森严，世代袭封，最高可袭封二十三次，最低也可袭封八次。②而绅士身份或顶戴事实上只荣其一身而已。而且在绅士集团中，内部等差也很悬殊，既有获取科途梯阶上最高功名——状元的绅士，如张謇，更有以寒酸贫困见称的秀才绅士；既有曾经身居朝堂的退职大员如湘绅王先谦、叶德辉之类，也有以七品县官退职居家的绅士如沪绅李钟钰等辈。因此，这一社会集团包含了功名不一、顶戴不同的许多身份，不是一个属于同一个层次的纯粹的等级身份。

总之，绅士这一社会集团具有不同于平民（包括一般地主）的独特地位，这就说明绅士是一个带有等级性的社会阶层，因为不同的社会地位、政治地位正是划分社会阶层的重要标志。绅士集团不仅是一个处于官僚集团之下、平民之上的独特的社会阶层，而且是“一个统治中国社会的特权阶层”③。

---

① 张寿镛编：《清朝掌故汇编（下）》外编卷三七《教务下十一》，广陵书社2011年，第1898页。

② 参见〔清〕吴荣光：《吾学录初编》卷七《仕进》，道光十五年福州刊本。

③ 张仲礼：《中国绅士》，导言第5页。

四、历史的演变

“士绅（gentry）在科层帝国时代也是普遍存在的，尽管其作为统治阶级中主要的集团发挥作用的现象并不如贵族在封建时代那样普遍，但在中国以及其他一些国家（如英国），士绅则成为科层帝国统治阶级中最重要的，也是最值得注意的一支力量。”① 绅士阶层作为清王朝统治秩序牢靠的社会基础，为王朝的社会命运带来了晚秋小阳春般的值得品味的历史时光。但在整个社会历史运行的轨迹上，绅士作为一个社会集团力量，只是在专制社会的后期，才由晦暗的历史走向了显亮的时代。对于农耕社会政治而言，绅士力量的崛起，既体现了中国专制社会文明的成熟，也体现着农耕社会历史的进步。绅士力量的形成、发展，同贵族力量的下降、消亡，本是中国传统社会统治阶级构成力量演化、替代的统一的历史过程。

在皇权专制时代初创后的相当长久的岁月里，社会统治及其政权运作的主体力量其实只属于贵族阶层。贵族（aristocracy）起源于封建制度，中国的封建制度与西欧有相似之处，它的典型的社会形态“是以赏赐和持有采邑为基础的一种封主和封臣的制度。……赏赐采邑的人，不管他的地位高低，叫做封主或者领主；接受和占有采邑以及把它传给后代的人，不管他是骑士还是伯爵或者公爵，叫做封臣。一般说来，国王是最高的领主。直接

① 孙立平:《中国传统社会中贵族与士绅力量的消长及其对社会结构的影响》,《天津社会科学》1992年第4期。

隶属国王的是大贵族；他们分别被称为公爵、伯爵、侯爵或边境侯爵。这些贵族通过分他们的采邑，把它们赏赐给通常被叫做子爵或男爵的小贵族而又有了他们自己的封臣”①。但对于专制皇权而言，贵族尤其是大贵族并不完全隶属于王权，他们本身也是统治权的拥有者。贵族具有相当的独立性和自主性，国王并不能随意侵犯其他贵族的权力。

所谓“周公作礼”就是对于贵族统治的法律认可，因为“礼不下庶人，刑不上大夫”，就是以“宗庙的礼器固定化做氏族专政的宗礼”②，并由此作为区分贵族与平民（贵贱）的标志。因而，西周曾是贵族统治的典型的封建时代。但是，一方面由于王权与贵族（诸侯）之间力量的反复较量，一方面也由于贵族之间残酷的冲突和战争，最终导致了贵族力量的衰微。传统社会文明在自身的运行规则中，累积着确保社会秩序和稳定政权统治形式（而不是本质）的智慧。春秋战国时期王权的倾覆，诸侯的问鼎，战争的纷乱，士人的活跃，都为中国封建王朝统治和政权构成形式的经验总结创造了史无前例的社会文化内容。在西周贵族统治时代，各诸侯国中，贵族是集统治权与实际治理权于一身的统治者。经过春秋战国时代政治熔炉的冶炼，“在诸侯长期混战过程中，封建贵族的政治支配权，逐渐转移到封建官僚手中了”③。

① 〔美〕爱德华·麦克诺尔·伯恩斯、〔美〕菲利普·李·拉尔夫：《世界文明史（第二卷）》，罗经国译，商务印书馆1987年，第10—11页。

② 侯外庐、赵纪彬、杜国庠：《中国思想通史》第一卷，人民出版社1957年，第15页。

③ 王亚南：《中国官僚政治研究》，中国社会科学出版社1981年，第40页。

“政逮于大夫”“陪臣执国命”标志着封建贵族统治力量的弱化。

自秦、汉确立了皇权专制的中央集权制度后，在政权运作机制上，就基本实行统治权和实际治理权的分离。由此皇权和职业官僚的结合，使得贵族的权力进一步被剥夺。但是，专制社会的历史演进多半伴随着王朝更迭的起落兴衰，而每一代王朝“家天下”的形成又依凭着皇室贵族力量的崛起。因此，贵族作为皇权时代的势要阶层并未在秦汉以后完全退出历史舞台。不过，新兴贵族势力的膨胀、权力的扩展，常常又威胁到大一统皇权的安稳，所以不仅汉代有吴楚“七国之乱”的警讯，晋代有“八王之乱”的祸端，甚至明代也有“靖难之役”的变乱。封建社会皇权统治的历史进程一而再、再而三地表明：贵族势力的存在和发展与皇权的安稳成反比关系。因此，要维护大一统皇权不受其他社会政治力量的威胁，就必须在巩固皇权的同时严格限制或削弱贵族的力量。

然而，作为皇权统治也作为传统文明存续的社会基础当如何营造呢？每一代王朝都为此做过精心的努力。汉武帝初继位，开国元勋都已故去，他们的子弟在父祖功名庇荫下渐成名门贵族，并借势控制朝政。汉武帝为了皇权的稳固，在朝廷人事安排上同贵族田蚡（时为丞相）展开了激烈的争斗。元朔五年（前124），汉武帝为了掣肘贵族势力的上升，毅然打破了汉兴以来非列侯不拜相的惯例，任命了没有封爵的公孙弘为丞相，然后再封他为平津侯。然而，尽管汉代有察举征辟制，魏晋有九品中正制，但其最终都为贵族势要所把持，从而使他们累世相因。当时“上品无寒门，下品无世族”的局面，即表明了门阀贵族势力之盛。在封建社会政治机制不懈的追求和选择中，辉煌的经验和惨烈的教训最终为皇权的永固确立了以奠定其社会基础为主旨的科举制。

在中国社会历史上，科举制的产生对于贵族力量的消亡和绅士阶层的形成具有划时代的意义。

第一，科举制度创造了一种形式上相对公开、平等的竞争形式，它第一次撇开了血缘、门第、出身、家世等先赋性因素，而将才能这种成就取向的因素作为官员录用与升迁的标准。[①]它比较彻底地从官员的来源、背景及其构成上完成了一次历史性的变革。学问取向对血缘、门第取向的替代，标志着中国社会中绵延千百年的贵族势力控制权力的世袭体制开始走向衰落。科举制度的推行和逐步完善，从社会制度层次上抑制了累世居官的贵族家族力量的发展。它相对扩展了上升性社会流动的集团范围，使社会各层次自达官显贵至穷乡僻壤的寒素之家、士农工商等平民百姓各色群体，皆有机会依循科举途径博得功名身份或出仕为官，有效地阻抑了官僚的贵族化和名门大族势力的扩充。

第二，科举制的实施从制度上保证了绅士力量的持续发展，为皇权统治也为传统社会文明秩序的稳定浇筑了广厚而牢固的社会基础。当大唐天子唐太宗在殿后端门看到新考取的进士们一个个排着队，规规矩矩地走出去时，不由得欣喜万分，说道："天下英雄入吾彀中矣！"唐朝诗人赵嘏一语道破此中奥妙，说："太宗皇帝真长策，赚得英雄尽白头。"[②]科举制度终于使得中国古代的士与官胶合为一体，改变了中国社会的基层政治和社会结构。

---

① 参见孙立平：《中国传统社会中贵族与士绅力量的消长及其对社会结构的影响》，《天津社会科学》1992年第4期。

② 〔五代〕王定保：《唐摭言》卷一《散序进士》，上海古籍出版社2019年。

本来，在先秦时代，士已经是社会生活中比较活跃的社会力量，但当时的士一般由两部分构成，一是作为职业官僚的士，二是作为民间的“士民”之士。从政治制度上看，士与官是分离的，而且“士民”之士数量较少，社会影响力十分有限。科举制度的推行使士与官从社会基础上联为一体，使士进则为官，退则为绅，绅士遂成为整个社会政治统治的根基。科举制度不仅扩展了社会流动范围，而且也加快了社会流动的速度，由此而获取功名的士的人数迅速增长；同时由于官僚职数的限额，只能保证具有较高功名的士子进入仕途，使得大多数只获得较低功名的士子居处乡间，沉积为乡村社会的领袖人物，构成中国社会绅士的主要来源。况且，不仅作为“官”的前身的士在乡居时也以绅士身份参与社会活动，而且“官僚”退职还乡后也以绅士身份影响基层社区。因而，无论中国绅士阶层具有多么复杂的品格和特征，它的形成和发展终归是与科举制度命运相依、生死与共的。“由科举途径而获得的功名身份的终身制，使一批人沉积下来，形成一个有稳定的制度性来源的社会群体——士绅集团”①。

科举制度的诞生与兴盛滋养了作为一个特殊社会群体的绅士阶层的成长，同样，科举制度的衰亡也将使绅士阶层失去给养而走向消亡。不过，那已是20世纪初，属于新一代中国知识分子所必须面对的时代课题了。

① 杨力伟:《士绅的产生、衰落与消亡——一个宏观的透视》,《社会学与社会调查》1991年第5期。

五、近代的发展

绅士与贵族势力的兴亡交替，本是中国社会历程中极富时代特色的一幕活剧，它所蕴含的经济、政治、文化的诸多内容，鲜活生动地凸现了中国古老文明运演变迁的历史特征。但是，历史却相当凑趣，在最后一个专制王朝——清朝——的统治历史中，贵族与绅士力量的更迭替代似乎再现了它们在整个专制时代中的进程。

清王朝的崛起同样伴随着新的封建贵族势力的发展。在清朝初期的社会统治秩序的确立过程中，贵族无疑是其最有力的支撑力量。入关之前，努尔哈赤就确立了满洲贵族“同心干国”“共议国政”的带有原始军事民主色彩的“合议制”体制，保证了八旗贵族对“国政”具有决策权的基本地位。皇太极在位时，八旗旗主及诸王贵族在政治上仍然拥有统治权，这主要体现在议政王大臣会议的设置，以及诸王对六部的掌管上。直至1661年2月，八岁的玄烨（即康熙帝）即位，形成索尼、苏克萨哈、遏必隆、鳌拜四大臣辅政局面，贵族势力一直是左右清王朝朝政的巨大力量。辅政康熙的四大臣都是上三旗（即镶黄旗、正黄旗、正蓝旗）的功臣贵戚，但却不是爱新觉罗的宗室。时至康熙初年，尽管关外八旗分立和四大贝勒共议国政的体制已成历史陈迹，入关之初作为皇叔的多尔衮摄理朝政的旧制已不复见，但以四大臣为首的满洲亲贵仍是把持朝政的主要政治势力。而且，除满、蒙贵族外，在征服汉民族的军事战争中，还形成以“三藩”为代表的汉族贵族势力。满、汉贵族形成的历史背景不同，在清王朝政治体制中的地位也不尽相同，但作为封建贵族的一般特征却是相同的：他们不仅仅是国家统治的社会基础，本身也是统治权的拥有者；他们与帝王并不是简单的隶属关系，而是具有相当的独立性和自主性；他们不仅具有强大的经济实力，而且具有左右朝廷的政治、军事实力。

第一，贵族集团的经济是相对独立的。满洲贵族有自己的庄田，“大庄每所地一百三十垧（或一百二十垧至七十垧不等），半庄每所地六十五垧（或六十垧至四十垧不等），园每所地三十垧（或二十垧至十五垧不等）”[①]。清兵入关后，所谓无主荒田尽行分属八旗宗室贵族，且“使满洲自住一方……务使满汉界限分明，疆理各别”；八旗官兵旗地统计达14012871亩。[②]而作为“三藩”贵族之首的平西王吴三桂，则建立了清朝户部不得查核的独立的财政体系。不仅如此，吴三桂还以各种借口向清朝中央索要财饷，以至于“天下财赋半耗于三藩”[③]。

第二，贵族控制的军事力量是相对独立的。除八旗旗主对于军事力量的控制外（皇太极于1630年圈禁了二贝勒阿敏，夺取了正蓝旗后，开始形成皇帝自掌上三旗的局面），“三藩”贵族也拥有属于自己的相对独立的军事武装。吴三桂拥有五十三佐领及绿旗兵一万二千名，“三藩”贵族甚至可以自行任命将领，清政府

---

① 康熙《大清会典》卷二一《各旗庄屯》，“近代中国史料丛刊”三编第72辑，台湾文海出版社1992年，第905页。

② 参见李文治编：《中国近代农业史资料》第一辑，生活·读书·新知三联书店1957年，第19—23页。

③〔清〕魏源：《圣武记》卷二《康熙勘定三藩记》上，《魏源全集》第3册，岳麓书社2004年，第60页。

“吏、兵二部不得掣肘”；其“用财，户部不得稽迟”。[①]

第三，贵族的政治地位相对独立。吴三桂将新任知县以上官吏“百计罗致，令投身藩下，蓄为私人”[②]，甚至凭借其威势向全国选派官吏，称为“西选”，形成“西选之官遍天下”[③]的局面。

一方面是清朝贵族势力的扩张，以及由此引发的皇权与贵族权势的激烈斗争；另一方面是面对汉族文化巨大传承力的新建王朝出于民族统治本能，对传统绅士阶层力量的摧残。对于具有千百年社会阅历的绅士阶层而言，险象环生的清初政治给予他们更多的只是历史的酷虐：

——1661年（顺治十八年）发生“通海案”，郑成功进攻南京，江南士民响应，郑氏兵败后，清廷穷究深追，绅士牵连被刑者极多。

——同年发生“奏销案”，尽管“当是时，绅衿、衙役欠者固有，要不及民欠十分之一”。但结果是“章下所司，部议不问大僚，不分多寡，在籍绅衿，按名黜革，现在缙绅，概行降调。于是乡绅张玉治等二千一百七十一名，生员史顺哲等一万一千三百四十六名，俱在降革之列”。“奏销一案，据参四府一县，共欠条银五万余两，黜革绅衿一万三千余人。”[④]昆山叶方霭仅欠银一

① 〔清〕刘健：《庭闻录》卷四，“近代中国史料丛刊”三编第26辑，台湾文海出版社1984年，第9页。

② 〔清〕刘健：《庭闻录》卷四，第11页。

③ 〔清〕魏源：《圣武记》卷二《康熙勘定三藩记》上，《魏源全集》第3册，第60页。

④ 〔清〕叶梦珠：《阅世编》，第136—137页。

厘（折制钱一文），“亦被左迁”，“时有探花不值一文钱之谣”。[①]

——1663年发生“明史案”，其后又发生各种“文字狱”。清王朝借着这一桩桩有意或无意制造的冤狱，给予绅士阶层无情的打击。“遂致怀才抱璞之士，沦落无光；家弦户诵之风，忽焉中辍。一方文运，顿觉索然，岂非文教之衰微，而守土之扼腕也哉!”[②]

贵族与绅士力量的消长进退无疑构成清初波涌浪颠的政治风潮中最惊心慑魄的一幕。但是，历史和现实却又一再表明，拥有统治权并相对独立的贵族势力毕竟不会忠心不二于皇权，环伺于皇权周边的日益扩充的贵族势力，终究是觊觎皇权的最危险的力量。如皇太极离世后，宗亲诸王分党乖离，暗潮涌动，颇多权争之事。[③]而以吴三桂为首的“三藩之乱”，对于旨在巩固皇权一统天下的爱新觉罗氏，更是痛彻心扉的政治巨创。因此，要维护大一统封建皇权不受侵犯，要使封建社会秩序相对稳定，就必须在加强皇权的同时从根本上削弱和限制贵族势力。清朝统治者入关之后，为了皇权的加强，在从皇太极、顺治到康熙、雍正在位的一百余年的时间里，皇权经历了同旗主贵族、满洲诸王、三藩贵族进行的奇险无比的争斗。

应该说，清王朝的社会政治统治最终融入中国皇权专制的历史进程中，是客观历史发展的必然，尽管这种历史发展的必然是通过计谋、狡诈、权术的政治聪明，残酷无情的内部绞杀，以及

---

① 参见〔清〕陈康祺:《郎潜纪闻》卷四,宣统年间扫叶山房石印本,第2页。
② 〔清〕叶梦珠:《阅世编》,第141页。
③ “先帝上宾,诸王兄弟,相争为乱,窥伺神器。”见《清世祖实录》卷一〇。

光怪陆离的阴谋事件完成的。在难以捉摸也难以预测的社会生活的偶然中，实现着被必然性规约着的历史趋向。时至雍正年间，皇权彻底战胜了贵族权势，军机处的设立，宣告了清王朝统治权力集于皇帝一身的政治胜利。

清廷有效地实现了统治权的集中。但是面对幅员广阔的国土、强固的汉民族文化传承和惯性巨大的社会习俗，要有效地实施治理，却是单凭皇权本身所不能承负的复杂而庞大的系统工程。这就成为清廷重新确立自己的统治基础的历史契机。康熙皇帝南巡过曲阜，拜谒孔庙，甚至以天子之尊向孔子行三跪九叩之礼，预示着清朝统治者对于传统绅士阶层这一社会力量的态度的转变。“博学鸿词科”“经学特科”“孝廉方正科”的设立，进一步缓和了清朝统治者与汉族士人之间的敌对情绪，为扩大统治阶级的社会基础，依靠绅士阶层实现社会治理的政策铺平了道路。康、雍时期，清廷对于各州、府、县学的学额和科举考试频次的限制已适当地放松[①]，“似乎对于进入绅士阶层究竟采取宽容政策抑或严厉政策，政府的摇摆终于停止了”，已不再严厉限制享有特权的绅士阶层的人数，“显然满清统治者当时认为他们的统治已牢固，可以放心地增加绅士的人数了”。[②]从此以后，绅士阶层的力量才获得稳定持续的发展。

历史地考察近代绅士数量的增长状况，是我们对这一阶层社会地位、社会力量及其时代特征变化认识的基点。虽然中上层绅

---

① 顺治十五年后，三年只有一次考试，而学额又减少了一半多，故实际所取生员减少了四分之三以上。

② 张仲礼：《中国绅士》，第83—84页。

士是整个绅士阶层中具有主导作用的力量，但他们（进士、举人）一般都由生员（秀才）而来，而且绅士的主体部分实际是由生员构成，所以对生员或监生数量的确认，是我们了解整个绅士阶层的前提。

清制，地方府、州、县学均有比较稳定的学额，这是我们具体估算生员数量时唯一可以参照的根据。通常情况下，廪生名额为府学40人，州学（直隶州）30人，县学20人；但这绝非唯一确定的数目，实际上有的多至60人，有的少至1—2人。其中，清廷特允的增生名额与廪生相等。[①]清朝从雍正以后，学额和考试频次都相对稳定，这有利于我们对生员数量的估算。据统计，太平天国前，即19世纪50年代前，全国1741所官学每次院试可录取25089名生员。[②]当然，每次录取的生员人数并不等于当时实际存在的生员人数，为此，张仲礼先生根据生员的期望寿命和考试频次对生员总数的估算是十分有意义的。他认为，“任何时候文生员的人数都将是学额的21倍，武生员的人数为学额的10倍”[③]。因此，25089名文生员的21倍为526869名，21233名武生员的十倍是212330名，太平天国前社会上存在的生员人数约为74万。[④]太平天国运动动摇了自清初以来一直保持相对稳定的生员学额。清廷为解燃眉之急，以生员学额的增广作为对地方捐输

---

① 参见许树安:《古代的选士任官制度与社会》,天津人民出版社1985年,第151页。

② 参见张仲礼:《中国绅士》,第84页。

③ 张仲礼:《中国绅士》,第106页。

④ 参见张仲礼:《中国绅士》,第106页。

军饷的赏赐，这一措施导致了各地学额的重大变动。皖南各县因捐输而增加的学额情况见下表[①]：

县名	捐输银(两)	加文武学额(名)	加广文武学额(名)
歙县	288485	10(县学) 10(府学)	44
休宁	159399	10	29
婺源	53228	5	1
黟县	113719	10	6
祁门	31348	3	/
绩溪	55942	5	2
泾县	2836	/	1
旌德	5572	/	2
太平	54021	5	2
青阳	20038	2	/
石埭	14378	1	1
总计	798966	61	88

太平天国后1810所官学学额增加为30113名，武生员由21233名增至26806名。[②]就全国范围而言，太平天国后生员总数约有91万。

与此相应的是，清代监生数量也由太平天国前的355535人增至将近534000人。[③]根据生员、监生数量的变化，我们便可以大致测算出当时绅士阶层的人数及其变化情况，如下表[④]所示：

① 参见张仲礼:《中国绅士》,第94页。
② 参见张仲礼:《中国绅士》,第96、102页。
③ 参见张仲礼:《中国绅士》,第117、121页。
④ 参见张仲礼:《中国绅士》,第122页。

绅士类别	太平天国前总数	百分比	太平天国后总数	百分比	增长(%)
生员	739199	68	910597	63	23
监生	355535	32	533303	37	50
总计	1094734	100	1443900	100	32

相对于清朝140余万的绅士总数，明王朝治下的绅士数量就显得微不足道了。据顾炎武记载，宣德七年（1432）天下生员合计三万有余。直到二百年后的衰世暮年，明王朝绅士总数当不下于五十万。①历史的纵向对比表明，晚清至近代，绅士阶层的确获得了前所未有的发展。

可以说仅从数量就足以说明，在近代社会结构的变动中，绅士阶层始终是不容忽略的社会集团力量；更何况，绅士阶层还负荷着传统文化所赋予的社会职责和特殊地位。

对于绅士数量的历史考察，我们不能不过多地借助枯燥乏味的数字和图表。但是，乏味的自然数字背后隐含着的内容，却具有异常丰富生动的社会意义和深刻的历史认识价值。数百年的历史给予我们一个具体而坚实的印象：无论清廷中央，还是地方绅士，都在为学额的数字做着出于各自利益的努力。这不正好说明了自然数字获得了超越本身的社会意义和历史价值吗？太平天国所造成的急迫形势，为各地绅士势力的发展创造了千古不逢的历史机遇。在朝廷认可的政策范围内，地方竭力向中央争取因捐输而增加的学额。咸丰四年（1854），广东新会绅民捐资募勇，当

① 参见〔日〕寺田隆信：《关于“乡绅”》，收入明清史国际学术研讨会秘书处论文组编：《明清史国际学术讨论会论文集》，天津人民出版社1982年，第123页。

地绅士钟应元即呈请增加文武学额。[①]山西临县、晋县也在咸丰初年奏准扩充廪、增各五名。李鸿章在同治年间也曾三次为安徽要求增加永远中额，一次要求加广中额。

对于学额的控制，是清王朝对绅士阶层实施宏观抑制的主要手段。即使在镇压太平天国的军需孔亟之际，学额的增广也不是没有限制的。咸丰三年（1853）清廷颁发谕旨规定：

> 现在大江南北军营，援剿之兵，数逾十万。……际兹大兵云集，需饷尤殷，仍不能不借资民力，以济军储……著照大学士等所请，由各省督抚，妥为劝导，无论已捐未捐省分，凡绅士商民，捐赀备饷，一省至十万两者，准广该省文武乡试中额各一名。一厅州县，捐至二千两者，准广该处文武试学额各一名。如应广之额浮于原额，即递行推展。傥捐数较多，展至数次，犹有赢余者，准其于奏请时声明，分别酌加永广定额。[②]

清廷在审慎地扩展生员学额的同时，也留下了不容突破的底线："一厅一州一县捐银一万两，加文武学定额各一名，均以十名为限。"[③]太平天国后，清廷更是极为认真地限制永广学额，1868年上谕称："各省加广学额银数，照旧章凡一厅一州一县捐银四千两者，准加一次学额一名。二万两者准加永远定额一名。其捐银

① 参见《郭嵩焘奏稿》，第142页。

② 《清文宗实录》卷八九，第10—13页。

③ 《钦定大清会典事例》卷七二〇，清会典馆石印本1899年，第5页。

已请奖叙，或已广中额者，均不准再加学额。”[①]到1871年，清廷就开始阻断了“永广学额”的做法。

历史的实际状况是，就在清廷中央与地方势力的相互博弈中，近代绅士阶层获得了不曾有过的发展，仅正途出身的绅士人数就增加了23%。[②]

统治者的精明还在于，在千方百计对正途绅士数量增长加以限制的同时，有意扩大了异途绅士数量增长的机会。借助捐纳这一途径，太平天国期间，异途绅士数量获得了迅速增长，其总人数竟达到53万，占到整个绅士阶层的36%。[③]

异途绅士数量的增长不仅仅改变了绅士阶层的构成，而且使得这一传统的社会阶层融入了经济的力量。随着近代社会的剧烈变动，经济的因素不仅启示着绅士阶层的发展趋向，而且也制约了清王朝统治者的意愿。它所形成的巨大的离心力，最终成为清王朝统治大厦迅速坍塌的社会因素之一。

对于当时的统治秩序而言，这的确是统治者的精明；对于未来的时代进程而言，这又是统治者的愚笨。

---

① 《钦定大清会典事例》卷七二〇，第5页。

② 参见张仲礼：《中国绅士》，第138页。

③ 参见张仲礼：《中国绅士》，第150—151页。

第二章
乡土权威——绅士阶层的地位与角色

社会是一个永远运动着的复杂的人与人的结合体，它以某种不可抗拒的力量，使每个人都定位其中，获得属于个人其实最终也属于社会的尊卑有等、贵贱有别、贫富有差的社会位置。清代仍然具有以等级（及等第）为梯阶的社会结构模式。“所谓等级，是指奴隶制国家和封建制国家中一定的社会集团，这些集团由国家的成文法或不成文法规定其成员享有某种权利，承担某种义务以及加入或排除于该集团的条件。”[①]法权身份基本相同的同一等级成员，因其经济、政治等各方面情况所形成的差别，又分为不同的等第。作为具有封建法典所认可的特殊身份的绅士集团，在清代整个社会结构中处于什么样的地位呢？

一、“四民之首”

“绅士为四民之首，为乡民所仰望。”[②]这是一位身居二品的

① 经君健：《试论清代等级制度》，收入明清史国际学术研讨会秘书处论文组编：《明清史国际学术讨论会论文集》，第286页。

② 吕实强：《中国官绅反教的原因（1860—1874）》，台北“中央研究院”近代史所专刊1985年，第165页。

巡抚大员张贴在显要处的布告的内容。如果说森严的身份等级结构是封建社会中人们社会关系地位的法律表现，那么四民之分就是它的社会表现。“士农工商”的四民划分及其社会地位的确认，是社会行业（也是社会分工）意义上等级身份的表现。因而，这一有序的社会结构，就成为整个传统社会秩序赖以稳定的基础。“先王分士农工商以经国事，各一其业而殊其务。”①然而，在封建社会中，“一其业”“殊其务”的本来的社会分工意义却被严格的等级身份所淹没，遂成为一种相对闭锁的社会结构体系，限制了社会成员的流动。在漫长的专制社会风骤雨急的动荡中，尽管社会结构承受了政治、经济、民族等各种力量的冲击，却仅仅是改变了其中某一阶层特殊集团和个别分子的社会地位，“士农工商”的有序社会结构本身却并未受到实质性影响。

在传统的士农工商结构中，蕴含着两大社会内容，一是社会成员的社会地位，二是社会分工的时代特征。但是，社会地位的不平等，又是伴随着分工的发展而形成的。职业的划分是社会分工的直接表现，而社会分工又是阶级或阶层形成的前提。在传统专制社会中，无论是社会分工的时代特征，还是社会成员的社会地位，所体现的“贵贱尊卑”“名分等级”精神却是完全一致的：“凡民有四，一曰士，二曰农，三曰工，四曰商。论民之行，以士为尊，农工商为卑。论民之业，以农为本，工商为末。”②士农工商结构也就从根本上突出并保障着绅士们独特的社会地位，使

---

①〔唐〕房玄龄等：《晋书·傅玄传》，中华书局1974年，第1318页。

② 谢阶树：《约书·保富》卷八，收入《中国文化精华全集（政治经济卷）》，中国国际广播出版社1992年，第324页。

之稳定地居于“四民之首”，并成为“一乡之领袖”[①]，同时也由此保障了皇权国家实施政治统治的基本国策，即“农本商末”或“重农抑商”。

因而，在士农工商结构中，在这既展示着历史时代社会分工的基本特征，又浸透着身份等级地位的法权精神，也凝聚着农耕社会文化的价值取向的社会生活中，形成了一个“假以礼貌，使有别于齐民”[②]的绅士阶层：“绅士们有一派绅士风度来表明他们的身分——长袍，长指甲，能诗善赋，有欣赏艺术的闲情逸致，彬彬有礼。”[③]在社会生活中，绅士的特权地位常常以各种外显的礼仪而区别于平民，如在拜见地方官时，可免除一切平民所需要的限制与礼节。平民对地方官必须称大老爷，同时也必须称“没有官职或官衔的绅士即举人、贡生、生员、监生等为老爷”[④]。平民一旦取得生员身份，即可出入乘肩舆，受人尊重，成为“四民之首”。王朝也从法典上保障着绅士独特的社会地位。

首先，绅士享有赋税和徭役的优免权。“至于一切杂色差徭，则绅衿例应优免……嗣后举、贡、生员等，着概免杂差，俾得专心肄业……”[⑤]清代徭役较重，但绅士们始终享有不可置疑的优

---

① 〔清〕王孝绳编：《王苏州遗书》卷七《丹阳县劝捐查户章程》，收入《清代诗文集汇编》第771册，上海古籍出版社2010年，第221页。

② 〔清〕刘锦棠：《刘锦棠奏稿》卷五《委员试署准设新疆南路道厅州县各官并筹现办情形折》，岳麓书社2013年，第140页。

③ 〔美〕费正清、〔美〕刘广京编：《剑桥中国晚清史（上）》，第17页。

④ 张仲礼：《中国绅士》，第30页。

⑤ 〔清〕素尔讷纂修：《钦定学政全书》卷二五《优恤士子》，霍有明、郭海文校注，武汉大学出版社2009年，第92页。

免权。而且，徭役的优免权还可泽被其家族成员。贵州黎平府学所立碑石铭文记述："凡生员之家，一应大小差徭概行永免。"[①]严格说来，对作为专制王朝的财政基础的田赋，绅士并不享有优免权。但是，在等级身份的庇护下，绅士们常常以拖欠或转嫁于平民的手段，少纳或不纳田赋，享有某种意义上的"法外特权"。[②]

其次，在法律方面，绅士享有特别保障权。专制王朝通过律例、谕旨、成例所规定的刑罚、法律程序的成文法或不成文法，突出了绅士阶层的地位。绅士犯罪，一般不会上刑，如果所犯罪行很重而必须惩治，则首先要革去其绅士身份，然后才能加以治罪。身份较高的绅士姑且勿论，即使是举贡功名，知县也无权随意判处并革去其身份。"这种权力，特别是对下层绅士，一般都操诸教官之手。""由此绅士可免受一般的行政处置，只能由其上级教官审判。"[③]"对于绅士违法的处置，必须按照严格的特定程序，否则地方官就可能因其擅权而被参劾。"不同身份在法律面前的不平等，正是中国专制社会不平等的本质特征：

> 生员犯小事者，府、州、县行教官责惩。犯大事者，申学黜革，然后定罪。如地方官擅责生员，该学政纠参。[④]

---

①〔清〕俞渭：《黎平府志》（光绪十八年）卷五上，收入《中国地方志集成·贵州府县志辑》（17），巴蜀书社2006年，第487页。

② 参见〔清〕丁日昌：《抚吴公牍》卷二二，台湾华文书局1968年，第636页。

③ 张仲礼：《中国绅士》，第36页。

④〔清〕素尔讷纂修：《钦定学政全书》卷二四《约束生监》，第88页。

> 生员关系取士大典，若有司视同齐民挞责，殊非恤士之意。今后如果犯事情重，地方官先报学政，俟黜革后，治以应得之罪。①

在身份社会里，任何昭示尊贵等级的身份，都具有该社会制度所给定的经济、政治、法律的特权，也只有借此，拥有身份的人才能在现实社会生活中拥有特别的地位和权势。“是以一游黉序，即为地方官长所敬礼，乡党绅士所钦重，即平民且不敢抗衡，厮役隶人无论已……故一登科甲，便列缙绅，令人有不敢犯之意，非但因其地位使然，其品望有足重也。”②

身份等级的差别必然包含着严酷的法律不平等的内容，而法律的不平等又必然要社会化为身份的差别。所以，绅士的地位成为社会价值定向所在：“一得为此（指生员），则免于编氓之役，不受侵于里胥，齿于衣冠，得以礼见官长，而无笞捶之辱……非必其慕功名也，保身家而已。”③

绅士居于“四民之首”的社会依据及其文化根据是什么？晚清经世学者包世臣有一段并不触及其根本的文字：“夫无农则无食，无工则无用，无商则不给，三者缺一，则人莫能生也。至于士，若介介无能为人生轻重者，而位首四民。则以生财者农，而劝之者士，备器用者工，给有无者商，而通之者士也。然则修法

---

①〔清〕素尔讷纂修：《钦定学政全书》卷二五《优恤士子》，第92页。

②〔清〕叶梦珠：《阅世编》，第83页。

③〔清〕顾炎武：《亭林文集》卷一《生员论》，收入《清代诗文集汇编》第42册，上海古籍出版社2010年，第637、638页。

以劝农，使国富而主德尊，抑先求士而已。”[1]有时学者们的闪烁其词或条分缕析，远不及平常的社会生活事实能够直白地表达出社会现象的本质内容。社会历史的真理往往就宣露于简单的社会事实之中：“乾隆元年，福建发生一起吏卒骂举人的案件，判处中把举人比照六品以下长官。”[2]严格说来，官僚作为国家机构的代表属于政治范畴，绅士作为统治阶级及其社会基础，则属于社会范畴。清朝在执法中将绅士的地位及特权比照官僚对待，无疑揭示了传统社会一条普遍的原则：官本位是人们社会地位确认的基本根据。这是古老文明的中国绅士与英国绅士的区别之所在。英国缙绅阶级最重要的决定因素是土地产业，间或因其他形式的财富……中国的缙绅阶级则不然。在明清两代大部分时期中，他们的地位由来只有部分是财富，而极大部分是（科举所得的）学位。[3]

地方上的绅士（生员）在明代约有四分之三，清代超过一半出身寒微。[4]无论封建王朝在改朔易姓的“轮回”中怎样频繁地兴衰枯荣，但封建传统文化在扬弃中却始终展示出一个不可动摇的历史趋向：高扬士的地位而贬黜商的价值。“自古昔重士而轻农工商，商贾逐末，更为乡党自好者所不为。”[5]

---

①〔清〕包世臣：《安吴四种》卷七下，“近代中国史料丛刊”第30辑，台湾文海出版社1973年，第557页。

② 经君健：《试论清代等级制度》，第293页。

③ 参见何柄棣：《明清社会史论》，台湾联经出版有限公司2013年，第45页。

④ 参见何柄棣：《明清社会史论》，第152页。

⑤ 黄炎培、庞淞编：《中国商战失败史——中国四十年海关商务统计图表》第一编“总论”，“近代中国史料丛刊”续编第93辑，台湾文海出版社1982年。

四民的划分及其“士首商末”社会地位确立的根本标准，就是“士能明先王之道，佐人君治天下”[①]，一言以蔽之，乃因“士能应试为官故也”[②]。科举制度下，绅士的身份具有双重性质：“士”，读书的功名者；“仕”，为官或准备为官者。士为“四民之首”的根本原因就在于绅士是整个皇权官僚或国家机器的社会基础。科举制度以其具有外显标志和社会文化内容的“功名”身份，把绅士同官僚紧密结合在一起。因而在清代的高层官员中，有功名的进士占有相当的比例，可见下表[③]对清季侍郎出身的统计：

出身	人数	百分比
进士	457	58.51
举人	62	7.94
贡生	16	2.05
监生	29	3.71
荫生	32	4.10
其他	185	23.69
总计	781	100

“科举为利禄之途，得之则荣，失之则辱。”[④]读书应试不仅是入仕的正途，在以农为本生产不发达的社会中，读书、应试、功名、入仕是士子们唯一的本业。相对于社会大众的平民而言，绅士阶层确是“精选”出来的人数有限的社会集团。“州县最多

① 〔清〕靳辅：《生财裕饷第一疏》，收入〔清〕贺长龄编：《皇朝经世文编》卷二六《户政一》，“近代中国史料丛刊”第74辑，台湾文海出版社1966年，第952页。
② 《各省推广工局议》，收入何良栋编：《皇朝经世文四编》卷四二《工政一》，“近代中国史料丛刊”第77辑，台湾文海出版社1972年，第759页。
③ 参见魏秀梅：《清季职官表》乙编《人物录》，台北“中央研究院”1977年。
④ 《掌山东道监察御史宋伯鲁折》，收入国家档案局明清档案馆编：《戊戌变法档案史料》，中华书局1958年，第216页。

有生监三四百人。”[①]功名越高，其人数越少，“士少则贵”[②]，而最终归结为入仕做官。但无论是官僚，还是功名，其地位高下或尊卑贵贱，都以其等级为标志。由于在传统等级结构中，皇帝属于“超等级”的顶点，因而人们的社会地位及其等级的差别便呈现着唯一的趋向：越靠近皇权，其地位越高，身份越尊贵。在“皇冕”灵光照视下的独特地位，不是从某种意义上集中体现了中国古老文明和农耕文化的深层意蕴吗?!

二、社会角色

绅士这一具有等级性的社会阶层的形成，是社会制度发展的必然产物。功名、顶戴等名器，是王朝法典所认定的特定社会地位的标识，也是维系传统纲常秩序的工具。不过，法定的社会地位是确定不移的，而现实的社会角色却因其动态的变化而具有极度的丰富性。

社会上的每一种身份和地位，都有一套被期待的行为模式、义务和权利；这种社会期待受一定文化背景的影响，并作为社会规范的具体内容，为特定身份和地位的人确定了具体的行为界限——这就是“社会角色”。仅从规范要求而言，地位与角色应该是一致的；二者在生活中的区别则又是简单而清晰的：人所占据的是地位，但所扮演的是角色。因此，这是同一个概念的两个方面。

---

① 谢澄平:《中国文化史新编》五，台湾青城出版社1985年，第274页。

②《四民论》,《申报》1872年12月9日。

对于“四民之首”的绅士，王朝当然不只是给予特权和地位，而且还从社会秩序稳定的最高目标出发，提出必要的规范要求。那么，王朝要求绅士所扮演的社会角色是什么？“士子身入庠序，宜守卧碑。”[①]顺治朝颁定的卧碑十条戒律对于绅士提出了严格的要求。[②]这是融伦理纲常与法定戒律为一体的行为规范。“士绅望重门乡，形端乃能表正。”[③]朝廷所期待的绅士的角色，是既不干预公事、把持官府，又“上可以济国家法令之所不及，下可以辅官长思虑之所未周”[④]。

但是，死板的条文又如何框约得住变动不居的社会生活？即令是钦定的皇家卧碑，在历史时光的剥蚀下，也会失去开初的威严而形同具文。“清中叶以后，凡此戒条典礼，渐皆废而不行……”[⑤]绅士阶层在清季已发展为基层社区控制系统中最主要的集团力量，扮演着远非王朝所期待的社会角色。他们不仅干预公事，甚至发展为同王朝官府相抵牾的势力，如“福建省会，素称人文，惟绅士把持政务”[⑥]。

绅士势力的张扬，使得许多地方官仅仅成为绅士的“监印”，而无法直接插手地方公务。“自寇乱以来，地方公事，官不能离绅士而有为。”[⑦]在绅权迅速勃盛的湖南地区，竟然出现“自咸同

---

① 夏东元编：《郑观应集》上，第462页。
② 参见柳诒徵：《中国文化史》下册，中国大百科全书出版社1988年，第673页。
③〔清〕赵滨彦：《湘藩案牍钞存》第四册，1911年铅印本，第52页。
④《绅衿论》，《申报》1872年5月1日。
⑤ 黎锦熙等纂：民国《洛川县志》卷一九《教育志》，泰华印刷厂1944年，第2页。
⑥〔清〕张集馨：《道咸宦海见闻录》，中华书局1981年，第274页。
⑦〔清〕胡林翼：《麻城县禀陈各局绅筹办捐输情形批》，收入《胡文忠公全集》第四册，上海广益书局1936年，第283页。

军兴以后，绅权大张，虽举贡诸生皆得奋其口舌与地方长吏为难，此天下人皆知”[①]的情势。绅士作为一个居于地方领袖地位和享有特权的社会集团，在维系正常社会秩序的官、绅、民三种力量中，灵活地并且谨慎地逐步突破法定的限制，使自身所扮演的角色更为重要也更为多样。一般说来，绅士从事的地方社会活动主要有三大项：

（一）地方学务。绅士是科举制度的受益者和热心支持者。地方兴办学务，修建社学、义学，都是绅士们义不容辞的职责。[②]陈宏谋所拟定的“义学条规四则”规定“馆师”的选择范围，也局限于绅士，“无论本地举贡生员及外来绅士，必须立品端方，学有根底者，延之为师”[③]。所以，地方学务及其他文化建设一向归绅士把持。

（二）地方公产。对于地方公共财产、经济事业，官府并不直接参与管理，通常“以其事诿诸绅士”[④]。借此，绅士们“垄断了一县公产的经济命脉”[⑤]。在地方社仓管理中，绅士优先担任社长或仓正，从地方公共经济利益上保障着自己阶层的权益。乾隆年间，广东巡抚李湖在其《酌定社长章程疏》中，明白无误

① 胡思敬：《退庐全集诗文·文集·退庐疏稿》卷二《劾湖南藩司庄赓良折》（宣统二年三月二十日），“近代中国史料丛刊”第45辑，台湾文海出版社1970年，第857页。

② 参见任士谦：《博白县志》卷四，1932年刻本，第2页；〔清〕瑞麟、〔清〕戴肇辰等修：《广州府志》第二册卷六五，台湾成文出版社1966年，第96、100页。

③〔清〕徐栋：《牧令书》卷一六《教化》。

④ 夏东元编：《郑观应集》上，第533页。

⑤ 中国人民政治协商会议全国委员会文史资料研究委员会编：《辛亥革命回忆录》二，文史资料出版社1962年，第397页。

地突出了绅士对于社仓管理的特权："（社长）令该州县在本社各村庄内照例于不应试之殷实监生遴访举充……倘本社各村实无不应试之监生，即举诚实乡民充当，亦不必拘泥成例。"①

（三）地方公务。作为地方中坚势力，绅士们把持着地方各项公共事务。即使是跨县区的大型水利工程，虽然由官员出面协调，"但是无论这些工程由官或由绅指导，在执行中总是绅士承担主要负担"②。地方志有关统计资料有助于说明这一事实，如下表③：

	惠州府志			容县志	
	桥梁	津渡		桥梁	津渡
官修	10	1	官修	1	/
官绅合修	3	1	官绅合修	/	/
绅修	34	1	绅修	52	21
民修	18	4	民修	32	22

地方官府办理地方事务，必须借助于绅士的力量。因而"凡地方公事，大都由绅士处理……绅士之可否，即为地方事业之兴废"④。各级官府是封建国家机器的组成部分，地方官代表皇权宰治属民，各地兴革大事或地方公务本是官府应尽职责，却反而由"绅士把持政务"，造成这一社会现象的制度性原因究竟是什么呢？

在以等级、身份划分社会成员的封建社会结构体系中，官民之间横亘着不可逾越的等级鸿沟。平民见官，必须下跪以大礼参

① 〔清〕徐栋：《牧令书》卷一二《筹荒上》。

② 张仲礼：《中国绅士》，第60页。

③ 参见〔清〕刘淮年等修：《惠州府志》卷五，台湾成文出版社1966年；〔清〕封祝唐等修：《容县志》卷八，台湾成文出版社1974年。

④ 攻法子：《敬告我乡人》，《浙江潮》第2期，中央编译出版社2014年，第8页。

拜，官员与庶民也不能轻相交接。因而地方民情自然不能由平民径直上达于官府，官府所办之事也无从直接施之于民。身份等级制度所造成的官民势分悬殊，就决定了必须借助第三种社会力量沟通官民关系，于是，“地方官兴除利弊，体察民情，必先访之乡绅；而境内士民，因其名列搢绅，凡居家居乡者行止，率效法焉”①。

而且清朝地方官员的回避制和频繁更换制，也强化了绅士左右地方政务的作用。清代地方官任期普遍较短，如下表②：

历史时期	河南鹿邑		湖南常宁	
	知县任数	平均任期(年)	知县任数	平均任期(年)
顺治(1644—1661)	7	2.6	4	4.5
康熙(1662—1722)	11	5.5	14	4.3
雍正(1723—1735)	5	2.6	5	2.6
乾隆(1736—1795)	17	3.5	15	4.0
嘉庆(1796—1820)	18	1.4	15	1.7
道光(1821—1850)	19	1.6	32	1.0
咸丰(1851—1861)	9	1.2	13	0.9
同治(1862—1874)	10	1.3	12	1.1

这自然造成地方官对于地方政情、民情“乃往往隔阂，诸事废弛，闾阎利病，漠不关心，甚至官亲幕友肆为侵欺，门丁书差敢于鱼肉，吏治安得不坏”③。因此，为了使封建统治机制有所运作，一定程度上实施地方治理，并适度钳制吏胥的欺蒙，地方官

① 〔清〕石成金:《官绅约》,第389页。
② 参见张仲礼:《中国绅士》,第56页。
③ 刘锦藻:《清朝续文献通考》卷一三五《职官二十一》,商务印书馆1936年,第8954页。

必须借助于绅士的力量。“盖官有更替，不如绅之居处常亲。官有隔阂，不如绅士之见闻切近。”[①]无疑，在封建社会结构中的官、绅、民三种社会力量中，绅士是官民之间发生联系的中介。诚如一位按察使所言：“惟地方之事，官不得绅协助，则劝诫徒劳，绅不得官提倡，则愚迷弗信。”[②]

三、官民之间

如果仅仅从封建政权运作的表象来看，绅士阶层并不直接拥有权力，无论是明太祖的“禁例十二条”，还是清顺治帝的卧碑戒条，都严格限制绅士阶层对权力运行过程的干预。“至乡绅于地方民事，原不应有所干预，以滋把持官府之咎。”[③]不过，拥有天下的皇帝从来也不曾真正拥有天下的人心。所以，封建政权结构形式的要害就在于确保皇权的安然。治官之官多，而治民之官少，是中国封建政权结构的主要特征。从皇权以下的军机处、清朝中央六部到各省督抚、府、州、县衙，除州县长官为“亲民”之官外，各级衙门和官员的主要职责是“治官”而非“治民”。然而，封建等级制度本身和清朝官吏制度（如回避制），却一定程度弱化了地方官——知县直接进行民事治理的功能，强化了“四民之首”绅士阶层对基层社会的控制功能。

---

① 〔清〕惠庆：《奏陈粤西团练日坏亟宜挽救疏》，收入〔清〕盛康编：《皇朝经世文续编》卷八二，“近代中国史料丛刊”第84辑，台湾文海出版社1972年，第2469页。

② 〔清〕樊增祥：《樊山政书》卷一五《批延川县岁贡张清泉禀词》，第421页。

③ 〔清〕石成金：《官绅约》，第28页。

绅士并不像官员那样拥有钦命的权力，却拥有基层社会赋予的“天然”权威。在正式的权力体系中，皇权保障着权力拥有者和实际行使者的一致，在实际生活中，权力拥有者和行使者常常发生分离，皇权却不能直接深入乡村社区。一个作为朝廷命官的知县，要顺利地完成属下的各项公务，主要的依靠力量就是绅士。“官与民疏，士与民近。民之信官，不若信士。……境有良士，所以辅官宣化也。”[①]并不熟悉地方人事民情的外来知县，离开对地方绅士的依恃将寸步难行，他们只能“专意结合绅士，保其一日之利”[②]。面对幅员广阔而又相互隔绝的乡村社会，只有借助绅士阶层这一非正式权力阶层，皇权的统治才能延伸到社会底层。

“世之有绅衿也，固身为一乡之望，而百姓所宜矜式，所赖保护者也。”[③]以社会权威而非法定权力资格参与封建政治的运作，绅士阶层便集教化、治安、司法、田赋、税收、礼仪诸功能于一身，成为地方权力的实际代表。在基层社区，若无非正式权力——绅权，正式的官方权力便不能独立地运行。姚莹对此作过比较具体的分析：

> 缙绅之强大者，平素指挥其族人，皆如奴隶……愚民不知畏官，惟畏若辈，莫不听其驱使。苟失驭之，则上下之情不通。官虽惠爱而民不知，民或甚冤抑而官不察，此

① 李燕光：《清代的政治制度》，收入明清史国际学术研讨会秘书处论文组编：《明清史国际学术讨论会论文集》，第257页。

② 〔清〕金蓉镜：《痰气集》卷七《复抚军密查地方吏治文》，潜庐全集本。

③ 《绅衿论》，《申报》1872年5月1日。

> 前人之所以多败也。诚能折节降礼，待以诚信，使众绅士咸知感服，则所至敢于出见。绅士信官，民信绅士，如此则上下通，而政令可行矣。[①]

封建政权的运作效率，一定程度上取决于地方官与绅士的有效配合。尤其在晚清，由于中央集权的弱化，各级官府行政权威锐减，绅士们几乎控制了地方事务的主要方面。“至今各省虽以官治为主，而地方公事无不酌派绅士襄办……”[②]对于关切地方利弊的大事，权非操诸绅士，其事断不可举。诚如郑观应所言：“故治河之事尤贵得人。然而责之河官不如责之疆吏，责之疆吏不如责之乡绅。盖生长聚族于斯，则痛痒相关，不敢自贻伊戚也。”[③]

官府权力在基层社区的实施过程中，为绅士所分割，从而造就了并无法定依据却又为社会所认可的“绅权”。绅士的权力“是靠身份获得的。在不变的秩序下，传统的权力不易遭受别人的反对，人们可以乐于接受它的控制，绅权的大部分是根据这一来源”[④]。如此，作为地方利益代表的绅权在范围和力度上都有一定的权威性：“东南巨族大家，冠盖相望，州县每有兴举，凡不

---

① 〔清〕姚莹：《复方本府求言札子》，收入〔清〕贺长龄编：《皇朝经世文编》卷二十三《吏政》，“近代中国史料丛刊”第74辑，台湾文海出版社1966年，第856页。

② 《大清宣统新法令》第2册，商务印书馆1910年，第20页。

③ 夏东元编：《郑观应集》上，第750—751页。

④ 胡庆钧：《论绅权》，收入吴晗、费孝通等：《皇权与绅权》，天津人民出版社1988年，第119页。

便于绅士者，辄倡为议论，格而不行。”[①]结果形成这样一种局面：“官不过为绅监印而已。”[②]而且，绅权作为非正式的权力，常常扩张到官府难以接受的程度，这首先体现在赋税方面。

绅士常自称为“儒户”“官户”“城户”“大户”，称平民为“民户”“乡户”“小户”，并依此造成缴纳赋税的不平等，如江北“漕价向有绅户、民户之别，又有城户、乡户之别。绅户每石有全不完者，有收二千余文者，有收三千余文者……乡户、民户则有收至六七千文者，甚有收至十五六千文者。低昂悬殊，骇人听闻”[③]。交纳赋税的不平等，以及由此引发的社会问题，一直是清政府十分关注的问题。经世学者冯桂芬为此作《均赋说》四篇，其中就有两篇是针对绅士而言的。“同一业田，同一完粮，人何以宜多，我何以宜少？”“我能保子孙之为绅不为民乎？……国课之宜完，民艰之宜恤，为士者必知均赋之为善政。……为民者可以不知，为士者岂宜不知此？而不知又何足以为士乎？”[④]然而，对于具有一定张力的绅权，这种劝诫并无济于事，甚至清政府为此采取的一些强硬措施，也并不能从根本上限制得了绅士权力的扩张。

绅士拒缴赋税或有意拖欠，会被革去身份或追究治罪，“应纳钱粮以十分为率。欠至四分以下者，举人问革为民，贡监生员

---

① 〔清〕黄六鸿：《福惠全书》卷二三，收入官箴书集成编纂委员会编：《官箴书集成》第3册，黄山书社1997年，第480页。

② 〔清〕李钠：《牧沔纪略》下。

③ 〔清〕丁日昌：《抚吴公牍》卷二二，第639页。

④ 〔清〕冯桂芬：《均赋说劝绅》《均赋说劝衿》，收入熊月之编：《中国近代思想家文库：冯桂芬卷》，中国人民大学出版社2014年，第207—209页。

并黜革，杖六十。欠至七分以下者，举人问革为民，杖八十，贡监生员黜革，枷号一个月，杖一百。欠至十分以下者，举人问革为民，杖一百，贡监生员俱黜革，枷号两个月，杖一百……”[①]但是这些借皇权威势的治罪条例并不能有效地控制绅士的特权，咸丰九年，“江苏生监多有不安本分，包漕、抗粮种种恶习，教官并不能稽察约束”[②]。

此外，绅士的权力还扩展到司法领域。绅士们“凭借门第，倚恃护符，包揽钱粮，起灭词讼，出入衙门”，甚至“私设公堂和私藏刑具”。[③]江苏巡抚丁日昌在沭阳县令到任时，就提醒他该县绅士周绍虞、王汝栋为当地讼棍，经常与县役声气相通，起灭词讼。[④]在四川，“讼棍多系贡监文武生，唆架扛帮，大为民害”[⑤]。这在很大程度上削弱了知县作为地方官的司法权，“由绅士解决的争端大大多于知县处理的”[⑥]。

清朝统治下的地方社会权力有很大一部分为绅士所控制，绅士无疑时常制约着“官权”的行使。乾隆年间云南安村发生水灾，地方绅士郎秀才向县官报灾。县官坐八抬大轿下乡勘灾，勘察结果认为灾情不重，这自然触怒了绅士。郎秀才指斥县官糊涂，并唆使村民将其坐轿打坏。县官在难堪之下，只好溜出安

---

① 《大清律例》卷一一《户律·仓库上》，田涛、邓秦点校，法律出版社1998年，第218页。

② 刘锦藻：《清朝续文献通考》卷九七《学校四》，第8569页。

③ 参见张仲礼：《中国绅士》，第52页。

④ 参见〔清〕丁日昌：《抚吴公牍》卷二八，第870页。

⑤ 刘锦藻：《清朝续文献通考》卷九七《学校四》，第8571页。

⑥ 张仲礼：《中国绅士》，第66页。

村。[①]因此，为了地方的利益，绅士们可以结成势力，有效地抵制政府权力的行使。

皇权是强大的，却不是万能的。在皇权羽翼下生长起来的绅士阶层，既是皇权向基层社区延伸的中介，也是皇权力量在民间实施的阻隔。这似乎表明，绅士阶层所拥有的不容怀疑的权威，有着更为广厚和深刻的社会文化根基，而并不仅仅依附于皇权本身。

四、乡土权威

就权力的本质属性而言，封建专制政权不会容忍任何无视其权威的社会力量的发展。为了防阻明季绅士力量坐大情形的重演，也为了摧抑士大夫的民族意识，清王朝以凌厉之势挫削绅士的力量。“清之所异于明者，在摧挫士气，抑制绅权。”[②]因而对于地方绅士的严厉惩治，是清王朝入主中原后的基本政治手段。《东华录》载：“顺治三年……谕：运属鼎新，法当革故。前朝宗姓，已比齐民，旧日乡绅，岂容冒滥……自今谕示之后，将前代乡宦监生名色尽行革去，一应地丁钱粮杂汛差役，与民一体均当，蒙混冒免者治以重罪。”[③]1652年由礼部颁天下学校卧碑，以规范绅士的行为；1660年由礼部严饬学臣约束士子，不得妄立社名，纠众盟会，违者严加治罪。[④]统治者对绅士力量的严酷之举，

① 参见胡庆钧:《论绅权》,第124页。

② 柳诒徵:《中国文化史》下册,第670页。

③〔清〕王先谦编:《正续东华录·顺治六》,撷华书局1887年,第10、11页。

④ 参见谢国桢:《明清之际党社运动考》,中华书局1982年,第206页。

确使“各地帖伏，无复明代绅士嚣张之势矣”[①]。然而，统治者的严厉措施，只是削减绅士力量于一时，而未能从根本上弱化绅士对地方社会的控制力。道光以后，地方绅士的权势已日渐扩张：

> （同治年间）粤东吏治偷敝，人人以势利争胜，玩视法度，积成风气。官评之贤否，专视绅士之爱憎，百姓疾苦，无过问者。[②]
>
> （光绪年间）近来绅士往往不安本分，动辄干预地方公事，甚至藉端挟持官长，以遂其假公济私之计，于风俗人心大有关系，亟应认真查究以挽浇风。[③]

无疑，封建专制制度不时塑造着皇权的绝对形象，同时，封建社会文明的机体里也滋生着抵御皇权的“免疫”系统。终究，在社会生活的最广阔范围内，在千百年如斯的基层社区内，离开绅权这种社会权威力量，皇权也只有象征意义。代表皇权执行政务的官府，谨慎而又有分寸地“礼遇”绅士，求得官权与绅权的合作共治。“各省州县之待所辖绅士，假以礼貌，使有别于齐民。”[④]通常情况下，“地方官到任以后的第一件事，是拜访绅士，

---

① 柳诒徵：《中国文化史》下册，第670页。

② 《郭嵩焘奏稿》，第338页。

③ 张寿镛编：《清朝掌故汇编（上）》，第77页。

④ 〔清〕刘锦棠：《刘锦棠奏稿》卷五《委员试署准设新疆南路道厅州县各官并筹现办情形折》，第140页。

联欢绅士，要求地方绅士的支持”[①]，否则地方官往往被绅士们合伙驱逐，或者经由同乡京官用弹劾的方式将其罢免或调职。[②]因而知县们被反复告诫说，县官遇见绅士，“皆宜下轿叙谢远劳”，不能“妄自尊大乘轿从绅士面前长驱而过”[③]。县官到任之初，就要号房探明“地方大绅士生日号行，均要写明，贴于办公之处”，因为“绅士为一方领袖，官之毁誉，多以若辈为转移”。[④]

如果说“溥天之下，莫非王土，率土之滨，莫非王臣”是皇权一统的法定依据，那么“天高皇帝远”则是对绅权作为地方权威的社会认可。在以“士农工商”简单社会分工为基础的农耕社会里，技术知识及其进步是十分缓慢的，于是社会秩序的维系和延续依赖于“伦理知识”。因此，无论社会怎样动荡变乱，无论王朝如何起落兴废，维系传统社会文明的纲常伦理中心不曾变更。居于这个社会文明中心位置的恰恰正是绅士阶层。

在农耕社会的很长一段时间里，绅士阶层是主要的享有教育和文化特权的社会集团。“劳心者治人，劳力者治于人”的社会价值观，决定了唯有作为文化占有者的绅士才拥有卫护传统社会纲常伦纪的职责。“其绅士居乡者，必当维持风化，其耆老望重者，亦当感劝闾阎，果能家谕户晓，礼让风行，自然百事吉祥，

① 吴晗：《论绅权》，收入吴晗、费孝通等：《皇权与绅权》，第50页。

② 参见吴晗：《论绅权》，第50页。

③〔清〕胡衍虞：《居官寡过录》，收入官箴书集成编纂委员会编：《官箴书集成》第5册，第33页。

④ 参见〔清〕何耿绳：《学治一得编》，收入官箴书集成编纂委员会编：《官箴书集成》第6册，第706页。

年丰人寿矣。”[①]如何使一个幅员辽阔而又流通不畅的传统社会在统一的儒学教化下获得整合，使基层社会及百姓不致“离轨”，是任何一个封建王朝必须面对的重大课题。清王朝所面临的思想意识统治任务则更为艰巨：

“顺治十六年（1659）成立乡约，规定每月朔望宣讲‘六谕’两次。”[②]

康熙九年（1670）颁布十六条“圣谕”。

雍正二年（1724），清世宗亲自撰写了《圣谕广训》，成为日后百姓生活中经常宣讲的主要依据。

其中，十六条“圣谕”以“重人伦”“重农桑”“端士习”“厚风俗”为主旨，成为农耕时代浸透着浓郁东方伦理道德色彩的行为规范。它的内容是一个古老民族在其传统生存方式中的基本需求：

> 敦孝弟以重人伦，笃宗族以昭雍睦，和乡党以息争讼，重农桑以足衣食，尚节俭以惜财用，隆学校以端士习，黜异端以崇正学，讲法律以儆愚顽，明礼让以厚风俗，务本业以定民志，训子弟以禁非为，息诬告以全良善，诫窝逃以免株连，完钱粮以省催科，联保甲以弥盗贼，解仇忿以重身命。[③]

---

① 〔清〕张集馨：《道咸宦海见闻录》，第27页。

② 台北“中央研究院”《近代史研究所集刊》第19期，第327页。

③ 《清朝文献通考》卷二一《职役考一》，文渊阁四库全书本，台湾商务印书馆1986年，第452页。

每半月一次“宣讲由十六条政治—道德准则组成的‘圣谕’的目的，是向百姓灌输官方思想”[①]。然而，这一带有宗教形式却毫无宗教内容或宗教情感的活动仅仅依靠地方官根本无法实行，而是由地方绅士事实上承担着宣讲圣谕的职责。“在于大乡大村，设立讲约所。选举诚实堪信，素无过犯之绅士，任约正，值月分讲。”[②]

绅士拥有文化，拥有知识，成为使农耕时代的文明得以延续发展、社会秩序得以稳定的重要角色。等级制度和农耕社会的生存方式，排斥着农民享有受教育和拥有文化的权利，也因此使之处于被治者的地位。在一个礼法社会中，只有知书才能识礼，也才配识礼。对于文化和教育的占有，使得绅士集教化、伦理、法规、祭祀、宗族等一切社会职责与权力于一体，成为乡土社会的实际权威。“一个农民从生到死，都得与绅士发生关系。这就是在满月酒、结婚酒以及丧事酒中，都得有绅士在场，他们指挥着仪式的进行，要如此才不致发生失礼和错乱。在吃饭的时候他们坐着首席，还得接受主人家的特殊款待。”[③]对于一个大字不识的农民，文字既具有神秘性也具有权威性，它的实体表现就是绅士阶层的权势和地位。

正是农耕社会“日出而作，日落而息”而又远离文化知识的农民宽厚的肩膀，顶立起一个乡土社会的领袖集团——绅士

---

① 张仲礼:《中国绅士》,第68页。

② 〔清〕田文镜:《钦颁州县事宜》,收入〔清〕许乃普辑:《宦海指南五种》,第8页。

③ 胡庆钧:《论绅权》,第120—121页。

阶层。

“我们的帝国是由几百万个农村聚合而成的社会。数以千万计的农民不能读书识字，全赖乎士绅的领导，村长里长的督促，他们才会按照规定纳税服役。”[①]绅士的权势来源于一个文明或时代的根本需求，它是以一个社会权威的姿态矗立在厚实的农耕社会的根基之上。同权力直接源于皇权赐予的官僚不同，官僚只对皇权负责，而绅士却还肩负着社区的利益。因而，“民之信官，不若信士”，是无论皇权还是官府，都难以改变的社会现实。

作为社会权威力量，绅士在社区中的领袖地位很难被皇权轻易地剥夺，尽管在极端冲突中皇权可以凭借兵威大规模地摧抑绅士的力量，但社会生活的正常组织与社会秩序的正常维系，又只能依恃于绅士的力量。因此，不论是皇帝继退引起的朝政风波，还是王朝易代的江山更色，都很难从根本上触动绅士阶层在乡土社会中的地位。即使在明清易代这般既杀戮人身又蹂躏人心的异族统治确立过程中，清廷也只能有限地扑杀明朝的遗绅，而不能从根本上削弱地方绅士的权势。农耕文明土壤里扎根生长着的绅士力量仍然顽强地抵制着皇权对基层社区的渗透，保持着自身的领袖地位。

任何一个王朝只能拥有一时之天下，而不能拥有整个文明。

一个文明体系的生存和发展遵循着自身运行的必然节律。文明或体现文明生存方式的根本需求，将超越王朝或皇权的直接利益，而属于一个特定的历史时代。这是所有旨在建立“万世王

---

① 〔美〕黄仁宇：《万历十五年》，中华书局 1982 年，第 230、231 页。

朝”的皇权永远无法破解的斯芬克斯之谜。

当然，绅士的权势并不具有永存的价值。不过，除非从一个社会或时代变革的深层意义着眼，绅权的彻底消除似乎并不具有任何现实性。然而，这不又意味着奏响了整个封建社会制度走向墓葬的挽歌么！对此，皇权将注定无能为力。

第三章
从保甲到团练——基层社会控制与绅士阶层

在社会控制系统中，控制主体（制人者）和控制对象（受制者）的不同，无疑标志着其社会地位的根本差别。在清代社会控制机制的历史演进过程中，绅士阶层却由清初的控制对象发展为近代的控制主体。因而充分揭示这一历史变动过程，成为我们认识封建社会结构和近代绅士阶层的一个饶有兴味的课题。

一、保甲的功能

在资产阶级革命爆发前，法国唯皇帝之命是从的庞大的官吏队伍人数已高达五十万人，而当时清朝的正式官吏还不足三万名（两万名文官，七千名武官）。其中直接治民理事的“亲民之官”还不足两千名。显然，如果仅靠这几万名封建官吏去维持农耕社会中既高度分散聚居又数量巨大的数亿百姓的社会生活秩序，那将是人类社会史上的奇迹。

其实，在乡村社会中真正对民众的生活发挥作用的社会控制形式，是远比封建官制更复杂而多样的。清王朝极力推行的基层社会控制制度当首推保甲制。

保甲制的源头可追溯到商鞅在秦所推行的新法——什伍连坐

法。“令民为什五，而相牧司连坐。不告奸者腰斩，告奸者与斩敌首同赏，匿奸者与降敌同罚。”[①]此后，封建社会在不断的发展过程中逐步完善了保甲制度，时至宋代已形成以保、大保、都保三级分层的“伍保法”[②]，以株连的方式，强制地使平民百姓之间实施横向的相互监视，以达到有效的社会控制。清政府承袭前朝制度，在顺治元年（1644）就开始推行保甲制度，“凡保甲之法，州县城乡十户立一牌头，十牌立一甲头，十甲立一保长，户给印牌书其姓名丁口，出则注其所往，入则稽其所来”[③]。保甲制度是“将散漫而无统系之民众，以一定之数字与方式，精密组织之，使成为有统系之政体”[④]。通过株连互保、责任连带的组织系统，力求达到“是以能制一人，以制千百人……能使一家以为致制于千百家……制一人足以制一家，制一家亦足以制一乡一邑”[⑤]的目的。因而，清王朝着力于保甲制度的组织结构建设，严格按照牌、甲、保的十进制单位统一编排，使之成为基本整齐划一的社会控制组织，例如下表[⑥]：

地区	时间	户	牌	牌长	甲	甲长	保	保长
南宁县	1851年	21232	2096	2096	209	209	20	20
浏阳县	1873年	62334	6143	6143	611	611	121	121
清平县	/	3110	296	296	30	30	/	/

① 〔汉〕司马迁：《史记·商君列传》，时代华文书局2014年，第148页。

② 〔明〕陈邦瞻：《宋史纪事本末》卷八，明万历刻本，第188页。

③ 《清朝文献通考》卷一九《户口考一》，第398页。

④ 闻钧天：《中国保甲制度》，商务印书馆1935年，第4页。

⑤ 闻钧天：《中国保甲制度》，第14页。

⑥ Kung-chuan Hsiao（萧公权），*Rural China: Imperial Control in the Nineteenth Century*, University of Washington Press, 1960, p. 28.（该书后出版中文译本〔美〕萧公权：《中国乡村：19世纪的帝国控制》，张皓、张升译，九州出版社2018年。）

推行保甲制不久，顺治三年清政府又在基层社会实行里甲制，这成为乡村社会控制的又一组织形式。里甲制是“以一百一十户为里，推丁多者十人为长，余百户为十甲，甲凡十人，岁役里长一人，管摄一里之事……里长十人轮年应役，催办钱粮，勾摄公事”[①]。不过，从功能上看，清初推行的保甲制与里甲制具有明确的分工，“保甲的目的就是监督和控制乡村居民，帝国政府把它作为不受乡村社会力量影响的完全独立的制度”[②]。而“赋役不均、隐蔽差役之律”的执行则由里甲负责。[③]因此，清初并行于乡村社会的保甲制和里甲制，是相互独立的两个控制组织。二者的区别是明显的：

（一）在法律地位上，保甲归属于刑律，而里甲则归属于户律。

（二）在社会功能上，保甲承担治安、稽察的警防任务，里甲则承担征收赋税、催办钱粮等行政公务。

（三）在组织结构上，保甲之甲由十牌组成，里甲之甲由十户组成。里甲的户是实体单位，甲不是真正的实体单位；而保甲之甲却是防警联保的真正的基本单位。

（四）在组织层次上，保甲系统分为三个层次，里甲系统分为两个层次，如下表[④]：

---

① 《清朝文献通考》卷二一《职役考一》，第448页。

② Kung-chuan Hsiao, *Rural China*, p.31.

③ 参见《清朝文献通考》卷二一《职役考一》，浙江古籍出版社1988年，第5044—5045页。

④ Kung-chuan Hsiao, *Rural China*, p.34.

层次	保甲系统	层次	里甲系统
一	10户=1牌	一	10户=1甲
二	10牌(100户)=1甲	二	110户=1里
三	10甲(1000户)=1保	/	/

但是，雍正年间实行摊丁入亩后，人丁编审失去了实际意义，里甲的职能被弱化。嘉庆四年（1799），里保合一的趋向已十分明显。在有关的官方文牍中，已把乡正、里长纳入了保甲系统，“特此通谕各督抚务饬所属查照旧定章程，实心劝导选充公正里长，编立户口、门牌……”①因而乾嘉以后，保甲、里甲实际已合而为一，保甲的功能也不再局限于“弥盗安良”，而将“一切户婚田土，催粮拘犯等事”②纳入自己的控制范围。

那么，在清廷精心建造的保甲控制系统中，具有封建身份的绅士处于什么样的地位呢？清廷的真正目的在于利用这一制度，平衡或制约高度分散聚居的乡土社会中任何一种社会力量的独立性发展。③因此在王朝明令颁布的保甲规制中，自始至终都试图把绅士作为社会控制的对象，而不是听任其成为社会控制的主体。雍正帝即位不久，就明令：

> 谕百姓完纳钱粮当令户户到官，不许里长甲头巧立名色。闻有不肖生员监生倚恃一衿，辄包揽同姓钱粮……秀才自称儒户，监生自称宦户，每当征收之时，迟延拖欠不

① 刘锦藻:《清朝续文献通考》卷二五《户口考一》,第7757页。
② 《清朝文献通考》卷二四《职役考四》,第5062页。
③ Kung-chuan Hsiao, *Rural China*, p.31.

即输纳。该督抚即晓谕粮户除去儒户宦户名目，如再有抗顽，即行重处。[①]（雍正二年）

绅衿之家一体编次，听保甲长稽查，如不入编次者，照脱户律治罪。[②]（雍正五年）

为了保障皇权对乡土社会的渗透，削减绅士阶层的控制力量，清廷“曾反复尝试过将民众的所有阶层纳入这一制度，包括地方绅士，他们也要和平民一道登记。可是，各级十进制单位的首领们却是平民。这一制度的一个特征显然是企图提供一种平衡力量，以制约绅士在地方社会中早已存在的重要影响”[③]。

然而，一个平民身份的甲长或保长，又如何有效地履行控制居于“四民之首”的绅士阶层的超重的社会职责？清王朝没有留下解决这一矛盾的正确答案，只有失败的记录：

康熙时，保甲制“至是有司奉行不力，言者请加申饬”[④]。

雍正四年，“康熙四十七年整饬保甲之后，奉行既久，往往有名无实”[⑤]。

嘉庆四年，保甲“因循日久，视为具文，甚或办理不善，徒滋扰累，以致所管地方盗匪潜踪，无从觉察”[⑥]。

……

---

① 张寿镛、宋文蔚等编：《皇朝掌故汇编》内编卷九《田赋一》，第1009页。

②《清朝文献通考》卷二五《职役考五》，第5073页。

③〔美〕孔飞力：《中华帝国晚期的叛乱及其敌人》，谢亮生等译，中国社会科学出版社1990年，第27页。

④《清朝文献通考》卷二二《职役考二》，第5051页。

⑤《清朝文献通考》卷二三《职役考三》，第5055页。

⑥ 刘锦藻：《清朝续文献通考》卷二五《户口考一》，7757页。

保甲制推行伊始，就受到了绅士阶层强有力的抵制。大量的事实表明，绅士们阻碍了保甲制度的实施，并拒绝提供登录他们及其家属等情况。[①]以至于保甲制在中国南部地区的实施中，无疑地失败了。[②]在反复而又艰难的尝试中，清廷将绅士阶层置于保甲控制之下的企图终难实现。地方官迫于绅士们的强大压力，也不能不承认他们具有超越保甲控制地位的事实，“十家长，保正长俱选之庶民，不及青衿衙役……其乡绅举贡监文武生员在本甲居住者，不必编入十家之内……惟将一户系某乡绅、某举贡监衿，开明姓讳、籍贯、官职，附编本甲十家之后”[③]。当然，对于这种无视朝廷谕令的现状，清政府不得不加以申斥，要求地方官将绅士与平民一体编入保甲系统。咸丰元年（1851）清政府上谕称：“保甲……每以门牌为编氓小民……有司忽于巨室，而专查散处小姓。……故欲于保甲皆真确，必当视绅民无偏私也。”[④]

然而，仅凭皇帝的谕令，也不能改变“地保等贱役也，甲长等犹之贱役也”[⑤]的平民与“非官而近于官”的绅士之间的差别。事实上，绅士凭借封建社会所赋予的等级、功名身份，抵制等若“贱役”的保甲长的控制，并非难事。咸丰年间一位知县刘玉如似乎洞悉了这一问题的症结，提出应该提高保甲长的身份，给予顶戴：“本朝军功品级从事戎行者，随时以示鼓励不少。……

① Kung-chuan Hsiao, *Rural China*, p.68.

② Kung-chuan Hsiao, *Rural China*, p.69.

③〔清〕黄六鸿：《福惠全书》卷二一《保甲部》，第453页。

④ 张寿镛、宋文蔚等编：《皇朝掌故汇编》内编卷五三《保甲》，第4127页。

⑤〔清〕冯桂芬：《校邠庐抗议·复乡职议》，第12页。

可否援照此例，酌为变通，于举充保正甲长时详请分别给予顶戴……”[①]不过，这位书生出身的知县却未能意识到，由一个文明长久孕育出的等级身份结构，并不会因一时的微议而有所更张。不久，这位知县的上司就对此请求作了不容置疑的批示：

> 慎选保正甲长给予顶戴，前人亦曾有议及之者。然其实保正甲长应差当役，乡党自好之士必不肯为，虽给以顶戴之荣犹将逊谢不顾，其乐于承充者，保无倚势横行欺压乡里，谓给以顶戴遂能使殚心为公，诚实可倚，恐亦必不可得之数也……该令所禀详情……应毋庸议。[②]

无论如何，绅士们拥有的文化教养和在家族社会中的地位，绝不是一个非权力化的社会控制系统所能动摇的。清王朝统治者的悲剧在于并未意识到，一旦把绅士置于保甲控制之下，必然会泯灭绅士与庶民之间的根本性差别，而这种差别又是在更深层次上支撑着封建社会的统治机制。

二、宗族与乡社

即使没有绅士阶层的有意抵制，单一的保甲制度也无法渗透到农耕时代的乡村社会中去。在自然经济条件下，中国乡村社会

① 〔清〕刘如玉：《勤慎堂自治官书》卷一《禀编查保甲酌拟变通章程》，“近代中国史料丛刊”第77辑，台湾文海出版社1969年，第13页。
② 〔清〕刘如玉：《勤慎堂自治官书》卷一《禀编查保甲酌拟变通章程》附张中丞批文，第15页。

呈现着高度分散聚居和闭塞隔绝的状况。许多地区乡村的自然单位甚小，根本无法按照十进制的保甲系统统一地“整合”起来。如乡宁县“统计合境多至千村，而百家之聚，十无一二，数十家之聚，十无五六，或十数家，或数家，竟有一、二家为一村者”[①]。在临县，民户与村庄之比竟为四比一，“按籍而稽仅得三万四千二百三十三户，每户丁壮不过一人，而村庄已占一千一百九十九。若不问丁户，而但言村落，鲜有不惊为繁剧者。盖山僻之区，业农为本，凡有可耕之地，随在营窟而居，以便耕凿而谋衣食，故所谓十家村者实居多数，通邑足百户者，除城镇而外，不过数村而已”[②]。因而在大多数地区，数百户以上的大村，或百数户的中村所占比例甚小，如下表[③]：

地区	村数	大村	中村	小村
		数百户	百户左右	数十户以下
顺义县	270	20	150余	100
平谷县	72	4—5	/	余皆小村
望都县	110	/	数村	余皆小村
雄县	231	1	23	80余
宛平县	383	/	185	290
太谷县	374	32	52	47
临晋县一区	54	/	7	/

① 赵祖抃、赵意空等修纂:《乡宁县志》卷一《乡镇谱》,“中国地方志丛书”华北地方第八一号,台湾成文出版社1968年,第59—60页。

② 胡宗虞、吴命新等修纂:《临县志》卷六《区所谱》,“中国地方志丛书”华北地方第七二号,台湾成文出版社1968年,第159页。

③ 顺义县、平谷县、望都县、雄县、宛平县资料见直隶省视学编纂:《直隶风土调查录》,第25、29、48、52、18页。太谷县资料见民国《太谷县志》,台湾成文出版社1976年,第332—365页。临晋县一区资料见民国《临晋县志》,台湾成文出版社1976年,第38—42页。

临晋县一区属城关人口繁盛区，尚且没有数百户的村落，数十户乃至数户村落是其乡村结构主体。面对“散居之户不成村镇者，难以历举”[①]的现实，清廷努力推行的保甲制度在高度分散的乡村社会中，事实上很难步调一致地贯彻下去。这不能不导致保甲制度在一些地区类同虚设，“甚至户绝则本甲受其困，甲绝则本里被其殃”[②]。因此，甲村不合、人村分离的情况多有存在。如雄县，“今则生齿日繁，迁徙靡定，往往一村而分隶数社，且有社甲系本境，而其人久徙他境者”[③]。再如邯郸，“近乃有社名在东而地在西者，社名在北而地在南者，由是窜社跳甲弊端以起，非立法之意矣”[④]。

在复杂多样的乡村社会实际的制约下，任何政权的控制系统，都只能在变通甚至变易的情况下才有可能实施。真正在乡村中发生作用的组织系统也呈多样性特点，其名称、规制、职能、分布状况绝不会像章程拟定的保甲制度那样规范齐整。“没有任何东西比保甲制的准军事准则更能清楚地说明规范的和记述实际的这两者之间的差距：分层次的十进制编制机构并不反映中国社会中任何实际存在的可用数字表示的区划，而是在划分并控制社会的尝试中强加给中国社会的。”[⑤]因而在乡村社会生活中，社会

① 直隶省视学编纂：《直隶风土调查录》，商务印书馆1916年，第68页。

② 〔清〕王时炯：《定襄县志》卷三《田赋志》，雍正五年刊本。

③ 秦廷秀、刘崇本等修纂：《雄县新志·法制略·建置篇》，“中国方志丛书”华北地方第二一八号，台湾成文出版社1969年，第94页。

④ 李世昌等纂修：《邯郸县志》卷二《疆域志》，“中国方志丛书”华北地方第一八八号，台湾成文出版社1969年，第161页。

⑤ 〔美〕孔飞力：《中华帝国晚期的叛乱及其敌人》，第34页。

控制组织并不依赖于单一的保甲制。官方刻意推行的保甲制未必有依存于乡村民俗、世情、宗教、血缘、习惯诸因素基础上形成的民间控制系统更有活力，更为有效。这些多样化的民间社会控制形式有宗族、乡约、乡社等。

宗族制度在清代已发展为以血缘和地缘关系为纽带的同姓聚落体的主要控制形式。村落本是乡村社区的一种地缘组合，但是"汉文化独特的格局和传统，自有复杂的生成机制，而其中关键之一，是氏族制解体不充分，血缘纽带在几千年的古史（乃至于近代史）中一直纠缠不休……以父家长为中心，以嫡长子继承制为基本原则的宗法制的家庭、家族却延续千年之久，构成社会的基础单位"①。乡村社会中的农民大都是聚族而居，曾任江西巡抚的陈宏谋说："直省惟闽中、江西、湖南皆聚族而居，族皆有祠。"②宗族组织是乡村社会群体中的重要部分，它所拥有的强固的内部凝聚力，是其他社会群体所无法比拟的，而且宗族组织的民众化在清代是较为普遍的："今者疆宗大姓，所在多有，山东西江左右，以及闽广之间，其俗尤重聚居，多或万余家，少亦数百家。"③因此，中国农村社会中随处可见的单姓或主姓村落，就极为典型地展露了"聚族而居"的社会文化特征。

控制宗族成员的是族长或族正，而不是保甲长。族长拥有的

---

① 冯天瑜：《中国文化史断想》，华中理工大学出版社1989年，第34页。

② 〔清〕陈宏谋：《寄杨朴园景素书》，收入〔清〕贺长龄编：《皇朝经世文编》卷五八《礼政五》，第2159页。

③ 〔清〕张海珊：《聚民论》，收入〔清〕贺长龄编：《皇朝经世文编》卷五八《礼政五》，第2136页。

权力远比保甲长的要宽泛得多，他不仅主持宗族祭祀和掌管族众的日常生活，而且还是族众的法律仲裁者。“民有争执之事，先经本系族正、房长暨村正与村之贤德者平之。”[①]无疑，宗族群体有着具有自身特征的社会控制系统，对此，保甲控制力量的渗透是极为困难的。清政府也只能借助宗族本身的力量而不是保甲制度，来实现社会控制。雍乾时期曾谕令试行族正制，给予族正准官方身份，使之作为政府与宗族发生关系的中介。[②]道咸之际，朝廷也明确规定：“凡聚族而居，丁口众多者，准择族中有品望者一人立为族正，该族良莠，责令察举”[③]，赋予族权以一定的政权性质。

乡约也是乡村社会控制的一种形式。由乡约法聚合起来的社会群体，是一种强调传统伦理的地缘性互助组织，以“原始民主”形式来规范、约束社会成员的行为。乡约这种民间控制形式，起源于宋代，其主旨是：“凡同约者，德业相劝，过失相规，礼俗相交，患难相恤，有善则书于籍，有过若违约者亦书之，三犯而行罚，不悛者绝之。”[④]清朝统治者也很注重乡约的控制作用，屡颁“圣谕”推广于乡村社会。“顺治九年颁行六谕卧碑，行八旗直隶各省举行乡约，于每月朔望日聚集公所宣讲：孝顺父母，恭敬长上，和睦乡里，教训子孙，各安生理，无作非为。”[⑤]到1679年官方正式刊发《乡约全书》后，乡约组织便拥有了官方教化训俗的职能。直至民国初年，在乡村社会中仍存留着乡约制

① 胡朴安：《中华全国风俗志》下编，河北人民出版社1986年，第314页。

② 参见冯尔康：《18世纪以来中国家族的现代转向》，上海人民出版社2005年，第55—58页。

③《咸丰户部则例》卷三《保甲》条。

④〔元〕脱脱等：《宋史》卷三四〇《吕大防传》，中华书局1975年，第10844页。

⑤《清朝文献通考》卷二一《职役考一》，第5047页。

度的社会控制形式，如山西乡村的《公议禁约》《息讼会条文》《村话》等[①]，均具有乡约形式的社会控制力。

社，或曰乡社，也是一种社会控制组织。追溯社的历史渊源，至少在隋唐之际已经形成了二十五家一社的定制。实际上，社是原始的因祭祀社稷神为仪式而产生的社群单位不断发展的结果。[②]此后，社在稳定的祭祀职能中又加入了更多的社会职能，成为农业事务的准官方机构，至少在元代已是如此。清代的社，在乡村中是另一种社会组织的划分单位，如"一社分为十甲"[③]。1892年的《睢州志》表明，当地乡村大都划分为社。"在湖北的一些地方，社似乎已代替了里。"[④]有些地区的社事实上成为乡村社会综合性控制组织，如山西："晋俗每一村为一社，若一村有二三公庙，则一村为二三社（表明其以祭祀社稷神为中心而形成的社群的特征）。社各有长，村民悉听指挥，因令即以社长为约长，仿古人连村置鼓之法，令其鸣钟鸣锣相闻，平日则自清窝匪，闻警则互相救援……详定条规，不令造册点名，以免吏胥滋扰。"[⑤]清末，随着保甲制度的废弃，社的作用日渐重要。"自咸丰、同治以来，地方多事，举凡办防集捐，供支兵差，清理奸宄诸事，各牧令又无不借乡社之力。"[⑥]

---

①③ 柳诒徵:《中国文化史》,第843页。

② 参见柳诒徵:《中国文化史》,第841页。

④ Kung-chuan Hsiao, *Rural China*, p.37.

⑤《晋抚张之洞疏陈晋省通行保甲并请饬部定就地正法章程》,收入〔清〕葛士濬辑:《皇朝经世文续编》卷六八《兵政七》,"近代中国史料丛刊"第75辑,第1283页。

⑥ Kung-chuan Hsiao, *Rural China*, p.36.

与保甲系统相反，在宗族、乡约、乡社系统中，绅士阶层处于绝对控制的主体地位。尽管乡社首领的产生途径不一，“有一年一易者，有数年一易者，有轮流充当者，有由地方官札谕派委者，而以公众推举者为多”①，但却集中来源于绅士阶层，“所遴用者，或为生贡，或为职衔军功人员，或为平人”②，并且以有功名身份者为先。

至于宗族系统的族长人选，更是突出了绅士阶层的地位。宗族以德、爵、功作为从祀的标准，有功名的读书人、有官品的族人及对宗族有贡献的成员，生前作为宗祠的主人，死后作为崇祀的对象。无论在今生与来世、人间与天堂，绅士的身份和灵魂都在族人的崇敬中获得了权威。因而“族正以贵贵为主，先进士，次举贡生监。贵同则长长，长同则序齿，无贵者，或长长，或贤贤。族约以贤贤为主，皆由合族公举”③。在宗族系统中，凡有进士、举人和品官身份的人，分到的胙肉比祠堂主事人员还要多，他们在族内享有崇高的地位。甚至族田、宗祠也大都由有功名的绅士掌管着。无疑，“宗族是以士绅为首的组织”④。

依存于官方政权的保甲制度，事实上根本达不到控制地方绅士的企图，而绅士阶层却在对地方社会的控制中，既确保了自身的主体地位，又削弱了保甲制的实际作用。

---

①②《民政部奏饬各省查报乡社情形以重治本疏》，见柳诒徵：《中国文化史》，第841页。

③〔清〕冯桂芬：《校邠庐抗议·复宗法议》，第84页。

④〔美〕苏耀昌：《华南丝区：地方历史的变迁与世界体系理论》，中州古籍出版社1987年，第56页。

三、团练与绅士

咸丰三年（1853），清廷谕令各省普行团练（地方民兵制度），团练遂成为近代社会控制的另一种组织系统。面对团练的创行，人们有意发掘着它的历史根源："南朝以来，如裴骏、鲁悉达、周迪之属，类以乡兵悍贼取胜，开元后，府兵法废，诸州始团练民兵。""团练者，即古寓兵于农之意，而变通其法以适时用者也。"[①]尽管文化的传统可以为这种社会控制形式寻绎出充分的历史依据，然而现实的社会需求和统治者别无良策的政治无奈，才是团练兴起的真正原因。

嘉庆元年（1796）的川楚白莲教大起义，暴露了清王朝官方军事体系令人吃惊的虚弱。奉命平乱的军队"种种弊端难以描述……将帅对战争一无所知，而部队对将帅也漠然视之"[②]。同时清朝的行政控制系统也废弛不力，"村落中则乡约客头听教，城镇中则差役书办听教，所有稽查之人即为教中之人"[③]。

在社会秩序空前失控的严峻形势下，面对社会控制系统的衰败现实，清廷不得不采取社会动员的手段，借助团练民众的方式，达到社会秩序再"整合"的目的。1800年四川、湖南等地团练相继兴起，成为挫抑白莲教起义，实行基层社会控制的一种有

---

① 〔清〕龙启瑞：《粤西团练略序》，收入〔清〕葛士濬辑：《皇朝经世文续编》卷六八《兵政七》，第1271页。

② 〔日〕铃木中正：《清朝中期史研究》，爱知大学国际问题研究所1952年，第106页。

③ 〔美〕孔飞力：《中华帝国晚期的叛乱及其敌人》，第41页。

力组织。

当然，嘉庆年间的团练还处于萌芽状态，既偏处一隅又规模有限。但是，它的出现却表明，在王朝出现社会统治危机的“天崩地裂”的时代，社会需求本身就会催生出既不属于现行军事系统，也不属于行政系统的另一种控制力量。太平天国运动对社会秩序和清王朝的有力冲击，成为团练普遍兴起的历史契机。

踏着清王朝秋叶飘零的凄凉岁月，团练组织走向了自身健壮成熟的时光。对于清王朝而言，这确实是一种政治上的无奈：“自正月以来，粤贼北犯，汉黄不守，据长江之势，恣其荡轶，破皖桐下金陵，踞镇扬，又分其群丑涉汴入晋，东扰畿辅。国家兴师十万，南北攻围，旷日持久，凶锋未损十一二，而力已不支矣。”[①]太平军席卷中国南方的雄势，不仅表明清王朝保甲系统早已形同虚设，而且也再度验证了清王朝军事系统的无能。“官兵数万，已成废器，即令千人为营，而十贼可破。凡有血气，莫不痛心。”[②]面对狂飙突进的农民起义军，清王朝早已溃烂的政治机制，已难以提供军事供给方面的保障。“兴师十万，日费万金，军兴四年，所用不下二千万……夫以西北之兵而救东南，远者数千里，动经旬月，兵未至而贼已去，贼未见而币已竭矣。”[③]单凭正式的国家机器来摧挫太平军咄咄逼人的锋芒，并从根本上归复

① 〔清〕鲁一同：《与吴中翰论时势书》，收入〔清〕葛士濬辑：《皇朝经世文续编》卷六九《兵政八》，第1722页。

② 凌惕安编著：《咸同贵州军事史》，“近代中国史料丛刊”第13辑，台湾文海出版社1973年，第119页。

③ 〔清〕鲁一同：《与吴中翰论时势书》，第1723页。

社会秩序的稳定，无疑是朽木待春的奢望。

清王朝所面临的危机是深刻的，也是全面的："若河南、江西、安徽等省，幅员辽阔，门户尤多。地广而防不足，防多而兵不足，兵增而饷不足，此三者今之大患也。"①正是在"防不足""兵不足""饷不足"的百般无奈中，清廷才"诏各省兴办团练，以缙绅主之"②。由此，团练才作为一种特殊的社会控制组织遍及全国基层社会。不过，单从组织形式及地域特征来看，团练的"组织规模与官僚政治的区划如保甲、里甲的组织规模相对应，在某些情况下导致行政的和自然的协助单位的混淆和逐渐融合"③。曾国藩在回复丁宝桢的书信中说："弟意办团练与保甲名虽不同，实则一事。近人强为区别，谓操练技艺，出队防剿者即名团练，不操技艺，专清内奸者即名保甲。不知王荆公初立保甲之时，本曰民兵本尚操练，与近世所谓办团者初无二致。"④通常，人类社会组织不会在完全否定过去的意义上弃陈出新，而只是在历史的承接中吐故纳新。很多情况下，并不具有实际作用的保甲组织的行政划分，也为团练的组织提供了现成的形式。徐鼒的《六合保卫团练章程》便是如此："旧章以十户为牌，十牌为甲，十甲为保……今变通旧章，牌以十户为准，甲以十牌为准，

---

①〔清〕孙鼎臣：《请责成本籍人员办理团练疏》，收入〔清〕王延熙、〔清〕王树敏辑：《皇朝道咸同光奏议》卷五五《兵政类·团练》，"近代中国史料丛刊"第75辑，台湾文海出版社1973年，第2817页。

② 凌惕安编著：《咸同贵州军事史》，第160页。

③〔美〕孔飞力：《中华帝国晚期的叛乱及其敌人》，第107页。

④〔清〕曾国藩：《复丁宝桢》，收入《曾国藩全集·书信之十》，岳麓书社2011年，第84页。

保仍其旧，惟团练时，分划团界，设立团总，则仍以牌甲多寡为率，大保二、三保为一团，小保或并四、五保为一团。”[①]或者在保甲的组织中纳入团练的内容，或者以保甲为基础组成团练，这是近代团练形成的最基本的路径。如四川富顺的团练，保甲设立于承平时期，在危急时，它转化为团的形式，由练采取行动，保正和保长则转变为团总和团长。[②]1885年，周金章在奉天推行的团练，也是以保甲的单位为基础：

> 户出一人，人备一械，每十户为一牌，设牌首一人，蓝旗一、锣一、灯一，十牌为一甲，设甲长一人，白旗一、灯一，十甲为一团，设团总、副总各一人，红旗二，锣二、灯二，无事则昼夜逻察，严绝窝藏匪类之家，有警则远近同心，联为众志成城之势。[③]

然而，组织形式上的依存关系毕竟不能混淆其功能和内容上的根本区别：

其一，保甲重在清理户口，防范盗、奸；团练重在防御、抵制暴力侵袭。

其二，保甲具法律性，行于全国，属于行政体系；团练具自

① 〔清〕徐鼒：《未灰斋文集》卷七《张又莲诗集序》附录章程，“近代中国史料丛刊”第54辑，台湾文海出版社1973年，第273—274页。
② 参见同治《富顺县志》卷八《兵防·团练篇》。
③ 〔清〕周金章：《通饬顺天畿东各州县编查保甲示》，收入〔清〕葛士濬辑：《皇朝经世文续编》卷六八《兵政七》，第1708页。

发性，多由地方绅士主持，并未在全国强制推行，属于社会自治。

其三，保甲之法“贵分”，通过分而形成连坐的“互保”；团练“贵合”，通过“合团”而动员村社形成抵御外敌的“合力”。[①]

其四，保甲控制权操诸中央，以牵制绅权；团练之权则操诸绅士，以制衡保甲。

从保甲到团练的根本性变化，实质上表现为绅士阶层在控制体系中地位的变化。在保甲组织中，“保甲长多非绅士，此乃清廷政策，欲借保甲长之权力以压制绅权，免得士绅在地方上权势过大”[②]。团练却完全是绅士所控制的组织，“与保甲形成对照，团练承认并且依赖绅士领导，这一事实表明了中国农村中官僚政治潜在的虚弱以及其他社会组织形式相对的强大”[③]。

团练作为地方性社会组织，始终是地方名流——绅士施展权威的中心所在。首先，绅士居于团练组织的实际领导地位。尽管清王朝试图由官府总揽团练大权，但在实际操作过程中，仍然确认了绅士担任团练领袖的必要性。“办理团练在乎地方官实力奉行，尤在乎公正绅士认真经理。盖官有更替，不如绅之居处常亲，官有隔阂，不如绅之见闻切近，故绅士之贤否关乎团练之得失甚巨……”[④]因而，具有一定的功名身份也因而具有社会权威力量的绅士，最终成为团练组织中不容置疑的领袖力量。1853年前后，

---

① 参见〔清〕许乃钊：《乡守辑要合钞》卷一，咸丰三年刻本，第1、9页。

② Kung-chuan Hsiao, *Rural China*, pp.68–69.

③ 〔美〕孔飞力：《中华帝国晚期的叛乱及其敌人》，第64页。

④ 〔清〕惠庆：《奏陈粤西团练日坏亟宜挽救疏》，收入〔清〕王延熙、〔清〕王树敏辑：《皇朝道咸同光奏议》卷五五《兵政类·团练》，第2821页。

江西南昌地区五个团练局领袖均是绅士，其情形大致统计如下表[①]：

身份		中洲	南州	万舍	保安	定安	总计
科第绅士	举人	2	1	/	2	3	/
	贡生	/	2	/	2	/	/
	生员	1	2	2	6	2	25
捐纳出身	监生	1	/	/	/	1	/
	官阶与头衔	1	9	5	2	/	20

根据郑亦芳先生研究统计，太平天国时期各地团练领袖大都是绅士，如下表[②]：

地区	绅士领袖占比(%)	平民领袖占比(%)
广东	78.1	21.6
广西	79.9	20.1
湖南	56	11

其次，绅士也是团练经济的支撑者和组织者。团练不像保甲那样，"可以最小的花费办理"[③]。由于其地方武装性质，团练既需要武器装备和防卫设施，又需要供养团勇训练，因而经济来源对于团练组织是至关重要的。团练在兴起初期，由绅士捐献或由绅士组织的捐资，是它的主要经济来源。如六合县办理团练，绅士捐输者就达十六人，"捐资少则谷千斛，钱数千缗，多则助军饷累万"[④]。在临湘，有余姓监生也"捐资集结乡民，建团以护

① 参见同治《南昌县志》卷二八，第6—16页。
② 郑亦芳：《清代团练的组织与功能》，收入《中国近代现代史论集》第38编，台湾商务印书馆1986年，第657页。
③〔美〕孔飞力：《中华帝国晚期的叛乱及其敌人》，第90页。
④ 米镇波：《论咸丰朝地方团练的经济来源及影响》，《历史教学》1986年第12期。

其乡”[①]。在乡土社会中，“富出资，贫出力”[②]的社会动员原则，既决定了绅士在组织资金中的号召力，又决定了绅士在捐资中的职责。但是，对于团练所必备的经济而言，捐资毕竟只是应急之举。“由于个人财富和传统的氏族所有财源相对来说不易扩充，地方防御组织的领导转向更丰足和更深层的供养血脉：几乎是村社的全部农业和商业财富。”这促使由绅士控制的团练向地方捐税中渗透，结果各地普遍征收按土地面积估算也按收成估算的特种税，来供给团练的必要支出。当然，与政府所掌管的财政系统不同，这种捐税由团练自己控制，“由绅士而不是由衙门胥吏或衙役管理”。[③]知县几乎不能检查有影响的绅士通过团练局所操纵的收入和开销。

团练的崛起不仅意味着清王朝基层控制机制的转变，而且是以绅士阶层为代表的地方社会力量的增长及其对团练组织的根本控制，宣告了政府以保甲扼控绅士企图的破灭。

四、控制的主体

团练兴起于多事之秋。“迨大难既作，各地方人士知官与兵之不足恃，起而联团，捍御保卫梓桑者极众。”[④]社会需求本身推动着绅士阶层取得基层社会控制主体的地位，成为地方武装——团练的驾驭者，从而也成为控制整个地方社会的中坚。

---

① 同治《临湘县志》卷一，第13页。

② 光绪《华容县志》卷六，第9页。

③〔美〕孔飞力：《中华帝国晚期的叛乱及其敌人》，第92—93页。

④ 凌惕安编著：《咸同贵州军事史》，第161页。

团练是根源于乡土社会的互助防御性组织，它的特点是以“土著”为本，排斥任何“客籍”力量的渗入。“团练乡勇四字每字各有实义……团则声势气谊皆宜固结，练则进退击刺皆宜讲求，乡则取土著之人而客籍流氓不得与，勇则取壮健之士而老弱疲病不得充……四字中，乡字尤亟，窃谓团勇必团土著，投充必得的保”①；团练特有的凝聚力建立在乡土社会成员的纯洁的基础之上，这种纯洁却依恋着世代共处、血脉相承的地缘加血缘纽带的维系。因而，“皆用本地民人，不招募外勇”②的团练，把“保卫桑梓”作为高举不落的旗帜。这就决定了居于乡土社会权威地位的绅士，必然成为团练的领袖力量及其中坚，即便这一事实与清廷牵制地方绅士势力的一贯政策相抵牾。

保甲制度同绅士阶层社会地位形成的冲突，其实早已引起了人们的关注。把绅士阶层纳入保甲控制的主体而不是置为控制的对象，是改革保甲制度的主要思路。张惠言在《论保甲事例书》中就提出由绅士总理保甲事务：“甲长乡正之名，近于为官役，不若乡设一局，以绅衿一人总理，士夫数人辅之，谓之董事。牌头无常人，轮日充当，谓之值牌。如此，则牌头之名不达于官，董事民间所自举，不为官役，又皆绅士，可以接见官府，胥吏虽欲扰之不可得矣。”③虽然张惠言提出的保甲改制也要求“不问官

---

①〔清〕葛士濬：《民团论》，收入〔清〕葛士濬辑：《皇朝经世文续编》卷六八《兵政七》，第1710页。

②〔清〕沈兆霖：《请饬用兵各省实行团练疏》，收入〔清〕王延熙、〔清〕王树敏辑：《皇朝道咸同光奏议》卷五五《兵政类·团练》，第2818页。

③〔清〕张惠言：《论保甲事例书》，收入〔清〕贺长龄编：《皇朝经世文编》卷七四《兵政五·保甲上》，第2648页。

民大小户，一体均编”[①]，但在制度实际运行过程中，却强化了绅士阶层的领导地位。“今惟责成本乡绅士，遵照条法，实力举行，地方官止受绅士成报，时加劝导，不得令差役换查。”[②]显然，这与保甲一向排斥绅士的定制不合。然而，咸同之后绅士直接插手保甲事务的事实已经为官方所认可。曾经担任惠、潮知府的刚毅就把依靠绅士推行保甲的做法引为经验之谈：“予莅任惠潮，常下各乡招集耆老绅民，询其本乡某为端人，某为正士，令其举出。即由所举之内，择尤派充保正。”[③]这同19世纪50年代胡林翼在贵州使绅士控制保甲的做法如出一辙。[④]因而，团练崛起的深刻历史影响并不局限于绅士在团练中的领导地位，而是引发了“保甲权力向名流的转移，以及随之而来的名流控制地方权力的增强”[⑤]这一确切无疑的发展趋向。

无论保甲的组织及其规制如何变迁，近代绅士已俨然成为凌驾于保甲之上的主体力量。“今为变通保甲之法，而设立守望卡房……其设卡事件不假书役，不由现充之保甲人等，专俾绅士富户经理，尽绝派累滋扰之弊。”[⑥]在19世纪末的陕西靖边县保甲组织中，绅士已被纳入其领导主体之内，其情形如下表[⑦]所示：

---

① 〔清〕张惠言:《论保甲事例书》,第2650页。

② 〔清〕张惠言:《论保甲事例书》,第2649—2450页。

③ 〔清〕刚毅:《牧令须知》卷一《保甲》,“近代中国史料丛刊”第65辑,台湾文海出版社1973年,第40页。

④ 参见〔美〕孔飞力:《中华帝国晚期的叛乱及其敌人》,第128页。

⑤ 〔美〕孔飞力:《中华帝国晚期的叛乱及其敌人》,第128页。

⑥ 张寿镛、宋文蔚等编:《皇朝掌故汇编》内编卷五三《保甲》。

⑦ Kung-chuan Hsiao, *Rural China*, p.71.

地区	总绅	散绅	帮查	牌头	乡村	户数
城镇	1	5	10	76	121	776
东乡	0	5	5	34	65	352
南乡	0	4	5	50	153	561
西南乡	0	5	5	30	110	397
西乡	0	4	4	40	140	406
西北乡	0	4	6	60	70	818

在清代“保甲—团练—保甲”的交错纠葛的社会易变中，历史以极其平静的方式述说着绅士阶层社会控制地位的惊人变故。清王朝精心推行的保甲制度在近代已沦为绅士们的工具。19世纪80年代武昌知府李有棠推行的保甲制度，同上述靖边县的情况相似，把保甲的一切权力明确地交付绅士掌握，只是在保甲的最低两级（牌和甲）保留了平民的地位，而在此之上（保）则由绅士领导，并设立了总揽全乡保甲系统的监管总绅。①结果，“保甲旁落到地方绅士之手的趋势成了咸丰朝及以后农村中国的共同特征”②。

这展现了一个文明机体谋求发展的特有的成熟和顽强。

共同的历史趋向不会消弭绅士阶层在获取基层社会控制权力时，所体现的社区性或历史传承的个性特征。由于乡土社会所依凭的民情风土、历史传统的千差万别，近代绅士上升为社会控制主体的路径、方式也各具特色。有些地方是借助团练与保甲的融合，加强绅士对地方社会控制权力的。咸丰二年（1852）陕甘总

① 参见〔清〕李有棻：《保甲事宜摘要》卷三，清光绪十三年（1887年）武昌府署刻本，第1—2页。

② 〔美〕孔飞力：《中华帝国晚期的叛乱及其敌人》，第226—227页。

督舒兴阿拟订的保甲章程，就采取了团、甲结合的形式：

> 一、稽查保甲宜归核实；一、慎选保正俾专责成；一、编册挨查弗假手吏胥：一、乡间丁壮兼行团练；一、宣示教化互相劝诫；一、有司勤惰宜明定举措；一、各境番回宜分别种类；一、各境汉奸宜协同侦缉。①

1853年的宁远知县刘如玉也采取了团、甲合一的方法，由各乡绅士“按甲细查其人数之众寡，家计之贫富”，将团勇分派到甲，“务选身家清白年力强壮之人，由各户族绅耆出具保结带领来城随营操练”②。由于绅士是团练的领袖，那么通过团、甲的结合，使得“团练与保甲相为表里”③，或“团练即保甲也，有事则团练，无事则保甲”④，使绅士成为兼摄团、甲的共同首领。

更为多见的情形是，绅士们通过扩大团练的社会功能，达到从根本上控制基层社会的目的。团练创行于王朝的危机时代，但是咸、同之后太平天国失败的结果并没有导致团练组织的根本消亡。整个近代社会生活尤其是农村生活始终被兵连祸结或盗扰匪乱的阴影笼罩着，作为地方防御力量的团练不仅未能萎缩，反而在太平天国以后的年代里，“作为县以下官方的行政机关行使职

---

① 〔清〕舒兴阿：《奏遵办甘肃保甲情形酌议章程》，收入张寿镛、宋文蔚等编：《皇朝掌故汇编》中·内编卷五三《保甲十二》，广陵书社2011年，第1052页。

② 〔清〕刘如玉：《勤慎堂自治官书》卷二《谕粮户捐输练团》，第34页。

③ 〔清〕周金章：《通饬顺天畿东各州县编查保甲示》，收入〔清〕葛士濬辑：《皇朝经世文续编》卷六八《兵政七》，第1708页。

④ 刘锦藻：《清朝续文献通考》卷二一五《兵考一四》，第9619页。

能，承担着保甲的——有时承担着里甲的——职能”①。因而，近代团练除原初的军事防御功能外，还担负了行政功能和社会福利功能等。“尝观其纳赋税矣，每遇春秋两时，则民各备其租银而集于其团长，而总输于县官。”②甚至赈灾救济，地方公益，社会教育之类也成为团练的职责范围。③

绅士在地方社会中所扮演的多种角色，使得团练组织向着多方面综合职能方向发展，时至清末，团练已成为行使着征税、地方治安、民兵征募职能的行政机构。在广西，“绅士设（团）局，声威赫然，生杀之权，操之个人，地方官不敢过问，故人称团局为‘第一重衙门’”④。“从其历史根源说，团练是一种民兵制度，同时显然也是一种地方控制机构。”⑤

由团练而引发的近代农村社会组织的一系列变动，不论其变动形式与特征如何复杂多样，它的历史走向及其结局却是：绅士阶层成为基层社会控制的主体。

封建功名身份赋予绅士们的特殊社会地位，是封建王朝也是传统社会秩序的支柱。农耕文明使得绅士的功名与乡土社会扭结在一起，使绅士成为基层社区的代表。“历史的、经济的和血缘的瓜葛在他的自我形象中注进了强烈的地方主义。他故乡的县的

① 〔美〕孔飞力：《中华帝国晚期的叛乱及其敌人》，第225页。
② 〔清〕王应孚：《团练论》下，收入〔清〕盛康编：《皇朝经世文续编》卷八一，第2282页。
③ 参见郑亦芳：《清代团练的组织与功能》，收入《中国近代现代史论集》第38编，第657页。
④ 《论粤省经济界之迫及竞争之必要》，《粤西杂志》第4期。
⑤ 〔美〕孔飞力：《中华帝国晚期的叛乱及其敌人》，第221页。

繁荣和安全，以及比较无形的地方自傲和感情，是他成为地方人士这一角色的动力。”[①]然而，近代绅士权势的上升是伴随着清朝中央控制权力的弱化进行的。封建社会秩序的稳定，一定程度上依赖于中央与地方（具体表现为官、绅、民三者关系）的均衡态势。这种均衡的破坏在中国封建社会历史上也并不少见，但社会的运行终究会在既有的模式中重新建构起它的均衡态势。任何社会结构都有它自身发育的再生能力。所以，单纯的绅士这一基层社区力量的扩大，对于中国社会发展的基本路向不会有根本性影响。问题在于，近代绅士阶层潜动中的中国之社会环境，却处于“千年未有之大变局”。时代的变局最终使被破坏的均衡难以在传统的模式中重构，从而，这一变动本身便拥有了新的意义。

① 〔美〕孔飞力:《中华帝国晚期的叛乱及其敌人》,第223页。

第四章
千古变局——旧阶层与新时代

在由传统社会走向近代社会的历史剧变中，人们赖以生存的社会环境和文化条件都发生了史无前例的变动：新的社会生产力的出现，以及由此形成的社会交往形式、社会生活方式、社会结构的变化，从根本上改变了人们的生存环境；中国闭锁的文化体系被冲破，西方文化的渗透导致“华夷秩序”“天朝观念”被放弃，中国传统文化开始走出“大一统”的封闭格局而直面世界文明变动大势。

人改造着环境，环境也改造着人本身。在日益变迁的近代社会中，传统的绅士阶层也不可能平静地坚守着旧有的生活家园。

中国社会历史与文化传统的根本性转折起始于鸦片战争。它是中国由传统走向近代的起点，当然也是中国人从闭关自守走向世界文明的起点。

一、“华夷”冲突

鸦片战争作为西方列强打开中国门户，同时也是中华民族抵御外侮的一页，实际上是从两个层面上进行的：其一是清王朝与英国在军事、政治力量上展开的较量；其二是华夷对立的文化冲突。作为军事和政治较量的鸦片战争，以清王朝的失败和英国等西方列强的胜利，很快结束于《南京条约》等一系列不平等条约的签订。然而，作为华夷冲突的深层次文化较量，却远远没有终结。可以说，更为深远的冲突才刚刚拉开了序幕。

与皇权制约下由官僚系统组织的军事抵抗不同，华夷冲突是由绅士阶层动员和组织的以民众为主体的社会力量对“夷人”的抵御。在这种更为广阔也更为深刻的对峙冲突中，既展示着传统文化面对西方文化东渐的抗拒内力，也体现着居于传统文化中心地位的绅士阶层的历史特色。

从三元里抗英斗争开始，到鸦片战争结束后持续不绝的“火烧商馆”“反租地”“反入城”斗争，都是游离于清王朝行政系统之外的民众运动。即使是自发性的群众运动，如果没有拥有一定号召力的社会权威力量的动员和组织，运动本身就不可能形成规模和声势。虽然以往的史著有意冲淡绅士在抗英斗争中的作用，而着力强调人民特别是工人、农民的地位，但事实却一再表明，斗争的规模和社会声势尽管与民众参与的情况密切相关，但组织领导民众的力量却主要是绅士。“1841年5月英国军队在广州北面农村的出现激起了人民的狂怒，但要使这种狂怒转变为有效的行动则需要绅士的组织能力。”[①]番禺举人何玉成当即联络各乡村绅士首事，“柬传东北南海、番禺、增城连路诸村，各备丁壮出护。附郭西北之三元里九十余乡，率先齐出拒堵。……老弱馈

① 〔美〕孔飞力：《中华帝国晚期的叛乱及其敌人》，第73页。

食，丁壮赴战，一时义愤同赴，不呼而集者数万人”[①]。民众的行动比之官僚机制下的军事系统更为迅速，在两三天内，“村民聚众与战，殆十余万”[②]，年轻的丁壮民兵竟有两万人之多。

在三元里抗英斗争中，社会动员的广度和速度都是惊人的。当然，以反侵略为主要内容的民族义愤无疑具有极为强烈的感召力，但是在短促的时间内能够使一百零三乡的十多万民众聚集并组织起来的内在机制是什么？控制这一机制的力量又是什么？

“逆夷之所惧者，民心之固也；民心所以固者，赖各社学以维之也。”[③]以绅士为首的各乡的社学机构，成为为三元里抗英斗争进行社会动员的现成社会组织。举人何玉成正是借助基层社区的地方内生型机构——社学，使民众在地方权威——绅士——的动员下快速地组织起来，形成抗拒英国入侵者的颇具规模的社会力量。由绅士所控制的社学是遍及广东乡村的基层社会组织，清中叶以后，它不单纯是“学人课艺之所”或“绅耆讲睦之所”[④]的教化机构，而是具有类似保甲、团练的“御盗贼”职能的组织。[⑤]三元里抗英斗争后，绅士们强化了社学的组织作用，使社成为联结乡村、动员民众的有效的社会机构。同单一的社学组织不同，社已发展为包容多个社学的跨社区的组织系统。

---

① 广东省文史研究馆编：《三元里人民抗英斗争史料》，中华书局1978年，第38页。

② 广东省文史研究馆编：《三元里人民抗英斗争史料》，第9页。

③ 广东省文史研究馆编：《三元里人民抗英斗争史料》，第132页。

④ 广东省文史研究馆编：《三元里人民抗英斗争史料》，第141页。

⑤ 参见广东省文史研究馆编：《三元里人民抗英斗争史料》，第151页。

社的组织系统触角深入到乡村，并通过乡村绅士的力量，使单一的村民家庭联结在社的组织网络中。后起的东平社的结构也是如此（升平社、东平社情况见下图[①]）。

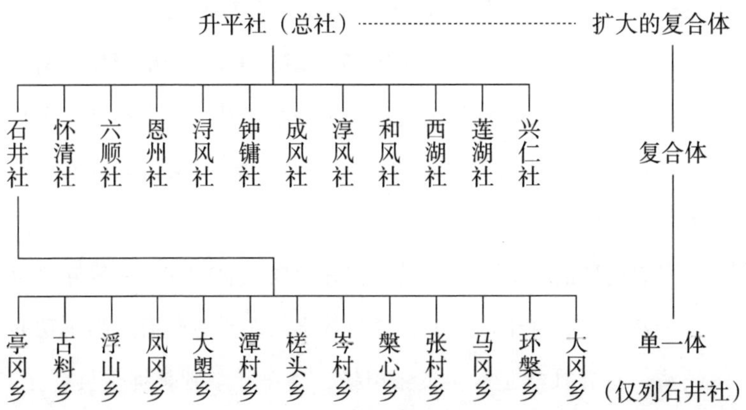

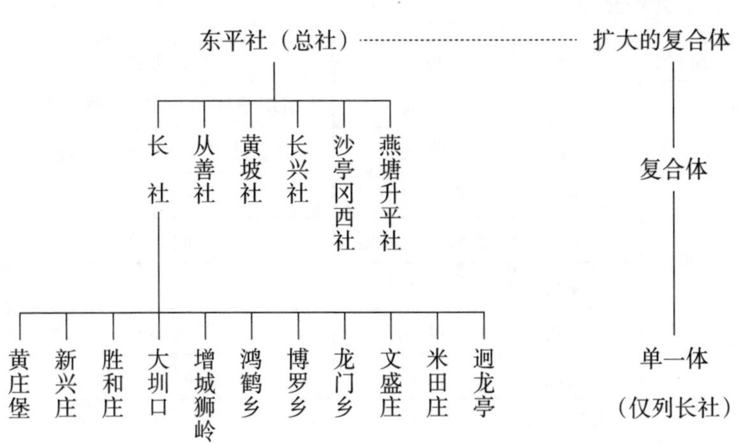

① 广东省文史研究馆编:《三元里人民抗英斗争史料》,第154页。

很明显，从三元里开始的抗英斗争，始终是在严密的组织系统的制约下进行的。不过，这一组织系统是由绅士阶层所控制的地方社区性机构，而不属于官方的行政机构。“最终的组织实际上是一个协调周围市镇的12个或13个复合社的局，这些社又依次协调总数多于80个的乡（村庄或一组村庄）。”[①]出于反侵略斗争的需要，在传统的社学之上形成了一个总社（如升平社、东平社）机构，以完成更为急迫的社会动员任务：“动员大量人员并筹集巨额款项。”[②]

完成这项浩大的社会动员工作并组成其总社和分社领导力量的，主要是地方绅士。比如，怀清社学的领导者是有六品军功的伍长清，石井社学是武生员张声扬，崇正社学则是绅士吴璧光、苏文锦、马永炽等。总社的领导者更是在地方社会拥有声望的绅士。如下表所示：

总社	领导者	身份	主要活动
升平社	何玉成	举人	组织三元里斗争、办理团练
	李芳	举人	组建总社、连约团练、劝捐督工
	何有书	在籍内阁中书	组建升平公所、负责团练
	陈民鉴	詹事府主簿衔	协同办公
	梁源昌	监生	协同办公
	林孔光	监生	协同办公
	陈朝选	监生	协同办公
	周日襄	举人	实力办公

①②〔美〕孔飞力：《中华帝国晚期的叛乱及其敌人》，第74页。

续表

总社	领导者	身份	主要活动
东平社	欧阳芝	附贡生	实力办公
	伍长清	六品军功	帮办公所、团练
	王韶光	即选府经、县丞监生	组建总社、负责团练、捐资义勇
	高栋材	即选县丞	组建总社、负责团练

此外，南海、番禺各乡的反英斗争，也是由绅士们组织的。贡生余廷槐、训导黄培芳“合南海、番禺诸乡立七社，万人一呼而集；储谷十余万石，不动官帑”[①]。

鸦片战争结束后，国家之间正式的战事平息了。然而，在广东地区以民众为主体的抗英斗争仍然在绅士或社学（团练）的组织下进行着。深层次的华夷冲突，以及由此而形成的绅士与民众结合的情势，是“英夷”与天朝都颇感棘手的问题。[②]

《南京条约》的订立只是使清廷退出了军事冲突。而民众——已被绅士们借助社学动员和组织起来的广东民众——却在另一种战场上展示自身的力量，“决心不让外国人得到更多的有形的特权”[③]。在1842年12月2日璞鼎查从南京折回香港的几天后，“便发生了以后几年里一系列骚动的第一件，这表现出外国人与广州人民间继续存在的仇视情绪”[④]。广州绅士们在引人注目的墙上“张贴告白，号召人民反抗外国人居住区域在商馆以外

① 赵尔巽等：《清史稿·祁士贡传》，中华书局1977年，第1306页。
② “社学之民约有数万，一夫啸聚，顷刻即成事端。”见〔清〕文庆等编：《筹办夷务始末（道光朝）》卷七五，中华书局1964年，第2972页。
③④ 〔美〕马士：《中华帝国对外关系史》第1册，张汇文等译，生活·读书·新知三联书店1957年，第415页。

的任何扩展”[①]。绅士们为了有效地抵御英人入城，组织发起了城厢社学。据《粤东义勇檄文》可知其组织结构情况：“得百名为一甲，并八甲为一总，设文武各一。并八总为一社，设文武各二。并八社为义勇，设文武各四。”[②]尽管朝廷对于绅、民力量结合的状况深为忧虑，地方大员为了建立或稳定“条约秩序”，对绅士们的活动也多方干涉或破坏，但是构成鸦片战争后华夷冲突主要内容广州反入城斗争（1842—1849年广州人民反对英国侵略者入城的斗争），始终是由绅士们组织或领导的。无论是社学的恢复还是总社的组建，抑或团练的组织，“实由绅士赞助其成，踊跃从公”[③]。

在绅士们的动员组织下，1841年6月番禺、南海二县的“团勇”就聚集了三万六千名，年底竟增加到五万余人。[④]1848年，反入城斗争再起高潮，以梁廷楠为首的广州绅士们集会于城内粤秀、越华、羊城三书院，筹措斗争组织事宜。绅士们通过社学及村、厢首事，号召民众“出丁设械，为拒夷入城之备”，城乡社学共集会“团勇至十余万人，无事则各安工作，有事则立出捍卫”。[⑤]造成了“四城灯烛照耀，殆同白日，枪炮声闻十里”[⑥]的强大声势。

---

①〔美〕马士：《中华帝国对外关系史》第1册，第418页。

② 转引自列岛编：《鸦片战争史论文专集》，生活·读书·新知三联书店1958年，第239页。

③ 广东省文史研究馆编：《三元里人民抗英斗争史料》，第279页。

④ 参见〔清〕文庆等编：《筹办夷务始末（道光朝）》卷三二，第15、16页。

⑤ 参见〔清〕文庆等编：《筹办夷务始末（道光朝）》卷八〇，第3188页。

⑥〔清〕梁廷楠：《夷氛闻记》卷五，收入中国史学会主编：《鸦片战争》六，神州国光出版社1954年，第99页。

“清王朝的声威一遇到不列颠的枪炮就扫地以尽，天朝帝国万世长存的迷信受到了致命的打击，野蛮的、闭关自守的、与文明世界隔绝的状态被打破了……”[①]在军事战争的直接对抗中，清王朝无可奈何地败北在英国的坚船利炮之下，但是在更为长久的历史时光里发生的华夷冲突，却显示着基于不同生存方式和历史传统的异质文化的顽强对抗，而不仅仅是物质或船炮优劣的交锋。没有理由否认，民族利益和国家安危始终是推动民众慷慨赴义的根本前提，“恭维天朝大统，岂容裂土以与人，而草野效忠，但知杀贼而报国”[②]，但从绅士们用以动员和组织民众的揭帖、檄文所包含的具体内容来看，发生在广州滩头以民众为主体的反英斗争，还不具备富于理性精神的近代意义上的民族意识，而主要表现为传统文化面对外来文化挑战的本能的拒斥。所以，绅士们号召民众团练抗英的语言及其内容，主要体现为传统文化上的华夷冲突，而不是近代理性意义上的民族觉醒。故而，无论是士大夫阶层还是在野乡绅，都以传统的华夷观念锻造反侵略的精神武器，他们认为：“西南诸夷，亦莫不候风占月，输忱效顺。乃独英吉利者，其主忽女忽男，其人若禽若兽，凶残之性，甚于虎狼，贪黩之心，不殊蛇虺。惟蚕食夫南夷，辄夜郎以自大。”[③]

“坚夷夏之防”的狭隘民族意识始终是中国古代“大一统”封建文化的组成部分，它将世间的族群分为华夏、夷狄、禽兽三类：华夏是文明开化的标志，居于天下的中心；夷狄半开化，居

---

① 《马克思恩格斯全集》第9卷，人民出版社1961年，第110页。

②③ 《全粤义民公檄》，收入中国史学会主编：《鸦片战争》三，第353页。

住在华夏周边；而禽兽则未开化。[①]华夷之分实质上是华尊夷卑的以“天朝”为中心的等级秩序。

“夷性犬羊，难保不生事端。”这种以文化为出发点，注重文化异同的成分远大于民族本身异同的华夷观念，使人们形成了对西方“夷人”强烈排斥的文化心理。[②]基于这一传统社会文化心理，“英夷”及洋人不仅是半开化的“夷狄”，而且简直是未开化的“禽兽”，与“天朝”礼仪之邦截然不同。“汝之贪利，犹畜生之贪食，不知法度，不知道理。尔试揽镜自照，汝模样与畜生何异？不过能言之禽畜而已。何知忠孝节义？何知礼义廉耻？”[③]同“大一统”的居于天下中心的“天朝”相比，“英夷不过荒外一岛夷耳”。因而，由绅士们制造的旨在动员民众奋起抗英的公檄、揭帖，极其强烈地体现了“华夷之别”“夷夏之防”的传统文化的封闭性特征。华夏礼仪之邦从根本上不能接纳“英夷”，“惟不共戴此天，方无愧于血气，如甘同履斯土，是真全无心肝”，因为“华夷未可杂居，人畜不堪并处”。[④]以绅士为领导中心的华夷冲突，主要体现为传统文化对西方文化执拗的抗拒。这种冲突本身虽然也具有民族利益、爱国情感的理性因素，但它却被深深地包裹在天朝中心、华夷有别的封闭自

① 参见孙江：《十字架与龙》，浙江人民出版社1990年，第36页。

② 参见姜义华、吴根梁、马学新编：《港台及海外学者论近代中国文化》，重庆出版社1987年，第88页。

③ 《广东义民斥告英夷说帖》，收入广东省文史研究馆编：《三元里人民抗英斗争史料》，第88页。

④ 参见《全粤义士义民公檄》，收入广东省文史研究馆编：《三元里人民抗英斗争史料》，第95页。

守的传统文化体系之中。

具有近代理性意义的民族精神，只有在彻底摒弃华夷观念和“天朝”中心意识的基础上才能形成。它只能在中西文化的反复对撞中同封建传统文化母体剥离，在民族斗争的血火洗练中得以升华，最终成为中华民族奋发向上的内驱力。然而，这将是一个艰难曲折而又漫长的历史过程。

当广州民众反抗英人入城的斗争稍显平静之后，随着洋人足迹及其教会文化向内地的深入，更为激烈也更为广阔的华夷冲突将以反洋教斗争的形式铺展开来。

二、绅士与传教士

正像以炮舰作先导为其商品开拓市场一样，西方列强也把欧洲人的精神寄托和信仰，利用战争的力量推进到中国社会的腹地。“耶稣圣教暨天主教，原系为善之道，待人如己，自后凡有传授习学者，一体保护，其安分无过，中国官毫不得刻待禁阻。”[①]1860年的《中法北京条约》，又给予天主教以收回以前禁教时期被没收的教堂教产及在中国内地购买土地建立教堂的特权。第二次鸦片战争的结束，使西方列强获得了在华传教的权利，同时也宣告了自雍正以来清王朝禁教政策的破灭。从此，洋教在华势力获得了空前发展，其具体情况如下表[②]所示：

---

① 吕实强:《中国官绅反教的原因》,台湾文景书局1973年,第9页。

② Kenneth Scott Latourette, *A History of Christian Missions in China*, New York: The Macmillan Company, 1929, pp. 182, 329.

	在华天主教徒			在华耶稣教徒			
时间	1805年	1870年	1885年	1840年	1853年	1869年	1876年
人数	约33万	37万—40万	56万	不足100	350	5753	13035

然而，异质文化间的相互碰撞或在碰撞中的相互认识与理解，远比两国间的战争过程更为复杂也更为丰富。清廷在炮舰威胁下的"弛教"或"护教"承诺，并不能从根本上保证一个古老文明的强大载体——民众——对于基督教的接纳和认可。因而，普遍的仇教情绪和激烈的反教斗争，便注定成为中国19世纪最后四十年历史的主要内容之一。

从19世纪60年代开始，基督教以不平等条约为护符，强制性地扩展到中国基层社会中，但是中国传统的社会结构并没有被冲破，"由官—绅—民构成的地方社会还是完整的"①。作为传统社会控制主体，也作为传统文化主体的绅士阶层，当然不能无视一个全然陌生的社会力量和"异端"的文化使者——传教士——活跃在他们千年如斯的家园里。在近代反教大潮中，"士绅和民众则扮演着反教主体的角色"②。从一定意义上说，这一冲突实际表现为绅士与传教士的对立，"此事大半皆因生监绅士唆使该匪民"等，始有骚扰"等事"，"凡百姓扰害洋人，率皆该绅士等怂恿调唆"。③

从1861年的贵州青岩教案始，直到1900年大规模的义和团运动的爆发，绵延四十年的历次反教斗争，几乎都离不开绅士们的鼓动和策划。当然，在民教的直接冲突中，站在最前列的常常是

①② 孙江：《十字架与龙》，第134—135页。

③ 参见故宫博物院文献馆编：《清季教案史料》第1册，故宫印刷所1948年，第10—12页。

平民，绅士们所扮演的只是斗争的组织者和反教的思想领袖角色。民众的反教行为一般受地方绅士的支配或影响，如贵阳教案的发动者为团练首领——绅士，而其反教主力则是团众。[1]1868年发生的扬州教案，据英领事称也系地方巨绅卞宝书、厉伯孚、吴文锡主使，而由下层绅士—— 一名葛姓生员领导。[2]很多地方绅士公然成为反教斗争的组织者，在1867年南阳反教公呈和1869年直隶永年县反教公禀中署名者，几乎全为有功名身份的绅士，如下表[3]所示：

南阳绅民公呈			
功名身份	**人数**	**功名身份**	**人数**
候选知县	1	候选县丞	13
进士	2	监生、生员、廪生	36
举人	12	从九、照磨衔	2
候选教谕、训导	11	武举	2
拔贡、恩贡、岁贡	24	都司衔	1
贡生	27	千总、把总	8
候选经历	3	民人	0
州同	2	总署名人数	144
永年绅民公禀			
功名身份	**人数**	**功名身份**	**人数**
举人	4	六品军功	7
武举	2	七品军功	10
贡生	6	八品军功	5
生员、增生	30	九品军功	13
廪生、监生	12	从九品	2
千总	1	民人	7
总署名人数	99	/	/

① 参见孙江:《十字架与龙》,第137页。
② 参见吕实强:《中国官绅反教的原因(1860—1874)》,第11页。
③ 参见王明伦选编:《反洋教书文揭帖选》,齐鲁书社1984年,第19—20、153—154页。

在近代绅权势力发达、教案迭起的湖南省，每次大规模反洋教斗争的领袖，都是有功名身份的地方绅士。同全国反洋教斗争的总体进程一样，湖南地区的反洋教斗争按其起伏递进的客观进程划分为三个历史阶段：1862年至1876年的衡州教案和焚毁上林寺的斗争；1889年后与长江中下游各省相呼应的反教斗争；1900年至1902年的激烈的反教武装起义。可以看到无论反教斗争的规模和成分如何变化，也无论官府对于反教斗争的态度怎样反复无常，地方绅士始终是反洋教斗争的领导中心。

举人出身的宁乡绅士崔暕，是湖南地区19世纪六七十年代的反教领袖。他所撰写并广为流布的反教文书《辟邪纪实》，直接影响和推动了衡州教案的发生。尽管清政府对衡州教案作了屈辱性处理，但崔暕却并未停止反教活动。不久，在他的直接发动和领导下，1876年又发生了抗拒洋人和焚毁上林寺的斗争。①

周汉是湖南长沙既有科举功名又有军功身份的绅士。从1889年起，他就主要致力于反洋教斗争，撰写了各种反教宣传文书、图画、歌谣、揭帖、檄文等，并“自教其诸子皆习刻字，专刻诋洋教之书，刷印数十万本”②，其中流行最广的《鬼叫该死》一书，竟刊印数十万册。他不仅是19世纪80年代湖南地区反洋教斗争的领袖，他所撰写的反教宣传品甚至影响到长江中下游数省地区。

19世纪末20世纪初，湖南地区反洋教斗争的领袖是贺金声。这位乡居十多年的秀才，曾在1892年担任邵阳东乡团总兼三府局

---

① 参见《郭嵩焘日记》第三卷，湖南人民出版社1982年，第855页。

② 〔清〕张之洞：《致总署》（光绪十七年十二月二十日），收入《张文襄公全集》卷一三六《电牍》十五，台湾文海出版社1970年，第9860—9861页。

局长，并积极从事反教斗争。义和团运动后，贺金声同官府决裂，于1902年6月开始筹措反教武装起义，置备军械，选募会党，策划“惩治教民、驱逐教士”[①]的起义。

以崔暕、周汉、贺金声三绅士为代表的反教活动，前后相继，正好贯穿了中国近代反洋教斗争的全过程。这一斗争突出地表现为“绅—民”反教模式，诚如外国学者的形象比喻那样：“耶稣教传教士和中国的地方士绅是天然的敌人，就像狗和猫一样。两者都享有特权，不受官府压制……他们势不两立是无可避免的。”[②]

绅士和传教士，一方是中国基层社会秩序和儒家伦理文化的代表，一方是外国侵华力量的一种象征和基督教文化的使者。发生在19世纪最后四十年的教案本身，固然有着各不相同却又大体相同的具体起因：或传教士“僭礼”坐轿，或教民拒纳“赛神”钱粮，或教堂“男女混杂”“迷拐婴童”……但在绵延不绝而又顽强不屈的反复冲突中，文化层面上的对立和误解所引起的全民性仇教文化心理，超越了任何一次教案发生的具体诱因，而使得反洋教斗争拥有极为广厚和深邃的文化背景。因而，占据这一斗争中心地位的绅士阶层的主要作用不在于其在具体实践中的组织领导，而更多表现为一种思想和精神上的指导。

晚清发生在全国各地的数百次教案，都是借助于各种公启、合议、公禀、揭帖、檄文等属于民间的宣传品，进行具体的社会动员。从《反洋教书文揭帖选》所收录的资料看，在反洋教斗争

---

① 刘泱泱：《近代湖南绅士与教案》，《求索》1992年第3期。

②〔美〕费正清：《伟大的中国革命（1800—1985）》，刘尊棋译，世界知识出版社2000年，第153页。

中起主要舆论作用的揭帖、檄文，除了匿名、无名、托名者外，很大一部分宣传品均由地方绅士制作，如《遵义绅民公禀》《酉阳州绅民公禀》《罗源绅民揭帖》《卫辉府绅民告白》等。[①]至于那些在全国或较大范围内具有指导意义的系统反教思想的著作、檄文，无疑都是出自被传统文化喂养大的具有强烈卫道意识的封建绅士之手。《湖南阖省公檄》作为在湖南、江西、直隶、江苏数省广泛流传的反教文书，从其教义的“七妄”和对中国儒家伦理秩序、文明所本的“十害”，进行了全面的指斥。这件反洋教斗争的经典檄文，当然不是粗通文墨的平民百姓所能撰写的，而是“楚之绅士闻而恶之（指法国人到长沙传教——引者），乃撰为公檄，议黜天主教”[②]。署名“天下第一伤心人”的《辟邪纪实》，托名“周程朱张四民裔孙”和“大清天下儒释道三教弟子”的反教公启、防驱鬼教歌等，均是具有广泛影响的反教宣传品，而这些作品实际都是绅士们精心创作的成果。[③]

作为传统文化的代表，绅士阶层实际成为民众反教斗争的精神领袖。而且，身处乡野与民众共戴同一片蓝天的绅士们，肩负着教化乡民、矜式百姓的责任，因而他们具有将自己的理论和系统思想，直接转化为浅近而又易为百姓接受的内容的天然自觉与能力。他们利用适合于民间传播的文字形式——歌谣、告白，如辟邪歌、灭鬼歌——通畅地向百姓们传递着自己的反教心声和挽

① 参见王明伦选编：《反洋教书文揭帖选》。

② 〔清〕夏燮：《江楚黜教》，收入〔清〕葛士濬辑：《皇朝经世文续编》卷一一〇《洋务十一·教务上》，第2991页。

③ 大多数为湖南绅士崔暕、周汉等人所作。

救古老文化的思想。[①]

无疑，西方列强的侵略和整个民族危机的刺激，是近代中国社会反洋教大潮奔涌激荡的根本原因。以军事侵略为前导，以不平等条约为护符的传教活动，以及传教士和教民在基层社会的种种违逆中国政情和社会习俗的行为，使得传教本身拥有了一种“侵略”的特质。[②]不难理解，反教斗争本身也就成为中华民族反侵略的民族抗争的组成部分。

问题在于，列强对华侵略，最重要的是以“通商的开拓，乃当时列强共同的目标，影响于中国的国计民生，至深且巨”[③]。虽然西方各国与其朝野舆论，对传教一事远不及对通商重视，但是中国的士大夫和社会舆论却正好相反，对于传教的抵触远比对通商强烈，沈葆桢认为：“通商罔利，情尚可容，邪说横行，神人共愤。”[④]李东沅则说：“通商则渐夺中国之利，传教则并欲夺华人之心。”[⑤]那么，绅士们为什么热衷于反教？或者说在19世纪最后四十年间，他们为什么主要通过反教来表达反侵略的意向？

绅士阶层是中国乡土社会的控制主体，“从社会层面看，士绅优越的地位表现在经济、文化、政治和社会活动等方面”[⑥]。不平等条约赋予传教士种种“查还旧址”“租买田地”的权利，

① 参见王明伦选编：《反洋教书文揭帖选》，第11、200页。

② 参见吕实强：《中国官绅反教的原因（1860—1874）》，第61页。

③ 吕实强：《中国官绅反教的原因（1860—1874）》，第115页。

④《总理船政前江西巡抚沈葆桢奏附条说》，收入〔清〕宝鋆等修：《筹办夷务始末（同治朝）》第五三卷，第7页。

⑤〔清〕李东沅：《洋务抉要·论传教》，收入〔清〕葛士濬辑：《皇朝经世文续编》卷一一二，第3021页。

⑥ 孙江：《十字架与龙》，第150页。

再加上“领事裁判权”的特权，传教士及其教民显然自成一个独立于绅士阶层控制之外的社会系统，绅士阶层固有的地方权威受到了传教士力量的挑战。因而，“绅士张悬揭帖，煽惑人心……激劝众人将洋人并教民驱逐”[①]，也就不难理解了。

绅士阶层是中国传统文化知识的占有者，“绅士比中国任何其他社会阶级都更加深刻地与中国的文化水乳交融，更全面地坚持中国是一切文明的中心的主张。他们从孩提时起就接受儒家传统和价值的教育，他们的社会地位和声望在很大程度上建立在积极同这种传统和价值打成一片的行动上。因此当儒教受到攻击时，绅士阶级遭受的损失最大”[②]。在乡土社会，文化权利一向为绅士所独享，知识是绅士拥有社会地位的一个重要依据。传统文化及儒家伦理体系是维系中国社会生活秩序的精神支柱，掌握文化知识的绅士也就成为维护家族—社会秩序的中坚。传教士所传播的基督教文化同传统的中国文化和儒家伦理文化全然不同，他们的侵入，不仅结束了绅士的文化独占地位，而且也使传统的社会秩序处于“文化失范”状态，“邪说横行，神人共愤”，因而作为文化的象征也作为基层社会领袖的绅士阶层，奋起“卫道救世”，推动着以“绅—民”为主要形式的反教斗争迭起浪潮。

如果站在20世纪的入口处进行历史的对比，我们可以清楚地看到，同20世纪初年风起云涌的绅商阶层发起的“收回利权”运动截然相反，以绅士为主体的反洋教斗争还不具备近代理性的民

---

① 《福建延平教案》，收入故宫博物院文献馆编：《清季教案史料》第1册，第74页。

② 〔美〕费正清、〔美〕刘广京编：《剑桥中国晚清史（上）》，第606—607页。

族精神，而主要借助传统文化中非理性的华夷观念作为精神武器。虽然我们不能否认反洋教斗争必然具备的反侵略的民族正义性，但我们同样也难以否认，民族危亡和主权利益始终未能成为绅士阶层反教思想的主导内容和历史事实。无论是较为系统的《辟邪纪实》《辟邪实录》，还是流布各地的反教文告、揭帖，都未能理智地突出民族利益方面的内容，而主要从正邪、华夷、人禽分辨的文化遗存中，发掘着召唤民众的思想力量。

正邪之辨是绅民反教的主要文化根据。从“大一统”的文化体系出发，凡是不符合儒学正统的文化、思想，均是“异端邪说”。西方基督教以一种根本不同质的文化强行楔入儒家独尊的中国社会生活之中，使“自古中华只一教，二帝三王周孔道”①的局面遭到破坏，触发了以维护儒家文化道统为己任的绅士阶层的“辟邪”动机。

儒家学说作为一种流传千年的思想体系，不仅是传统中国人用以维系家族、村社、国家生活秩序的唯一的“文化规范”，也是人们判断是非、正邪的唯一价值标准。儒家文化关注人类现实社会，“其进德之道主要又在于内心的反省与笃行实践，因此形成其重理性而轻神性，重现实而远玄想的另一特性”②。基督教文化却是典型的宗教文化，其教义中的许多内容同重现实、重理性的儒家文化相抵牾，这是绅士阶层指斥其为“邪教”的主要原因。《湖南阖省公檄》用愤激的文字加以抨击：

---

① 《辟邪歌词》，收入王明伦选编：《反洋教书文揭帖选》，第205页。
② 吕实强：《中国官绅反教的原因（1860—1874）》，第36页。

> 天一而已，以主宰言之，则曰上帝，乃变其名曰天主，即耶稣以实之。考（之）耶稣生于汉哀帝元寿二年，不知元寿以前之天，果虚位以待耶？抑别有一人主之，如六朝之禅代耶？
>
> 天之所降，天必护之。乃耶稣在世，仅三十余年，即为巴斗国王钉死，身且不保，而谓其鬼可福人，此不待智者而知矣！①

以儒家文化的现实精神去挑剔宗教神学的教义，断然要斥其虚妄性为“邪恶”。基督教作为宗教信仰，只要求其信徒以虔诚的心态去信奉上帝，由于上帝的先验性，故而不能从学理上探求其存在的合理性和教义中的自相矛盾。传教士和绅士在基督教上帝面前的冲突，实际上也表现为信徒与学者的两种截然不同的精神文化的对峙。

重要的是，基督教教义及其礼仪与千年依旧的中国社会生活秩序不相吻合。它所倡导的“上帝独尊”“男女平等”“人人平等”教义，与中国传统社会的“敬祖崇神”“纲常伦理”“等级秩序”相违逆，被绅士阶层视为“败常乱俗，为国家之大害”②的“邪说”。因而，站在儒家文化正统的基点上，基督教只能是“七妄”“八罪”“十害”的“邪教”。

“人禽之辨”也是绅民反教斗争的主要文化根据。儒家学说

① 王明伦选编：《反洋教书文揭帖选》，第1—2页。

② 王明伦选编：《反洋教书文揭帖选》，第23页。

认为，人皆具有人性，孟子以“恻隐之心”“是非之心”“羞恶之心”来概括与生俱来的人性，但同样人也具有许多非人性，即与动物相类的自私、残忍的秉性。儒家文化的主旨就在于张扬和发展人的人性，制约和化除人的非人性。否则，人虽有人的躯壳，而实质上同禽兽无异。这就是“人禽之辨”。儒家文化以崇美的理想社会——大同世界、至善至美的完人——圣贤，作为最具人性的个体与社会的终极追求；同样，儒家文化的现实精神也十分注重以礼法礼制——三纲五常去规范现存社会及其个体。这就是士大夫及绅士阶层引以为傲的中华“衣冠文明”。“基督教的义理与节文有许多地方与国人以儒家为主的传统与习俗大相径庭，国人看来，几已沦入禽兽之域。”[①]在各种反教文书和揭帖、檄文中，绅士们含愤吐仇地力辨“人禽之别”，以维护儒家文化的正统和纯洁：“洋人之丑行，无异于牛马。我辈秉五行之秀，为万物之灵，岂可同人道于牛马乎？”[②]

“人禽之辨”的文化标准是什么？在根本不谙世界文明发展大势、未解近代社会文明真谛的传统绅士看来，唯一的标准只能是三纲五常。“夫人所持为人者，纲纪伦常与夫廉耻礼义也。”“窃思人之异于禽兽者，以其有纲纪伦常廉耻礼义也。尧舜以来，四千余年，生其间者虽识大识小之不同，从未闻紊乱纲纪伦常，弃绝廉耻礼义，犹得谓之人者。”[③]基督教的平等精神既“乱纲常”，又“弃礼义”，西人则不免要被绅士们视为“禽兽”。“夫中

① 吕实强:《中国官绅反教的原因(1860—1874)》,第27页。
②《讨西洋教匪檄文》,收入王明伦选编:《反洋教书文揭帖选》,第79页。
③ 王明伦选编:《反洋教书文揭帖选》,第17页。

国圣人之教，不外五伦。墨子兼爱，孟子谓之无父。犬羊不知有父，尚知有母；耶稣不认其母，犬羊不如。乃奉为教主以教天下后世，是率天下后世皆为无父无母之人矣。”①

在一个伦理秩序里昂然矗立数千载的成熟而辉煌的文明体系，突然被另一种文化体系搅乱了固有的生存规则，她所表现的自我防守方式将是极端的——其间非理性的误解和偏激将注定难以避免。

无论是“正邪之辨”还是“人禽之辨”，其文化分辨的结果是华与夷的对立。“儒家思想中有一项重要观念：华夷之辨。华夷之辨就是文明与野蛮的分别。”②西方人之所以被绅士也被民众视为“邪”与“禽”，就在于他们没有中华“衣冠文明”的文化道统，因而只能属于野蛮未开化的夷。华夷之辨观念认为，中国自尧舜禹汤、文武周公以迄孔孟，形成了一个规范社会、指导人生、绵延相续的道统。唯依凭此一道统，中华民族才能保持举世无双的“天下中心”地位。华夷之辨蕴含着强烈的民族意识（尽管是传统的和狭隘的），认为若华夏民族为异族所征服或控制，这个道统将无法继续，则中国将沦入野蛮之域。王朝的更替只是天子的易姓，而文化道统犹存。只有“以夷变夏”的道统沦灭，才能从根本上激励出绅士们“救亡天下”的“卫道”动机。

然而，“耶稣之说流行，孔圣之道不作，尚复成何世界

---

①〔清〕王炳燮：《上协揆倭长峰中堂书》，收入王明伦选编：《反洋教书文揭帖选》，第24页。

② 吕实强：《中国官绅反教的原因（1860—1874）》，第14页。

也?”[1]基督教在华传教的根本目的就在于以“无天、无圣、无父、无祖宗、无夫妇，乃无人道”[2]之教义，“坏我道统，荡我人心”。绅士阶层基于这一认识，揭起“华夷之辨”的旗帜，着力于旨在维护“道统”的反教斗争。湘绅王闿运认为：“中外之防，自古所严，一道同风，然后能治。……袄教（这里指天主教——引者）之行，教堂之立，但当问其可行不可行，不当问其教善不善。”[3]

国家、民族、人心都是在儒家伦理文化道统的维系下生存和发展的，而“西人矜其教法，驱除异己……今又欲以此强中国，岂非欲用夷而变夏哉!”[4]因而“华夷不并立，王业不偏安”，为了从文化的本原上保持纯正，维护儒家道统的独尊，绅士阶层以“天下兴亡，匹夫有责”的自觉性，倡导“凡我士农工商，拔剑同仇”[5]，用“正邪之辨”的传统文化的重彩，涂抹了反教斗争的历史画卷。

近代中国以“绅—民”为模式的反教斗争，显示着传统文化闭关自守的非理性特征。它所借助的思想力量和形式（匿名、托名揭帖及各种社会流言等），都不具备推动传统文化向近代文化迅速转轨的理性力量。不过，在与异质文化的交锋中，尽管传统文化顽强执着地展示着自身的历史特征，但在已经改变了的生存

---

① 王明伦选编:《反洋教书文揭帖选》,第6页。

② 王明伦选编:《反洋教书文揭帖选》,第96页。

③〔清〕王闿运:《湘绮楼文集》卷二《陈夷务疏》,“近代中国史料丛刊”第60辑,台湾文海出版社1970年,第93—94页。

④〔清〕夏燮:《中西纪事》卷一六,“近代中国史料丛刊”第11辑,台湾文海出版社1979年,第145页。

⑤《湖南合省公檄》,收入王明伦选编:《反洋教书文揭帖选》,第6页。

环境中，它也在质的对比中既认识着对方，也重新认识着自身。一个长久孤立生存的成熟的文化系统，一旦在多种文化交汇的世界文明发展大势中获得反观自身的条件，必将在超越传统的意义上孕育出新的机制。

反洋教斗争最终以其特有的辉煌和惨烈，悲剧性地将句点标写在义和团失败的血泊和《辛丑条约》的耻辱中。它标志着一个自然世纪和社会世纪的终结。

文化的历史特征将让位于其时代特征。

三、变局与抉择

传统文化及其特征是由以“孝悌礼法”为核心的儒家宗法伦理规范与皇权专制政体的同构性决定的，是在长期的历史演进中形成的。作为农耕时代社会经济土壤和专制王权政治雨露培植的精神硕果，它在历史的磨炼中升华为整个皇权时代的灵魂。它造就了一代又一代高度集权的王朝统治秩序，也塑造了“为天地立心，为生民立命，为往圣继绝学，为万世开太平”的士人形象。它是系统完整的，也是极为成功而成熟的文化。

不过，改变了中国社会历史发展进程的鸦片战争，不仅仅撞开了专制王朝“闭关”的门户，也开启了传统文化阶层的眼界与心扉。尽管，以“绅—民”为模式的反教斗争体现着中国绅士阶层坚守文化传统的顽强精神，但是，对于在“老死不相往来”生存条件下成长起来的绅士阶层，“梯山航海”的西方文化的楔入，不啻为其狭小的文化视野开辟了另一重天地。虽然由此而触生的迷惘困惑、惊疑恐惧也曾是拖累中国社会迈步前行的文化心理重负，但由此而形成的变局认识，无疑也是中华民族走向世界、弃旧图新的历史契机。

鸦片战争所给予中国社会与文化的冲击，在中国文化阶层或拥有文化的绅士阶层的精神世界，激起了永难平复的波峰浪峦。他们以一个知识阶层特有的敏锐，预感到一个不同于以往任何时代（包括理想中的尧舜之世）的时局的迫临。1844年，鸦片战争的烟尘刚刚飘散，战争的创痛犹存之际，秀才出身的黄钧宰就极其冷静地认识到变局的到来："初不知洋人何状。英、法国何方也，乃自中华西北，环海而至东南，梯琛航赆，中外一家，亦古今之变局哉。"①变局观念滥觞于鸦片战争之后，勃兴于19世纪七八十年代，成为中国知识界或绅士阶层面对中西文化交汇大势而选取理性行为的基点。"当今天下，实千古一大机栝……吾道之危，千钧一发。"②这是满腹经纶、以伦理道德为本的、旨在充当乡村百姓精神导师的绅士们不曾预料到的时代变局。从1844年的秀才黄钧宰，六七十年代的秀才王韬、王炳燮和在籍绅士黄恩彤、吴云，到八九十年代的秀才王恭寿、贡生俞赞，以及汤震、康有为等地方绅士，都程度不同地形成了对所处时代的千古变局的共识：

> 若今日其尤世变之大且剧乎？天实开之，人之所不能违也。而当世学士大夫，或乃拘守旧故，犹尚鄙夷诋斥羞

① 〔清〕黄钧宰：《金壶七墨》，收入中国史学会主编：《鸦片战争》二，第623—624页。

② 〔清〕王炳燮：《毋自欺室文集》卷六《答刘云卿》，"近代中国史料丛刊"第24辑，台湾文海出版社1970年，第290—291页。

称其事，以谓守正不挠。①

居今日而论中州大势，固四千年来未有之创局也。……天时人事，皆由西北以至东南，故水必以轮舟，陆必以火车……然后全地球可合为一家。中国一变之道，盖有不得不然者焉。②

变局认识体现着传统文化的时代转变，它代表着绅士阶层或知识分子正视现实的理性态度。有学者统计，甲午战争前言“变局论”者不下89人，其中，势要大臣11人，占17%；中下层官吏13人；使领参随4人；科甲出身的功名之士24人，占33%。③以绅士身份倡言“变局论”者几乎占了抽样统计的三分之一，这足以反映绅士阶层中先觉者的理性自觉。

然而，面对旷古未有之变局，作为传统社会中坚力量的绅士们将如何“应变”呢？转折时代的最初选择从来都表现出多向模式，而不会形成唯一的单向选择。

执着于传统的华夷之辨，对西方文化采取一味的拒斥态度，是绅士阶层面对变局时的主要选择，“在一八九五年以前，士绅阶级仍然大多数生活在传统的思想世界里”④。虽然“同文馆”的

① 〔清〕张裕钊：《张濂卿先生诗文稿·送黎莼斋使西域序》，“近代中国史料丛刊”续编第10辑，台湾文海出版社1974年，第43页。

② 〔清〕王韬：《弢园文录外编·变法自强下》，上海书店出版社2002年，第32—34页。

③ 参见王尔敏：《近代中国知识分子应变之自觉》，收入《中国近代现代史论集》第18编，台湾联经出版社1983年，第176—201页。

④ 张灏：《晚清思想发展试论》，收入姜义华、吴根梁、马学新编：《港台及海外学者论近代中国文化》，第76页。

设立、江南制造局的译书，都为西学的传播提供了便利条件，但是中国的绅士们却以一种独有的“自信”监护着封建文化的纯洁。曾廉、叶德辉等名儒巨绅振振有词地批驳着传入中华的西学知识：

> 西人言日大不动而八行星绕之……窥其用心止以破天地两大，日月并明，君臣父子夫妇三纲而已……①
>
> 西人之论胞胎也，谓儿在母腹，其足向天，其头向地……中国则自生民以来，男女向背端坐腹中……是知华夷之辨，即有先天人禽之分。②

本来，鸦片战争以其严酷的结局宣告了坚船利炮时代的到来，一些清醒的思想者早已提出了“师夷长技以制夷”的时代命题。但是许多绅士仍沉醉在华夏中心的梦幻之中，不肯承认西方船炮之坚利。方浚颐以三元里斗争的胜利，反驳西方“长技”的观点，认为西方人制造的轮船一遇大风就沉，遇到大雾不辨东西，并不可取。湘绅王闿运依据自己的人生经验，从“船应轻捷”“械在巧便”的道理中推论出：“火轮者，至拙之船也；洋炮者，至蠢之器也。”③尽管世界大势在变，时局在变，但恪守伦常秩序的绅士们信仰不变。对传统文化崇奉的虔诚，成为他们拒绝

---

①〔清〕曾廉：《瓠庵集》，光绪三十二年刊，转引自李泽厚：《中国近代思想史论》，天津社会科学院出版社2003年，第190页。

② 叶德辉：《西医论·郎园论学书札》，转引自杜迈之、张承宗著：《叶德辉评传》，岳麓书社1986年，第14页。

③〔清〕王闿运：《湘绮楼文集》卷二《陈夷务疏》，第95页。

一切先进技术和生产方式的精神力量。在他们看来，人类对自然和社会的任何创造性进步，都是导致“人心荡侈”“风俗骄惰”的本源。这确乎表露着他们维护传统文化和社会秩序的发自内心的真诚：“今举耕织煤铁之事。皆以机器代人力，是率天下之民。习为骄惰，而坐永厚资，其有不日趋于淫侈者乎？……泰西机器之行，未及百年，而大乱屡见，殆由此也。”[①]因而在鸦片战争后，绅士阶层中虚骄守旧的风气未有大变，“见有讲求西学者，则斥之为名教罪人，士林败类”[②]，知识界弥漫着拒斥西学的传统文化情结。在当时的大儒如朱次琦、陈沣、俞樾、黄从周等人的著作里，“我们几乎看不到丝毫西学的踪影”[③]。强烈的拒斥和普遍的冷漠成为绅士阶层面对“变局”的一种基本选择。

客观而审慎地了解西方文化，并在可能的条件下引入或仿行西洋“长技”，也曾是部分绅士勇敢而理性的选择。在鸦片战争中饱尝英国坚船利炮之苦的有识之士，提出了学习西洋长技，兴建造船、制炮企业的主张，“请于广东虎门外之沙角、大角二处置造船厂一，火器局一，行取佛兰西、弥利坚二国各来夷目一二人，分携西洋工匠至粤，司造船械。……而尽得西洋之长技为中国之长技”[④]。广东绅士潘仕成破费银两一万七千余，仿照英国

---

① 〔清〕张自牧：《瀛海论》中，收入葛士濬辑：《皇朝经世文续编》卷一〇二《洋务二》，“近代中国史料丛刊”第75辑，台湾文海出版社1973年，第2667—2668页。

② 〔清〕郑观应：《盛世危言·西学》。

③ 张灏：《晚清思想发展试论》，收入姜义华、吴根梁、马学新编：《港台及海外学者论近代中国文化》，第77页。

④ 〔清〕魏源：《海国图志》卷二《筹海篇》，《魏源全集》第4册，岳麓书社2004年，第28页。

战船，制造了长十一丈余的战舰，又重金聘用英人壬雷斯，制造了许多水雷与火炮，直接走出传统文化鄙夷的樊笼，采取一种务实求用的态度，积极寻求“制器”之道。实际上，当时涌现出一批主张并制造船炮的绅士，如许祥光、潘世荣、方熊飞等。①

文化，或者说一个文明永恒的生命力，就在于她内在的创新机制。漫长的岁月辉煌的成就，既赋予文明以自大与保守的性情，同时也造就着她特有的成熟与自信的品格。面对鸦片战争后的变局，绅士阶层中的有识之士也开始扔弃华夷之辨的文化重负，自觉地把探求的目光投向了西方世界：

1841年，江苏绅士陈逢衡根据英军俘虏安突德的口供，撰写了《英吉利纪》一卷，对英国地理、人文、风俗记述颇多；

1842年，安徽生员汪之台辑录《红毛番英吉利考略》一册，摘述明代至道光年间中国人士有关英国的各种记述；

1844年，王蕴香辑录《海外番夷录》；

1846年，著名粤绅梁廷楠刊印《海国四说》，其中《合省国说》与《兰仑偶说》是描述美、英的人文史地专著；

1847年，姚莹著成《康辅纪行》十六卷，记述了英、法、俄、印等国的史地情况。作品以强烈的时局感和责任心，痛斥了“拘迂之见，误天下国家”的守旧思想，企求从对西方的积极了解中把握“制夷”之策，以改变“坐井观天，视四裔如魅魍暗昧无知”之陋见，以免“误天下国家也”。②

① 参见〔清〕魏源：《海国图志》卷八四《方熊飞请造战船疏》，《魏源全集》第7册，第1983—1985页。

② 参见〔清〕姚莹：《康辅纪行》卷一二，《中复堂全集东溟文(外)集》，“近代中国史料丛刊”续编第6辑，台湾文海出版社1974年，第3462页。

在“和议之后，都门仍复恬嬉，大有雨过忘雷之意”[①]的昏睡未醒的社会里，这些绅士以知识者独有的清醒，注目于既改变了中国社会历史进程，又影响了世界文明发展的西方社会。主动追求对于未知世界的认识和了解，从来都是一个民族社会跨越传统走向未来的理性精神。于是，透过绅士阶层或知识界普遍颟愚自大的喧嚣，仍可从我们成熟的文明腹腔里传来“学习西方”的大海潮音：

> 兵法曰：以夷狄攻夷狄，中国之势也。英夷之长技，一在船只之坚固，一在火器之精巧，二者皆非中华所能。……嘉应州贫士，多有就英夷之馆者……宜明示宥其既往，收为我用，或亦可得制炮之法。[②]
>
> 塞其害、师其长，彼且为我富强；舍其长、甘其害，我乌制彼胜败？……善师四夷者，能制四夷；不善师外夷者，外夷制之。[③]

从包世臣“二者皆非中华所能”的客观估价，到魏源“师夷长技以制夷”的积极主张，无异于在“徒知侈张中华，未睹寰瀛之大”[④]的文化荒漠上，燃亮了辉照未来行程的理性之光。

思想启示着历史，或许思想远远传递着即将来临和迟早要来

---

① 《软尘私议》，收入中国史学会主编：《鸦片战争》五，第529页。
② 〔清〕包世臣：《安吴四种》卷三五《与果勇侯笔谈》，第2456、2459页。
③ 〔清〕魏源：《海国图志》卷三七，《魏源全集》第6册，第1078页。
④ 〔清〕魏源：《圣武记》卷一二，《魏源全集》第3册，第516页。

临的巨大社会变动的潮汛。除了基于“坚船利炮”的“师夷长技”思想外，对于西方社会根本制度的仰慕，也成为最早“睁眼看世界”的绅士们的精神追求。粤绅梁廷楠极为推崇美国的民主制度：

予盖观于米利坚之合众为国，行之久而不变……凡一国之赏罚、禁令，咸于民定其议，而后择人以守之。未有统领，先有国法。法也者，民心之公也。统领限年而易，殆如中国之命吏，虽有善者，终未尝以人变法。既不能据而不退，又不能举以自代。其举其退，一公之民。持乡举里选之意，择无可争夺、无可拥戴之人，置之不能作威、不能久据之地，而群听命焉。①

始终关注鸦片战争也更为关注战后中国历史命运的、侨居扬州的举人魏源，是以另一种洞察本质的学者的眼光去评价美国民主制度的：

公举一大酋总摄之，匪惟不世及，且不四载即受代，一变古今官家之局，而人心翕然，可不谓公乎！议事听讼，选官举贤，皆自下始，众可可之，众否否之，众好好之，众恶恶之，三占从二，舍独徇同，即在下预议之人亦先由公举，可不谓周乎！②

---

①〔清〕梁廷楠：《海国四说·合省国说》，骆宾善、刘路生点校，中华书局1993年，第50页。

②〔清〕魏源：《海国图志》卷五九《外大西洋墨利加州总叙》，《魏源全集》第6册，第1619页。

比之于凭借着“华夷之辨”“人禽之分”的义愤而掀动反教斗争怒潮的绅士们，梁廷枏、魏源等人的努力要艰难了许多。他们不仅承负着被斥为“名教罪人，士林败类”的强大社会压力，而且还要品味挣脱自我传统文化心理的精神苦楚。

这是一次艰难的起步，也是理性的起步。

思想的时代价值，就在于它拥有着超脱社会义愤羁绊的理性力量。不过，对于早期平静地直面西方世界的智识者而言，在整个社会层次中，他们属于“孤独的先行者”。尽管他们睁眼看世界的理性精神最终属于我们整个民族和历史，沿着这一智慧的通道才有了近代新式企业，有了戊戌变法，有了辛亥革命……然而，他们的言行却很难为时人和社会所接纳，所以才有了“名教罪人，士林败类”的呵骂，才有了中体西用之争，才有了新旧之辨……而且斗争与冲突又集中在占有知识的绅士阶层之中。

其实，在任何时代，文化的先觉者们只是及早地预知了社会变动的历史走向，却注定不能成为回应这种变动的社会动员者和组织者。社会整体的觉醒和动员，主要不依赖于思想家学说的完美，而依赖于社会变动对于大众冲击的烈度。

不过，唯有理性的选择，才是民族和社会发展的希望。

四、社会变迁

文化封闭和社会停滞，是愚昧和无知的天然温床。当“英夷”在利益的驱使下已准备把战火燃放到“天朝”门户时，在封疆大吏的奏章中，我们看到的却是昧于世界知识的可笑：“外夷番银，皆用水银熬点而成，包裹数年不动辙生飞蛾蛀蚀，银坏羽化，正是此类。迨至四五百年后不知变为何物。”①

即使在被誉为“睁眼看世界第一人”的林则徐的奏折中，我们也能发现“夷兵浑身裹紧，腰腿直扑”之类的荒诞不经的言论。这不能归咎于个人的无知，这是一个自我封闭的社会文化环境下的时代悲剧。

鸦片战争爆发二十年后的1861年，被后世尊为“著作等身，桃李遍地，堪为一世儒”的胆魄过人的一代思想家冯桂芬，在他的《校邠庐抗议》一书中直言“天朝”不如“西夷”，“人无弃材不如夷，地无遗利不如夷，君民不隔不如夷，名实必符不如夷”②。他以极其务实的态度，提出不论今古、不分中外，唯理是循、唯真是求的“鉴诸国”“师夷狄”主张：“法苟不善，虽古先吾斥之；法苟善，虽蛮貊吾师之。”③

在“法祖师古”的传统文化氛围中，能出此惊世骇俗的言论，确实体现了近代社会的进步。“每一个伟大人物之所以伟大，是因为他表现了历史因素的已经成熟的要求。”④在战后民族耻辱和苦难中，源于“师夷长技以制夷”的学习西方思想的日渐丰富和成熟，并非仅仅得益于先觉者们的理性追求，而是鸦片战争后基于中西文化对撞的社会变迁所养育出的精神硕果。

这里所说的社会变迁主要是文化的变迁。鸦片战争后以西方

---

① 中国史学会主编：《鸦片战争》五，第23页。

② 〔清〕冯桂芬：《校邠庐抗议·制洋器议》，第49页。

③ 〔清〕冯桂芬：《校邠庐抗议·收贫民议》，第75页。

④ 〔苏联〕列·伊利切夫等：《弗里德里希·恩格斯》，人民出版社1984年，第547页。

文化传播为主要特征的社会变迁，使传统绅士阶层刻意维系的社会秩序和憧憬的尧舜社会，成为一个永难复归的旧梦。尽管绅士们围绕着“中西文化”的争论依然存在，尽管还有类似于1898年6月3日邵阳绅士齐集孔庙，驱逐“背叛圣教，败灭伦常，惑世诬民”的拔贡樊锥活剧的演出……但面对近代社会变迁所带来的强大而持久的震撼力，任何拘守传统的说教都会失去现实意义而成为历史陈迹。“社会必然性所要求的变化一定会给自己开辟道路，并且迟早总会使立法适应这些变化。”[①]事实上，绅士阶层已生活在一个全然不同以往的社会环境中。

首先，鸦片战争后中国社会经济结构发生了根本性变化，以大机器为生产手段的近代工业的出现，不仅仅意味着新的生产方式的出现，而且为整个社会经济的发展明示了历史趋向。到1894年，外国资本在中国经营的近代工业资本共达1972.4万元，投资总额为2791.4万元；[②]清政府创办的洋务企业近40个，创办资本约4500万两，雇用工人达1.3万—2万人；[③]民族资本企业共有136个，创办资本约有500万两，雇用工人达3万人；尤其是通商口岸，完全被纳入世界资本主义市场经济体系，打破了传统的地区经济的封闭格局。如1890年重庆的开放通商，就意味着巨大的四川市场从此为外国商品敞开了大门，“兰开夏、密德兰、约克夏的制造品就能从伦敦、利物浦经过一次简单的转运，缴付从价

① 《马克思恩格斯选集》第二卷，人民出版社1972年，第452页。
② 参见孙毓棠编：《中国近代工业史资料》第1辑，科学出版社1957年，第5页。
③ 参见孙毓棠编：《中国近代工业史资料》第1辑，第556—566页。

5%的进口税，直运到深入一千五百哩的亚洲心脏地带”①。近代社会生产方式的变动，对传统的自然经济结构也形成了难以抵御的冲击。19世纪四五十年代在通商口岸地区发生的洋纱、洋布对传统手工织制土纱、土布冲击的经济洪流，到70年代已迅速蔓延到长江中下游各省农村。

> 洋布洋纱……华民皆采购用，而中国之织奴机女束手坐困者，奚啻千百万人。
>
> 自洋纱、洋布进口，华人贪其价廉质美，相率购用，而南省纱布之利半为所夺。迄今通商大埠及内地市镇城乡，衣大布者十之二、三，衣洋布者十之八九。呜呼！洋货销流日广，土产运售日艰，有心人能不憖然忧哉？②

西方商品在中国的倾销速度呈现出直线上升的趋势。据统计，从1870—1894年，以棉、铁、煤、糖、火柴、煤油为主的大宗商品的进口增长情况如下表③。

单位:千关两

商品种类	1870—1874年进口值	1890—1894年进口值
棉制品	21451	49653
铁	633	2513
锡	1172	1872
煤	745	2201

① 《四川文史资料选辑》第25辑,四川人民出版社1981年,第5页。

② 〔清〕郑观应:《盛世危言》卷七,收入夏东元编:《郑观应集》上,第715页。

③ 严中平:《中国近代经济史》下,人民出版社1989年,第1168—1169页。

续表

商品种类	1870—1874年进口值	1890—1894年进口值
糖	848	4447
火柴	163	1490
全部商品	68896	144233

“销流日广”的各种洋货大多“无关养命之烟、酒、蜜饯、饼饵等物……今门户洞开，任洋商百方垄断……其成本较土货更轻，诚喧宾夺主，以攘我小民之利……徒使洋人节节制胜，中国利源不几尽为所夺耶?”[①]这股外来商品洪流在中国市场上的流转奔腾，有力地冲决和分解着传统的耕织相结合的经济结构，“华民生计，皆为所夺”[②]。

其次，鸦片战争后中国社会文化结构也发生了空前变动，以儒家独尊的文化统一格局受到“西学”的冲击。鸦片战争前后，一些有识之士虽然已表现出对西方文化的关注，但他们的著作如《海国图志》《瀛寰志略》等多据前朝史志及零星翻译资料而成，谬误丛出。直到1862年京师同文馆成立，才真正揭开了近代西学输入的序幕。此后，伴随着引进西方生产方式的洋务运动，也形成了专门从事输入西方科学文化（包括自然科学和社会科学）知识的文化传播系统，包括：

京师同文馆（1862年），属于清朝总理衙门的外语专门学校，也是中央译书机构；

上海同文馆（1863年）、广州同文馆（1864年）、江南制造局

---

① 〔清〕郑观应:《商务一》,收入夏东元编:《郑观应集》上,第605页。

② 〔清〕郑观应:《盛世危言》卷七,收入夏东元编:《郑观应集》上,第715页。

译书馆（1868年）等地方译书机构；

上海格致书院、广学会、益智书会等少数民间机构和传教士掌握的文化机构。

“由这三个系统形成了当时输入西学的基本规模，并以比较稳定的平缓的速度向前发展。”[①]尽管关于西学的传播及西方文明输入的文化争论（如算学馆与铁路建设方面的争论），仍然在士大夫和绅士阶层中间进行着，但西方文化却公然在中国社会及其文化阶层中适度地传播和发展着。江南制造局从1868年到1879年6月共翻译了377本，出版了235本著作，“销售量已达31111部”[②]。到1896年，西学输入从规模和知识范围上均有较大发展。从《西学书目表》可知，除兵政、医学、工政方面的译书占绝对多数外，还明显增加了社会学方面的书目，其中史志、法律、议论、学制、商政等书在354部译著中共有67部，占有了相当比例。[③]

“降及今日，泰西诸国以其器数之学勃兴海外，屡垓埏若户庭，御风霆如指臂，环大地九万里之内，罔不通使互市，虽以尧舜当之，终不能闭关独治。”[④]一种文化的传播及其发展的状况主要取决于社会或者时代的需要程度，而不以人们的主观意愿为转

① 《江南制造局翻译西书事略》，《格致汇编》1878年夏季卷，转引自鲁军：《清末西学输入及其历史教训》，收入《中国文化研究集刊》第2辑，复旦大学出版社1985年，第102页。

② 〔美〕费正清、〔美〕刘广京编：《剑桥中国晚清史（下）》，第196页。

③ 参见鲁军：《清末西学输入及其历史教训》，《中国文化研究集刊》第2辑，第111页。

④ 〔清〕薛福成：《变法》，收入〔清〕葛士濬辑：《皇朝经世文续编》卷一三《治体四》，第419页。

移。虽然有大学士倭仁竭尽全力以“立国之道，尚礼义不尚权谋；根本之图，在人心不在技艺”[①]的不切实际的宏论来反对西学，虽然也有把“久旱不雨”“大风昼晦”的“灾变”归咎于西学的守旧官僚，但没有人能从根本上阻挡西学在中国社会生活中的传播。所谓“以忠信为甲胄，礼义为干橹”[②]只不过是不谙时势的士大夫的空论，“于是华夷隔绝之天下，一变为中外联属之天下”[③]，居处变局中，“士生今日不能博观当世之务，而徒执往古之成说，洵如《吕氏春秋》所讥病变而药不变矣”[④]。

因而随着西学的传播及其与洋务运动实践过程的结合，从鸦片战争开始出现的“师夷”思想逐步发展，并上升为富于政治哲学价值的用以指导中国社会回应西方挑战的文化模式——中体西用。从1861年冯桂芬提出“以中国之伦常名教为原本，辅以诸国富强之术”[⑤]始，到沈寿康在1895年正式楬橥“宜以中学为体，西学为用”止，中体西用遂成为中西文化交接过程中的主导思想。

中体西用作为近代中国社会面对西方文化的一种选择，本质上意味着在纯粹的大一统儒家文化体系中纳入了西学成分。向来被传统文化斥为“夷狄”的文化，虽然过程极其艰难，却最终与“中学”相结合，衍生为适应时代的一种新的文化模式。

兼容中西文化的中体西用，标志着一个文化时代的根本性转

---

① 〔清〕宝鋆等修:《筹办夷务始末(同治朝)》卷四七,“近代中国史料丛刊”第62辑,台湾文海出版社1974年,第4557页。
② 〔清〕宝鋆等修:《筹办夷务始末(同治朝)》卷四八,第4585页。
③ 〔清〕薛福成:《变法》,第419页。
④ 〔清〕俞樾:《皇朝经世文续编·序》,第1页。
⑤ 〔清〕冯桂芬:《校邠庐抗议·采西学议》,第57页。

折。许多年轻的功名之士正是从西学与中学嫁接融汇的过程中，告别了传统的旧学而趋于新学。梁启超在《三十自述》中的回忆，比较真切地揭示了这一历史变迁：

> 余以少年科第，且于时流所推重之训诂词章学颇有所知，辄沾沾自喜。先生（谓康有为）乃以大海潮音，作狮子吼，取其所挟持之数百年无用旧学，更端驳诘，悉举而摧陷廓清之。……明日再谒，请为学方针，先生乃教以陆王心学，而并及史学、西学之梗概，自是决然舍去旧学。[①]

“戊戌六君子”之一的谭嗣同说自己甲午之前所学皆旧学，甲午之后所学为新学，“三十之年适在甲午，地球全势忽变，嗣同学术更大变”[②]。甚至一些极端守旧之士，也难以再固守旧学，而认为“时事孔棘，亟在燃眉，参用西法，可图速效，转贫弱为富强，亦维持世变不得已之苦心也”[③]。作为代表时代文化主潮的新学的出现，标志着社会文化结构的变动。

近代中国社会在西方物质生产方式和文化的冲撞下，发生着结构性裂变。蜂拥而至的西方商品强制性地使中国人的生活卷入世界市场之中，无论个人意愿如何，人们的物质生活乃至价值观

---

① 梁启超：《三十自述》，《戊戌变法》四，上海人民出版社1957年，第44页。
② 〔清〕谭嗣同：《与唐中丞书》，收入蔡尚思、方行编：《谭嗣同全集》上册，中华书局1981年，第259页。
③ 〔清〕张罗澄：《时务论》，收入〔清〕孔广德编：《普天忠愤集》卷之六，“近代中国史料丛刊”续编第23辑，台湾文海出版社1980年，第289页。

念都将经受经济与精神的双重熬炼。在鸦片战争前夕被龚自珍称之为“至不急之物”“悦上都少年”的西方商品，在战后中国社会生活中几乎“家皆有之”，“遍及穷荒僻壤”。[①]到光绪年间，传统的油灯在很多地方已被洋灯取代，如南汇县“上而缙绅之家，下至蓬户瓮牖，莫不乐用洋灯，而旧式之油盏灯淘汰尽矣”[②]。无疑，若拘泥于传统的生活信条和价值观念，在世变日亟的近代社会生活中将会被无情的商品经济浪潮所淘汰。“贵义贱利”“君子喻于义，小人喻于利”的传统文化推崇的精神心理渴求，根本敌不住商品价值规律的强大威力，“凡人用物，蕲其质良价廉，此情之所必趋，势之所必至，非峻法严刑之所能禁也，非令名美誉之所能劝也，非善政温辞之所能导也”[③]。生活的洪流将冲刷去一切不合时宜的观念乃至心愿。作为社会关系总和的人，毕竟属于社会，属于变动着的现实的社会。

近代社会生活确实今非昔比。在社会结构的历史变迁中，人们的精神追求和价值观念也发生了惊人的变化：“近则里党之间，宾朋之际，街谈巷议，无非权子母征贵贱者矣。”[④]生活本身是无情的，尽管作为文化载体也作为文化本身的人，对传统和历史有着难以诀别的依恋之情。在近代社会生活的竞争时代，“贵义贱

① 参见〔清〕郭嵩焘：《伦敦致李伯相书》，收入熊月之编：《中国近代思想家文库：郭嵩焘卷》，人民大学出版社2013年，第320页。

② 民国《南汇县续志》卷一八《风俗志》，收入黄苇、夏林根：《近代上海地区方志经济史料选辑》，上海人民出版社1984年，第344页。

③〔清〕薛福成：《用机器殖财养民说》，收入中国史学会主编：《洋务运动》一，上海人民出版社1961年，第389页。

④ 民国《衢县志》卷六《食货志下》，1937年排印本，第644页。

利”不再是什么“君子”崇尚的美德，反而是愚顽的心理痼疾。一味地讲求“义利之辨”，恐怕连基本的生计也难以维持。“喻于义”的绅士们绝难逃脱“利”的现实冲击。执着于传统义利观念和拘守耕读生活的绅士们，在近代变动的社会生活中，只能形影相吊，发出自暴自弃抑或也算是孤芳自赏的喟叹。潦倒的生活、“剩砚田”的家财、贫贱的窘境，又何尝不是拘守传统文化价值观的绅士们，由于远离时代而吞食的精神加物质的苦酒呢？

社会结构在变，社会生活在变，社会价值观及社会风尚均在变。一向被传统绅士所称道的“俭朴”“淳厚”“尚义”“贱利”的社会风俗，迅速地倒向了它的反面：“同、光以来，人心好利益甚，有在官而兼营商业者，有罢官而改营商业者。”①晚近以来，士大夫赴于重利轻义，骨肉亲戚之间一粟一帛较算必清。新的社会条件或社会结构一旦确立下来，又反过来对人从而也对社会产生巨大的制约和改造作用。“人创造环境，同样，环境也创造人。”②面对近代中国社会变迁的客观进程，任何身在“庐山”而“不识庐山真面目”者的争论都将显得意义不足：历史不会在喧嚣的文化争论面前歇步。

无论情愿与否，近代社会结构的变化必然导致绅士阶层内部的结构性变异。

---

① 徐珂编撰:《清稗类钞》第4册,中华书局1984年,第1672页。
②《马克思恩格斯选集》第一卷,人民出版社2012年,第172—173页。

第五章
社会流动——近代绅士阶层的动态分析

不论社会变革最终爆发的形式和烈度如何，事实上，它的爆发力量和变动的历史趋向，早在社会生活的一般进程中就缓慢聚积着和适度体现着。重大的历史事变和社会变革只是社会生活一般进程的发展趋向和力量聚合的必然结果。尽管人们常常格外关注历史事变的最终结果或重大的事变本身，而相对漠视酝酿事变的不经意的历史过程；但思想者，旨在彻悟历史发展方向的历史学者，理应坚信：只有通过对日常社会生活及其社会关系的演化变迁的详尽考察，才有可能真正把握人类永恒追求着的历史规律的脉搏。

社会流动所揭示的恰恰是日常社会生活中，人们社会地位和社会关系不断变动的，最为普遍的一种社会现象。借助对近代绅士阶层社会流动形式和内容的分析，我们将从一个新旧时代转折的具体历史过程中，获得对于近代中国社会运演规律及其时代特征更为丰厚也更为深刻的认识。

一、传统的社会流动

社会的存续和发展都是动态的历史演变过程。这一历史过程不仅仅表现为转折时代社会形态的剧烈更替，而且还表现为更为常见的社会现象——社会流动。社会流动指的是人们在社会结构体系中从一个地位向另一个地位的转移，它包括了人们的身份、职业、阶级、阶层关系的变动。由于社会关系空间与地理空间具有难以分割的密切联系，因此理论上把人们在地理空间的流动也归于社会流动。不过，社会学中常说的社会流动，主要是用以描述和分析人们的社会关系空间变动的学术概念。有些学者认为，这个由英文social mobility翻译过来的学术名词，不能准确地反映或表达它所包含的实在内容，而称之为“社会位移”①，也有人称之为“社层流动”②。学者们对这一概念称谓的分歧，并不影响它所涵指的具体内容，因此笔者拟按照中国社会学者最普遍的用法仍称之为“社会流动”。

需要说明的是，社会流动作为社会关系结构的一个变量，与阶级关系的变动有着历史发展的内在联系，尤其与阶级分化相关性甚强。但二者并不相同，也不能互相取代。阶级关系是特定历史阶段里社会关系中的基本关系，却不是唯一的关系；人们在社会关系中地位的变化也并不完全表现为阶级的变动，或者说并不经常地表现为阶级的变动，如科举时代秀才向举人、进士的流

① 〔苏联〕T. B. 里亚布什金、〔苏联〕Г. B. 奥西波夫：《苏联社会学》，陈一筠、哈余灿译，中国社会科学出版社1986年，第461页。
② 宋林飞：《现代社会学》，上海人民出版社1987年，第406页。

动，庶民地主向绅士阶层的流动等。因而，用以揭示人们社会地位变动过程的社会流动概念的涵盖面要比阶级分化或阶级变动概念宽泛得多。从其内涵来讲，阶级分化的特定含义是指同质的社会阶级分解为不同质的具有两极对抗性的阶级或阶层，如西欧的市民阶层分化为资本家阶级和工人阶级，中国合作化时期农村阶级分化过程中形成的贫、富两极对立趋向，等等。然而，标示着个人社会地位转移的社会流动，并不一定就意味着形成对抗性的两极分化，如绅士阶层与官僚阶层的相互对流，近代农民向城市的流动等。

此外，社会流动是任何一个社会结构在任何历史时期都存在的、极为普遍的社会现象。只要有社会存在，只要有社会分工、社会差别，以及由此形成的社会分层，就必然要出现社会流动，尽管社会流动的形式、规模和特征因时代变化而各有不同。阶级分化则不然，它通常只出现在社会结构或社会关系发生巨大变动的特殊历史时期，发生在社会历史的转折时期。因而，从社会历史发展的纵向上考察，阶级分化是具有特殊性和阶段性的社会现象，社会流动却是具有普遍性的社会现象。故此，仅仅运用具有特殊性的阶级分化概念，显然无法准确、完整地分析和揭示关于人们社会地位频繁变动这一具有广泛性和普遍性的社会历史现象。不容否认，概念并不产生社会历史，相反，它只能是人类认识、理解社会历史的产物，它也只能随着人类对社会历史认识的不断深化而形成、消亡、更新。所以，社会流动概念向史学领域的渗透就成为社会史学科发展的必然要求。

当然，社会流动与阶级分化或阶级关系的变动并不是截然两分的，正像社会生活的历史进程是一个有机统一的整体一样，它们在现实生活中也表现为相互关联、相互作用的统一的动态进程。通常，自由性社会流动只是社会在结构稳定的状态下，调节人们社会关系，确定人们社会地位的一种运动过程，它不会引起阶级关系的重大变动；但是，在社会生产力或社会制度变革作用下形成的结构性社会流动，却常常以强制力量促使某一阶级或阶层大规模地流向别的阶级或阶层，它不仅会造成两极殊分的趋势——由此导致剧烈的阶级分化，而且也将最终使旧有的社会结构发生根本性变动。显然，阶级分化又是结构性社会流动的最终结果。

事实上，社会流动是由人类社会发展所生成的一种内在机制，借助这一机制，社会阶级、阶层结构得以不断平衡和调适，也使社会结构在动态流动中获得了自我调节的功能。同样，社会阶级结构也制约和影响社会流动的性质。在人类跨入文明时代以后，社会阶级结构便决定着每个社会成员和社会群体在社会关系体系中的地位、身份乃至职业，并从根本上影响个人的生活方式和整个社会秩序。在不同的社会阶级结构中，必然形成特征不同的社会流动模式。在印度的种姓社会中，婆罗门、刹帝利、吠舍、首陀罗各种姓之间严禁通婚和任何形式的交往，种姓之间既无代际流动，也无社会关系空间上的流动，社会流动只能局限于各种姓之间的水平流动，形成一种极度封闭的社会流动模式。

在中国封建社会阶级结构中，社会流动模式是混合型的。这是一种适度型封闭（而不是极度封闭）的社会流动，它既严格限制垂直流动在任何阶级、阶层间自由发生，如贵族以血亲和特殊功勋形成世袭的特权等级，不轻易允许较低阶层向贵族流动，贱民的上升流动也从法律上加以限制；同时，它又保证一定范围内的上升性流动，如在平民阶层和绅士阶层之间，既有水平流动也有垂直流动。

况且，在任何社会阶级结构中，处于不同地位的社会成员都存在一个代际间的社会继替问题。步入社会的新成员都在不断追寻着自己所能够达到的社会位置（地位）并由此归属于某一阶级、阶层或集团。实际上，社会阶级、阶层和社会集团成员的变动和代际更替通常都是通过社会流动机制来实现的。而且在基本阶级结构、社会结构不变的情况下，由于劳动生产力的变化和其他自然、社会因素的影响，也会在各阶级、阶层之间出现明显的成员流出和流入的现象，“这些都是通过社会流动来实现的”[①]。社会流动机制一方面为个人或家族提供了获取地位和改善地位的社会渠道，另一方面，又调适了社会阶级、阶层结构的动态平衡。所以，即便是在相对闭锁的封建社会结构中，社会关系的调节、平衡和稳定，很大程度上也是通过社会流动机制来实现的。尽管社会流动和阶级分化内涵不同，视角不同，但在社会历史运动过程中，二者的内在相关性却甚为紧密。因而，借助社会流动概念分析社会历史现象，不仅不违背阶级分析观点，而且会使阶级分析本身拥有更加丰富、充实和细化的社会内容。无疑，通过社会流动这一中介来观察社会结构，会看到社会变动的另一番历史景观。

---

①《社会学概论》编写组编:《社会学概论(试讲本)》,天津人民出版社 1984 年,第 149 页。

通常，社会流动的性质由社会结构本身所制约。在封建社会结构中，“绅为一邑之望，士为四民之首”的社会等级规范，启动着整个社会非身份的平民做出向绅士阶层流动的意向和努力。在相对闭锁和稳定的封建社会结构中，社会流动的形式为长期累积的封建文化价值指向所限定，并最终由封建制度所固定。

《荀子·儒效》中所谓由贱而贵、由贫而富的“唯学”道路，同后世社会“学而优则仕”的人生箴言，是对那个时代社会流动形式的最高概括，而稳定化和制度化的流动渠道就是科举制。科举制度作为封建时代社会流动的基本途径，从表象上看的确是十分公正的，因为它形式上一般是排除贫富、门第、血缘等先赋性因素影响的。事实上，历史上也并不乏由贫寒之士荣登榜首而富贵的实例。在科举制度下，“生员由童生考取，读书子弟除极少数属于所谓倡、优、隶、卒等户外，都可应考，因此都有机会登上科举入仕的荣显之途”①。儒家文化尽管推崇和维系身份社会，但同时又侧重以个人成就因素决定身份。这一状似矛盾的情况，通过科举制度得以统一在现实的社会生活中。正是在文化或生活的矛盾运转中，这一制度性流动形式，既成就着个人和家族的前程和地位，也成就着封建帝国社会秩序的平衡和文明的运行。据何炳棣先生统计，有的州县在明代约有四分之三的生员，清代有二分之一以上的生员出身寒微，甚至祖上未曾有过生员。明清两代的进士，平均也有40%以上出身于从未获得过功名的家庭。封建社会本来就不像资本主义社会那样，以赤裸裸的金钱货币来维

① 王德昭:《清代科举制度研究》,中华书局1984年,第67页。

系人的社会关系，尤其在以“仁义礼智信”为道德准则的中国封建社会里，在人的社会关系和社会结构形成过程中，更是过多地罩上了一层温情脉脉的帷幕。

然而，科举制度形式上的平等被它所具有的严格的淘汰规则和漫长的竞争路途所限制，它以个人学问成就为取向，要求踏入此途的成员必须经年累月地脱离生产和其他维持生计的活动，而疲精死神于八股考试。它最终要求参加科举的成员必须具备基本的条件：足够的土地或其他经济来源，以及一定的家庭文化教育背景。因此，“在绝大多数的情况下，中榜登科的，还是士绅阶层的子弟”[①]。大多数农民和平民阶层事实上很少参与这一纵向流动。根据《道光甲辰恩科直省同年录》的抽样统计，祖、父有功名身份的举人所占比例占绝对的多数，如下表[②]所示：

地区	中举总人数	祖、父有功名者	百分比
山东	69	60	87.0%
山西	60	33	55.0%
四川	60	23	38.3%
广东	71	48	67.6%
广西	45	31	68.9%
云南	54	34	63.0%
贵州	40	5	12.5%
顺天	239	166	69.5%

通过科举制进行上升性社会流动的集团力量，主要限于具有功名身份的绅士或绅士家庭。虽然科举制度具有明确的人才甄拔

① 张德胜：《社会原理》，巨流图书公司1984年，第282页。
② 据《道光甲辰恩科直省同年录》（光绪刻本）统计。

作用，但在以等级累造的科举功名体系中，注定只有极少数绅士可以博取到进士、举人等中高级功名而跻身于官僚阶层。道光甲辰（1844）恩科中举者为1010人，而其中上升流动为进士者仅有209人，占20%。[①]在咸丰元年（1851）的科试中，全国（广西除外）中举者1789人，上升流动为进士者249人，占13.9%，后实授官职者317人，占举人（考取进士者不计）的20.6%，候补者72人，占4.7%，两者合计共占25.3%，尚有74.4%仍处于“社会沉淀”状态。[②]对于大多数绅士而言，他们最终都无法成就“学而优则仕”的社会垂直流动和实现封建社会人生追求的夙愿。对此，通过湖北和山西一些县份的科举统计情况也可知一二，如下表[③]所示：

地区	进士	举人	贡生	生员	说明
湖北	257	1369	/	47310	咸丰十年至光绪三十一年
山西太谷	12	85	105	920左右	道光二十一年至宣统三年，生员按每次取20名计之
山西安泽	/	2	76	920左右	
山西虞乡	1	10	52	920左右	

因此，通过科举制度完成社会垂直流动的绅士仅占3%—4%。当然，这不能完全归咎于科举制度本身。

任何社会都有内在的调节功能，而社会流动必然受到封建社会结构的制约。“一个社会中社会流动的程度取决于两个因素：可以获得的地位的多少以及人们从一种地位向另一种地位移动的

① 据《道光甲辰恩科直省同年录》（光绪刻本）统计。
② 据《咸丰辛亥恩科十八省乡试同年录》（清咸丰二年刻本）统计。
③ 据《湖北通志》和民国《太谷县志》《安泽县志》《虞乡县志》资料统计。

难易程度。”[①]因而，较高的身份和等级地位的流动必然受到制度性的严格限制。按清朝官制，全国大约只有2万名文官和7000名武官，在职的官吏人数甚少。与此相应的另一情况是，在任何时候都只能有少数合格的功名获得者：举人共有1.8万名左右，进士2500名左右，翰林650人左右。[②]况且，在19世纪中期以后，清廷出于财政的需要广泛采用了捐纳制度。由此，“官有定价，可以报捐实官与花样。实官可以捐至府道，而花样则有所谓捐花翎，捐升衔，捐尽先补用，捐单双月，捐免验看，捐封典等。名器之滥，至此而极……是直同贸易矣”[③]。虽然社会上对捐纳制度的批评始终不断，然而附丽于封建政治制度腐烂机体的捐纳制度，如同扼制生命的癌症一样迅速地生长蔓延着。据统计，太平天国前捐官的总人数为3.5万人，而在19世纪最后三十年中，捐官人数达到53.4万人。[④]1860年以后，通过捐官途径得官的四品到七品地方官多于通过科举的正常途径。[⑤]在官吏和有官衔的人当中，捐纳的比例高达66%。[⑥]因而，在漫长而又艰难的科举路途上得以鱼跃龙门，对于每个个体而言偶然因素或许起着重要的作用，但对于绅士阶层整体而言，历史的必然性最终起着决定性

---

① 〔美〕伊恩·罗伯逊：《社会学》上，黄育馥译，商务印书馆1990年，第305页。
② 〔美〕费正清、〔美〕刘广京编：《剑桥中国晚清史（上）》，第16页。
③ 凌惕安编著：《咸同贵州军事史》第二册，台湾文海出版社1967年，第46—47页。
④ 参见张仲礼：《中国绅士》，第103—111页。
⑤ 参见〔美〕费正清、〔美〕刘广京编：《剑桥中国晚清史（下）》，第617页。
⑥ 参见张仲礼：《中国绅士》，第116—117页。

的作用。

舍此以外，通过办理团练、兴办军务而膺获保举，也是绅士上升性流动的途径。“从前三省教匪滋事之时，尽有由义勇出力擢至大员者。”[①]在叶名琛当政广东期间，香山团练首领绅士林福盛因“表现十分突出，从一名普通士绅屡保至知府衔”[②]。在战争期间，由保举而晋身的绅士所在尤多。据统计，仅在湘军集团中“以此邀富贵而幸功名，所在亦不乏”[③]，由保举而官至督抚的各类功名之士就达到26人。[④]由此形成“发捻平后，保案累牍，世职云起骎骎乎有官多于民之势”[⑤]。但是，军功保举究竟不是常规性制度流动方式，而且由此流动的人数相对于数量庞大的绅士阶层是微不足道的，它不会从根本上影响科举制度流动本身而仅为其补充。因而我们确信，科举制度除了明确的官僚选拔作用外，它的隐性作用就是使绝大多数的绅士“沉淀”下来，形成封建社会结构中一个相对稳定的社会集团力量。

流动中的社会沉淀力量基本以生、监为主，他们构成地方绅士的主体，并以高于平民的社会地位，成为基层社区的控制力量。这在动荡时期崛起的地方团练中表现得尤为突出。在川楚白莲教大起义时期，各地团练领袖的出身情况如下表[⑥]所示：

---

① 〔清〕文庆等编：《筹办夷务始末（道光朝）》第3册，第1316页。
② 〔澳〕黄宇和：《两广总督叶名琛》，区鉷译，中华书局1984年，第51页。
③ 〔清〕郑献甫：《补学轩文集》卷四，台湾文海出版社1974年，第18页。
④ 参见罗尔纲：《湘军兵志》，中华书局1984年，第56—65页。
⑤ 刘锦藻：《清朝续文献通考》卷八四《选举考一》，第8423页。
⑥ 参见石侯编：《戡靖教匪述编》卷一至十，台湾成文出版社1968年。

出身	进士		举人		贡生	廪生	监生	生员		捐职	平民	总计
	文	武	文	武				文	武			
人数	0	0	4	9	8	3	32	18	13	5	11	103
所占比例（%）	/	/	3.9	8.7	7.8	2.9	31.1	17.5	12.6	4.9	10.7	100

其中平民为团练领袖者11人，占10.7%；绅士92人，占89.3%。绅士中进士、举人极少，基本以生、监为主，几占50%。鸦片战争后，地方绅士的权力并未减弱，反而呈上升趋势。在太平天国运动时期，地方团练领袖仍然以绅士为主。见《浙江忠义录》中所记载的两江地区的团练领袖情况，如下表[①]所示：

出身	进士		举人		贡生	廪生	监生	生员		捐纳	乡绅	农	工商	不详	总计
	文	武	文	武				文	武						
人数	7	0	20	10	17	6	23	5	49	15	18	4	7	53	234
所占比例(%)	3	0	8.5	4.3	7.3	2.6	9.8	2.1	21	6.3	7.7	1.7	3	22.7	100

可知平民出身的团练领袖仅占27.4%，绅士占72.6%。这当然不是个别地区的特殊情况，它大体如实地反映了地方绅士对基层权力控制的一般情况。征以其他资料，我们可以发现各地团练领袖基本是以绅士为主的：江苏绅士占61%，平民占39%[②]；广东绅士占78.4%，平民占21.6%[③]；广西绅士占80.9%，平民占

---

① 参见浙江采访忠义局编：《浙江忠义录》卷四至五，台湾明文书局1985年。

② 参见《近代史资料》总第34号，中华书局1964年。

③ 参见《南海县志》（同治十一年）、《番禺县志》（同治十年）、《东莞县志》（宣统三年）、《茂名县志》（光绪十四年）。

19.1%[①]；湖南绅士占56%，平民占44%[②]。

社会本来就是一个诸因素相关甚密的系统。处于封建社会结构中心的绅士阶层的流动和沉淀，从根本上对于传统社会结构本身起着重要的稳定和平衡作用。

第一，为封建社会的官僚队伍提供了充足的后备力量。科举之士一般在三十多岁步入仕途，六十至七十岁告老还乡，其流动速度和幅度都较大。这既能保证官僚成员每年有一次较大的流动，使官僚队伍中涌入部分新人，又因新人比例不是很大，而使官员结构保持相对稳定，有利于统治阶层的新旧交替，使政治处于相对稳定的流动态势。此外，绅士阶层的存在也为离开官僚队伍的富贵者提供了荣归的社会场所。“官退为绅，绅出为官”[③]，官、绅两个阶层之间的流动及其社会角色的转换，体现了中国封建社会政治在适度流动中获致平衡与稳定的基本特征。

第二，对于封建社会的基层社会结构的稳定起着重要调节作用。在清代社会组织结构中，绅士是上层社会和基层社会结构的中介。清末基层社会组织，无论是保甲（或里甲），还是团练，抑或宗族，都属于社会的控制系统，兼有政治、经济、军事、文化等方面的职能，都离不开绅士阶层的参与，其情况如下图[④]所示：

---

① 参见〔清〕张月卿：《平桂纪略广西昭忠录》卷七至八，台湾学生书局1972年。

② 参见光绪十一年《湖南通志》卷二七。

③《江苏学务总会文牍》，上海商务印书馆1906年，第84页。

④ 张研：《清代族田与基层社会结构》，中国人民大学出版社1991年，第224页。

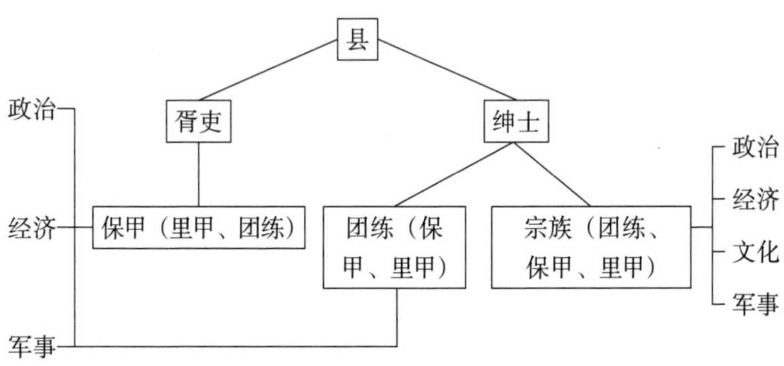

因此，整个基层社会控制、社区的稳定，可以说都是借助于绅士的力量来实现的。

第三，成为封建社会权力结构体系正常运转的基本条件。中国封建社会是高度集权化的政治体制和高度分散的小农经济的统一。但封建政权（皇权）事实上难以介入分散的彼此隔绝的小农社会。“在正式的权力机构无法深入社会基层的中国传统社会中，士绅阶层与正式权力机构之间形成了一种相互依存的关系。”①形成了皇权与绅权对中国封建社会权力的分割与统一的政治格局，如右图②所示：

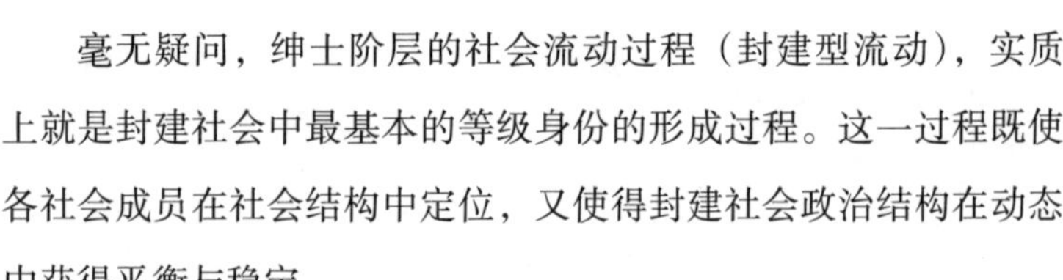

毫无疑问，绅士阶层的社会流动过程（封建型流动），实质上就是封建社会中最基本的等级身份的形成过程。这一过程既使各社会成员在社会结构中定位，又使得封建社会政治结构在动态中获得平衡与稳定。

---

① 孙立平：《辛亥革命中的地方主义因素》，《天津社会科学》1991年第5期。
② 吴晗、费孝通等：《皇权与绅权》，第135页。

二、近代的社会流动

诚然，如果社会流动只是拘囿于一个封闭的等级圈内，每一代人都只是通过流动进行社会结构的再生产，而不能形成整个社会的流动，那么，封建社会就会永远存续下去。然而，鸦片战争后，中国的社会结构发生裂变，稳定的社会分层状况被打破，社会分工科层化（bureaucratization）。整个社会结构开始由封闭走向开放，社会流动因此发生质的变化：由封闭型流动发展为开放型流动。社会流动开始冲破等级身份的阻碍，而在更广泛的社会阶层中发生。

近代中国社会处于剧烈的变动之中。西方列强以携雷挟电之势向古老的中国进逼，“它迫使一切民族——如果它们不想灭亡的话——采用资产阶级的生产方式”①。商品市场、劳动力市场、资本、机器、新的生活方式及其价值观等近代社会的诸多变化，促使社会阶级结构关系也发生急速变动。这一变动首先表现为普遍的社会流动。

封建社会结构中的社会流动是封闭型的，社会阶层的垂直流动主要局限于平民—绅士之间，突出体现为封建社会结构的社会关系的再生功能，而不曾体现为社会经济、技术进步引发的社会结构变动。因而，本质上封闭的封建等级、身份制度，从根本上限制和阻碍了社会流动，致使绅士阶层不仅成为非身份性平民流动的唯一社会定向，而且借助科举制度性流动的社会集团力量也

---

①《马克思恩格斯选集》第一卷，人民出版社2012年，第404页。

主要限于绅士阶层。

中国社会迈向近代以后，社会生活发生了亘古未有之变化。“迩来欧风东渐，生活程度日益增高，向来单纯之农业，端不足应今日繁重之需求，于是而工商兴焉……”[①]在娘子关内的山西新绛县尚且如此，通都大邑和东南沿海地区的生活变化更是可想而知。随着新的经济关系的产生和发展、社会分工的日趋精细，“世业恒为”的职业结构和士农工商的社会结构模式发生了裂变，与新的经济、技术、职业联系着的社会流动的普遍发生，便成为中国社会由封闭走向开放的重要特征。

近代社会流动伴随着新的社会职业的出现而发生。可以说最早与商品经济紧密结合，并与外国资本集团联结的买办职业的出现，是近代社会流动的开端。

买办一词早已有之，但最初并不具有近代买办的含义。[②]鸦片战争前，买办一般是指管理外国商馆内部经济和事务的人，诸如总管、账房、银库保管，以及照管外商贸易、生活等方面事情的办事人员。“遇洋船来，十三行必遣一人上船视货议价，乃偕委员开舱起货。及货售罄，洋人购办土货回国，亦为之居间购入。而此一人者，当时即名之为买办。”[③]早期买办并不具有阶级特征，而首先表现为一种新的职业。

鸦片战争后，公行制度被废弃，买办不再受公行控制而直接受外国资本的雇用，充当外商在华推销商品、购买原料的中介。

① 民国《新绛县志》卷三《生业略》，太原崇实印刷所1929年。
② 明朝称专司宫廷供应的商人为买办。
③ 徐珂编撰：《清稗类钞》第5册，第2319页。

随着外国经济侵略活动的扩大，买办职业也发展起来，“沪地百货阛集，中外贸易惟凭通事一言”[①]。一种新的职业集团的出现，是社会生活与社会分工发生变化的体现。五口通商后，中外贸易活动日趋发展，从事买办职业的人数也不断增长，“遂于士农工商之外别成一业”[②]。随着近代买办职业的兴起，一部分商贩、学徒、游民向买办新式职业流动，由此形成了最早的具有近代特征的社会流动。

但是，作为一种新的社会职业的买办，也具有商的性质和特征，在传统社会结构及其价值观念体系中，仍然被视为贱业，上层阶级和有身份的人并不屑为此。故而最初的社会流动一般限于由较低贱的阶层向买办的流入。然而，买办商人凭借着丰厚的经济收入和外国领事裁判权的庇护[③]，事实上在社会中享有独特的优越地位。在近代社会变动中，经济力量始终是分解封建等级身份结构和稀释浓厚的等级观念的主要因素。因而买办职业最终也成为上层阶级追求的目标，一些绅士或权贵阶层的成员开始向着买办流动。于是我们可以看到，两江总督沈葆桢的孙子沈昆山、禁烟督办柯逢时的儿子柯纪文、福建知事胡琢之的儿子胡二梅、山东巡抚孙宝琦的把兄弟王铭槐，甚至翰林院编修江霞公等都摇身一变，成为追逐利润的买办。

---

①〔清〕王韬:《瀛壖杂志》,转引自刘惠吾编著:《上海近代史》上,华东师范大学出版社1985年,第230页。

②〔清〕冯桂芬:《显志堂稿》卷一〇《上海设立同文馆议》,“近代中国史料丛刊”续编第79辑,台湾文海出版社1974年,第975页。

③ 参见中国人民银行上海市分行:《上海钱庄史料》,上海人民出版社1960年,第38页。

向买办职业的流动是近代社会流动的开端。它的时代意义就在于由此冲破了传统的局限于绅士阶层的封闭型社会流动的格局，扩大了社会流动的参与阶层。随着社会结构和社会生活的更深层次的变动，参与流动的人数和社会阶层都在迅速地增长和扩大。如此，开放性近代社会流动的序幕就正式开启了。

随着社会生活的进一步变化，以及近代生产关系、生产技术向中国社会生产领域的引进和发展，社会流动日益打破传统的封闭模式而成为最频繁、最普遍的社会现象。到19世纪60年代以后，社会流动的范围已不局限于买办，而表现出多样化趋势。

从19世纪60年代开始，洋务运动导致了中国社会产业结构的变化，以西方机器生产设备和技术为基础的近代工业系统的出现，促使传统的士农工商结构发生质的变化。近代企业及其引发的产业结构变化，导致了社会职业结构和社会分工的细化，并由此推动了两个方向的社会流动：由官僚、商人、买办向资本家企业主的转化；由破产农民、市民、手工业者向近代雇佣工人的转化。

向企业主、资本家和工人的流动，是近代中国社会内部变革、适应社会生活发展需求的流动，在一定程度上体现了中国社会结构变动的历史趋向。同近代中国社会发展起伏缓急密切关联的社会流动，在它的早期阶段呈现出如下几个特点：

第一，社会流动频率逐步加快。无疑，从现有史料中科学地、准确地测定社会流动的频率是很难做到的，但通过新式企业兴建的情况也可以理出一个基本的趋向。从19世纪60—90年代，中国近代企业有170多个，平均每年有3个企业出现。在上海，

1890年后的5年内，平均每年有7个企业诞生，再加上外国资本的100多个企业，仅由农民、手工业者、市民向雇佣工人的流动人数大约达到10万人，其中向中国自办企业工人的流动约有6万人，平均每年约有2000人向工人职业流动。①

第二，社会流动范围呈现扩大趋势。最早的社会流动的流向限于买办，流源限于商人、贩夫等，参与社会流动的阶层范围是狭小的，但在近代企业推动下的社会流动，其范围却日趋扩展：不仅流向由买办扩展至企业主、资本家、工人，而且流源扩展到官僚、地主、商人、买办、农民、手工业者、学徒等诸多社会阶层。

尽管近代社会流动具有开放性特征（因为流动本身已不再受到身份或等级的限制），但就社会流动的方式、规模而言，在甲午战争前还属于自由流动。自由流动是指由于特殊原因引起的单独个体的流动，它还不表明大规模的阶级、阶层的整体变化，也不足以引起较大的社会结构的变动。新兴的百数十个近代企业对于整个封建经济结构和阶级结构，并不形成根本性冲击；而且向近代企业主、资本家的流动还处于过渡状态，很多人是以封建官僚身份来“督办”企业的，官僚仍具有封建社会独特的身份、地位和权威，不曾真正流变为资本家阶级；数万雇佣工人相对于4亿人口的农民，也远远不足为数，而且它并没有引起农民阶级结构性的变动。

---

① 参见《旧中国的资本主义生产关系》编写组编：《旧中国的资本主义生产关系》，人民出版社1977年，第24页。

然而，开放性社会流动，毕竟是中国近代社会生活演进规律的表现，自由流动既已发生，就具有不可遏止的趋势，它的产生、发展也就为结构性社会流动规划了基本走向和提供了必要的历史前提。甲午战争后，由于民族危亡的刺激和民族意识的觉醒，以救亡为目的的实业热潮推动了近代企业建设的空前发展。同时，在文化、教育领域中的变革和政治领域中的革新，标志着近代中国社会结构的深层次的剧烈变动。此时的社会流动也由自由流动发展为结构性流动。结构性流动是指由于生产技术或社会方面的变革、革命而引起的大规模的阶级、阶层或人口地区分布的变化。甲午战后近代社会流动已在规模和流向上具备了结构性流动的特点：

其一是社会流动规模迅速扩大。甲午战争后，近代中国的民族资本企业形成了三次大的发展高潮，到1913年，新设的民族资本矿厂达到549家，比甲午战前增长了36.6倍。[①]向新式企业主、资本家的社会流动至少扩大了30倍。同时，近代企业的发展规模，也相应带动了向工人阶层的流动规模的扩大，流向工人的总人数已达到200万左右。

其二是社会流向的扩大。由于甲午战争后中国社会结构表现出经济、文化、教育、政治结构的全面而深刻的变动，一些新兴的社会生活领域和事业相继兴起，诸如报刊业、学堂教育、社会团体事业、新政的出现，导致了社会职业结构的根本性变化。一

① 参见中国人民大学政治经济学系编：《中国近代经济史》上册，人民出版社1979年，第224页。

些阶级和社会集团为了适应新的社会职业、角色，社会流动呈现出复杂多向的趋势。具有功名身份的绅士阶层不仅向企业主、资本家流动，更大量的是流向了编辑、教师、社团法人代表等自由职业，而且还有举人、秀才充军的向下层社会的流动。

社会流动不是孤立的社会现象，它受着社会结构和社会生活变动的制约。社会生活愈是走向开放，社会工业化程度愈高，社会分工愈精细，社会流动频率就愈快，流向就愈广泛。那么，近代中国的社会流动的总体特征如何呢？我们可以从流源、流向、流程几个方面作一简略分析。

流源是指参与社会流动的分子（阶层）相对于该阶层向其他阶层流入的方向而言；流向，是指社会流动的基本方向，即所要流入的阶层；流程，是指社会流动的过程，即由流源到流向的变化过程。

近代中国早期的社会流动情况可以用以下流动过程图表示：

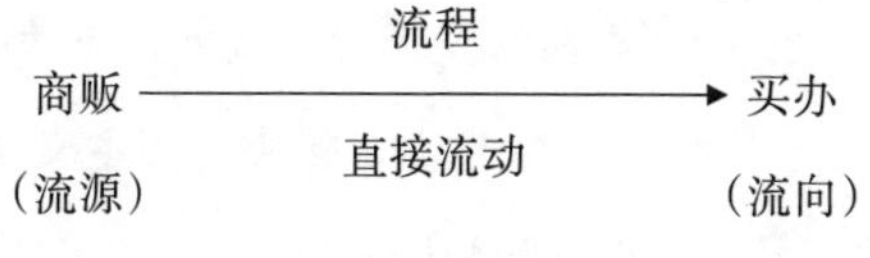

流程
商贩 ————————→ 买办
（流源）　直接流动　（流向）

由商贩到买办的流动，是一种简单的流动，其流源、流向都是单一的。19世纪60年代以后，由生产方式和技术设备引起的社会流动开始呈现由单一趋于复合的走向。参与社会流动阶层已是明显地扩大到诸多社会阶层，如官僚、绅士、地主、买办、学徒、农民、手工业者等，社会流动的流向也由单向变为多向，包括买办、企业主、工人，甲午战后又扩展到报刊主笔、编辑、学堂教师、兵士等。流程上，也出现了间接的复合流动，如徐润、祝大椿等人的流动过程如下图所示：

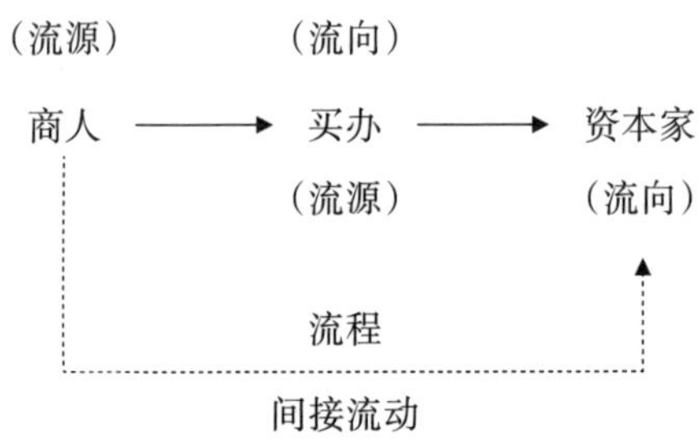

近代社会流动是不断发展的，起初经过流动由商人变为买办者，随着19世纪六七十年代近代企业的发展，他们再度参与流动，由买办流向近代资本家集团。这是一个完整的整体流动过程，是社会流动更加广泛、社会结构趋于开放的显著特征。徐润、祝大椿、朱志尧等都是经过这一流动程式由买办成为资本家的。他们在“早期的中国私人工业投资资本中占第一位，1895年以后开办的棉纱、面粉、缫丝厂和航运企业的创办人数中，买办（仍）占第二位”①。买办阶层是近代中国社会流动中变动最早也最为显著的社会集团，它的流动既反映帝国主义侵华的时代特征，也体现中华民族意识觉醒和民族反抗斗争的时代制约。

在近代中国开放型流动的过程中，由自由流动到结构流动的变动趋向，体现了近代中国社会结构的深刻变化。正是在这一社会流动的总体格局中，作为封建社会中一个独特阶层的绅士集团，展示了完全不同于传统社会结构中的社会流动的时代特征。

---

① 凌耀伦、熊甫、裴倜编著：《中国近代经济史》，重庆出版社1982年，第157页。

三、绅士的多向流动

在近代中国新旧嬗替的社会变革过程中，社会流动的形式与内容，自然昭示出这个时代行进的历史趋向。绅士阶层不仅仅是封建社会结构中社会流动的交汇点，也是近代中国社会结构中流动演变最为剧烈的集团力量。

随着近代买办商人和新式商人经济实力的增长，商人阶层对于近代社会生活的影响力日趋增长，因此他们不甘蛰伏于四民之末而努力向绅士阶层流动，“惟经管大获，纳资得官，乃得厕于缙绅之列”①。由于对外贸易的兴盛，在沪的浙江宁波籍买办集团自上海开埠后，已逐渐取代了粤籍买办的地位，如杨坊、陈竹坪、陈裕昌、王槐山、王一亭、虞洽卿、叶澄衷等皆以买办而致巨富。他们一方面将其资财投向新式企业，一方面以其资财捐纳职衔翎顶，向绅士阶层流动。浙江南浔是贸易繁盛的丝业市镇，因营丝而富的梅鸿吉、蒋堂、刘镛、周昌炽、庞云增也都千方百计跻身绅士阶层。在近代，骤富的商人们或者像南浔四象之一的庞元济一般捐纳官衔②，改善其社会地位；或者像木渎镇商人钱坚以经济实力使子孙获取科举功名③。近代由商向绅的流动，不仅改变了绅士阶层的构成，而且也必然导致封建身份等级结构的解体。历史运动的最终结果常常与它最初展示的历史表象的变化方向相反，或许这正是人们永远追求而又不易探寻到的客观历史

---

①《论整顿茶市》,《申报》1880年5月6日。

② 参见周庆云纂:《南浔志》卷三三,1922年刻本。

③ 参见张郁文辑:《木渎小志》卷二,1921年排印本。

规律的残酷无情。

随着近代中国社会生活的变化和近代新式商业、企业的不断涌现，由商向绅的渗透很快被逆转。传统的功名身份甚至官职爵禄已不再是社会唯一的价值指向，失去了固有的吸引力。由官绅向企业主流动的朱仲甫深有感触地说："我从政数十年，乏味得很，要做实业。"①上海开埠初期，就有一位买办劝告他醉心于科举功名的侄儿说："我建议你不要投身宦途……过去十年外商在上海贩运丝、茶出洋，牟利颇厚，业务极为兴旺……我希望你学习英语，然后我推荐你到洋行工作。"②曾经居于传统社会之末的商，居然对四民之首的士形成如此巨大的吸引力，这一社会变动无疑体现了时代迈步前行的力度。"同、光以来，人心好利益甚，有在官而兼营商业者，有罢官而改营商业者。"③社会价值指向发生了根本性逆转。

甲午战争之前，盛宣怀等一批洋务官绅经营近代企业，是由绅向商流动的开始，而在1895年至1913年近代民族资本企业创建热潮中，官、绅向商人（企业主）流动已是极为普遍的社会现象了，如"湖南诸绅现已设立宝善公司，集有多股，筹议各种机器制造土货之法，规模颇盛"④。在近代燃料开采、金属采冶和

① 汪敬虞编:《中国近代工业史资料》第2辑下,科学出版社1957年,第708页。

② Hosea Ballou Morse, *In the days of the Taipings*, Massachusetts, The Essex Institute, 1927, p. 66.

③ 徐珂编撰:《清稗类钞》第4册,第1672页。

④〔清〕张之洞:《张文襄公全集·奏议》卷四五《华商用机器制货请从缓加税并请改存储关栈章程折》,第3266页。

纺纱业中，绅士投资创办者占有相当的比例，如下表[①]所示：

企业类别	商办企业	投资创办者的身份				
		绅士及绅士家庭	商人	其他	不明者	买办
纺纱	18	11	/	1	2	3
金属	10	2	2	1	5	/
采冶	/	/	/	/	/	/
颜料	/	/	/	/	/	/
开采	25	12	3	1	9	/

由于受资料的局限，我们尚不能对近代绅—商的流动状况作出确切的量化分析，但依据现有资料也可以粗略地了解到绅士在民族资本工业创办者中究竟占据了什么样的地位。《中国近代工业史资料》曾对所记载的“工业投资者示例”48人（除华侨外）的出身作了一个初步分类：绅士18人，商人8人，买办20人，学徒、工人2人。[②]

事实上这一分类诚如该书“编者按”所言：“本节虽将官僚地主阶级的士绅和商人作了区分，但有许多人是先商后官，或亦官亦商的。”“中国资本家之为官为商，竟不能显为区别。”[③]认真检阅史料，我们不难发现，书中所列商人、买办二类中，很多人都属于获得了身份和头衔的绅士，而并非纯粹的商人或买办，如下表[④]所示：

---

① 参见汪敬虞编:《中国近代工业史资料》第2辑下,第872—924页。
②④ 参见汪敬虞编:《中国近代工业史资料》第2辑下,第926—976页。
③ 汪敬虞编:《中国近代工业史资料》第2辑下,第926—976页。

姓名	《中国近代工业史资料》所列身份	实际属于绅士的身份
周廷弼	商人	三品衔候补道
渠本翘	商人	进士、内阁中书
黄佐卿	商人	二品顶戴
曾　铸	商人	一品封典花翎候选道
宋炜臣	商人	二品顶戴候选道
顾馨一	商人	绅士
叶澄衷	商人	绅士
郑观应	买办	监生
祝大椿	买办	绅士
朱葆三	买办	绅士
吴懋鼎	买办	道员
王一亭	买办	绅士
唐廷枢	买办	二品衔候补道

实际上，在这48个投资者中，完全属于商人出身者仅有1人，买办14人，而属于绅士者竟达到31人，占统计人数的65%以上。

如果对绅—商流动的数量分析还不足以显示出绅士阶层在近代资本家形成过程中的历史地位的话，那么我们可以变换一个视角，从绅—商流动的质量上作一番初步的考察。在甲午战争后中国民族资本企业大规模发展过程中，较大型的工厂企业和农牧垦殖公司主要都是由绅士们创办的，比如在新兴的近代纱厂企业中，绅士阶层的投资者就占有绝对的优势，如下表①所示：

身份	纱厂(个)	百分比	投资额(千元)	百分比
绅士	13	68%	10004	73%
买办	2	10.5%	1680	12%

① 参见汪敬虞编:《中国近代工业史资料》第2辑下,第924页。

续表

身份	纱厂(个)	百分比	投资额(千元)	百分比
钱庄主、商人	1	5.2%	210	1.5%
官僚	1	5.2%	1200	8.7%
不明	2	10.5%	560	4.1%
总计	19	100%	13654	100%

历史表明，“最初一期所谓兴办实业，实在非可怜的小商人阶级所能担任，因此私人公司也往往先归处于治者地位的士绅阶级”①。拥有百万元至数百万元的大资本家企业，一般都属于那些“通官商之邮”的有封建功名身份的大绅士。下列11个资本企业集团中，除祝大椿、曾铸属于由商向绅流动的特例外，其余都是甲午战后由绅向商流动的典型，如下表②所示：

绅士	身份	创办投资企业(个)	资本额(万元)
张謇	状元、修撰	27	708.77
祝大椿	二品顶戴花翎道	11	344.5
沈云沛	侍郎	13	411.8
严信厚	道员	14	806.4
宋炜臣	二品顶戴候选道	8	696.9
许鼎霖	二品顶戴候选道	10	554.7
周廷弼	三品衔候补道	8	144
楼景晖	四品候选州同	3	82.9
曾 铸	花翎候选道	3	194.9
张振勋	头品顶戴太仆寺卿	11	485.8
庞元济	四品京堂	6	291.2

① 瞿秋白:《中国之资产阶级的发展》,收入复旦大学历史系、《历史研究》编辑部、《复旦学报》编辑部合编:《近代中国资产阶级研究》,复旦大学出版社1983年,第4页。

② 汪敬虞编:《中国近代工业史资料》第2辑下,第1091—1096页。

这11个绅士资本家集团的资本总额至少达到971.9万元，占到1895年至1913年商办企业投资额9079.2万元的10.7%。毫无疑问，与西欧资产阶级是从“这个市民等级中发展”来的历史过程截然不同，在中国资产阶级形成的早期阶段，绅士阶层始终是一个重要的社会集团力量。

需要特别加以说明的是，与时代发展节拍相和谐的绅士阶层向近代企业主的流动，虽然最初是发生于江南沿海、沿江地区的时代发展趋向，但到19世纪末，却逐步成为浸及内地省份的一个普遍性的社会变动。如素以表里山河著称的较为封闭的山西，在一位旧式绅士的日记中也透露了这一时代变动的气息：“近来吾乡风气大坏，视读书甚轻，视为商甚重，才华秀美之子弟，率皆出门为商，而读书者寥寥无几，甚且有既游庠序，竟弃儒就商者……当此之时，为商者十八九，读书者十一二。”①

掖起了青衿绅带的举贡生员们，在近代企业发展中寻求着符合时代要求的属于自己的新落脚点：江阴有贡生吴听胪的华澄布厂，长沙有监生禹之谟的织巾厂，巴县有秀才杨海珊的火柴厂，厦门有生员孙逊的电灯公司，平陆有狄海楼的矿务公司……②由绅向商的社会流动标志着时代发展的基本趋向，其本质远远超越了具体数量统计的意义。

这一时期的绅—商流动尚属于自由流动，相对于百数十万之众的绅士阶层，这种自由流动的规模显然十分有限。但是，正是

① 刘大鹏：《退想斋日记》，山西人民出版社1990年，第17页。
② 参见王先明：《近代中国绅士阶层的分化》，《社会科学战线》1987年第3期。

这种自由流动的逐步发展为绅士阶层的结构性流动奠定了最基本的社会历史条件。

第一，它突破了封闭性社会结构的模式，促使不容僭越的士农工商社会结构发生了互动和互渗。在士与商的对流中，绅商阶层出现了，这标志着社会向平民化方向的发展。由此，近代社会由严格的士农工商之别向着“士官商民混一无别”[①]的方向发展。在这剧烈的社会变动中，绅士所具有的功名身份逐步失落。传统的以首、末划分的四民，其等级的鸿沟在阶级、阶层间的流动中呈现出平均化的趋向，“士农工商，四大营业，皆平等也，无轻重贵贱之殊”[②]。

第二，它引起了中国社会经济结构和阶级关系的新变化，并有助于封建社会价值取向的转移，淡化了绅士阶层对功名身份的向往。于是风俗丕变，不重儒，应科试者少，士子多志在通晓英算。[③]传统的“贵义贱利”价值观念，被“习尚日非”“嗜利忘义”[④]的风尚所取代。由此，近代社会结构的深层变动导致了绅士阶层结构性的大规模流动。

对于绅士阶层而言，20世纪初年的科举制度的废除和新式教育体制勃兴的社会变革，必然成为注定其历史命运的根本性转折。“自变法以来，业经六七年，而老师宿儒皆坐困于家。”[⑤]由

---

① 民国《海宁州志稿》卷二四《职官表》。

② 悲时客稿:《贵业贱业说》,《大公报》1902年11月20日。

③ 参见民国《定海县志》卷十六《方俗志》。

④〔清〕许瑶光:《谈浙》,收入中国史学会主编:《太平天国》六,上海人民出版社1987年,第615页。

⑤ 刘大鹏:《退想斋日记》,第169页。

社会制度变革引发的结构性社会流动，对于社会成员个体而言，具有不容坐视的强制意义。因此，这一时期的绅士阶层的社会流动的确不同以往：

首先，流动具有广泛性。“科举既议停减，旧日举贡生员年在三十岁以下者，皆可令入学堂之简易科。”①在社会进步的巨大压力下，尘羹土饭的八股文和不合时宜的功名身份失去了维系其基本社会地位的功用，各省“数万举贡，数十万生员”不得不四方觅食，自谋生路，大批地流向与新的社会分工相联系的各种社会职业阶层。据统计，湖北地区清末二十年间的四万多名绅士中，至少有两万余人是通过新式教育参与社会流动的，约占全部绅士人数的43%。②绅士们纷纷离却曾经苦苦追逐的功名之途，在近代社会转型过程中获得了各种新的社会资格，形成了所谓既有旧功名又有新学历的双重身份。据民初《最近官绅履历汇编》统计，江苏地区具有双重身份的功名之士情况如下表③：

旧功名	新学历	在原功名所占比例(%)
进士	留学	54.6
	新学堂	3.0
举人	留学	31.8
	新学堂	12.2
生员	留学	66.7
	新学堂	25.0

① 《管学大臣等奏请试办递减科举注重学堂折》，《东方杂志》1904年第1期。
② 参见刘锦藻：《清朝续文献通考》卷九七《学校四》。
③ 参见王树槐：《中国现代化的区域研究：江苏省（1860—1916）》，台北“中央研究院”近代史研究所1984年，第529—530页。

在旧式功名之士中，至少有50%的人同时接受过新式教育而流向其他阶层。

其次，流动具有多向性。在新旧教育体制的更替中，新学堂为绅士社会地位的重新选择提供了最基本的途径。以新式教育体制为中介，传统绅士获得了新的政治、经济、教育、工商、科技、军事、司法等适应社会结构变动需求的专门知识和技能，从而流向了社会各个层次，如湖北地区绅士的多向流动情况见下图①：

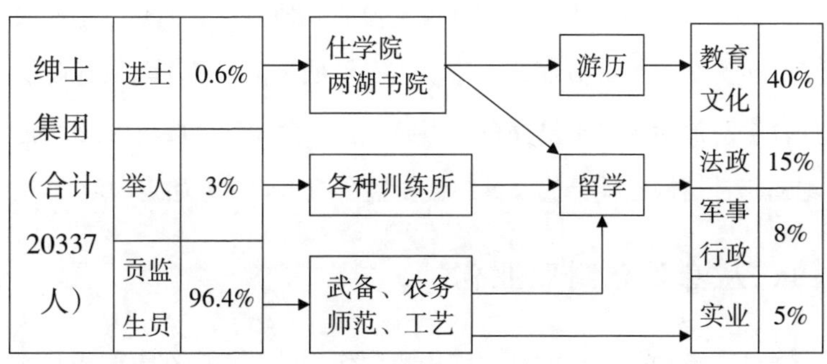

在结构性社会流动中，绅士阶层的流向不再局限于绅—官或绅—商，而呈现出多元分化的趋向，流向社会的各个方面：教育、文化、法政、行政、实业等。不仅如此，许多绅士还向社会下层流动，舍弃功名而充任兵士。1905年《大公报》报道："深州举人胡某率领本州举人七名，廪生三十余名，呈请练兵处王大臣，恳恩分发各镇充当兵勇，以为中国文人秀士之倡。"②在清末新军兵营中，以举人、秀才身份当兵效力已是很普遍的社会现

① 参见苏云峰：《中国现代化的区域研究：湖北省（1860—1916）》，台北"中央研究院"近代史研究所1981年，第466—468页。

② 《大公报》1905年12月22日。

象。[①]有些绅士甚至流向秘密社会，“绅衿与哥老多合为一气”[②]。因此，清王朝所忧心的“前闻举贡生监，以考试既停无所希冀，诗书废弃，失业者多，大半流入会党”[③]，绝非耸闻之词。

毋庸置疑，20世纪初年的结构性社会流动，导致了绅士阶层社会地位的根本变动和殊分发展，特别是绅士阶层向上层社会和下层社会的两极流动趋向，标志着结构性社会流动开始发展为剧烈的阶级分化。科举制度的消亡宣告了绅士阶层社会继替的中断，因此，一方面是绅士阶层大规模地流向其他阶层，而自身却缺失了新生力量；另一方面，由于功名身份的失落，绅士与其他阶层的社会对流情况也不复存在。因而，在社会变动频度较大的20世纪初年，结构性社会流动最终促使整个绅士阶层开始走向消亡。

四、从身份化到职业化

社会流动是一定的社会结构机制作用的结果。在人们相互作用的社会中，以个人和社会集团的社会地位变动过程为基本内容的社会流动，更为鲜活丰富地揭示出社会结构的基本特征及其演变趋向。桑巴特（W. Sombart）说，在资本主义以前的社会里，人们由社会权力获取财富，在资本主义社会里，人们才能由财富获取权力。这是对两种不同社会结构中社会流动方式和流动方向

① 参见中国人民政治协商会议全国委员会文史资料研究委员会编：《辛亥革命回忆录》一，第461、626页。

② 范爱众：《辛亥四川首难记》，收入丘权政、杜春和等选编：《辛亥革命史料选辑》下册，湖南人民出版社1981年，第188页。

③ 故宫博物院明清档案部编：《清末筹备立宪档案史料》下，中华书局1979年，第995页。

的揭示。但是，在新旧时代转折的历史过程中，绅士阶层的社会流动具有怎样的特征呢？

第一，封建的功名身份依然是绅士社会流动的起点或基本条件。在典型的封建社会结构中，绅士阶层的社会流动基本依循“由贵而富”（即由社会权力获取财富）的方向发展。他们通过科举制度（或其他非制度化途径）获取功名身份，“学而优则仕”固然可以立于庙堂之上，学而不优也可凭借已有的功名身份回到乡村社会掌握基层权力。“二者巧妙地运用使中央和地方都能受同一阶层的支配。”①在近代中国社会的转型时期，封建的身份功名并未被猝然废弃，它依旧从根本上保障绅士阶层社会地位的确立和对社会权力的攫取。“彼其国人，一为官吏，则蓄产渐丰，而退隐之后，以富豪而兼绅贵，隐然操纵其政界之行动，而为乡民之所畏忌……次之者为绅商，此中固亦有相当之官阶……常表面供职于官府，而里面则经营商务也。”②不仅流向近代大企业的人是大绅士，就是商人、买办也要利用捐纳途径买得翎顶辉煌，跻身绅士阶层。盛宣怀不无感触地承认：“目前办理商务，若不愿为他人下，仍可列主事之衔。”③因此，在绅—商之间的互渗互动过程中形成的近代绅商集团，其实就是封建身份与近代资本、传统绅士与新式商人的胶合。在此情况下，封建功名身份仍然是绅士社会地位的基本保障。尽管绅士阶层中不乏先觉者，率先自愿向近代商人流动，形成了跨越阶级、阶层的社会流动，但对

① 吴晗、费孝通等：《皇权与绅权》，第142页。
② 汪敬虞编：《中国近代工业史资料》第2辑下，第926页。
③〔清〕经元善：《居易初集》卷二，光绪辛丑本，第66页。

于绅士阶层整体而言，仍局限于本等级圈内的流动。对此我们通过光绪年间浙江杭州和福建部分地区进士、举人的考取情况，可以略知一二。杭州府光绪年间中举和考取进士的情况如下图所示[①]：

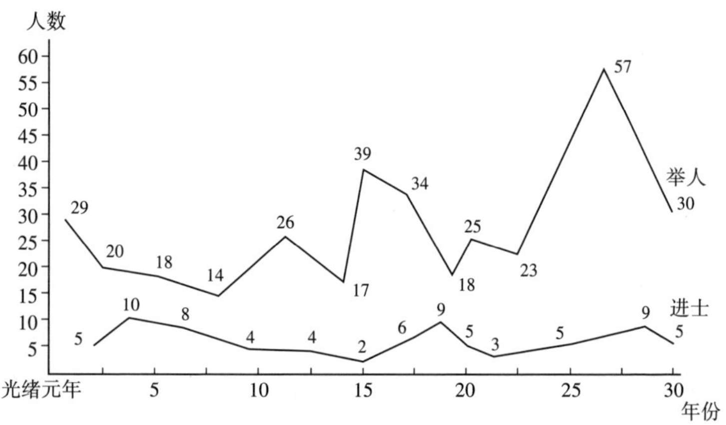

由此可知，甲午战争后科举对于绅士阶层的向心力并无明显的减弱。我们再看福建地区的情况，如下表[②]所示：

年份	光绪元年至十年	光绪十一年至二十年	光绪二十一年至三十年
进士人数	53	67	38
举人人数	223	199	98

各地较一致的情况是，甲午战争后绅士阶层的中举人数没有太大的逆减，多数绅士仍视科举为社会垂直流动的基本方式。

20世纪初年，随着近代新学堂的兴起和科举制度的衰亡，终于引发了绅士阶层整体的结构性社会流动。即使如此，“这个改

① 参见《中国近代现代史论集》第28编，台湾商务印书馆1985年，第61页。
② 据福建闽侯、龙岩、同安、永春、南平、惠安县志统计。

变并没有妨害既得阶层的优势”[①]。传统的功名身份也并未因此而失去其基本的保障作用。几乎所有的新式学堂都无例外地把有功名的绅士作为最基本的接纳对象，如湖北的情况便如下表[②]所示：

学堂	名额	资格	年龄
两湖书院	240	举贡、廪增附生	/
自强学堂	120	附监生员	15—24
农务学堂	120	廪增附贡	/
工艺学堂	60	绅商士庶子弟	12—16
文普通学堂	240	生员	15—24
两湖师范	480	举贡生员	16—28
优级师范	256	举贡生员	16—28
道府师范	1400	廪增附贡生员	17—40
存古学堂	120	廪增附贡及师范教育	17—40
武备学堂	120	文武举贡生员官绅世家子弟	18岁以下
方言学堂	150	文普通中学毕业生	15—20

第二，职业功能结构取代了身份等级结构。在封建社会结构中，功名身份既是社会流动的起点和保障，又是社会流动的唯一方向。一般说来，绅士阶层传统的社会流动，只改变个人的社会地位，只改变个人和阶级的关系，不能改变社会的阶级结构和阶级之间的关系。封建社会的价值体系和社会结构的再创造过程，就在社会流动起点和方向的高度一致中获得稳定发展。但是，近代中国绅士阶层的社会流动不是从起点上，而首先是从流动方向上打破了这种态势，致使传统的功名身份不再是流动的唯一方向。近代社会中新兴的商、学、法、工乃至各种自由职业都成为

① 吴晗、费孝通等：《皇权与绅权》，第142页。

② 参见苏云峰：《中国现代化的区域研究：湖北省（1860—1916）》，第464—465页。

绅士们的选择。正是在这种具有鲜明时代特征的社会流动中，传统的身份等级结构为近代的职业功能结构所取代。地方志中户口职业项目内容的变化，一定程度上就是这种社会变动的映照。清代地方志中职业项目通常分为官员、士绅、农业、工业、商业、兵勇几项，或者径直分为士、农、工、商，如《束鹿县志》[①]所载。虽然绅士并不具备职业的意义，却位列各业之首。这是封建时代身份等级社会结构的特征之一。但是，近代绅士阶层的多向流动，不仅使它所拥有的功名身份逐步失落而不再构成一个特定的封建等级，还为日趋细化的新兴社会职业所吸纳而走向分化。在民国年间新编的许多地方志中，体现近代社会分工的职业项目最终排除了浓厚的等级特色而不再把绅士列为一目，基本从分工意义上来划分职业。如《阜宁县新志》将职业表分列为二十三项：党务员、公务员、教员、学生、律师、工程师、会计师、医生、新闻记者、电务员、邮务员、路员、农人、商人、渔人、负贩、矿工、工人、劳工、军人、警察、伶人、杂业。[②]此时绅士阶层的社会流动形式自然逐步脱离科举制度的影响，而主要受到下列因素的制约：①以传授适应某种职业的知识和技能为目的而设置的近代教育体制；②制约教育体制的产业组织和社会管理结构及其对劳动力质量的要求，等等。可以说，这既是清末绅士群趋于学堂的原因，也是近代学堂招收对象限定于绅士的原因。

社会近代化的一个基本趋向就是由身份等级社会向职业社会

---

① 同治七年《束鹿县志》卷五《田赋类·户口》。

② 参见民国《阜宁县新志》卷三《内政志·户口》，附表第6—11页。

的变动，而这种变动本质上也是人的解放过程，是挣脱封建等级束缚、获取个人自由的历史过程。无论历史演变的结果如何，都无法从根本上摆脱它的起点和制约。“人们自己创造自己的历史，但是他们并不是随心所欲地创造，并不是在他们自己选定的条件下创造，而是在直接碰到的、既定的、从过去承继下来的条件下创造。”[①]近代绅士阶层就是借助于功名身份而走向了“非身份”。

“非身份”的社会变动是近代中国社会历史运行趋向的标志，却并不意味着绅士阶层社会地位及其作用的减退。对此，我们可以从两个方面略作分析：

首先，近代绅士阶层的社会权力地位得到了明显强化。在清末绅士阶层大规模结构性社会流动中，相当一批绅士得以上升进入政府机构。据《宣统三年冬季职官录》统计，中央各官员的出身背景如下表[②]所示：

旧功名	百分比	新学历及其他	百分比
进士	13.7%	新学堂毕业生	4.1%
举人	35.7%	其他	7.5%
贡监生	33.2%	/	/
生员	5.8%	/	/
总计	88.4%	总计	11.6%

由此可知，清末新式知识分子在权力结构上还未能构成取代绅士阶层的基本力量，传统绅士在官员中仍占88.4%的绝对优势。清末各省的咨议局，几乎也是绅士阶层独占的政治活动天地，绅士

① 《马克思恩格斯选集》第一卷，人民出版社2012年，第669页。
② 王树槐：《中国现代化的区域研究：江苏省（1860—1916）》，第525页。

议员一般占到议员数的90.9%以上，各省议长21名，绅士竟占了20名。[①]

其次，近代绅士阶层的社会活动范围得到了扩展。传统绅士活动限于地方基层社区，他们依凭绅士身份独揽地方公务，通过扮演官、民中介的角色，控制基层权力。近代绅士通过多向流动，取得了超越传统社会角色的资格，致使近代社会新兴的各项事业如工矿、报刊、社团、学会、学堂、市政皆为绅士阶层所把持。“中国文字隐奥，民皆听命士绅。变法已来，学堂、农矿多属士绅。”[②]

尤其在展现社会集团力量的近代商会、农会、学会、社团活动中，绅士们自觉的社会活动意识和能力得到了锻炼，驱动着近代绅士阶层从狭隘的社区力量向社团力量发展。因而，在20世纪初年的大规模社会政治活动中，如反美爱国运动、收回利权运动、地方自治运动、立宪运动、保路运动，乃至辛亥革命，都无法排除绅士力量的参与及其影响。

无论是对于个人命运，还是对于一个社会阶层的历史归宿而言，开放型社会流动所带给他们的只有超越传统的社会活力。

---

① 参见李守礼:《清末咨议局》,收入《中国近代现代史论集》第16编,台湾商务印书馆1986年。

② 故宫博物院明清档案部编:《清末筹备立宪档案史料》上,第269页。

第六章
结构错动——近代社会结构演变的历史走向

矗立在传统农耕经济基础上的士农工商社会结构古厦，主要受到两个方面力量的维系：重农抑商的农耕社会的基本国策和传统意识的黏合力，士首商末社会等级制度的支撑力。因而在历史演进的风雨中，它平稳安详地度过了几千年的风剥雨蚀。即使是数百年一更代的王朝循环节律，或者是难以有实质性内容的历代变法的政治调节，也只是在上层建筑或经济体制上略有更张而已，对于士农工商社会结构，却难以有所动摇。

这一既是经济（职业分工）也是政治（等级划分）的最基本的社会结构模式，注定要与整个传统农耕时代生死与共。

当社会历史跨入近代以后，商——本来是传统社会结构内部早已存在的因素，才真正显示了自身的力量，从社会结构叠架重累的底层伸直了蜷曲的腰板。统治者历来忧心忡忡加以抑制的“末务”，竟一变而为经国之本，发展为传统社会结构的异己力量。近代中国异军突起的重商主义和商战思潮，分解了这一古厦的黏合力，四民平等的呼声和实践也侵蚀了等级制度的支撑力，于是乎，士农工商凝固的社会结构便发生了亘古未有的错动。

一、错动趋向

以尊卑贵贱等级为基本内容形成的士农工商这一有序社会结构，是整个中国传统社会制度和文化的基础。社会秩序的稳定，很大程度上取决于这一结构的有序性。

不平等的等级身份的自我延续，尊卑贵贱社会秩序的维系，依赖于以阻碍阶层之间社会流动为目标的社会阶层的封闭或自续机制的建立。中国皇权政治制度不仅从法律上限制"四民"的交错对流，甚至于要求限制士农工商的居处自由，"士农工商四者，国之石民也，不可使集处，集处则其言哤，其事乱"[①]。在漫长的传统农耕社会演变过程中，无论是王朝更代的政治变动，还是揭竿而起的农民起义风暴，其最终结果仅仅是改变了某一阶层中特殊集团和个别分子的社会地位，对于原本的社会结构本身却无能为力。正是这一坚稳不摇的社会结构本身，成为整个传统社会历经两千年而无质的进步的强固的根基。"士农工商，各有正业"[②]，直到近代社会，这一结构仍然顽强地生存着。

封闭是专制王权和这种同质政权企求永存并得以循环往复的秘诀。然而，封闭并不仅仅是皇权专制面对西方文化时才表现出来的社会文化特征，在传统社会结构形成和发展的同时，就在其内部首先发育着旨在维系等级名分以阻滞社会阶层相互对流的封闭机制。

---

① 〔清〕黄傅祁：《原学》二，收入何良栋编：《皇朝经世文四编》卷五，第103页。
② 朱寿朋编：《光绪朝东华录》四，中华书局1958年，第3636页。

通过抑商而重农、贬商而崇士，有效地稳定着“士农工商”有序结构，制约着社会秩序内部的均衡发展，这是封闭式自给自足的农耕经济之必然，也是维系这一封闭社会结构体系之必要。“先王知民不可一日而不食，一日而不衣，而农桑者衣食之本也。故亟亟焉以为有国之大务，课之树艺，教之蚕织……导之如此其勤，恤之如此其至，故其民莫不务本。”① “商”始终被置于社会伦理和社会等级的藐视之下。“中国视商人素不甚重，即有拥资巨万，人争趋之，而背地尚多微词，以为彼虽势焰熏灼，不过一市侩已耳。”②在统治者乃至整个社会看来，商人以逐利为唯一目的，是既危害王朝统治的安稳又荡佚人心、祸乱社会的渊薮，“商人即无弊不作，其家资巨万，皆由包庇违禁货物，欺诈中外商夷所得”③。拥有天下也富有四海的皇家，对商的极度恐惧，就在于它以特有的敏锐意识到，“利”在民间的无限制的扩张，终究会异化为埋没王权或无视王权的社会力量。这一为后来历史事实所反复验证了的必然，被传统文明及早地从等级秩序和价值观上严格地加以限制，防患于未然。这体现着中国传统社会文明和政治智慧的高度成熟。清王朝仍然以“重农本抑商末”为国家要务。从而，无论是国家法令政策，还是社会价值指向，都以

① 〔清〕孙鼎臣:《论治五》,收入〔清〕盛康编:《皇朝经世文续编》卷五八《户政上·钱币上》,第6647页。

② 《论整顿茶市》,收入〔清〕邵之棠辑:《皇朝经世文统编》卷六一《理财部六·茶务》,“近代中国史料丛刊”续编第72辑,台湾文海出版社1970年,第2504页。

③ 《丙辰户科给事中万启心奏》,收入〔清〕文庆等编:《筹办夷务始末(道光朝)》卷一六,“近代中国史料丛刊”第56辑,台湾文海出版社1970年,第1164—1165页。

“重农抑商”“贵义贱利”为旨归。

1797年5月，在直隶邢台县境内发生了一起由民呈请开矿采银，反被朝廷下谕严处的事件。在嘉庆皇帝的朱批谕旨中，充溢着中国农耕文明对于“商利”的独特见解：

> 且千百为群，经年累月，设立棚厂……以谋利之事，聚游手之民，生衅滋事，势所必然……在边省犹不可行，而况近依畿辅。……国用本无虞不足，安可穷搜山泽，计及锱铢？……实属不安本分，俱著押递本籍，交地方官严加管束，毋许出境滋事。……朕广开言路，非开言利之路也。聚敛之臣，朕断不用。①

1801年7月嘉庆皇帝又重申：“上下言利，国事尚可问乎？”②对于财产或利益的高度警觉和不懈追求，是伴随着人类社会文明发展的一个难以解脱的课题。具有对人类命运终极关注使命的思想家、人类学家或历史学家，都在从不同途径力求解答这一困扰人类发展的难题。莫尔根在风靡世界的名著《古代社会》中对于财产的论述，似乎表达了同中国清朝皇帝对利的担忧相同的感受：“如果进步是将来的，恰如过去一样，是人类的原则的话，那末仅仅一种获得财产的生涯，决不是人类最终的命运。”③然而，两者的立足点却又有着根本的不同：莫尔根关注的是在财产增殖的

---

①〔清〕王先谦编：《正续东华录·嘉庆七》，第46页。

②《清仁宗实录》第29册《饬禁捐廉办公》，中华书局1986年，第62页。

③〔美〕莫尔根：《古代社会》，生活·读书·新知三联书店1957年，第647—648页。

同时，人类的政治民主、精神文明、教育文化、权利平等应该获得同步发展，“总有一天将要到来，人类的智能将要起来驾驭财产，规定国家对于它所保护的财产的关系，以及规定财产所有者的权利的义务及范围”[①]。中国文化和专制王权关注的却是对于利的高度限制，以对追逐利益的商人的社会地位的剥夺，保持以农为本的社会秩序的稳定。

中国传统社会推崇贵义贱利的价值观，这是重农抑商和士首商末社会生活情状的观念表现。贵义贱利的价值观引导着整个民族的社会生活的趋向。尽管围绕着义与利，中国传统文化中也出现过多次辩驳之声，但历史进程终究没能给利以适当的地位，反而愈辨愈把义高擎为人生唯一的价值取向，也愈把人生实际上须臾不可或缺的利视为罪恶，所谓“君子喻于义，小人喻于利”。在晚清大变局时代，这一价值观已不再是“圣贤”力挽颓倒之风的倡导，而是浸透在社会文化心理中的一种自觉。立身为人，先讲义利之辨：“学要得头脑清，莫先于辨义利之界；要得脚跟实，莫切于严诚伪之关。”[②]因而，在中国社会结构中，等级制度、价值观念、社会分工、文明走向的高度整合，使士农工商的有序结构模式及其社会地位，始终处于相对稳定状态而难以变动。

一旦社会进步，走向更广阔的境界，自给自足的农本经济与世界经济市场发生对撞时，这种封闭的结构就无法继续稳定地发展下去。这一传统社会结构的失衡始于近代。

---

① ［美］莫尔根：《古代社会》，第647页。
② ［清］刘熙载：《持志塾言》卷上《为学》，清同治刻本。

士农工商社会结构的错动，首先表现为“商末”与“农本”的地位变动。由于近代社会生活内容的重大变化，有识之士从两个基本视角出发，发现传统结构已经很不合时宜了：一是从中西社会文化和国力的横向对比上，认为“中国以农立国，外洋以商立国”[①]，而只有工商业才能成为国家民族由贫弱而富强的转捩，“不知工商之事，岂可厚非哉？”[②]西国明此而至富，中国昧此而至贫。二是通过古今时代的纵向对比，认为士农工商结构只是历史上自给自足农耕经济的产物，也只能适应那个时代的需要，“稽古之世，民以农为本；越今之时，国以商为本”[③]，近代中国正处于世界列强竞争之时，古今大变局之际，在以力量或物质文明而不是以道义或礼仪文明赢得国际地位的近代，不打破士农工商结构模式，一味拘泥于“末商”“贱商”或“士首”的等级秩序，中国社会便无法摆脱农耕经济的狭小天地而走向世界。时代已呼喊着“末商”地位的根本性变革。

在实际生活中，面对西方商品的巨大冲击，近代中国人开始淡化了“末商”意识。中国自开埠互市以来，商务日见其盛[④]，“沿海士民嗜利忘义，习尚日非”[⑤]。人们的生活态度及其价值观均已不同于以往，“今之富人无不起家于商者，于是人争驰骛奔走，竞习为商，而商日益众，亦日益饶。近则里党之间，宾朋之际，

---

① 〔清〕薛福成：《商务三》，收入中国史学会编：《洋务运动》一，第524页。
② 《论贫民谋生事》，《申报》1875年9月27日。
③ 夏东元编：《郑观应集》上，第591页。
④ 参见朱寿朋编：《光绪朝东华录》五，第5091页。
⑤ 〔清〕许瑶光：《谈浙》卷四，收入中国史学会主编：《太平天国》六，第615页。

街谈巷议，无非权子母征贵贱者矣”[①]。于是近代中国摒弃了传统的“贱商”或“末商”观念，在求强求富的目标下涌动起一股“重商”或“商本”的社会思潮。

在19世纪60年代之初，曾国藩在洋务运动中就形成了“商鞅以耕战，泰西以商战”的认识；70年代湖广道御史李璠则明确提出了“以商敌商”“以商制敌”的政策，可视为近代“重商主义”之嚆矢。此后，饱尝民族耻辱苦胆的士大夫逐步意识到商在近代社会中的实际作用，开始反叛传统的“重农抑商”“重本抑末”的教条，主张救世图存、改弦易辙，以商务为体，以工商立国。[②]历史的发展已确凿地向社会宣告，西方列强咄咄逼人的攻势，远非坚船利炮所能抵御得了，国家和民族的强盛也不单纯以船炮为标志。真正对中国社会结构和文化形成强大而持久冲击力的，恰恰是以商品为前导的经济力量。因而无论是身处庙堂的洋务派官员，还是伏处乡野的知识分子，逐步形成了“习兵战不如习商战”[③]的共识。“今之谈时务者，莫不知崇尚西法，诚以西法以富强为本……谋富之道非先致力于商务不可。”[④]

重商主义或商本思潮的勃兴，在人类文明史上具有重大的历史意义，它是中世纪社会走向近代资本主义工业社会的历史前奏，是由封建社会向资本主义社会发展的一个中转历程。它的存

① 民国《衢县志》卷六《食货志下》，第644页。

② 参见《光绪四年四月十九日湖广道监察御史李璠奏折》，收入中国史学会编：《洋务运动》一，第165—167页。

③〔清〕郑观应：《盛世危言·商战上》，收入夏东元编：《郑观应集》上，第586页。

④《利国以广制造论》，《皇朝经世文四编》卷四二《工政制造》，第764页。

在及一定程度的发展，对于资本主义生产方式的发展，就是历史的前提。[①]西欧社会的重商主义思潮发轫于农本经济社会内部，并且逐步获得了商业资本社会力量和国家政权强有力的支持，由此很快形成一种商业对农业支配的新局面。诚然，近代中国的重商或商本思潮发生的历史条件不同于西欧，它是在外力冲击下谋求以商敌商富强之道的时代产物，而不是农本经济结构内部生发出来的反叛力量。然而，作为历史发展的必然，它的出现不仅仅意味着社会价值观和文化结构的变动，而且也映照着并导致了传统社会结构的错动。

于19世纪六七十年代形成，80年代得到充分发展的工商立国的商本思潮，便是近代社会生活和社会结构变动的观念表现，也是对传统农本结构及其社会地位的反叛。商末变为商本的历史过程，意味着传统社会中士首、农本的根本性易变。在洋务运动或以后一系列商务活动中，官与商的结合明示了商的地位变动，或者说至少是改变了商末的传统地位。“官吏经商，例有明禁……而官吏误会其意，无不夜郎自大，贱视商贾，虽一命之夫，对于阛阓中人，亦复趾高气扬，若有不屑与伍之意。”[②]在传统社会中，官与商等级分明，鸿沟难逾。但是“同、光以来，人心好利益甚，有在官而兼营商业者，有罢官而改营商业者”[③]，尤其在早期以官督商办或官商合办为形式的官商关系，在一向被视为贱役的商的地位变动中，是一次根本性转折。依存于近代企业形成

① 参见马克思：《资本论》第三卷，第403页。
②③ 徐珂编撰：《清稗类钞》第4册“讥讽类”，第1672页。

的官商结合的关系，有助于弥平官与商之间森严的等级鸿沟。因此，经过官督商办、官商合办、商办实业的发展历程，近代之商事实上已不再是屈居四民之末备受抑勒的“贱商”了，而俨然上升为关乎国家民族强盛命运的立国之本。对于传统士农工商结构而言，这是一次历史性变动。“窃观自秦以来，商政废弛……严不得仕宦之律。……故太史公《货殖传》曰：‘掘冢，奸事也；博戏，恶业也，行贾，丈夫贱行也。’”①“居今世而概念商务，其情势有不可同日而语者矣”，面对列强竞争之变局，中国之富强当“决胜于商战”。②到20世纪初年，清朝中央也在上谕中明确“工商之业，为富国之本”③，从国策上确立了商的根本地位：“通商惠工，为古今经国之要政；自积习相沿，视工商为末务，国计民生，日益贫弱，未始不因乎此。”④几千年屈居社会下层的末商，终于获得了商本的地位。

商本意味着对农本地位的排挤，并由此引发了士农工商传统结构的失衡。因此，在1905年全国反美爱国运动中，商似乎是以时代骄子的口吻骄傲地向整个社会各阶层宣告：“窃闻国家兴亡，匹夫有责。天下虽分四民，而士商农工（已不再称士农工商，标志着商社会地位的变动——引者）具为国民之一分子……方今拒约

① 湖南省哲学社会科学研究所编：《唐才常集·历代商政与欧洲各国同异考》，中华书局1980年，第4页。
② 〔清〕郑观应：《盛世危言·商战上》，收入夏东元编：《郑观应集》上，第591页。
③ 转引自宋宁：《试论中国近代“重商”思想》，《天津社会科学》1985年第3期。
④ 朱寿朋编：《光绪朝东华录》五，第5013页。

事起……而实行之力，则惟商界是赖。”[1]由传统的“士农工商”变为了现实的“士商农工”，标志着传统社会结构最初的错动。

结构错动首先表现为商农关系及其地位的变动，但是，在传统结构中，商的末位同时也是由士的首位决定的。“士首商末”是这一社会结构等级特征的社会表现，“尊卑贵贱礼制殊严，士农工商品流各别”[2]。传统社会的有序结构体系，是通过严密的等级身份来强化巩固的，故而“重士抑商，所以劝德行而立制治之本”[3]。在身份制度下，士与商、官与商之间被森严的等级阻隔，而不容僭越。这一制度的根本就是要剥夺商的地位，以“使富商大贾视官宦如帝天，偶一盼睐便以为至荣极宠，斯匍匐以献其财力而惟恐不纳矣”[4]。但是，在近代士农工商结构的第一步错动中，商地位的上升已成为近代社会发展的趋势。传统之士所恪守的“君子喻于义，小人喻于利”的信条，受到商品经济价值规律的冲击，经商对于“士首”而言，不仅不再是“丈夫之贱行也”，而且成为士大夫们实现“救国图存”“经世济民”抱负的主要途径。实际在洋务运动中，通过官商结合方式，已缩短了士与商之间的距离，使士首商末的等级结构模式开始变动，“中国将使官商一体无异乎！泰西国俗矣，盖同是职官，既无分乎商不商，而且亦有会当别差委某缺者，则虽欲区别其间，而其势有所不能”[5]。

---

① 汪敬虞编:《中国近代工业史资料》第2辑下,第732页。

② 〔清〕刘锡鸿:《刘光禄遗稿》,收入中国史学会编:《洋务运动》一,第296页。

③④ 〔清〕刘锡鸿:《刘光禄遗稿》,收入中国史学会编:《洋务运动》一,第297页。

⑤《论居官经商》,《申报》1883年1月25日。

尽管官督商办、官商合办企业形式并不足以彻底泯灭士、商的等级差别，但它已曲折地透露了必将发生激烈易变的历史前景。

在传统社会结构中，士是维护和调节社会秩序的基本力量，“天下之治乱，系乎士”①，但面对近代中国的千古未有之变局，士正人心、端风俗的作用显得尤其苍白无力。“兵战不如商战”②的现实逼迫着士必须重新选择路径，才能在变动的时代既肩负起“经世济民”的社会职责，又获得个人生存的力量。这种选择自然也是一个痛苦的心灵煎熬的过程，“亦谓读书之士，多受饥寒，曷若为商之多得银钱，俾家道之丰裕也。当此之时，为商者十八九，读书者十一二”③。这就强制着士弃仕而从商，打破了士首商末的传统结构模式。“欲制西人以自强，莫如振兴商务。安得谓商务为末务哉?”“上下之情通，官商之势合，利无不兴，害无不革，数十年后中国商务之利有不与欧西并驾者，吾不信也。”④在近代新兴的实业、教育、新闻等事业中，绅士与商人携手共事，使士首商末的等级差别变为了“士商官民混一无别”⑤的现实。一俟近代教育制度从根本上取代科举制度，天下之士最终失去了赖以产生的源泉，加之民权、平等思潮的浸染，终于使士农工商结构发生了最后的错动：

---

① 黄傅祁:《原学三》,收入何良栋编:《皇朝经世文四编》卷五,“近代中国史料丛刊”第77辑,台湾文海出版社1972年,第104页。
② 夏东元编:《郑观应集》上,第588页。
③ 刘大鹏:《退想斋日记》1893年1月2日,第17页。
④ 夏东元编:《郑观应集》上,第614、617页。
⑤ 胡汉民:《广东之光复与出任都督》,收入中国人民政治协商会议广东省委员会文史资料委员会编:《孙中山与辛亥革命史料专辑》,广东人民出版社1981年,第712页。

> 迄于末造，经所谓维新变法及预备立宪，乃始承认商会、教育会为合法团体。通都大邑贸易繁盛，商人渐有势力，而绅士渐退。商与官近至以“官商”并称，通常言保护商民，殆渐已打破从来之习惯，而以商居四民之首（从前四民，谓士农工商）。[①]

彼时，薛福成以一个杰出思想家的远见预言：“天道数百年小变，数千年大变……于是华夷隔绝之天下，一变为中外联属之天下……安知百数十年后，中国不更驾其上乎？”[②]一个新型的理想社会，正在向现实的此岸推进。

要而言之，由士农工商而士商农工，由士首商末而“商居四民之首”，这便是近代社会结构发生错动的历史走向。

二、商的地位

在剧烈的社会变动中，商经历了由末而本、由末而首的上升过程。相比于传统的士农工商结构，近代中国便是一个颠倒了的世界。商确乎赢得了时代中心的位置：“欲制西人以自强，莫如振兴商务。安得谓商务为末务哉？”[③]

---

① 胡汉民：《广东之光复与出任都督》，收入中国人民政治协商会议广东省委员会文史资料委员会编：《孙中山与辛亥革命史料专辑》，第112页。

② 〔清〕薛福成著，徐素华选注：《筹洋刍议：薛福成集》，辽宁人民出版社1994年，第88、90页。

③ 〔清〕郑观应：《盛世危言·商务三》，收入任智勇、戴圆编：《中国近代思想家文库：郑观应卷》，中国人民大学出版社2014年，第47页。

“泰西各国，皆以经商为立国之本。故其国家之视商人，不啻父兄之视子弟……国与商联为一气，相依为倚，无或暌隔，故能如声息之相通，指臂之相应也。”月换星移之间，商已不再是“峨冠博带之儒，且从而轻鄙之”[①]的贱业了，而浸浸乎成为关乎民族兴亡抵御外侮的立国之本。“商务不兴，则不能与敌国并立，故加立商部且进之为第一者，欲中国以商务称雄也……吾谓今之国如有十万之豪商，则胜于有百万之劲卒，攻心为上，攻城为下，必由此道，乃可不战屈人。”[②]这种变动并不取决于商的力量的强弱，而是世界历史发展变化的必然程序。时也，势也！

近代西方资本主义文化冲破了民族、地域、国家的界限，涌向了整个世界，它要“按照自己的面貌为自己创造出一个世界”。西方资本主义文化在叩击中国农本经济结构的窗扉时，恰逢商品经济显示出巨大的优势之时，“它的商品的低廉价格，是它用来摧毁一切万里长城、征服野蛮人最顽强的仇外心理的重炮”[③]。于是，被中国传统观念视为“淫巧”之物的商品首先冲垮了“上都少年”的精神堤防，他们以追求“舶来品”为乐事，“凡钟表、玻璃、燕窝之属，悦上都之少年，而夺其所重者，皆至不急之物也”[④]。

在传统社会结构中，只有以农致富才是“本富”，才符合社会伦理规范，以商致富是“末富”，是舍义逐利，大有伤于世俗

---

① 《湘学报》1897年，第41期。

② 何启、胡礼垣：《新政真诠：何启、胡礼垣集》第2编，郑大华点校，辽宁人民出版社1994年，第137、168页。

③ 《共产党宣言》，《马克思恩格斯选集》第一卷，第404页。

④ 〔清〕龚自珍：《龚自珍全集·送钦差大臣侯官林公序》，上海人民出版社1975年，第169—170页。

人心之醇正。基于此，有多少满腔义愤的守道之士曾主张杜绝由外国人掀起的商品涌动的浪潮，严防“淫巧”之物的诱惑。但是，道德戒律终究敌不住商品价值规律的强大威力，所有对商品的杜绝都失之愚顽而无济于事。不几年，西洋商品几乎“家皆有之，遍及穷荒僻壤”。

对西方商品销入内地的持续不绝的攻势，传统社会的“株守一隅之见”，“只安于家居耕作以谋衣食”[①]的农本经济结构也逐渐失去了其强固的抵御能力：

> 海禁未开以前，民安其俗，乐其业，享地利而无虞不足。自西人航海求市，遍历奥区，履我户闼，擅彼懋迁。其势如百川灌河，堤防一溃，莫之能遏。甚且以商务之盛衰，征国势之强弱，则赢绌之数，一衡量而较，然有不愁然动色者乎！[②]

即使在比较闭塞的山西县镇，传统的农本经济结构也在商品经济的冲击下，发生了巨大变动。“迩来欧风东渐，生活程度日益增高，向来单纯之农业，端不足应今日繁重之需求，于是而工商兴焉。”[③]在世界性商品经济浪潮的推动下，中国社会终于突出了商的地位。

---

① 民国《衢县志》卷六《食货志下》，第643页。
② 钱恂：《中外交涉类要表》“光绪通商综核表五”《进出货价赢绌表》，“近代中国史料丛刊”续编第48辑，台湾文海出版社1977年，第78页。
③ 民国《新绛县志》卷三《生业略》。

第一，近代之商突破了传统社会以“六政为纲”（六政指吏、刑、户、兵、礼、工）的政务格局，开始在国家政务中占有重要地位。在19世纪六七十年代，随着中国门户洞开，外国商品大量涌进内地，分解着中国传统的经济结构、社会结构，并催促着人们生活模式的改变。许多进步思想家和务实的官僚感受到了商在变局中的重要作用，并在早期单纯的船坚炮利的认识基础上，力求更加深刻地透视中外贫富强弱的本原。面对列强商品经济的冲击，他们本着经世致用的精神，自然把商品同民族抗争手段结合起来，提出了“以商敌商”[①]的时代观念。在清朝国家政务格局中也突出了商的作用。

维新思想家陈炽针对商务在国家行政中的地位，提出责问：

> 不立商部，何以保商？不定商律，何以护商？不于各城各埠广设商务局、遍立商务学堂，何以激扬鼓舞、整齐教诲诸商？假使无商，何以有税？假使无税，何以济用？假使无用，何以为国？燃眉之急，切肤之灾，殆不得置之膜外矣。[②]

郑观应则在《盛世危言》中直接提出，应该设立商部，并与中央六部平列：

① 中国史学会编:《洋务运动》一,第166页。

② 陈炽:《续富国策》卷四《商书》,收入张登德编:《中国近代思想家文库:陈炽卷》,中国人民大学出版社2015年,第286页。

> 必于六部之外特设一商部，兼辖南北洋通商事宜。南北洋分设商务局于各省水陆通衢，由地方官公举素有声望之绅商为局董，凡有所求，力为保护。……至于下则必于商务局中兼设商学……再由各府州县札饬各工商设立商务公所……①

试图在全国范围内形成上至中央、下至府县的纵横交错的商务行政系统。思想家的言论很快引起当道者的注意，到1899年，亦官亦商的盛宣怀便公开呈请清廷要求设立“商务衙门”：“国家筹饷之多寡，皆视一国商务之盛衰为断。考之各国，皆有商务衙门，与户部相为表里。……凡有中外商人，皆可随时函禀，亦可便服接见，下情莫不上达。”②1903年，清朝中央一改重农抑商之传统，发布上谕：“通商惠工，为古今经国之要政。自积习相沿，视工商为末务，国计民生日益贫弱，未始不因乎此，亟应变通尽利加意讲求。”③正式成立以贝子载振为尚书，以徐世昌、唐文治为左右侍郎的商部，成为“中国史上数千年来未有之创制”④。由此，近代之商的发展终于到了导致国家政制改革的地步，使传统的封建国家政务格局发生了重大变动。

第二，近代之商得到了空前发展。“中国自互市以来，商务

---

① 中国史学会编:《洋务运动》一，第526—527页。

② 〔清〕盛宣怀:《愚斋存稿》卷三《奏疏三》，“近代中国史料丛刊”续编第13辑，台湾文海出版社1975年，第128页。

③ 朱寿朋编:《光绪朝东华录》五，第5013页。

④《中国近代现代史论集》第18编，第524页。

日盛”[①]，风会所趋，舍本逐末，在近代弃农经商、弃仕经商已成为一种社会性风尚。时代的变动把经商推举为比较时兴的社会职业，导致了社会职业结构的变化。“五十年前，人民生事，农而已矣。有副焉者，厥惟纺织。机巧勃兴，徒手失利，年龄壮盛者，大都趋上海从事工商业。”[②]在这种特定的社会文化背景中，孕育了重商主义思潮，使商务成为近代社会最为关注的实业：

> 商业者，组织社会之中心点也。盖社会之进化，莫要于富。何以致富？莫不曰农也，工也。农者，所以生物也；工者，所以成货也。虽然，农之物，工之货，非但以供一人、一家、一乡、一国之用也，所以供全社会之用也。苟无商以运输之，交易之，则农工无可图之利，而其业荒矣。是故，富之本虽在农与工，而其枢纽则在商。[③]

如此，社会各阶层向商的流动，成为近代社会流动的主要流向。“即聪慧子弟，亦多弃儒而就商。……为父兄者……不愿子弟入学堂，遂使子弟学商贾。噫！自伊始，读书人士日减一日也。”[④]

19世纪70年代，在上海附近的南浔，仅丝商就不止数百家，其中既有财产百万元以上的巨富，也有四五十万元以上的中

---

① 朱寿朋编:《光绪朝东华录》五,第5091页。
② 方鸿铠:《川沙县志》卷首《导言》,上海国光书局1937年。
③ 孙宝瑄:《忘山庐日记》上,上海古籍出版社1983年,第799页。
④ 刘大鹏:《退想斋日记》,第162—163页。

富。[①]日趋增长的经商人数，标志着近代“握四民之纲”[②]、“操天下相通之权”[③]的商人阶层社会力量的壮大，如近代奉天商务的发展情况：咸同前，102户；光宣间，594户；民国后，3344户。[④]要确切地统计全国经商或从事商业性活动的人数，目前尚不可能，但从几个县志的商户统计中，也可管窥蠡测其大略，其情况如下表[⑤]：

县区	总户数	人口数	商户数	商人数
兴县	20470	89672	363	1406
衢县	59246	/	1047	/
阜宁县	193381	992193	305	1475
南田县	4851	20493	82	/

大体上，上述各县的商户占到总户数的2%。在沿海、沿江和口岸城镇中，经商户数的比例要远高于一般县镇。从此，商人阶层便发展为对社会生活影响巨大的社会集团力量。

第三，商人的主体意识开始觉醒。商人力量的增长有利于其社会地位的上升，但是要根本摆脱四民之末的低贱地位，还依赖于商人主体意识的觉醒。随着社会结构的变动和近代商务的发展，甲午战争后，商人已经意识到自身的社会价值和社会地位。在汉口商学会成立大会上，商人们已经自觉地把自己置于时代的

---

① 参见彭泽益编:《中国近代手工业史资料》第1卷,生活·读书·新知三联书店1957年。

② 《中国近代现代史论集》第18编,第529页。

③ 《中国近代现代史论集》第18编,第533页。

④ 参见王树楠等纂:《奉天通志》卷一一五《实业三·商业》,奉天省公署1935年刊行。

⑤ 据表中各县民国县志统计。

中心，“诚以商务一道，在中国古代误置之于士农工商之末，乃不知现在列强均借此以应优胜劣败之雄谟”①。商人们以挺直的腰板，向社会宣告以商为标志的历史时代的到来。

“上古之强在牧业，中古之强在农业，至近世则强在商业。商业之盈虚消长，国命系之……商兴则民富，民富则国强；富强之基础，我商人宜肩其责。”②曾经屈居四民之末的商，已经自觉地要肩负起时代的重任，并力求从根本上获得独立的主体地位，将传统的“依附”埋入历史的荒冢之中。郑观应作为思想家也作为商人，极力要求近代商人的独立的主体地位，提出在各州县设立的商务公所中，应该“毋恃官势，毋杂绅权（商民工匠见诸官绅缄口不言，恐犯当道之怒祸生不测云——原附注），当听工商仿西法投筒自举商董”。总办各地商务的董事，非商务出身不用。③因而，近代之商已经开始摆脱封建等级的依附性，而同近代资产阶级胶合在一起，商人的阶级内容发生了根本的变化。

商的主体意识的萌醒，也是时代的觉醒。随着能够左右社会生活的商人阶层的发展，体现其意志，表现其力量的社会组织——商会，就以一种新的姿态登上近代历史的舞台。据资料统计，1902—1911年，全国除西藏外，各省区都成立了商会，总计有793个，其中总商会有47个。1905年以后，商会得到迅速发展，已经由通商要镇扩展到全国范围的县城乡镇，使商人、绅商都聚集在商会周围，以组织的形式显示了近代商人阶层巨大的社会影响。到

---

① 《江汉日报》1908年5月19日。

② 《兴商为富强之本论》，《商务报》1905年第8期。

③ 参见中国史学会编：《洋务运动》一，第527—531页。

1912年，全国加入商会的商号已有19.6万，商会会员近20万。[①]

但我们又难以否认，近代中国的商务并未真正壮大出对农业的支配力量，从而也未能真正引导中国社会经济结构的根本性变革。虽然商已和近代资产阶级胶合在一起，但商终究不等于资产阶级。人们习惯上把商会的发展视为资产阶级力量发展的标志，这种看法有一定根据，却不甚准确。在西欧，重商主义是资本主义工业世界涌现的历史前奏，它导致了商业和城市经济从农本经济的补充，发展为对农业的支配[②]，为近代资本主义工业发展铺平道路。历史前奏还不是历史时代本身，在由商业发展时期到资本主义工业时代之间，还有一段必经的历程。近代中国的重商主义直接呼唤来的不是近代资产阶级本身，而是商的发展。商不是新时代的产儿（同资本家不同），而是士农工商传统结构中“末”的发展和变化。商的发展究竟在多大程度上包含了资本主义的发展，是仍需具体分析的一个历史课题。《合河政纪》中记载的三百多家商号，其行业分布状况见下表[③]：

行业	数量	行业	数量	行业	数量
当业	1	杂货业	137	店业	32
染业	12	皮房	6	木铺	27
油粉坊	45	面铺	13	估衣业	1
药铺	23	银炉	7	成衣铺	1
肉铺	11	菜店	2	豆腐铺	5
饭店	25	剃头店	1	澡堂	1
纸房	3	铁匠铺	11	/	/

① 参见王先明:《论近代“士农工商”结构的错动》,《河北学刊》1991年第1期。
② 参见吴于廑:《世界历史上的农本与重商》,《历史研究》1984年第1期。
③ 石荣暲编:《合河政纪·商业》,1927年铅印本。

这些所谓的商与封建社会结构中的“末业”并无本质的区别。《奉天通志》中记载的4040个商号，大都是经营日用杂货的中小商店。①

在20万名商会会员中，除47个较大的总商会外，各县镇乡村的会员基本上是经营小本生意的传统商人，他们是资产阶级产生和发展的社会基础或后备力量，在资产阶级发展为独立的阶级时，他们也会依附于资产阶级，但他们本身还不属于资产阶级。因而，在近代社会剧烈的变动过程中，商虽然是士农工商结构错动的中心力量，却并不是独立的资产阶级的主体力量。

三、士的作用

社会生活内容的变化更新为士农工商结构错动准备了基本的社会条件，即使如此，单凭四民之末的商的挣扎和奋斗，也难以获得国本或四民之首的地位。没有士的觉醒和推动，商本身的力量及其社会地位的变动，将会失去社会文化或社会中坚力量的支撑而不为社会所认可。士农工商结构的错动，是借助于“士”的力量来实现的。

商的社会地位变动和社会结构错动的思想文化前提，是重商主义思潮及其对传统农本观念的冲击。

重商主义思潮是近代社会结构和商的地位发生根本性变动的时代先声，是中国社会由农本经济向近代商品经济转变的启蒙思想之一。如果说商人阶层是以经济的增殖来表现自身实力的话，

① 参见《奉天通志》卷一一五《实业三·商业》。

那么智慧和远见则是士人阶层力量的基本要素。因而，及早地站立在近代社会的前列，为末商和现存社会结构提出改造方案的，不是商本身，而是昂居四民之首的士。士是近代重商主义思潮的倡导者和传播者。滥觞于19世纪60年代，盛行于80年代的近代重商主义，几乎可说是几代知识分子共同创造的时代思潮。

早在60年代初，曾国藩就萌发了“商鞅以耕战”的认识，70年代李璠（时任湖广道御史）明确提出了“以商敌商”的对外方略。虽然这些充满睿智的主张最初仅如夜幕流星，倏然一过，未能引起社会的注目，但它们却为智识者探寻未来的目光所捕捉。从此，以重商为主体内容的，包含着立国之本、御侮手段、价值观念、平等精神的时代思潮，就在士的推动下汹涌前行。七八十年代后，“以商务为体”“以工商立国”[①]的认识迅速形成波及整个社会的思潮。据统计，从19世纪60年代始，到20世纪初，近代中国倡言重商者有22人，其中大多是受传统儒家教育的功名士子，他们占到鼓吹重商思想者的80%—90%。[②]从王韬的“恃商为国本”论到钟天纬的“视工商为国家之命脉”[③]，这股由士掀起的重商主义思潮有力地动摇着传统社会结构和封建王朝的立国之本。他们以百折不回之精神与奔走呼号唤醒国人之热忱，堪与古今百代英豪贤哲同争千载光辉。

---

① 中国史学会编：《洋务运动》一，第324页。

② 参见《中国近代现代史论集》第18编，第464页。

③ 钟天纬：《扩充商务十条》，收入〔清〕葛士濬辑：《皇朝经世文续编》卷一一六《洋务十六·商务四》，“近代中国史料丛刊”第75辑，台湾文海出版社1973年，第3105页。

近代之士重商，并不仅仅停留在言论上，他们还是经商或从事商务活动的实践者。在商品经济的作用下，在传统社会结构和生活秩序的动荡中，士人面临着艰难的不同惯常的选择。拘泥于时文八股，一意于科场功名，他们已很难适应日趋精细的社会分工的需求。对于社会成员来说，社会转折时代所产生的作用力从来都是强制性的。因此，士子们在“多致失馆无他业可为，竟有仰屋而叹无米为炊者。嗟呼！士为四民之首，坐失其业，谋生无术”①的窘况下，走向舍儒而商的务实道路。社会从来都不会为个人的意愿改变自己的行程，个人的命运选择，只能在社会需求范围内自我把握和调整。因而，在全然不同往昔的近代社会，士人弃仕而商便成为顺应潮流的一种必然归宿。清末状元张謇慨然经商，创建了近代实业集团，以士人领袖的地位向商流动，对于社会风气的转移具有“天下从风”的导向作用。“下等社会之视听，全恃上中社会为之提倡。”②在近代中国的早期阶段，“私人公司也往往先归处于治者地位的士绅阶级”③的现实，有利于商的地位的提高和社会结构的变动。

不仅如此，在较大的商务活动中，士商已经结合为一体，“商管银钱账项买卖，绅管学习机器、教训学徒”④。1898年后各

① 刘大鹏：《退想斋日记》，第149页。

② 吉林全省自治筹办处编：《吉林全省自治筹办处第一次报告书》中卷，吉林全省自治筹办处1910年。

③ 复旦大学历史系、《历史研究》编辑部、《复旦学报》编辑部合编：《近代中国资产阶级研究》，复旦大学出版社1984年，第4页。

④ 刘光蕡：《陕西创用机器织布公启附集股说》，收入麦仲华辑：《皇朝经世文新编》卷九《工艺》，“近代中国史料丛刊”第78辑，台湾文海出版社1982年，第635页。

省所设的商务局，乃至后来的商会，其总理也大都由“通官商之邮”的绅士来担任。近代之士对商务倾注了极大的热情，致使本来判若天壤之别的士与商两个社会等级阶层日趋结合，形成“有士而工者、士而农者、士而商者，皆著书立说，自成一家”[①]的新景观。

士还是四民平等的倡导者和实践者。在士农工商传统结构中，士居其首，是社会结构的上层。商的地位的提高依赖于对这一等级性结构的破解。然而，在近代最先提出废除这一等级桎梏，改变末商地位要求的不是商，而恰恰是士。郑观应所提出的“苟能一变隆古之习，视商如士”[②]，作为违逆传统习见的观念，是士为商的不平等地位的鸣喊。这种朦胧意识显然是基于士商不平等地位的一种直接感受，远远达不到四民平等的时代高度。这同1882年郭嵩焘发明的“商贾可与士大夫并重之义”[③]这一使顽绅们惊诧愤激的思想大体相近。

但是，在这种把商比照着士而论其地位的思路的导引下，随着近代社会的进一步发展和西方民主、平等观念的传播，士便明确地呼喊出四民平等的时代最强音：

> 士农工商，四大营业者，皆平等也，无轻重贵贱之殊。[④]

---

① 求是斋校辑：《皇朝经世文编五集·时务分类文编》卷一八《商务》，“近代中国史料丛刊”三编第28辑，台湾文海出版社1987年，第576页。

② 〔清〕郑观应：《盛世危言·商战上》，收入夏东元编：《郑观应集》上，第591页。

③ 《清王湘绮先生闿运年谱》卷三，台湾商务印书馆1978年，第11页。

④ 悲时客稿：《贵业贱业说》，《大公报》1902年11月20日。

一旦把社会群体的划分仅仅置于社会分工而不是社会等级的近代目光下，贵贱身份之别就会让位于平等职业之分。“凡社会以三种系统成立，曰督制系统，官兵是也；曰供给系统，农工是也；曰分配系统，商贾是也。”①不言而喻，四民平等对商意味着社会地位的提高，对士则标志其优越地位的跌落。士是以自身独特地位的巨大牺牲来换取社会平等的。

那么，在四民平等的社会结构变动过程中，士将何以自处？孙宝瑄从社会发展的眼光预见：“余谓欲各种系统（督制系统、供给系统、分配系统——引者）之进于文明，皆非读书不可。故士也者，贯乎三系统之中也。”②士在社会进步中将不再以独立的社会阶层自成系统，而是析分或贯乎各行各业之中。唐才常比照着西方资本主义制度，表达了同样一种思想，为士的前途规划了远景：“且其农中有士，商中有士，工中亦有士，艺成之后，皆曰出其新法以笔之书，垂为宪典。……安得而不强且富也？”③在传统结构的错动中，士或分化为农，或分化为工，或分化为商，这是社会进步的必然趋向。而传统之士所具有的独特地位和特性，将被社会发展的浪潮所淹没。

在这里，士表现了极大的牺牲精神。四民平等的实现和商的地位的上升，均以士的优越地位的失落为前提。正是在士为平等而呼号奋斗的实践中，清末士与商的等级界线已不甚分明清晰了。在普遍的士、商交错对流过程中，传统的称谓概念已不足以

---

①② 孙宝瑄：《忘山庐日记》上，第622页。

③ 湖南省哲学社会科学研究所编：《唐才常集》，第4页。

反映社会存在本身的意义。于是，近代社会中开始形成了一个新的、比较模糊的概念："绅商阶层"。这是一个包括了士和商在内的混合体，是变动的时代产物。

四、等级结构的分解

近代社会结构的错动，是人们社会关系地位的重新调适过程。同传统社会中围绕着身份等级和王权，旨在改变个人身份地位的变动不同，这是一种震撼全社会的时代变动。变动的趋向不在于个人身份和地位的移易，而是从社会基础上分解了整个等级身份结构。它是通过社会各阶层的互相对流融汇，并逐步弥平传统等级鸿沟来实现的。

"我们处于两个世界之间：处于一个即将结束的不平等世界和一个正在开始的平等世界之间。"①法国空想社会主义思想家皮埃尔·勒鲁这一对于社会转折现状的分析，却充满了现实的精神。近代中国社会正是居于"两个世界"转折的时空坐标上。可以说，对于平等的追求，无例外地成为近代国内外社会发展的基本趋向。

其实，由末商而本商，由士首商末而四民平等，整个社会结构错动的方向和最终结构，都是为属于近代文明内核的平等精神所导引。所谓重商主义，实质上就是以平等精神为内核的。中国传统的四民划分及其观念形态，实际上具有两方面的内容：一是从经济地位上确立农本商末地位，形成崇本抑末的基本国策；二是从社会地位上确保士首商末地位，形成士居四民之首，商居其

① 〔法〕皮埃尔·勒鲁：《论平等》，王允道译，商务印书馆1988年，第11页。

末的等级结构秩序。这两大内容内含的价值观就是贵义贱利。

社会历史的创造从来都是从对现实的否定和批判开始的。近代中国的重商主义思潮从兴起伊始，就表现为从经济地位和社会地位两方面对传统贱商的彻底否定。郑观应在《商战》篇中就已表露了这一思想内容："古有四民，商居其末。……不知商贾虽为四民之殿，实握四民之纲。士有商则行其所学，而学益精；农有商则通其所植，而植益盛；工有商则售其所作，而作益勤。商足以富国，岂可视为末务。"①不挣脱士首商末的等级枷锁，重商就失去了其现实内容而流于侈谈。所以，郑观应强烈呼吁要填平横亘在士与商之间的等级鸿沟，达到士商完全平等的理想目标，"苟能一变隆古之习，视商如士"，则富国强兵有望。

无论是马建忠的"联官商为一气"，还是郑观应的"视商如士"，都是具有鲜明时代特征的士商平等观念，都是近代重商主义思潮的基本内容之一。士商平等贯穿于近代重商思潮的始末，随着社会结构的变动而愈加明晰。到了20世纪初年，视商如士就发展为四民平等思想，所谓"士农工商，四大营业者，皆平等也"，构成近代社会发展的主旋律。

近代中国社会急剧动荡，各种进步社会思潮此伏彼起，交错兴落。但社会的演变和思想的发展在其内在逻辑和外在历史轨迹上，都表现为一个基本的趋向：社会平等将取代社会等级。因此，早期的士商平等论不仅是为商的地位变动而酝酿的时代精神，而且也是后来民主、平等思潮的端倪。"民权平等"观念正

① 夏东元编：《郑观应集》上，第593页。

是视商如士、四民平等思想的必然发展。孙宝瑄在1903年关于民权的精彩言论正好展示了这一历史演变的客观进程："今人动曰民权民权，不知有商权而后有民权。商权者，民权之基也。"[①]平等精神始终是撼动近代社会等级结构的时代旗帜。

士农工商结构的错动，只是在"四民"的有限范围内分解着社会等级结构。被专制政权、法律、文化乃至习俗所维系的整个等级制度，不会在社会生活的变动中自然瓦解。尤其身份等级结构的两端——即贵族等级和贱民等级的社会地位，在王权统治下很难发生根本的变动。

皇族及贵族在近代社会变动中，其上层等级和享有统治权的特殊地位并没有动摇。甚至在清王朝风烛残年的弥留之际，在"预备立宪"的花样翻新中，还要推出一个皇族和亲贵拥有绝对垄断权的"皇族内阁"。

身处社会最底层的贱民等级，其地位的变动也十分有限。尽管雍正年间曾有过准许疍民陆居，与齐民一同编列甲户的上谕，但在社会现实中，从未改变疍民世代受贱视的处境。宣统年间，福建疍户呈请咨议局要求与平民享有同样权利，咨议局竟以不平等乃习惯之相沿，非法律所规定而加以否决。[②]当然，在社会剧烈变动过程中，也出现了贱民开释为良的平等化现象，比如"同治年间，清王朝'裁九姓渔课，准其改贱为良，并发放从良'的执照"[③]。光绪三十年（1904），浙江鄞县富商卢洪昶恳托京官协

① 孙宝瑄：《忘山庐日记》上，第799页。
② 参见徐珂编撰：《清稗类钞》第4册《种族类·疍人》，第1906页。
③ 浙江民俗学会编：《浙江风俗简志》，浙江人民出版社1986年，第105页。

助，得光绪帝批准，捐办农工学堂，收教堕民子弟，毕业生与良民一样“给予出身”，并准堕民出籍。[①]但是，事实上的“贱视”和“齐民无与为婚”的情况仍然存在，贱民的社会地位乃至基本人权实际上未有改观。

被皇权时代法制维系的严格的等级制度的彻底消亡，还有待于彻底的社会革命。清朝贵族的独特地位最终伴随着辛亥革命风暴和清朝的灭亡，从等级的顶端跌落，贱民的社会地位也是在民国肇兴后有所改善。1912年3月17日，在《临时政府公报》第41号上发表了《大总统通令放疍户惰户等许其一体享有公权私权文》，开始从法律地位上，确立“贱民”平等权利，尽管“贱民”的人权与平民平等地位的真正实现还将经历一个漫长的历史过程。

遗憾的是，这种社会结构的错动仅仅使中国社会显露了走向近代的基本趋向，并未能使之脚踏实地地迈上近代资本主义文明的通途，反而走上了一条百倍痛苦而又千回百折的坎坷之路。

近代中国的“重商”和发展“商务”与其说是商人自觉的利润追求，毋宁说是士人阶层“民族觉醒”的表现；它是新的变局时代士人“以天下为己任”的理想人格的变异，而不是商品市场孕育出来的竞争精神的实现。因此，商的发展没有更多内在的经济动因，也缺少必要的经济力量的养育，它始终处在民族危亡的忧患中，从属于“救亡图存”的历史主题。商虽然一定程度上排挤了士首的地位，在政治、法律上与其逐步取得了平等地位，社会不再视商为“末务”，但商却从未从根本上导致农本经济结构

① 参见中国人民政治协商会议全国委员会文史资料研究委员会编：《辛亥革命回忆录》四，第174页。

的分解，近代中国的农耕经济没有发生实质性变化，不像西欧社会那样形成商本对农业的支配。

再则，政权对商的重视偏重于希图从中获得较多的财税；商并不能得到政权的合法保护，商人阶层也根本未能渗透进政权结构中，从而难以形成“商人于国中可以操议事之权”[①]的政权格局。

传统的末商意识的痼疾还不时侵扰着商的发展，使言商或从商并不那么高尚和理直气壮。张謇虽以状元身份经商，却仍要申明自己是“言商仍向儒”，不仅表明自己的行为是“求国之强”，而且是“兴实业为办教育”，“由士林出发，经过商贾又回归士林”。[②]

传统的力量像梦魇一样，拖累着近代中国社会前进的步伐。

---

① 〔清〕王韬：《弢园文录外编》卷二，第22页。
② 章开沅：《开拓者的足迹：张謇传稿》，中华书局1986年，第54页。

第七章
风动潮涌——收回利权运动与绅商力量的崛起

20世纪是我们这个古老民族走向觉醒的世纪。旨在锻造民族精神武器的新一代知识分子，楬橥“国魂”“民族魂”的旗帜，为内蕴深厚的传统文化注入了新的时代内容；旨在争国权、生存权的近代绅士阶层掀动的收回利权风潮，则成为清王朝走入墓葬的起点。

同19世纪的反洋教斗争相比，绅士们在收回利权运动中舒臂展肢的姿态，更多地展示了民族精神的理性特征，而不再囿于华夷之辨的愚迷心理。理性代替了义愤，理智代替了情绪，时代的号召代替了传统的语言。绅士在超越传统的追求中，赢得了主导民族抗争——收回利权运动的中心地位。

风动潮涌之际，清王朝不仅未能顺应民心为路矿权益的丧失奋力相争，反而拂逆民意强行“干路国有”之策，拱手路权于列强；又不诚意于政治立宪的革新，匆匆以“皇族内阁”来搪塞舆论。终于，在民心尽丧、众怒难捺的社会条件下，王冠的扫落便指日可待。于是，在令时人心目迷乱的历史事实烟云飘散不久，善于清理和总结历史的智识者，为最后一代封建王朝败灭的因果联系落下了简洁而又真切的一笔：“铁路乃亡清之起点。”

历史不容嘲弄，历史的嘲弄者终将为历史所嘲弄。

一、绅士与路矿风潮

与缺乏广厚社会基础的戊戌变法运动不同，清末收回利权运动是从社会中下层喷发而起的民族抗争风潮；与19世纪基于华夷之辨的文化隔膜而形成的反洋教斗争有别，收回利权运动属于20世纪中华民族觉醒和成熟的时代内容。在自然世纪流转的过程中，时代的更新便寓于其中了。

囿于一种教条式思维定式，学术界把清末收回利权运动定性为民族资产阶级领导的爱国运动。如果仅仅依据收回利权运动的结果、目标有利于资产阶级或体现资产阶级利益的判断而加以定性的话，无疑会低估这一运动的作用。事实上，作为民族抗争的收回利权运动，无论就其斗争目标还是就其结果而言，体现的是全民族的利益，而不仅是资产阶级的利益。而且，民族资产阶级从来不是一个抽象的存在，而是有着具体内涵的可以把握的社会实体力量。收回利权运动究竟是否是资产阶级领导的爱国运动，应该依据具体史实去考察占据这一斗争中心地位的社会力量的属性和特质。

> 争路之热度，达于极点矣。……吾民之利权，外人欲夺之，政府欲送之，虽以吾国之大，亦岂有送不尽、夺不尽之利权乎？而无如何政府之逆，知吾国命运之将尽……吾民将永为外人之奴隶牛马，万劫不复人身，则我政府之不顾也。呜呼！政府之忍心害理，至于此极！①

---

①《哀声》,《民心》卷五（1911年6月），收入姜亚沙、经莉、陈湛绮主编：《晚清珍稀期刊汇编》三二，全国图书馆文献缩微复制中心2009年，第477—480页。

以收回西方各国所攫取的铁路修筑权和采矿权为目标的这一“深得民心的运动”[①]，从1904年5月湘鄂粤三省官绅力争收回美国合兴公司（the American China Development Company）承筑粤汉铁路权利开始，作为具有时代特征的民族抗争运动，很快便延及津浦、沪宁、沪杭甬、道清、京汉铁路。与此同时，收回矿权斗争也在直隶、山东、河南、安徽、浙江、四川、云南、福建等省轰然兴起。

这场强烈震撼着清朝政治中枢，也震撼着整个社会的运动，以其鲜明的民族性和广阔的社会性，成为席卷所有社会阶层的时代漩流。苏浙官绅力主拒外债、废成约、收回铁路自办，迅速发起拒款大会，“倡优乞丐亦相率入股，而军机大臣鹿传霖亦请速赎津镇草约，以挽主权。一时大绅富商咸以倡办本省铁路为唯一大事，如风起潮涌，蔓延全国”[②]。因此，收回利权运动并非某一社会阶级（包括资产阶级）利益和意愿的集中表现，而是全民族面对国权、生存权丧失殆尽而奋起救亡的民族斗争。它所拥有的社会成员的广泛性是任何旨在为某一阶级奋斗的社会运动所难以比拟的。如湘路公司成立后，形成全民认股的热潮，社会下层群众也节衣缩食，甚至“农夫、焦煤夫、泥木匠作、红白喜事扛行、洋货担、铣刀磨剪、果粟摊担、舆马帮佣，亦莫不争先入股以为荣”[③]。在更为持久也更为激烈的江浙铁路借款潮中，积极

① 〔美〕费正清、〔美〕刘广京编:《剑桥中国晚清史(下)》,第489页。

② 曾鲲化:《中国铁路史》,收入周光培主编:《中华民国史史料四编》第79册,广陵书社2010年,第103页。

③《认股之踊跃》,《湘路新志》1909年第4期,转引自杨世骥:《辛亥革命前后湖南史事》,湖南人民出版社1958年,第184页。

投身的社会阶层也是极为广泛的，如杭州城内外挑夫二千余人，集款一千元购买路股，苏州轿夫也闻风响应积极入股，甚至上海天仙茶园伶界也特地上演“浙路拒款”新戏以警民众。[①]在湖北省咨议局、教育会、宪政筹备会等单位发起组织铁路协会成立之日，“农夫演说，洋洋数千言，兵士断指，血淋漓，以及星士解囊，以助协会之用费”[②]。

除社会下层的农夫、挑夫、轿夫、星士及倡优、乞丐外，学生也积极参与收回利权运动。在1904年爆发的湘鄂粤三省“废约自办”的争路斗争中，三省留日学生发起组织了湘鄂粤铁路联络会，申达外部及三省督抚，并函告内地绅商，力主废约自办。为了推动争路斗争的发展，留日学生还组织留日两湖铁道会，“其宗旨以联络内地两省绅商学各界，拒绝外债，协筹的款，以达完全之商办”[③]。在民族抗争怒潮中，新式知识分子及学生群体，始终是最为积极和激进的社会阶层。为了推动形成全民性的保路争权风潮，四川留日学生于1904年11月27日发出《为川汉铁路事敬告全蜀父老书》，号召全川人民奋力相争，“凡我蜀六千八百万人，宜全体以助其成”[④]。在收回利权运动的舆论宣传、社会动员、集会抗议方面，学生是最为活跃的群体力量。这在山西地区的收回矿权斗争中，表现得最为突出。

---

① 参见赵金钰：《苏杭甬铁路借款和江浙人民的拒款运动》，《历史研究》1959年第9期。

② 中国史学会主编：《辛亥革命》四，上海人民出版社1957年，第548页。

③ 铸铁：《湘路纪事》，收入中国史学会主编：《辛亥革命》四，第547页。

④ 隗瀛涛：《四川保路运动史》，四川人民出版社1981年，第172页。

1905年7月，山西掀起了收回被英福公司攫取的平、盂、潞、泽煤铁开采权的斗争。山西留日学生在东京神田江户亭集会抗议，并派代表回国，同山西绅商各界配合，展开了声势浩大的废约争矿斗争。为了把山西的争矿斗争同全国范围的收回利权运动结合起来，并赢得全国社会各界的支持，山西留学生与河南、甘肃、陕西留学生成立了跨省区的“四省协会”，发表通电抗议英福公司侵占中国矿权的行为。1906年10月13日，山西留日学生李培仁为争矿而蹈海，以示抗议，推动着山西收回矿权运动发展到极点。

此外，新闻界、官僚阶层、军人阶层也都不同程度地成为收回利权斗争的积极参与者和支持者。①

那么，在“社会各阶层几已全部卷入”②的收回利权运动中，究竟何种社会力量居于发动、组织、指导的中心地位呢？

中国收回路权的斗争以争夺粤汉铁路的建设为开端。1895年，美国合兴公司一成立就确定以劫夺中国铁路主权为主要宗旨。1898年，合兴公司与清政府订立《粤汉铁路借款草合同》，夺取了粤汉铁路的让与权、沿路矿山开采权及其他特权。③由于合兴公司的借款合同条件太苛，中国丧权太甚，激起了湘、鄂、粤三省群众的反抗。而且合兴公司并未依据合同行事，一再延宕路工，到1904年五年期满时仅修筑了32英里的支线，粤汉干线工程尺轨未设。同时，合兴公司又暗将三分之二股票售与比利时资

① 参见林增平:《资产阶级与辛亥革命》,湖南出版社1991年,第195页。
② 林增平:《资产阶级与辛亥革命》,第215页。
③ 参见隗瀛涛:《四川保路运动史》,第175页。

本家。由此，触发了三省“废约争路”的斗争。首先发起这一争权运动的社会力量是三省绅商。

1904年，湖北的士绅即向张之洞上书提出：“美商违约，全楚受害，众愤莫遏，公恳挽回，以泯巨患。”[①]湖南绅商则一再发表电函，指责美国的狡赖，揭露盛宣怀订约丧权的行径，尤其是湘绅在籍侍郎龙湛霖、国子监祭酒王先谦等是力主废约争权的首倡者。[②]江楚、湖湘等地绅商也群起会议大声疾呼：“商定办法，会同具奏……已明告各国，由中国自办，外人自不能强为干预”；且“美商有背约之举”，此事关系全局利害，“三省绅民坚持废约自办”，“系专为保守主权、地权起见，亦必百折不回”。[③]因而，首倡收回粤汉路权运动的社会集团力量主要是当地的绅士。《云南杂志》在《呜呼腾越铁路之命运》一文中，对绅士阶层在收回粤汉铁路运动中的首倡作用有过形象而中肯的描写：“湘粤士绅，振臂一呼，群起反对，激论血争，百折不挠，终使虎口之物失而复返，恢复东南半壁江山于无形。”[④]

1905年，安徽爆发了收回铜官山矿权的运动，首先发起斗争的主要力量也是绅士。英国伦华公司于1904年5月25日与清政府签订了开办铜官山矿务的合同，合同规定开矿期限为十二个月，

---

① 宓汝成编:《中国近代铁路史资料》第2册,中华书局1963年,第759页。

② 参见林增平:《资产阶级与辛亥革命》,第194页。

③《致广州岑制台张抚台伍叔宝太史诸公》(光绪三十年十二月十一日)、《致上海盛大臣》(光绪三十年十二月二十七日),《张文襄公全集》卷一九一,第13774、13786页。

④ 中国科学院历史研究所第三所编:《云南杂志选辑》,科学出版社1958年,第462页。

“如逾期不开，即将合同作废，报效银两亦不得索还”[①]。但在1905年5月25日合同期满时，英伦华公司并未开办矿务，故安徽抚臣咨会外务部，请将原订合同作废，但英方坚不承认废约。在英国的压力下，清朝外务部不敢坚持废约，“因有展现两个月令该公司照约开办的拟议”[②]。但是清政府的懦弱和英政府的蛮横激起了安徽绅商的强烈义愤，安庆省城绅士率先集议，认为争矿乃“全皖利病所关”，绝无后退之理，他们以全皖“绅商”的名义公呈皖抚，坚持废约自办矿务。

为了把废约争矿斗争推向高潮，皖绅一方面积极联络地方绅商和皖籍京官，向清廷施加压力，另一方面动员绅商筹集资本十万两，呈请商部发给开矿执照，“以兴地利，而免交涉”[③]。1907年，英国强行开采铜官山矿，并暗招日本商股参与办矿。皖绅闻讯大愤，纷纷集议，组织了旨在争回矿权的“路矿公会”，号召全省民众奋力抗争，把斗争推向了高潮。直至1910年1月30日，清外务部以用五万两千英镑赎回矿权结案，争执多年的铜官山矿权才正式收回。在整个斗争过程中，“皖绅抵制英人的活动，声势实在浩大，因使英商办矿处处皆感困扰，而在交涉中对清廷形成有力的支持”[④]。

此外，在四川江北厅矿权的收回、云南激江等七府矿权的交涉、江浙路权的收回等斗争中，地方绅商均是发起者。

---

① 李恩涵:《晚清的收回矿权运动》,台北“中央研究院”近代史研究所1963年,第164页。

② “矿务档”,第2136页,转引自李恩涵:《晚清的收回矿权运动》,第165页。

③ 李恩涵:《晚清的收回矿权运动》,第167页。

④ 李恩涵:《晚清的收回矿权运动》,第174页。

史实可使我们抛弃任何先验性的结论。尽管勃兴于各省区的收回利权运动规模不同、方式有别、进程不一，但作为斗争发起者的社会力量却主要是绅士或绅商集团。

波澜壮阔的收回利权运动吸纳和动员了极为广泛的社会阶层，这是这场民族抗争运动力量的源泉和浩大声势的基础。为了在收回利权斗争中形成合力，把各阶层的力量有效地聚集在“民族抗争”的旗帜下，取得最终胜利，各地都相应地成立了组织领导机构。问题是，占据收回利权运动组织领导机构中心地位的社会力量究竟是民族资产阶级，还是绅士阶层？四川保路同志会和川汉铁路公司主要负责人的出身情况如下表①所示：

姓名	身份	职务
蒲殿俊	进士	法部主事、四川咨议局议长
罗纶	举人	四川咨议局副议长
肖湘	进士	法部主事、四川咨议局副议长
邓孝可	/	度支部主事
颜楷	进士	翰林院编修
张澜	贡生	/
胡嵘	/	民政部主事
江三乘	举人	咨议局议员
叶秉诚	举人	/
王铭新	举人	/

四川保路运动中，绅士们始终居于不可替代的社会领导地位。1911年6月，保路同志会发起一次大规模的请愿活动，请愿队伍的领头者是须发皆白的八旬老人、翰林院编修伍肇龄，紧随

① 〔日〕市古宙三：《四川保路运动的首脑部》，收入《近代中国的政治和社会》，东京大学1971年。

其后的是罗纶、刘声元、池汝谦、彭兰村、叶秉诚、林山腴、邓孝可、蒙裁成等，他们都是具有传统功名身份的绅士。有人描述当时的情景说：

> 缓缓走出的，是一大群气派十足的绅士们。穿公服的确实不少，但也有只穿一双薄底青缎官靴，戴一顶有品级顶子的红缨纬帽或玉草帽，而一裹圆的蓝绸长袍上，仅套了件对门襟、大袖口的铁线纱马褂的……①

在绅士们的率领下，群众潮涌般地加入请愿队伍，直趋督署。这种由绅士们带头、群众参加的游行请愿，在清朝专制统治下的四川还是破天荒的事。②

为了抵制外国资本对各地路矿权益的进一步渗透，各省均成立了规模不等的商办铁路公司和矿务公司等机构，这些路矿机构的主要领导者基本上都是绅士。如湖南全省矿务总公司，“均由湘绅发起并主持其事，巨绅如前国子监祭酒王先谦，前刑部右侍郎龙湛霖，前山东布政使汤聘珍，候选道蒋德钧，分省补用道朱恩级，候选道黄忠浩等，皆为其中的重要分子”③。山西的保晋矿务公司及各县区的矿务公司也都由绅士们主事，如下表④所示：

---

①《李劼人选集》第二卷上册，四川人民出版社1980年，第41页。

② 参见隗瀛涛：《四川保路运动史》，第217页。

③ 李恩涵：《晚清的收回矿权运动》，第162页。

④ 参见《各省矿务志》，《东方杂志》1904年第3期；朱寿朋编：《光绪朝东华录》五，第5450—5451页。

矿务公司	总理及主持者	身份
保晋矿务公司	渠本翘	进士、内阁中书
曲东煤矿公司	绅商	/
阳曲王封山磺矿	刘笃敬	举人、试用道
平陆矿务公司	狄海楼	举人

商办铁路公司的兴起，是20世纪收回利权、抵御外侮的重要举措。在社会舆论的压迫和进步绅商的力争下，清廷商部于1903年奏准招商设立铁路等公司。最早设立的商办铁路公司，是广东潮汕铁路公司，其主持者是亦绅亦商的四品京堂侨商张煜南。随后，各省商办铁路公司接踵而起。在这些颇具规模的近代化铁路公司中，绅士阶层的领导地位依然不可动摇，如下表①所示：

铁路公司名称	成立时间	总、协办等	身份
湖南全省支路总公司	1904年	龙湛霖	进士、在籍侍郎
		王先谦	进士、国子监祭酒
江西铁路公司	1904年	李有芬	在籍布政使
浙江铁路公司	1905年	汤寿潜	进士、特赏道衔
		刘锦藻	进士、在籍候补京堂
江苏铁路公司	1906年	王清穆	进士、商部右丞
		张謇	状元、翰林院修撰
川汉铁路公司	1905年	沈秉堃（官总办） 胡峻（绅总办）	进士、在籍翰林

收回利权运动是20世纪初年牵动着每一颗国民心灵的时代风潮。从时代要求而言，这是资产阶级一显身手的特定历史阶段，然而当时尚未发育成熟的民族资产阶级还难以独立于社会历史舞

① 参见〔清〕陈毅编：《轨政纪要》卷三；隗瀛涛：《四川保路运动史》等。

台上。历史的客观记录表明，收回利权运动的领导力量还未能让位于新兴的民族资产阶级，只能是“提倡于缙绅先生，响应于劳动社会”[①]的民族抗争风潮。

不过，岁月与时代更易的力量，将作用于整个社会。即便是旧有的社会力量，一旦拥有了不可替代的社会号召力，那么它就必定被时代赋予新的内容与特征。

二、抗争的时代内容

> 建民族之国家，立共和之宪章，凡我同胞，其矢斯志。……时哉时哉，鼓勇前行，成则建民族的新国，败则为民族的雄鬼，国也鬼也其为民族的则一也。吾知使吾国吾身为民族的而已矣，吾焉知其他。[②]
>
> 亘十九世纪二十世纪之交，有大怪物焉，一呼而全欧靡，而及于美，而及于澳，而及于非，犹以为未足，乃乘风破涛以入于亚。……今日者，民族主义发达之时代也，而中国当其冲，故今日而再不以民族主义提倡于吾中国，则吾中国乃真亡矣。[③]

世纪交替的历史变动，终于将华夷之辨、正邪之辨、人禽之辨等非理性的陈旧思想武器埋没在往事如烟的记忆之中。在新世纪迎风招展的是由苦难与耻辱、鲜血与烈焰凝练出的时代旗

---

① 《全浙绅商特开大会集议苏杭甬铁路事》,《申报》1905年11月12日。
② 《政体进化论》,《江苏》第1、3期,收入张楠、王忍之编:《辛亥革命前十年间时论选集》第一卷(下),生活·读书·新知三联书店1960年,第547页。
③ 《民族主义论》,《浙江潮》第1期,第19页。

帜——民族精神。“雄鸡鸣而天下白，晓钟动而梦魂苏。”20世纪初年遍及全国城乡的收回利权运动，尽管仍然以旧式的地方绅士或绅商为领导力量，但他们用以召唤、动员群众的精神武器，却是新的以国家主权、民族生存权为实际内容的民族精神。20世纪属于民族觉醒的世纪。

> 窃自海禁开而外洋各国遂得借商战以争利于中原……论者只谓乙未、庚子之变，偿款至六百五十兆，以是为财力日匮之虑。不知此犹有形有限之漏卮，而岁输六七千万于外洋之货价，乃无形无尽之漏卮，尤可深虑者也。……今乃括二十二省之精华，岁输之外洋，中国财力几何，能堪此朘削乎？……此诚危急存亡之所关，不可不亟筹挽救者也。[①]

20世纪初年由绅商所推动、社会各阶层踊跃参加的收回利权运动，是旨在挽救民族危亡与列强抗争的声势浩大的国民运动。甲午战争之后，帝国主义列强在中国划分势力范围，在全国各地攫取了重要的矿产、铁路权益。

列强采取借款筑路的资本渗透等方式，把中国大部分铁道干线的建筑、经营权囊括而去。据统计，1911年中国共有铁路9618.1千米，帝国主义控制的铁路即达8952.48千米，占93.1%；

① 宓汝成编：《中国近代铁路史资料》第3册，台湾文海出版社1977年，第923页。

中国自主的铁路仅665.62千米，占6.9%。[①]铁路权利的丧失，使中国的交通运输命脉受扼于列强，“盖路不能赎，生计之权尽归外人，有亡而已”[②]。对于中国矿产资源的掠取，也是帝国主义经济侵略的主要内容。甲午战后短短十数年间，列强便控制了我国主要的矿产区域，其范围和面积超逾实际办矿的需要甚远，如下表[③]所示：

外国公司	掠夺的矿区	面积
英福公司	山西矿区	2.1万余平方英里
英法隆兴公司	云南矿区	4万余平方英里
德商山东矿务公司	山东矿区	12万平方里
法福安公司	四川矿区	灌县、重庆等六州县
法福成公司	四川矿区	天全、懋功二州县
法大东公司	福建矿区	建宁、邵武、汀州三府属广大区域

从1895年到1911年辛亥革命前，列强在华已动工开采的矿产达34处，其资本额为4132.7万元以上，准备开采者25处，资本额达8233万元以上，平均每处资本额为209.6万元[④]，而同一时期中国开办的新式矿业，包括官办、官商合办、商办全部在内，也只有81处，资本共计220.73万元，约为外国矿产资本额的六分之一，每处平均资本只有27250元。[⑤]

---

① 参见严中平编：《中国近代经济史统计资料选辑》，科学出版社1955年，第190页。

② 华生：《滇越大铁路问题》，《云南》第19期，收入张楠、王忍之编：《辛亥革命前十年时论选集》第三卷，生活·读书·新知三联书店出版社1977年，第578页。

③ 李恩涵：《晚清的收回矿权运动》，第62页。

④ 参见汪敬虞编：《中国近代工业史资料》第2辑上，第140—147页。

⑤ 参见汪敬虞编：《中国近代工业史资料》第2辑下，第870—877页。

路矿权利的得失，已成为20世纪初年国家主权存废、民族兴亡的关键。“列强竞争其势力范围，率视航轨两线为所向之鹄。故各省路权，外人眈眈环视，辄思为捷足之先登，以便其染指之秘计。”①对于身处乡野的绅商士民各阶层，各地矿产铁路权益的丧失殆尽，已是绝难承负的裂肤断骨之痛。因而，早期囿于文化隔膜的华夷分辨意义上的反教斗争，让位于具有切肤之感的收回利权抗争。

> 中国大陆铁路之敷设，久为欧美人视线所交集。其扩张路权，为唯一之主义者，非仅望收铁道上资本金所生利益而已，盖瓜分切实之根据，不得不着手于铁道线之延长……夫外国人之恒言分割支那大陆而盘踞之，莫如夺其重要之铁路，则不必显居分割之名，而阴享分割之实。比年以来，各国势力范围之划定，实借攘夺铁路矿产为张本。②
>
> 铁路以谋交通便利，启发富源为目的，而实有国家性质，路权所在，即国权所在。③

收回利权运动的唯一目的并非要争回对于路矿的经营权，而是要从根本上争回被列强窃取掠夺的国家主权。国权即主权的观念，是20世纪民族主义精神的内核，也是收回利权运动的根本要

---

①《武进阳湖绅士上江督周玉帅苏抚陆春帅书》,《申报》1905年10月1日。
② 宓汝成编:《中国近代铁路史资料》第3册,第983页。
③《浙江拒款会通告各府县士民文》,《申报》1907年11月1日。

求。“近世国家学者曰，国家成立之三元素，有团结之人民，有一定之土地，有统治此人民土地之国权。则保存土地之责，宜莫若国家之总揽国权者也。”①作为国权的代表，政府具有保护国土完全，保护国民人格的职责，否则国将不国，主权他属。甲午战争后，中国面临着被列强肢解豆剖、亡国灭种的危机，尤其是路矿权益的丧失，使得与地方桑梓利益血脉相系的绅士或绅商们奋起抗争。所争者何也？

“故今日欲言自立于强权之漩涡中，非先保其路权，以渐复其国家主权不可。”②“外人路权所至即国权所至，六百万磅湖广铁路借款合同，实将三省三千六百里路政全权，完全授予外人……”③勃兴于全国各地，由绅商发起引导的收回利权运动的根本所在是“为地方谋公益，亦即为国家保主权”④。

民族生存权也是以收回利权为主要斗争方式的民族抗争的基本内容。“夫川路之所以必争回商办者，非断断于国有、民有之界限也。原以祖宗庐墓之所在者惟川，财产生命之所托者惟川，川亡则西南大局随坏。故不惟不肯失于非我族类之外人，亦不敢付诸为虎作伥之政府。”⑤甲午战争后，路矿权益纷纷失落于列强手中，各地人民的生存权利受到最直接的严重威胁。“矿产者，

---

① 吕志伊:《论国民保存国土之法》,收入张楠、王忍之编:《辛亥革命前十年时论选集》第二卷(下),生活·读书·新知三联书店出版社1963年,第823页。
②《东方杂志》1906年第1期。
③ 戴执礼编:《四川保路运动史料》,科学出版社1959年,第245页。
④ 邓实、黄节主编:《政艺通报》卷五,上海政艺通报社1907年,第5页。
⑤《重庆保路同志会报告》,收入戴执礼编:《四川保路运动史料》,第193页。

命脉也。……亡我矿产，则命脉断，而我同胞有必死之势。”[①]生存权既是国家主权，也是近代民权的基本内容，它的失落对于社会民众的震撼既深且巨。如浙江绅商疾呼“以利源论，则全省之菁华皆去，以形势论，则下游之门户洞开”[②]。因而席卷全民族的收回利权运动，是以关乎每一个社会成员的“民族生存权”为主要斗争目标的。

滇越铁路线路不过千里之遥，“而直接则关系云南全省之存亡，间接则关系中国各省之存亡”[③]。人们已经认识到生存权是一个民族和国家的基本权利，它的得失关乎着民族与国家的存亡。新时代的绅士阶层不再只借助传统的语言和力量，而是把自己的意愿同现实的民族兴亡紧密结合为一体，聚集在民族精神旗帜下的社会力量的广泛性、社会性，以及由此而形成的反抗力量的持久性，都是空前的。这是既关乎国家盛衰又关乎个体利益的“天下兴亡，匹夫有责”的生死搏斗。“凡我父老子弟知土地可因是保全，财产可因是永守，故不屑掷其数千百万之巨资，绞脑沥血而成之……我苏浙两省之父老子弟，即不为目前计，能不为子孙计乎？国可灭，民心不可灭，我父老子弟其磨砺以须。”[④]

不容否认，居于斗争中心或主导地位的某个阶层、集团特有的利益和追求，在一场社会背景极其广阔的运动中，可能制约和

① 《李培仁蹈海绝命书》，收入刘存善编著：《山西辛亥革命史》，山西人民出版社1991年，第40页。
② 《苏杭甬铁路档》卷二，清光绪三十三年铅印本，第6页。
③ 《为滇越铁路告成警告全滇》，收入张楠、王忍之编：《辛亥革命前十年时论选集》第三卷，第563页。
④ 《再论苏杭甬铁路借款事》，《申报》1907年10月8日。

影响着后者的整体方向和目标。具有社会号召力和组织力的绅士或绅商们，在收回利权运动中特有的利益和追求又是什么？

恩格斯曾经说过："在资产阶级看来，世界上没有一样东西不是为了金钱而存在的，连他们本身也不例外，因为他们活着就是为了赚钱，除了快快发财，他们不知道还有别的幸福，除了金钱的损失，也不知道还有别的痛苦。"①比附着西方典型的资产阶级追逐利润的特性，有些学者断言绅商积极推动收回利权运动的动机是金钱，立宪派手里握有大量铁路股票，清朝夺路，而且规定原有股款要打折扣发还，或暂时不还，使立宪派人想赚的金钱赚不了，已赚到手的金钱也将损失，他们为了金钱这个神物，非争一下不可。②

其实，所谓"握有大量铁路股票"只是收回利权后才在集资自办活动中出现的事实，而且"中国今日无大资本家，今日造路之资，除广东多商股外，湖南则由房捐、租捐等集成，四川则由租捐、契捐、商捐等集成，虽不无商股，而亦仅矣。赢利所归则仍在广众庶民，而无数人独占之弊"③。从历史发展的因果联系而言，是先有宏阔壮烈的收回利权运动，后才有了旨在集资自办的股票等所谓原始形态的资本。因而，尽管属于绅商集团特有利益的金钱追求，对于个人参与运动的动机不无影响，但对于如此持久浩大而又激烈雄壮的全民族抗争运动，经济利润绝难成为推

① 恩格斯：《英国工人阶级状况》，《马克思恩格斯全集》第2卷，人民出版社1957年，第564页。

② 参见戴执礼编：《四川保路运动史料》，第222页。

③《四川保路同志会报告》第28号，宣统三年（1911）闰六月十日。

动其汹涌前行的唯一内在动机。诚如江浙路潮中常州股东致苏路公司信中所言："以广义言之，所争虽为路款，实为两省人之生命财产，亦实为全国之土地主权而争也。争而胜，国尚可为国，立宪尚可望，否则我中国静俟为印度、为波兰、为安南、为朝鲜之灭亡可耳。"[①]为国家主权和民族生存权而争，是整个收回利权运动的主导内容，股本利益得失并非运动的主要目标。

> 收路国有之命，川人尚可从；收路而为外人所有，川人决不能从。借债主办内政，川人尚可从；借债而令外人夺我财政，川人决不能从。该合同失败若此，即尽举其款优恤川人，川人亦所不受，即邮传部横施压力，强制川人，川人有死而已，不能从也。[②]

即使握有大量路股的四川绅商，所争者也不仅仅是股利。民族危亡的深重阴影，早已淹没了金钱本身的光泽：

> 各国有大债权于中国者，即将来有大发言权于中国。借款之害直绵绵延，以至于亡国而已。吾人拼死以争者，非仅股本之关系，亦非仅铁路之关系也。故本会根本上之解决，只以争回商办为止，他非所闻。[③]

---

① 《常州股东赵铨年致苏路公司函》,《申报》1907年11月6日。
② 戴执礼编:《四川保路运动史料》,第208页。
③ 《四川保路同志会报告》第14号,宣统三年(1911)六月十八日。

在具有新的时代内容的民族精神激励下，收回利权运动深入民间，“佣贩妇竖，苦力贱役，亦皆激于公愤……举国若狂，民气之感奋，实所仅见。”[①]在各省创办的矿务公司和铁路公司的章程中，明确规定要对外国资本采取义无反顾的拒斥态度：

> （福建铁路）公司专招华股，如有为外国人代购股票，及将股票转售抵押于外国人者，本公司概不承认。[②]
>
> （苏省铁路）公司专集华股……凡非中国人资本，一概不收。[③]
>
> （粤汉铁路公司）此项股票，遵照部文，无论整票零票，均只准华人自购，不购洋股，设有股票转售入他国人之手，本局概不承认。[④]

虽然运动表现了“十分浓厚的排外性”，不过“运动具有正当的目的，也采用适当的手段，既足以表达当时民族自觉的愿望，又不违背现行国际法的原则，与以前中国官绅迭次进行的反外仇外运动，大相径庭”[⑤]。这充分体现了全社会民族觉醒的水准。社会运动的深度与广度，依赖于社会大众觉醒的程度。1906

---

① 宓汝成编：《中国近代铁路史资料》第3册，台湾文海出版社1977年，第875—876页。

②《商办福建全省铁路公司招股章程》，收入〔清〕陈毅编：《轨政纪要》，“近代中国史料丛刊”第54辑，台湾文海出版社1982年，第399页。

③《商办苏省铁路股份有限公司详章》，收入〔清〕陈毅编：《轨政纪要》，第424页。

④〔清〕陈毅编：《轨政纪要》，第235页。

⑤ 李恩涵：《晚清的收回矿权运动》，第267—268页。

年《东方杂志》对此有所论述：

> 吾所谓权利思想之发达者，不奇于少数之新党志士，而奇于多数素无学问素无意识之众人。犹是矿也，向之引明季故事以为戒，谓巨资掷诸虚牝者；今则公司广设，市井投资，严屏外人之入股矣。犹是路也，向所指为弊政病国病民者，今乃视为利国利民之要举。已入外人之手，以全力争回而自办，各省既同时举行，而投资踊跃，不数月而股数已盈。……贾竖乡愚亦知权利资本之输，曾不少吝，此固非少数之新党志士，所能随其后而概加以鞭策也。[①]

重要的是，这一运动不仅表现为对外的民族觉醒，也表现为对内的民主觉醒。绅士或绅商们奋起抗争，带有鲜明的民主参政的意识。“民之身家财产，视主权之存亡为转移，主权已去，民命安托。”[②]运动一定程度上体现了“国民参政”的自觉愿望，其领导者已自觉地借助西方资产阶级社会政治学说，而不是借助传统文化来表达斗争的意义。浙江全省铁路公司分别推选绅士汤寿潜、刘锦藻为总理、协理，所采取的组织形式是“略参三权分立办法”；在具体的斗争中，针对清政府的横暴专权，他们开始运用法律武器进行抗争[③]，强调“人民权利之尊

① 匀士:《论中国近日权利思想之发达》,《东方杂志》1906年第9期。

② 戴执礼编:《四川保路运动史料汇纂》(中),台北“中央研究院”近代史所史料丛刊第23辑,1994年,第651页。

③ 参见宓汝成编:《中国近代铁路史资料》第2册,第886页。

贵”①。如此，雄壮激越的收回利权运动与高潮迭现的立宪运动互为表里，相互关联，构成20世纪初民族觉醒的时代内容。

三、“亡清之起点”

要之，国之于路犹水之于舟，能载亦能覆，其关键全在自握主权，外国承办固绝对不宜。②

“路亡国亡，国且不有，曷云乎路？国不有路，股附之谁？……但为中国前途痛哭，而不欲以言进也。”③时论认为亡清之起点实缘于铁路，然此不过革命手段之一，非果铁路之足以致亡也。历史事变的最终结果，常常与事变推动者的初衷相去甚远。作为20世纪民族抗争风潮的收回利权运动，无论其推动者的初始动机如何，其最终结果却与清王朝的败亡紧紧联系在一起。那么，其间的历史因果联系是什么？

“中国大势，危象毕露，无可复讳……所以断断然锲而不舍者，盖以商办实奉旨，遵先帝之明诏，重全省之公推，不专为浙，不专为路”④。从收回利权运动到保路运动绅士们始终坚持“文明争路”方针，斗争形式并不超越集会、请愿、声援、通电、罢市、罢课的范畴。与新一代资产阶级知识分子极力推行的“武装反清”斗争不同，占据收回利权运动领导中心的绅士们，

①《再论苏杭甬铁路借款事》，《申报》1907年10月8日。

② 参见曾鲲化：《中国铁路史·自叙》，收入周光培主编：《中华民国史史料四编》第79册，第2页。

③ 宓汝成编：《中国近代铁路史资料》第3册，“近世代中国史料丛刊”续编第40辑，台湾文海出版社1977年，第1278页。

④《汤寿潜攻讦斥盛宣怀电》，《申报》1910年8月26日。

不具有亡清的政治动机。然而在形成全民族抗争的历史过程中，地方绅商与清廷的尖锐冲突，却造成两种截然相反的结果：一是地方绅士或绅商地位的迅速上升，一是清廷社会统治权威的极度衰落。

“路权所在，即国权所在……盖铁路所有权应属于内国，为吾国民之特有权”[①]，关乎国权和民族生存权的“路矿权利”，本应是国家政权必须加以保护的基本权利。“我国丧失利权之事，至庚子一役而已极，而收回利权之机，亦即发轫于庚子……国民亦一变其淡于国事之旧习，而汲汲然输入文明，借立恢复国权之基础。此又收回利权之热度，所以至今而达于极点者也。”[②]19世纪末中国路矿权益纷纷落入外国列强手中，严重的民族危亡形势已经表明作为“国权”代表力量的清廷“有负于国权之总揽”，“国家为国民所组织，故国之本在民……国民者，本也；政府者，末也……本轻末重，未有不倾者”[③]。国家主权观念的渗入和日趋严重的民族危机，促使地方绅士们不再寄望于清廷，形成了地方自主或自立的思潮。绅商力主自办路矿，也不仅仅是桑梓利益所关，而是在清廷中央失去保卫国家主权能力的危机之下形成的民族自救运动。收回利权运动的着眼点在于民族权利的归属，而不在于或者主要不在于官办与商办的争执上。如四川绅商声明：

---

①《浙江拒款会通告各府县士民文》,《申报》1907年11月1日。

② 陈彦彬:《论收回利权之宜有根本解决》,收入张楠、王忍之编:《辛亥革命前十年时论选集》第三卷,第435页。

③ 义侠:《为滇越铁路告成警告全滇》,收入张楠、王忍之编:《辛亥革命前十年时论选集》第三卷,第564页。

“然其大要，攘夺我路权，监督我财政，用人则定洋工，用料则先销外货，名为干路国有，实则授柄外人……主权已去，民命安托。”[①]显然，在瓜分豆剖的空前危机形势下，民族权利是最具号召力的时代旗帜。问题在于，高擎这面旗帜推动收回利权运动的主导力量是地方绅士或绅商，而非总揽国权之清政府。在较早发生的收回矿权斗争中，清廷处于被动的地位。“外务部和商部所遵循的政策，即在以正当的手段，采取合理的途径，并以中外间现存有效的办矿契约为依据，以求达到收回矿权的目的。其整个态度可以‘持重’二字概括之”，各省督抚也“不敢公然出面主持”。[②]这种政治格局事实上突出了绅士在民族抗争中乃至在整个社会政治中的地位，而弱化了清廷的合法统治权威。“提倡于缙绅先生，响应于劳动社会”的收回利权运动，标志着清代皇权的失落和地方绅商力量的扩展。

如果说在收回利权运动中，清廷只是处于被动地位的话，那么在相继兴起的收回矿权和保路运动中，清廷则完全站在了绅民的对立面。因而，各地绅民奋力抗争的矛头与其说是指向列强，毋宁说是指向了清廷。尽管绅士们所指斥的对象集中于朝廷中的某些大员，如《全浙绅商致外务部责盛宣怀电》中说：“路固浙人之路，虽有盛宣怀之擅卖，而不告地主，不立契据，政府不认，浙抚不认，浙人亦无一认。”[③]在江浙绅商与清廷的激烈冲突中，清廷企图以外交的压力逼迫江浙绅商“谨守约章”以息事宁人：

---

① 戴执礼编:《四川保路运动史料汇纂》(中),第651页。

② 李恩涵:《晚清的收回矿权运动》,第130页。

③《全浙绅商特开大会集议苏杭甬铁路》,《申报》1905年11月12日。

“方今列强环伺，络绎联盟，中国势处孤危，即能谨守约章，讲信修睦，犹恐不足以自保，矧敢轻弃成议，自启纷扰？庚子之乱，足为殷鉴！臣等职在外交，不得不加意慎重”。[①]江浙绅商却不为所动，并以更为激愤的文字，将清廷出卖利权献媚事外的形象公之于众：

> 闻外部竟奏请以外交重大，速订合同。背朝旨弃路权，失民信，其何以国？方今以立宪鼓动朝野，以庶政公诸舆论，谓将救亡，外交果有订谟，咨询于众，择善而从。江浙绅民，宁皆愦愦……但顾邦交，不顾民信，尤非立宪办法。[②]

在英国政府的威逼下，清廷一意屈从，坚持借款筑路，成为江浙绅民收回路权斗争的第一重障碍。这种“拂舆情，玷国体，坠大部名誉”[③]的“名借款，实攘路”危害民族权益的政策，迅速地把清政府推向了全民族的对立面。在常州股东赵铨年致苏路公司的信中，斗争锋芒已直指清政府：“外部……冒天下之不韪，置舆论于不顾。……政府甘弃我江浙，我江浙人民何忍听政府之行为，自戕其生命财产耶！”[④]正是在民族权利这一根本利益下，清

---

① 《外务部议覆江浙官绅请拒借款折》(光绪三十三年十月二十四日)，宓汝成编：《近代中国铁路史资料》第2册，第862页。

② 《苏路公司致江苏督抚电》，《申报》1907年10月25日。

③ 《又致外务部电》，《申报》1907年10月28日。

④ 《常州股东赵铨年致苏路函》，《申报》1907年11月6日。

廷完全丧失了民心，而主导收回利权运动的地方绅士或绅商阶层，更多地赢得了民众。《申报》刊发的《再论苏杭甬铁路借款事》宣告于天下："须知政府者，宁令国人死，毋触外人怒；宁使一路哭，毋令人口饥。……（政府）是视我两省之土地，直草莱之不若；视我两省之人民，直蝼蚁之不若也。"①

在相继而起的湘鄂粤川保路风潮中，清政府更是公然站在民族利益的对立面，悍然收铁路归国有，并通过借款合同，将路权拱手于列强。此一举措在更广阔的范围内，引发了绅民的反抗，如《海防华商会馆致粤路公司函》中称："粤路国有，誓死不从，路属商办，确有完全理由……路亡国亡，政府虽欲卖国，我粤人断不能卖路。……商办性质，营业自由，我办我路，政府虽至暴横，亦难强我。"②

尽管四川保路运动被绅士们限定在"文明争路"范围内，但在民众心目中，清廷不啻已是完全的卖国政府了：

> 举全国之权利，尽呈于各国之前，以听其均派，而吾国大局于是告终矣。且以政府居心之不可测，完全之川汉铁道，且必举而贡献于人，则列强群起，诘难要索……③
>
> 吾川汉之民速起拯救！……吾全国四百兆人民亦速起拯救！④

---

①《再论苏杭甬铁路借款事》，《申报》1907年10月8日。

② 宓汝成编：《中国近代铁路史资料》第3册，第1264页。

③④ 戴执礼编：《四川保路运动史料汇纂》（上），第501页。

20世纪初的民族觉醒表现为两大趋向，即“对内要求预闻国家与地方的政务，和对外要求恢复既失的国家利权”[①]。因而，收回利权运动与清末立宪运动同时进行，互为表里，并且均以地方绅商为其主导。清王朝却彻底地违逆民意，一意孤行，既无视绅民日渐增长的民主参政要求，又置绅民自主路权的要求于不顾，致使绅民与政府的冲突更形尖锐：

> 吾尝谓今日朝廷对于人民，德已不足相维系，信已不足相要结，所以犹能施其钳制者，惟威虐而已。然而非其能力真能使吾民帖耳就范也，乃吾民受数千年专制余毒，权利思想未臻发达，而又强邻馋伺，食指跃然，不忍先自内讧，予人以可乘之隙耳。[②]

风起潮涨之间，清王朝丧权辱国的行为已被绅商们借助舆论的力量宣示于天下。“总揽国权”的清政府不仅不再具有保护主权、保护国民的权威，反而成为亡国灭种的民族罪魁。《申报》刊文曰：

> 而外部犹昧于个人契约之性质，不知人民权利之尊贵，贸贸然思以不许干预路权一语，掩尽天下之耳目，断送两省之利权。嗟夫悲哉！人有子弟，而为邻人凌践者，其父

① 李恩涵：《晚清的收回矿权运动》，第269—270页。

② 戴执礼编：《四川保路运动史料汇纂》（上），第191页。

母必抗争之，拥护之，使得保全。我国政府自视未尝不父母，视民未尝不子弟。今子弟之受人凌践者，至且极矣！为民父母者，不惟不抗争、不保护，而反推之使前，阻之使不得（脱）……凡我子弟对于此事，将生如何之感情乎？①

在声势浩大的民族抗争怒潮中，清廷日益走向全民利益的反面，致使全国民众集怨于政府，“甚且谓现在情形，实系政府强迫我人民暴动，我人民亦不能再守秩序云”②。甚至在四川绅商控制的报纸上也出现了“大泽恨无陈涉起”一类愤激言论。得民心者得天下——这句简朴的政治格言包含着一个政权兴废存亡的全部道理。在收回利权运动中，清廷已完全被置于厝火积薪之上。随着“皇族内阁”的组建，地方立宪党人对于“庶政公诸舆论”的有限政治改革也彻底绝望。于是，在“使朝廷势成孤立”的形势下，武昌起义的炮声终于引燃了焚毁清王朝的干柴烈火。

愚弄人民者，终将为人民所抛弃！其实，20世纪初的历史进程，即由收回利权到预备立宪，由保路风潮到辛亥革命，由“皇族内阁”到清廷覆灭，不过是“水可载舟，亦可覆舟”的民心得失的历史活剧的重演。

值得一提的是，由于拥有新特质的绅商力量作为民心代表的出现，使得这一历史发展的因果关系，具有了不同以往的时代意义。

---

①《再论苏杭甬铁路借款事》,《申报》1907年10月8日。

② 宓汝成编:《中国近代铁路史资料》第2册,第886页。

四、绅商的时代特征

晴天霹雳般的变故只是政权移手时的政治家的杰作。社会历史的蜕变更嬗和社会阶级力量的新陈继替，从来不会在一个短促的时间内骤然完成。一个相对漫长的过渡时期，以及作为承接新旧社会转换过程的“中介形态”的社会力量的合成，将是新时代降临的一个难以跨越的历史前提。

随着19世纪帷幕的下落，占据社会活动中心地位的力量已不再是纯粹意义上的传统绅士阶层了。无论在基层社区活动，还是在全国范围内跨社区的社会、政治活动中，一种兼有新旧时代过渡特质的社会力量，开始活跃在历史舞台上——绅商作为一个历史概念，也作为一种特定的社会力量，具有属于自身特征和内容的时代意义。

收回利权运动是关乎民族存亡的全民性抗争，又是同地方利益密切相关的群众斗争。作为地方社会权威力量的绅士阶层，自然成为其中最具号召力的领导阶层。社会历史的发展，还未能达到彻底弃置这一现存力量社会领袖地位的高度。传统的功名身份在20世纪初的社会生活中，仍具有足够的社会影响力。不过，与19世纪由绅士们发起的反洋教斗争不同，收回利权运动不仅仅是群情激愤的社会活动，而且最终落实为以经营为特征的近代化企业活动。因而，规模宏大的收回利权运动同自主经营路矿的经济活动，是难以割舍的前后相继、互相推动的完整的历史过程。

在传统社会结构犹存的时代，传统功名身份虽具有社会动员的号召力，却不必然具有近代企业经营的经济实力。因而，以收回利权为最高目标、以自办路矿为基本手段的路矿风潮，不能不纳入拥有经济实力，在当时也拥有一定社会地位的商的力量。

早在1895年清廷议办芦汉铁路时，就有过一项动议：“凡各省富商能集股在一千万两以上者，准其设立公司自行兴办。”[①]其后虽不断有提倡商办者，“然斯时商民于铁路观念甚为薄弱，商办之粤汉不久即归美合兴公司承办，而铁路总公司议招商股七百万两，应募者竟阒然无闻”[②]。直至1903年，面对列强频频攫得中国路矿权益、国家主权和地方经济备受蹂躏的危急局势，商办路矿作为抵制外侮的基本手段才愤然兴起。是年，由亦商亦绅的张煜南创办的潮汕铁路公司就是以商办为主体的。“一时大绅商富咸以倡办本省铁路为唯一大事，如风起潮涌，蔓延全国。”[③]

尤其在1905年的江浙路潮中，商人阶层已是一个十分活跃的集团力量。以汤寿潜、刘锦藻为总办、协办的江浙铁路公司，在集股活动和争路斗争的决策中，都离不开商人阶层的参与。“查浙省铁路，现经绅商设立公司自办，以杜外人侵占……”[④]在收回路权运动中，各地绅商纷纷起筹力主自办，“近年风气大开，铁路利便，尽人皆知。是以四川、江西、安徽等省，均由本地绅商合力筹办”[⑤]。商人阶层在江浙路潮中，已扮演着重要角色：

①②③ 曾鲲化:《中国铁路史》,第102—103页。

④《外务部咨苏抚陆元鼎、浙抚聂缉规文》,收入宓汝成编:《中国近代铁路史资料》第3册,第1003页。

⑤《商部请准浙绅筹力铁路并以汤寿潜、刘锦藻为总副理各折》,收入宓汝成编:《中国近代铁路史资料》第3册,第1000页。

> 江苏处江海要冲，为东南绾轂之区……现经在籍绅商屡次集议，拟先集股一千万元，设立苏省铁路有限公司，由创办诸人先行认定百余万元，以为勘路兴工之用。[①]
>
> 绅商士民在上海集议，列者数千人，多有愤激泣下者……。商贾则停贸易，佣役则相约辞工……[②]

20世纪初，商人阶层是在民族抗争风潮中逐步展现出自身的社会力量和独立意识的。各省绅商集股自办铁路，苏、浙、川省集股最称踊跃，颇具规模。商人力量的介入，似乎预示了一个新的历史时代的到来，至少标志着由传统绅士阶层独占社会活动领域时代的终结。商办铁路已成为朝野上下共同认可的时代发展趋势，清政府矿务铁路总局于1898年核定的《矿务铁路公共章程》，开宗明义地突出了商办的时代价值称："铁路分三种办法，官办、商办、官商合办，而总不如商办……此后总以多得商办为主，官为设法招徕，尽力保护，仍不准干预该公司事权。"[③]商人阶层在路潮中地位的上升，使得20世纪初年遍及全国的民族抗争运动的主导力量，转为一个新的集团力量——"绅商"。

绅商是20世纪初社会上广为流行的一个新概念。在江浙路潮中，代表地方社会向清廷中央发表函电文告者，很多都是以绅商具名的，如1905年11月刊布于《申报》的《全浙绅商致外务部

① 《商部奏江苏绅士筹筑本省铁路折》，收入宓汝成编：《中国近代铁路史资料》第3册，第1007页。

② 邓实、黄节主编：《政艺通报》卷五，第4—5页。

③ 〔清〕陈毅编：《轨政纪要·章程上》，第19页。

责盛宣怀电》《江苏绅商致商部电》等。在清朝官方文件中，“绅商”也已成为具有特定含义的概念：

> 所幸晋省有志绅商，求保路权，热诚仍未稍减，于此事之利病原委亦已洞若观火。①
>
> 惟是江南因举办征兵，又须兼顾江北，一镇两处开办，须每岁新筹三百余万……本筹款赎路一节，除非地方绅商众力并举，不克观成。②

这无疑反映了一个基本事实：在收回利权运动中，绅商界起了重要作用。③

那么，在收回利权运动中一展风采的绅商，是否为资产阶级或资本家集团的代名词呢？

其实，绅商并不具备资本家集团或者资产阶级的典型特征。绅商未必有属于自己的雄厚的资本，它只是动员或组织社会资金的主要社会力量。各省虽由绅商们筹集了一定数额的资本（股款），但“股款非资本家担认”，“所谓筑路命脉之资金者，除广东外均非富商大贾之自投，而乞灵于琐不堪问之杂款、捐款。其名目有米捐、谷捐、盐捐、茶捐、亩捐、房捐、口捐、斗捐、土药捐、膏业捐、土厘、灯捐及租股、薪股、地方公股等。甚至差

① 朱寿朋编：《光绪朝东华录》五，第5963页。
② 《江督致盛宫保函》，《申报》1905年10月13日。
③ 参见郑永福：《试论辛亥革命前河南人民收回矿权的斗争》，《河南大学学报（哲学社会科学版）》1984年第4期。

徭亦有捐，彩票亦名股，搜敛公私不遗余力”。[①]1905年1月，川汉铁路公司拟定了“铁路集股章程”，规定其股本的四个来源，其中仍以“抽租之股”为主要来源，抽收办法是：“凡业田之家，无论祖遗、自买、当受、大写、自耕、招佃、收租在十石以上者，均照章百分抽三。如收租十石者，即抽谷三斗；一百石者，即抽谷三石；以次递加照算。”[②]租股集资具有强制性，是官府通过地方绅士来强行征收的，所以时人称之为“铁路捐”。此后，公司虽由官办转为商办，但这集资办法始终未变。租股是川汉铁路公司的经济命脉，占到整个资金的76%以上，如下表[③]所示：

股名	1908年(银两)	所占比例(%)	1909年(银两)	所占比例(%)
购股	69420.58	3.68	36598.84	2.22
官股	37375.00	1.98	9875.00	0.60
租股	1519259.94	80.48	1343459.47	81.37
土药股	205098.64	10.86	196797.48	11.92
盐茶股	56660.53	3.00	64281.51	3.89
合计	1887814.69	100.00	1651003.30	100.00

负责组织征收“铁路捐”的绅商并不能占有这些资本，只有大大小小的租股股东才是资本的所有者，所谓“全靠我们四川人大家担起来”，“至于出租股的，无论多寡，合买股的人，都是股东，公司都是一样地看待。……各州县的股东，大半都是居乡的人……”[④]而且占据路矿领导地位的绅商们并非一成不变，在内

① 曾鲲化：《中国铁路史》，第106—107页。
② 戴执礼编：《四川保路运动史料汇纂》（上），第336页。
③ 参见宓汝成编：《中国近代铁路史资料》第3册，第1096页。
④《附：白花帮议定筹办铁路股款规则》，收入戴执礼编：《四川保路运动史料汇纂》（上），第358—360页。

部利益矛盾作用和官绅权力、绅商权力的交互影响下，掌管公司的绅商处于不断变动之中。如川汉铁路公司和湖南铁路公司的总办、协办等均曾多次换人。所以一般来说绅商不等于拥有资本的资产阶级。

也有论者认为这些绅商属于向民族资产阶级转化的社会力量。①但转化并不等于就已是资产阶级，而且转化并非一蹴而就，它仍然需要一个较长的历史过程。况且，借助于商办铁路把持公司集股的绅商，并没有顺利地完成这一历史性“转化”，近代的商办铁路公司就其经营成效而言，是以失败而告终的。20世纪初由绅商争得的自办铁路共三十二线，其成功者绝少，“除未办十一线，办而复停者三线，国有者七线，由部代管者一线外，其始终保存商办名义者仅潮汕小清河，江西新宁、房山，粤路齐昂、周长、峄县、贾汪等十线”，其中，“潮汕资金有三分之一、江西有十分之九属诸日本借款，齐昂全系公款，则所谓完全商办者，乃不过作者之数，其线路不及九百里焉”。②而且民国以后，铁路已完全纳入国有、官办的轨道上，“民国继兴，国体变更，国家与人民初无二致。且有识者均晓然于商股之无望，国有之易期，故不三年而收回商办各路之事乃水到渠成，一一就范”③。

其实，这时的绅商还没有演变为一个具有较强内聚力的社会集团。在各省路矿公司中，绅商虽是主导力量，但绅与商毕竟有显著区别，而非同一社会阶层。这不能不触发绅与商的冲突、矛

---

① 参见章开沅、林增平：《辛亥革命史》中册，人民出版社1980年，第463页。
② 曾鲲化：《中国铁路史》，第106页。
③ 曾鲲化：《中国铁路史》，第117页。

盾、斗争。川汉铁路公司早期属于官办性质，主要由官僚和局绅把持，完全排斥了商人阶层。1905年，在社会各界努力下，川汉铁路公司改为官绅合办，这一体制突出了绅士的主导地位，却仍未改变商民的被动受支配地位。因此，1906年川省留日学生强烈要求川路商办，提高商民在川汉铁路公司中的地位："自经济界革新以来，地球各国，无不以商为战。商力之强弱，可卜国势之盛衰。我国家有鉴于此，于是订定《商律》，以图保护商人而扩充商业……公司董事当由股东选举，而不由官吏也。"①

当时，公司中的绅与商不仅不是一个整体，而且围绕着公司体制及双方地位、权限的矛盾和冲突，竟愈演愈烈。

在官率绅办体制下组成的湖南铁路公司，"以王先谦等人为首的湘绅集团是地方实力派。他们凭着亦官亦绅的优越社会地位，与官方连为一气，共同压制商界"②。由此引发了湖南商人集团的"倒王"活动，1907年，湖南商民提出"湘路不成，由于任绅不任商，请去官督二字"。在商绅的不断冲突和斗争中，"商股的权力开始得到承认"③。

在清末社会关系体系的剧变中，绅、商两个社会阶层的相互渗透，一身二任人物的出现已是普遍的社会现象。但绅与商从总体上仍有不同阶层与集团间的区别。清末《宪政编查馆核查粤省绅士办事习惯》一文中就列举了"绅士与商家之畛域""绅士与

---

① 宓汝成编：《中国近代铁路史资料》第3册，第1073、1076页。
② 林增平：《资产阶级与辛亥革命》，第200页。
③ 林增平：《资产阶级与辛亥革命》，第205页。

商家之嫌疑”“绅士与商家冲突竞争之习惯”等。[①]客观历史进程表明，绅商并不是一个内在凝聚力极强的社会力量。“绅商”是什么？这一流行于20世纪初的概念究竟有什么样的内涵与特征？在一个正处于剧变状态的社会中，活跃的社会力量，绝难以纯粹的“新”与“旧”去加以裁定。社会生活的事实告诉我们，过渡时代的力量具有过渡的性质，它本身并没有形成稳定的质态。即使是处于弃旧从新的转化过程中，也仍然具有转化的完成、历史的回归乃至亦新亦旧的多样可能与现实。当时的绅商具有多重含义：

> 所谓绅商，即士绅和股商的合称。各省绅权，存在已久，咸同以后，士绅在地方上的地位愈为提高，原有的特权也更为扩张。商权则自五口通商后，发展至为迅速，尤以上海广东为盛，沿海沿江诸通商大埠次之。“绅”与“商”之间，并无严格的界限，或以巨绅而兼营商务，或以富商借捐纳膺获翎监道卿等衔，因而荣耀乡里，跃登缙绅之列。[②]

作为变动时代社会力量的新的组合，绅商确实是“无以名之”的社会集团。“绅商既可指官员和文士，也可指商人，这是两个不同的并列范畴，同时又不同于‘民’和‘官’…… 一般说来，若将这个名称用于一个集团，那就是泛指参与商业的官吏和

---

① 参见《时报》1911年2月21日。
② 李恩涵:《晚清的收回矿权运动》,第158页。

文士、拥有功名和官衔的商人，以及同他们有联系的纯粹文人和商人。如果这个名称用之于个人，那仅指前面两类。”[①]绅商既是绅与商的合称，又是亦绅亦商一类人物的单称。这是一个社会躁动期难以确切定性的动态性称谓概念。它既不属于新时代主宰社会的资产阶级，也不完全属于传统时代为人所尊崇的乡土社会的绅士阶层。或者，它属于既非二者又兼具二者某些特性的正在变动着的中介形态。它的勃兴虽然标志着一个以绅士为主导力量时代的即将完结，却难以以一个新时代中心力量的姿态拥有未来。

社会历史的新世纪，最终不会属于绅商。

---

① 〔美〕费正清、〔美〕刘广京编：《剑桥中国晚清史（下）》，第620页。

第八章
承旧启新——近代社会结构转型中的绅士

在一个急剧转变的历史时代，身临其境的个人或集团，往往很难一时轻易地明了社会历史运行的方向。“故今日中国之现状，实如驾一扁舟，初离海岸线而放于中流，即俗语所谓两头不到岸之时也。”[①]梁启超在《过渡时代论》中这番形象通畅的表述，道明了整个近代中国社会的时代特征。

生活的变迁，结构的错动，观念的移易，只是使社会大众深切地感受到了旧秩序的崩溃，却未能真切地把握历史的未来。因而个人意愿并不能作用于社会，“整个历史进程——指重大事件——到现在为止都是不知不觉地完成的，也就是说，这些事件及其所引起的后果都是不以人的意志为转移的。历史的参与者要么直接希求的不是已成之事，要么这已成之事又引起完全不同的未预见到的后果”[②]。终究，客观的历史进程不仅改变着个人意愿，而且也将使居于社会中心地位的力量，随着社会变动的需求而转型。

---

① 汤志钧、汤仁泽编：《梁启超全集》第二集论著二，中国人民大学出版社2008年，第294页。

② 恩格斯：《致威·桑巴特》，《马克思恩格斯全集》第39卷，人民出版社1975年，第405页。

况且，中国社会是在缺乏必要的经济关系、阶级关系、思想文化准备的条件下，受西方资本主义文化的冲击而迈向近代门槛的。因而迫切需要有相应的社会力量来承接这种转折的使命，也只有借助承接中介，才能完成这一历史性的过渡。绅士集团的“转型”，正是近代社会转型的一个侧影。

一、转型过程

在传统社会结构中，绅士是主干力量，尤其在地方社会中，绅士阶层居于不可动摇的统治中心。但是随着近代社会经济、文化的深刻变化，随着社会结构的裂变，传统的绅士们不得不改变自己的立身之基，地方社会权力中心力量也不得不纳入新的成分。在社会历史运动的自然过程中，新旧力量的交错必然经历一个旧有社会力量的转型阶段，新生的社会力量不可能脱离母体而由外部强行注入，而只能从旧的社会力量中蜕变而成。在迈向近代社会的转折过程中，逐步产生了一批有别于传统绅士的特殊社会群体，他们程度不同地肩负了推进近代化的社会职责，并在变动着的地方社会中，扮演着社会中坚的角色。

近代绅士阶层的转型，最初表现为绅与商的互相渗透，其中又经历了商对绅的渗透、绅向商的转化。绅士转型的社会成果之一，便是绅商力量的崛起。

五口通商以后，西方首先以商品的巨大优势冲击了古老的中国社会，推动着商的社会地位的稳步提升，并以咄咄逼人之势渗入绅士阶层，造成传统绅士集团成分的改变。这一现象首先在19世纪60年代的东南沿海地区开始，在宁波、上海、广州等开埠地，由于商品经济和对外贸易的需求，迅速形成了一批近代新型商人。随着新式商业、宗教文化事业的产生，引发了沿海地区新的职业分化，许多旧式读书之士如广东香山的徐润、郑观应、唐廷枢等先后中断举业，厕身于买办的行列。但是在经商的同时，他们仍渴望着向绅士地位攀缘，“他们通过亲戚或世交的上一辈高级买办曾寄圃、徐钰亭等人的关系，仍与上海的士绅文人如王韬等保持着相当频繁的交往，以后又由商入仕，成为亦商亦绅型的人物”①。尤其在上海，凭借中外贸易而起家的叶澄衷、朱葆山、祝大椿、周舜卿、施子英等人，均“以其多财善贾的经营手腕而成为上海商界的风云人物”②。但在当时，富而不贵的新式商人还不足以取代绅士阶层而成为左右社会的基本力量，封建等级名分强烈吸引着商人千方百计地趋向绅士集团，因而发生了近代商人向绅士阶层渗透的社会现象。传统绅士翎顶辉煌的地位仍然使这些近代富商艳羡不已，他们不惜破费巨资，通过捐纳、报效或其他途径，谋取一个显耀的身份、头衔，以提高自身的政治地位，跻身于绅士阶层。买办盛宣怀曾由衷地感叹：“目前办理商务，若不愿为他人之下，仍可列主事之衔。”③这种由商向绅的渗透，是近代社会结构初步变动中的特殊现象，是与整个社会历史发展趋向相逆的一种逆向渗透。

逆向渗透向我们展示了一个不容忽视的事实：由传统社会向

① 张敏：《沿海地区新士绅群体与中国早期近代化运动》，《上海社会科学院学术季刊》1990年第3期。

② 徐鼎新：《清末民初上海绅商阶层面面观》，《历史与档案》1988年第3期。

③〔清〕经元善：《居易初集》卷二，第66页。

近代社会转变，新的社会因素或社会力量最初总是附属于旧的社会结构。尽管近代新式商人的兴起是以新的社会职业姿态出现的具有时代意义的历史进步，但它依然不可避免地受到传统社会身份等级的强大吸附力的左右。上海、宁波、南浔等地的巨商们都通过各种途径获得了封建等级身份，如三品候补（或候选）道、四品知府衔等，形成俨如绅士的特殊商人[①]；在上海商务总会历届董事会的组成成员中，无论是总理、协理抑或会董，“几乎都在各自的名字上面冠以品级不等的官衔称谓，未曾捐有官衔的布衣白丁为数甚少。就是上海商务总会的一般会员，或是沪南商会及沪郊各县镇商务分会的总理、会董，也同样以享有官衔为荣”[②]。

由商而绅的社会渗透，其时代意义并不在于商人获得了尊贵的封建身份，也不表明逆向渗透是阻滞社会发展的历史惰性，而在于它从根本上改变了绅士阶层的成分，使这一传统的优越社会阶层中融入了富有近代意义的社会因素。就这样，一个稳定的社会结构体系，一个牢固的基层社会权力体系，由此而破裂了。从经济地位上看，骤然致富的新一代商人（包括买办），是这一变动时代的宠儿，具有左右地方经济的特殊地位；但从政治法律上看，这些巨富又为传统社会的功名身份所压迫，难以扬眉于绅界，他们渴求着身份与功名，有时甚至把捐衔纳顶看得比经营商务更有价值。于是，在他们身上呈现出社会价值指向与经济地位的对立。

---

① 参见王先明：《近代中国绅士集团转型初探》，《东南文化》1990年第4期。
② 徐鼎新：《清末民初上海绅商阶层面面观》，《历史与档案》1988年第3期。

矛盾或对立向来是事物运动和质变的内在条件。正是这种社会价值取向与经济地位的对立，构成了近代绅士阶层转型的基点。逆向渗透不过是顺向渗透的历史前奏而已。

绅商互渗的另一途径是由绅向商的渗透。在上海，由于新的产业结构的形成，许多绅士已不再按照传统价值观沉溺于购田置产，而积极在工商领域内从事经营活动，建立新的基业，形成一种由绅而商的顺向渗透，其中以严信厚、孙多森最为典型。严信厚早年受到红顶商人胡雪岩的提携引荐，获得李鸿章的赏识，曾先后担任长芦盐务督销，署天津盐务帮办等职，并以劳绩加捐，位至候补道。“他一方面以官为护符，取得一般商人无法获得的特权利益；另一方面又以商为渠道，取得一般士绅难以得享的利源。”①他创办了源丰润银号和各种轧花、纱厂等新式企业，成为上海工商界的要员之一。孙多森则以其祖父身居大学士的显赫背景，从候补同知、候补道员的身份转而经营企业，创设上海阜丰面粉厂，成为绅商界举足轻重的人物。

如果说在开埠初期的上海、广东“自编户以至缙绅，莫不从事贸易。逐末者多，斯急公者少”②，尚只在少数地区，那么在甲午战争后，伴随着近代社会结构的剧烈变动，绅而商的渗透很快发展为较为普遍的社会现象。在江浙地区，许多绅士弃仕营商，毅然决然地步入资本家的行列。除人们熟知的张謇、沈云沛、许鼎霖等著名绅商外，“还有更多的散布于各州县的士绅资

---

① 徐鼎新:《清末民初上海绅商阶层面面观》,《历史与档案》1988年第3期。

② 〔清〕郭嵩焘:《沥陈广东厘务情形疏》,收入氏著《郭嵩焘奏稿》,第12页。

本家。如庚子后在高邮创办纺织局的贡生高秦镜、宋恩海，在江阴创办华澄布厂的贡生吴听胪，在丽水创办利用织布公司的贡生谭献、陈逸，投资于银行、铁路、轮船、工业企业的湖州进士刘锦藻等”①。绅士阶层在救亡图存民族精神感召下和商战时代思潮引导下，相率弃仕从商。传统的功名身份失去了原有的强大吸引力，绅士们开始从新兴的社会职业中寻找赖以立身的基点，绅士经营工商业已是普遍现象了。

顺向渗透在绅士阶层转型过程中具有鲜明的时代特征，它削减了传统身份的吸附作用，形成了符合社会历史变动趋向的社会流动。这一趋向是由身份社会向职业社会的变动，本质上就是人的解放过程，是挣脱等级束缚、获取个性自由的历史过程，尽管这在近代中国仍是极为有限的变动，但既是社会价值取向的转变，也是社会结构新旧更替的显著标志。

绅士流向商人，并以亦绅亦商的双重身份构成地方社会的实力集团，是近代中国社会顺乎时代潮流的发展趋向。它导致社会上一部分拥资者从封建集团中分化出来，将其资财投放到近代工商业领域，一定程度上改变了自己传统的社会活动轨道。20世纪初，由绅向商的渗透已不再是局限于通商口岸地区的特殊现象，而浸染氤氲成为全国性的社会变动现象。在奖励工商的重大举措中，清廷基于传统价值取向，在1906年商部发布的有关章程中，以显贵的封建爵位等级来奖赏商人，但商人阶层却对此十分冷漠。这同近代早期的商人不惜巨资捐纳的举动真有天壤之别。

---

① 汪林茂:《江浙士绅与辛亥革命》,《近代史研究》1993年第1期。

通过绅与商之间两个集团的渗透，居于四民之两端、显分尊卑的阶层历史性地汇合、交叉，制约着整个社会结构发生明显变动。绅与商在新的变动了的社会经济、文化基础上互相渗透、趋近，使基层社会权力中心和传统社会领袖力量发生了新的组合，一个新的社会集团力量——既不同于传统绅士，也不同于传统商人的绅商，开始活跃于世纪之交的社会舞台上。

绅商其实是新旧时代更替中绅与商的组合体，是传统绅士阶层在社会近代化内力驱动下的社会转型产物，它以亦绅亦商的外显特征和包含着传统与趋新的时代内涵，成为一股具有新旧两个时代因子的过渡性力量，具体而鲜明地映照出近代中国社会转折过渡的特征。这无疑对近代中国民族资本主义力量的发展有所推动，因为在新旧社会结构及其形态的转换过程中，须有一个承转的社会力量，绅商集团大体担负了这一使命。但是近代社会的变动是整体的剧变，经济领域中的转型到底是有限的。因为文化变迁意义上的社会转轨，也要求思想文化、意识形态、价值规范、社会心理诸方面相应完成这种新旧转换。而且，除有限绅士可以凭借资财、地位向商转化外，大多数中下层绅士是不可能群趋于商的。绅商只是部分绅士转型的结果。

但是，绅商的形成从根本上撕裂了传统绅士封闭的体系，在近代社会结构的变动中，绅士们开始拥有了自己选择命运的社会空间，而不再疲精瘁神于唯一的举业，不仅仅是由于商的经济利益的诱惑，一切新兴的、切合社会发展的近代新式事业，对中下层绅士均有一种时代感召力。士绅们普遍感到，儒家学说的传统地位已经动摇，生逢变局，无论立身还是治国，都必须寻求符合社会生活要求的新知新理。家居瑞安的朴学大师孙诒让感触尤深：

> 近者五洲强国竞争方烈，救灾拯溺，贵于开悟国民，讲习科学。不佞曩者所业，固愧刍狗已陈，屠龙无用，故平日在乡里未尝与少年学子论经子古义，即儿辈入学校，亦惟督课以科学。①

20世纪初的江浙一带，士子群趋西学，“其圣经贤传，唐诗晋字，皆束之高阁，士风为之一变”，绅士们一改“乾嘉以还，皓首穷经者前后相望”②的传统，“识潮流之趋势，纷纷焉研求新学，风气为之一开”③。各地绅士都开始向往“新学”而厌弃“旧学”，对新式学堂教育、外语、专门技艺训练表现出浓厚的兴趣。在浙江温州地区，“科举的向心力衰落”，在新学影响下，绅士的转型颇倾向于由科举之士直接转变为受新式教育者。由传统绅士向近代知识分子或自由职业者的转化，是近代中国绅士阶层的第二种转型。这种转型从戊戌维新时期开始，经过1905年科举制度废除的最后推动，到20世纪初发展到极点。在社会变动的强大压力下，绅士们通过多种途径进入新学领域，新式高等、中等、师范学堂等的生源一开始几乎全是绅士。浙江求是书院规定收取年二

---

① 张宪文辑，温州市政协文史资料委员会编：《孙诒让遗文辑存》，浙江人民出版社1990年，第159页。

② 周庆云纂：《南浔志》卷三三《风俗志》，1922年刻本。

③ 民国《宣平县志》卷四《礼俗志》，1934年铅印本。

十以内的举贡生员为基本学生[①]，许多法政学堂则专门开设“绅班”，选招“举贡生监……入堂”[②]学习。在出洋留学热潮中，绅士也是极为重要的一股力量，1906年之际“咨送学生出洋游学留学日本者，至八千人之多”[③]，多举贡生监。

传统绅士弃旧图新，以各种形式受到了近代新学的濡染，成为近代社会中新旧思想文化因子兼备的社会力量。“风气骤变，士绅之办学务者，锐意猛进，振奋无前……”[④]他们相对淡漠了对功名、声望的追求，注重实际利益；因而在20世纪初，绅士们的社会活动趋向更具有了以下两种时代特征：

其一，绅士举办学堂蔚然成风。“科举停止以来，各省地方绅士热心教育，开会研究者，不乏其人。”[⑤]各地绅士们举办学堂“灌输地方文明”，推广新式教育，社会活动实际已突破传统范围。江苏绅士王同愈创办了四所学堂，安庆绅士方象堃设立了三所女医学堂……各种普通学堂、专业学堂，以及有关社会教育的阅报所、读书所等，都成为地方绅士们热心的事业。“查各处办理学堂人员类皆由绅士公举，良以情关桑梓，办理即能认真，而收效自易也。”[⑥]在20世纪初各地新学制度的创建过程中，地方绅士居于不可替代的主导地位，“今之言学务者，往往是绅，非

① 参见龚嘉俊等修：民国《杭州府志》卷一七，1922年铅印本，第1页。

②〔清〕锡良：《锡良遗稿》第一册，第649页。

③《前贵州学政朱奏请定全国学生为国家学派折》，《东方杂志》1906年第12期。

④《湖南巡抚陆奏筹办湘省学堂情形折》，《东方杂志》1905年第1期。

⑤《学部奏酌拟教育会章程折》，《东方杂志》1906年第9期。

⑥《整顿原有中学及高等小学堂决议案》，《山西咨议局第一届常年会议决案》，1910年石印本。

官”[①]。如湖南地区“士绅之办学务者，锐意猛进，振奋无前”[②]。仅据《东方杂志》前三卷的《各省教育汇志》的粗略记载，也可说明绅士在早期兴学活动中的突出作用，如下表[③]所示：

单位：处

地区	中小学堂	蒙学堂	女学堂	师范学堂	实业学堂
江苏	19	4加数处	3	1	1
安徽	7	2	1	/	3
浙江	12	3	/	1	/
湖南	3加数处	/	1	1	1
北京	/	/	2	/	/
广东	21	1	2	/	1
福建	6	1	1	2	/
湖北	3	数十处	1	1	1
直隶	14	1	/	/	2
山东	2	1	/	/	/
四川	22	66	1	/	2加数处
河南	2	2	/	1	/
广西	5	/	2	/	1
云南	1	/	/	/	/

这必然导向近代地方新式教育产生独特的历史特征：“大吏提倡于上，乡人负重望者主持于下，官绅合力，远近同风，不十年间各级学堂悉备。”[④]

---

① 沈同芳编:《江苏学务总会文牍》初编上,商务印书馆1906年,第84页。
② 《湖南巡抚陆奏筹办湘省学堂情形折》,《东方杂志》1905年第1期。
③ 表中“数处”“数十处”“加数处”系资料中原估计数,“加数处”指约多于前列数量。
④ 《天津县志·文教》(稿本),天津市政协文史资料研究委员会藏。

其二，绅士阶层流向了自由职业。20世纪初，由于新的社会生活内容的扩展和新学、新思想的传播，自由职业获得较快发展。绅士们捷足先登，舍弃功名之虚饰而谋自由职业之实事，各种学堂教职，报刊等文化事业的编辑、记者等职业大都为绅士所获取。1904年设立的三江师范学堂中，就有传统绅士“五十人分授修身、历史、伦理学、算学、体操各科”①。1902年端方奏保奖励的湖北教习，也大多是绅士出身的新学堂教师，如下表②所示：

姓名	身份	教职	新学历
刘帮骥	举人	湖北大学堂教习	留日生
胡钧	举人	湖北师范学堂教习	
陈毅	生员	湖北师范学堂教习	
陈问咸	举人	湖北自强学堂教习	
田吴	举人	湖北大学堂教习	
吴元泽	生员	湖北将弁学堂教习	
万廷献	举人	湖北普通中学堂教习	

清末新学风行，使传统绅士集团在新旧学术思潮的对照中获得了极大的主动性。绅士原本就是传统社会中的知识阶层，在西学的冲撞下，他们较早地作出了积极回应，如张謇以状元之尊荣慨然了却官宦生涯，“自庚子祸作，迄于事定，前后赔款，几及千兆。海内沸腾，怨叹雷动。謇时奔走江、鄂，条陈利害，须即改革政体，未获采陈。乃专意于实业、教育二事”③。曾朴少年

① 刘锦藻:《清朝续文献通考》卷一〇七《学校考十四》,第8659页。

② 参见〔清〕端方:《端忠敏公奏稿》卷二,“近代中国史料丛刊”第10辑,台湾文海出版社1973年,第29页。

③ 杨立强等编:《张謇存稿·致袁世凯电》,上海人民出版社1987年,第21页。

参加科第，也觉悟到“中国文化需要一次除旧布新的大改革”①。借助传统的功名身份，绅士们优先进入各类新式学堂或留学国外，取得“新旧兼学”的双重资格，其意义不言而喻：既可保持与旧时代的某些难以割舍的关联，不至于在新的社会生活中过多承受各种势力的压迫，又赢得了转向新时代的必要条件，可以裕如地走向新的生活。

值得关注的是，绅士向近代知识分子的转型，竟然与绅士向绅商的转型有惊人的相似之处，仍然出现了顺向和逆向两种渗透：一是绅士以身份优势首先获得了新学教育权利，由旧学趋于新学，转向近代意义的知识分子；二是也有先获得新学资格，然后再博取科举功名者。“当时学堂毕业生奖励出身办法，中学堂奖拔优岁贡，高等学堂奖举人，大学堂奖进士。”②宣统年间所举行的各种特科功名，就是适应这种逆向渗透而产生的。许多毕业于新学堂的知识分子，由此获得了科举时代的功名，满足了转型期第一代知识分子对传统绅士地位倾慕的回归心理。虽然如此，旧时代那种等级分明、秩序井然的生活模式已不复存在了。绅士作为四民之首，其内在的凝聚力已经裂散。绅与商的交错对流与转化，绅士与新式知识分子的互渗互动，使得地方社会的领袖力量不再局限于传统的绅士，而扩展为涵盖范围较大的与绅士身份有关的多种社会力量，其中既包含了绅士，也包含了商人或者绅

---

① 吴廷嘉：《论戊戌思潮的历史作用》，收入胡绳武主编：《戊戌维新运动史论集》，湖南人民出版社1983年，第146页。

② 《一士谭荟》，收入荣孟源、章伯锋主编：《近代稗海》第2辑，四川人民出版社1985年，第379页。

商；既囊括了传统功名之士，也吸纳了新学之士。这是各种相关社会集团在互动、互渗中形成的一种过渡性社会力量。为了适应这一社会历史变动的需求，产生了“中等社会人”概念，来标示当时社会阶级关系变动的事实。

> 中国之言变法者，皆中等社会读书之士，无上等社会人，亦无下等社会人……上等社会人得其权，下等社会人得其力，中等社会人得其智……。夫既以中等社会人为变法之枢纽，而中等社会人之本领又止于此……一言以蔽之曰：不出儒教之范围而已。①

中等社会人是一个具有不确定性的多层意义的概念，是传统绅士阶层近代转型历史过程的观念表现。

二、绅士与社团

绅士阶层或者以绅士为中心形成的乡土社会，以及浸透着伦理观念的生活秩序，是分散隔绝的农耕经济和“大一统”儒家教化高度整合的基本社会需要。“人类活动和作为人类活动整体系列的历史，是人的生命的向外求索，它们的唯一起点和最终归宿，始终是人的内在需要。需要，是人类创造本能的无尽源泉，是人类斑斓多彩的文化形态的心灵原型，也是破译人类、人类活

---

① 愿云:《儒教国之变法》,《浙江潮》第10期,第22页。

动和人类生活的密码字典”[①]，是人类无限需要的内力，驱动人类永不停歇地走向未来的步伐。但人类的发展与创造之于人类需要，并不是被动的因果关联，正如永恒的需要推动着人类无限发展的历史进程一样，人类社会发展也同样扩张和膨胀着人类新的需要。

绅商或中等社会人既是近代变动着的社会的需要，也是传统绅士阶层追求新的需要的一种需要。在传统社会生活运行方向发生根本转折和传统社会结构破裂的前提下，近代社会在产业结构和文化结构的变异中扩展了具有时代特征的技术化、职业化、社会化的生活领域。无论是19世纪60年代发展起来的近代工商业，还是19世纪末诞生的近代文化教育事业，抑或20世纪初旨在改良种植的近代农业，都在顽强地试图摆脱陈旧社会力量的牵掣，而渴求新的社会力量的注入。占据新兴社会生活领域的力量，是以社团的组织形式集中展示了它们拥有的超逸传统的时代意义。

本来，时代转折的进度和社会变迁的深度，取决于新的社会力量占据新生活领域的程度。但过往的时代和社会力量并不是飘摇于浩瀚的历史海洋中渐渐远去并最终消失的一片白帆，而是一股永难决断的从历史吹向现实的空谷来风。现存的一切都本原或脱胎于历史。具有新时代特征的，涵盖近代社会新领域的三大社团——商会、农会、教育会，最初也很难摆脱绅士们的掌控。

商会，作为近代工商业者的社会团体，是社会近代化的必然产物，也是民族资产阶级发展的时代标记。早在甲午战争后，成立商会的社会言论已不绝于耳，然而提倡者却仍不出绅士阶层的

① 蒋荣昌：《文化哲学论》，西南交通大学出版社1988年，第12页。

范围。1896年后，四年前还在科场奋力的汪康年，开始改弦更辙，鼓吹变法。针对中国社会官商隔绝、商务不振的历史与现状，这位进士出身的上海名绅力主成立商会，强调“振兴之要”“则必兴商务，兴商务则必定商政”，力主“凡通商大埠，为商务聚会之地，宜立总商会，专考求商务盈亏之故，而筹变更之策”。① 南通绅士张謇发表《商会议》一文，认为救亡图存以兴商为要，“今日之先务在商”，如不及早成立商会，“则商无校能之地，各行省宜有总会，各府宜有分会”。②除了发表言论，在20世纪初近代第一批商会诞生的过程中，绅士们扮演着什么角色呢？

中国第一个符合国际规范的商会是1902年2月成立的上海商业会议公所。公所是由59名会员、13名议员、3名总协理和5名总董组成的代表上海实业界利益的民间社团。在其成员构成上，绅士或绅商居于绝对的领袖地位，如下表③所示：

公所职务	总人数	绅士或绅商人数
总董	5	4
总协理	3	2
议员	13	8
会员	59	15

在通商口岸或近代民族资本企业相对发达的城市，很多绅士或绅商属于已经资产阶级化或正在向资产阶级转化的社会力量。

① 〔清〕汪康年：《论中国求富强宜筹易行之法》，《时务报》第13册，“近代中国史料丛刊”三编第33辑，台湾文海出版社1973年，第279页。
② 张謇：《张季子九录·实业录》卷一，中华书局1931年，第4页。
③ 参见徐鼎新：《从绅商时代走向企业家时代——近代化进程中的上海总商会》，《近代史研究》1991年第4期。

如果说他们占据商会的领袖地位，并非因其传统身份的尊荣，而因其已经具有了近代商属性的话，那么，在广大州县一级的商会社团中，却仍是纯然的传统绅士占据着本该属于商人的领袖地位。商会这一团体“基本上也是由各地方士绅发起组织并主持活动的”①，如下表②所示：

各地商会	成立时间	发起、主持者
江苏苏州商会	1906年	士绅遵章设立
镇江商会	1906年	钱业、绸业、糖业
淮北商会	1906年	盐业
海州分会	1906年	绅士沈云沛总理
赣州分会	1906年	绅士徐子青等
松江商会	1906年	林增鉴总办
常州分会	1906年	绅士恽祖祁主办
山东宁海商会	1906年	绅商仿办
山西平定商会	1906年	官绅劝办
江苏扬州分会	1906年	商学界
甘泉商会	1906年	绅士张云门组织
浙江嘉兴商会	1906年	绅商
衢州商会	1906年	绅士詹氏

在实际活动中，有些地方的商会虽然是由商人们发起成立，但商人们却没有勇气也没有能力荷负起主持商会的使命，仍然要设法推举传统绅士出任总理或会长，因为若非地方士绅或有功名之人，是不易到衙门走动的。地方商会大多由绅商掌控，如扬州商会虽由42个行业的商家发起组织，却推举拔贡周树年为总

① 汪林茂：《江浙士绅与辛亥革命》，《近代史研究》1993年第1期。

② 据《东方杂志》1906年第3、6期“各省商务汇志”统计。

理[1]；高邮商会由商民组织，却票选举人詹鼎担任总理[2]。

商会是工商业者的团体，商人是其最基本的社会力量，但在近代社会转型尚未完成的时代条件下，商人还推举不出自己的领袖，而只能以传统的地方领袖——绅士，作为自己利益的代言人。虽然社会经济、文化发展的差异使传统绅士向资产阶级转化的程度有所差别，但有一个共同特征是，无论在通都大邑还是在僻县偏镇，早期的商会领袖都留待绅士们去填充。商会无疑要表达商人的利益和心愿，却注定要通过绅士去表达，同时，民族资产阶级的历史序幕也是通过绅商时代缓缓开启的。

"教育会者，又各种团体之雏形也。惟教育总会照章不涉教育以外之事，故其他公共之事，仅以总会为召集之地，设施一切，亦只居于辅助地位，以备行政官顾问。"[3]在近代形形色色的社团组织中，教育会的产生实际是社会深层变革的表现。在旧式教育制度崩溃，新式教育制度尚未成型的制度转换时期，教育会事实上成为弃旧图新、传播和扩散新知识的辐射源。20世纪初的教育会组织是十分松散的社会团体，却在地方新学体制的转轨过程中起着重要的推进作用。肩负地方社会教化职责的绅士们，尤其是那些接受了新学知识的绅士，理所当然地成为地方教育会及其主管地方学务一类组织的主要力量。1905年成立的江苏学会，在其章程中就明确规定入会资格主要局限于绅士，"甲、绅士于

---

① 参见陈肇燊、马镇邦修，陈懋森纂：《民国江都县新志》卷六《实业》，1926年刻本。

② 参见胡为和、卢鸿钧修：《三续高邮州志》卷一《实业志》，1922年刻本。

③ 沈同芳：《公言集续编·留别教育总会意见书》，1911年排印本。

学务有关系者；乙、绅士实能担任推广扶助学务者；丙、兴办工商实业著有成效者”[①]。在清廷颁发教育会章程后，“各地士绅更是普遍、积极地设立教育会、劝学所”[②]。如1906年江浙地区盐城教育会、建德教育会、嘉定教育会的主持者，分别为举人陶鸿庆、贡生蔡汝榕、举人黄世祚等。[③]1905年后，各省相继开设教育研究总会于省垣，各府均设分会，均以绅士总揽其事务。直至1909年，全国教育会达到723个，拥有会员48432人，借此形成了以绅士阶层为主体，以教育会社团为依托的掌控地方新式文化教育的组织系统。更为重要的是，教育会不仅仅是地方绅士控制的近代社团组织，也成为其他团体（如农会、自治公所）的“雏形”，或者成为绅士们过问地方事务的中心。

清末农会是旨在“开通智识、改良种植、联合社会”的具有近代色彩的民间社会团体。及至1910年，在清政府的扶植下，“农务总、分各会，直省以次举办，总计总会奏准设立者十五处，分会一百三十六处”[④]。不过，清末农会并非农民阶级的团体组织，它是从根本上排斥了农民群众的地方绅士阶层控制的社团组织。资料表明，农会的会董、会员，或是具有举人、生监的功名身份，或是拥有顶戴品级，几乎没有普通的农民，如下页表格[⑤]所示。

---

① 《江苏学会暂定简章》,《东方杂志》1905年第12期。

② 汪林茂:《江浙士绅与辛亥革命》,《近代史研究》1993年第1期。

③ 参见民国《续修盐城县志》卷六《政制》、《建德县志》卷一一《教育》、《嘉定县志》卷七《教育》。

④ 刘锦藻:《清朝续文献通考》卷三七八《实业考一》,第11247页。

⑤ 据中国第一历史档案馆藏“农工商部档”第122、124、125卷资料。

农会名称	会董名额	身份							资料来源
		举人	贡生	生监	职衔	职员	新学	不详	
兴化县农会	20	/	9	9	/	2	/	/	《兴化县农务分会总董衔名折》
海康县农会	20	/	2	16	2	/	/	/	《海康县农务分会总董衔名折》
龙门县农会	12	/	2	10	/	/	/	/	《龙门县农务分会总董衔名折》
钦州农会	10	/	4	5	1	/	/	/	《钦州农务分会董事名折》
鹤山县农会	29	2	1	4	9	2	/	11	《鹤山县农务分会董事名折》
高阳县农会	30	2	/	6	5	/	/	6	《高阳县农会总理董事姓名履历》
怀安县农会	5	/	/	2	2	/	1	/	《怀安县农务分会办事职员衔名清折》
赵州无极县农会	16	/	/	12	/	/	2	2	《赵州无极县农会会董折》
灵寿县农会	30	2	/	26	1	/	/	1	《灵寿县农务分会会董履历清册》
曲周县农会	15	1	/	9	3	/	/	2	《曲周县农务分会会董折》
延庆州农会	20	/	4	13	3	/	/	/	《延庆州农务分会会董履历清册》
防城县农会	28	/	/	2	24	2	/	/	《广东防城县农务分会总理会员衔名表》
青县农会	29	/	1	19	9	/	/	/	《青县农务分会总理会董姓名履历》
晋州农会	30	1	1	21	5	/	2	/	《晋州农务分会总理会董姓名履历》
清河农会	30	/	1	18	2	/	/	8	《广平府清河县农务分会总理会董姓名履历》
邢台县农会	14	/	3	7	2	/	/	2	《邢台县农务分会总理会董姓名履历》
宝坻县农会	19	/	/	11	1	/	7	/	《宝坻县农务分会总理会董姓名履历》

注：表中无数据处表示名额不详或无名额。

商会、教育会、农会三大社团的宗旨不同，活动领域有别，但作为中国近代化历程中的社会组织，在其主导力量或领导成员的组成上却有着惊人的一致性：绅士们占据着主要领导地位。看来，近代中国社会变动虽然剧烈，却缺乏深度，无论在旧有的生活领域，还是在新兴的近代事业中，社会还未能培育出足够健壮的新生力量去取代传统的绅士阶层。人与社会的发展应该是在同一个层次上的互动过程，虽然在近代社会中绅士们仍然拥有地方领袖的权威，但社会的变动导致了绅士集团社会功能方面的重大变化。

第一，传统绅士阶层在地方社会中拥有绝对的权威，不过并不具有合法性，封建法律严格禁止绅士干预地方政务，尽管这一禁令并不能真正生效。实际上，在传统社会中，绅士在地方事务中的地位、作用，并不取决于封建政权对绅士阶层权威的正式认定，而取决于皇权（地方政权）与绅权的平衡制约关系。绅士在地方上的权力及其活动范围，随着他们自身力量的增减和地方政权力量的强弱而有所不同。绅士在地方社会中的权力及其活动范围，具有不可测度的特征。因而，绅士集团更多地体现为不同的社区利益代表的力量，而较少体现为一个统一的阶层利益代表的力量。

20世纪初，在近代化力量推动下的地方社团组织，无论是商会、教育会还是农会，都是在政府正式批准、民间社会认可的条件下产生的合法社团组织。传统绅士阶层在近代社团中取得了公开、合法的权利与义务，通过社团的章程、宗旨及组织程序，更为明确地限定了自身的活动范围。由此，绅士们对于地方社会的权力及其地位，借助社团初步驶入了规范化的轨道。传统绅士阶层的社会功能也在向近代社会转型。如果说传统绅士集团的社会功能主要在乡村社区中体现的话，那么近代社团却是跨社区的功能组织。

第二，传统绅士阶层凭借独特的功名身份和文化权威，成为地方社会集政治、经济、文化、伦理为一体的权势阶层。它直接控制着地方社会生活的方方面面，具有一体化的高度整合功能。因而基层社会中的任何一种以绅士为领袖的控制形式，如宗族、乡约、乡社、团练等，都是集政治、经济、文化、军事（乡勇、团勇等）为一体的权力高度集中的社会组织。借助这种社会控制形式，绅士实际上直接介入了封建权力运作体系，成为上层社会结构和基层社会结构不可或缺的中介，如下图①所示：

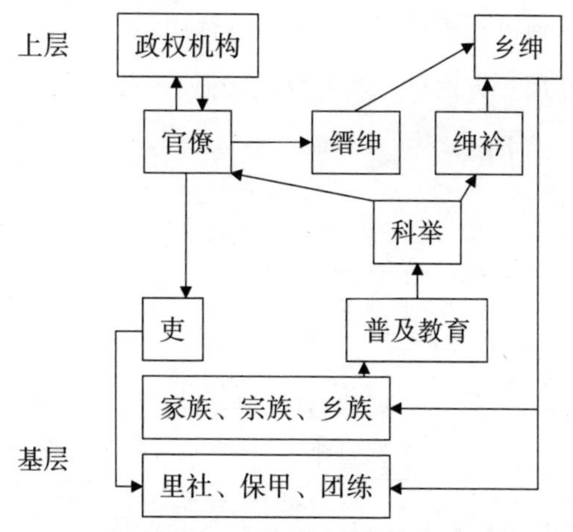

近代社团的兴起虽然使地方绅士阶层的权力合法化，却造成地方社会功能分化的趋势。社团具有公开的限定的活动范围，无论商会、农会还是教育会，都只能在章程限定的范围内从事社会活动。如商会基本以发展工商业为宗旨，以“联商情、开商智、

① 张研：《清代族田与基层社会结构》，第266页。

扩商权”[①]为范围；农会则“实为整理农业之枢纽……综厥要义，约有三端：曰开通智识，曰改良种植，曰联合社会”[②]。因而，在社会分工日趋细密化、知识化、技术化的近代社会中，新兴的社会事业已经突破了传统绅士阶层对地方权力的一体化控制局面，而表现出功能分化的特征。绅士阶层的转型，从功能上看是由传统地方社区的一体化控制，发展为分向控制。社团组织的产生及其活动权限的规范化，实际上体现着单一的社会生活模式向复杂的社会生活模式的过渡，教育会、商会、农会的发展，无疑体现出社会分工的近代化。由此，绅士们不能再直接控制地方社会，而必须通过代表特定社会利益的社团组织。绅士阶层对于地方社会的作用一方面呈现功能分化特征，一方面又表现出间接作用的特征（见下图）。

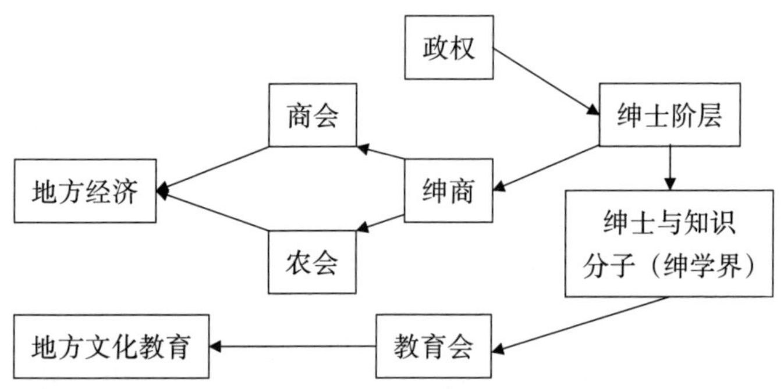

第三，绅士在近代社团中拥有显著的领袖地位，但社团却不是绅士阶层独占的领域。商会团体实际上以既拥有经济实力也日

---

① 《余姚商务分会简章》,《商务杂志》(绍兴)1910年第1期。

② 苏州市档案馆藏档：乙2—1，73/12，转引自朱英：《辛亥革命前的农会》，《历史研究》1991年第5期。

趋觉醒了民族资产阶级或新时代的工商业阶层为基本力量。居于商会会董、总理的领袖人物尽管大都拥有传统功名身份，但他们却在社会变动中不再单独依凭功名身份去获取社会地位，而开始谋求新式工商事业，形成所谓亦绅亦商的特殊社会集团。即使在社会分工不甚明显的内地城镇，居于商会领袖地位的绅士，也不能不受商人利益的左右。苏州商会在清末共选举了六届会董，而会董所代表的行业均是财力雄厚的典业、钱业、纱缎业。其中典业33人次，占总数的27.2%；钱业27人次，占总数的23.1%；纱缎业21人次，占总数的17.9%。①各地教育会实际上也是地方绅士与新式知识分子相结合而成的新式团体。1905年江浙建德、盐城成立的学务公所、盐城学会（后均改为教育会）均是由留学生发起并推举当地绅士为社长的。②就是在农会中，新式商人的力量也是不容忽视的，如嘉应州农会的30名董事中，属于商界重要人物者就有11人，所占比重达30%，在20名会员中，商界人士竟占了9人，几达50%。③因而，绅士成为具有近代性质的社团领袖，这本身就体现了社会历史的进步和绅士阶层社会功能的转型。

第四，绅士的身份是传统的，但借以发生社会作用的社团却是近代的——它不仅仅拥有近代的形式，也拥有着近代的内容。绅士在商会、农会、教育会中领袖地位的获得受到了近代民主程式的制约，“议董在会员中推选，总理、协理则于议董中推选，均采用无记名投票的方式选举，并严格规定以得票数多

---

① 参见朱英：《清末苏州商会的历史特点》，《历史研究》1990年第1期。
② 参见民国《建德县志》卷一一《教育》、《续修盐城县志》卷六《政制》。
③ 参见朱英：《辛亥革命前的农会》，《历史研究》1991年第5期。

者担任”[①]。浓厚的近代民主色彩和规范化的选举程序，最终使绅士们从传统生活的模式中挣脱而出，成为新时代生活模式的营造者。

近代社团的诞生，是近代社会转型的急迫需要；同样，由传统绅士去填充新式社会团体的领袖地位，也是新旧时代更替的社会需要。一个传统社会阶层的转型与传统社会的转型，在现实的生活中并不截然两分，而是互相交融、互相依存，不存在线性的因果关系。

三、时代中介

社会转型不是主体主观选择的结果，而是历史的必然表现。社会生活的时代变动及其新的社会生活领域的拓展，并不是传统绅士阶层的愿望与追求，但新的社会生活的发展进程，却注定要被绅士阶层所主导。

在列强炮火护送下的商品经济和西方文化，以及在通商口岸迅速生长起来的近代生活模式，强行楔入中国传统社会生活秩序中，把千年如旧的社会生活轴轮推离了固有的轨道。由传统社会向近代社会的转型，一起步就带有着新旧时代更迭和民族抗争的双重内蕴。它使得近代社会历史演进过程加倍艰难曲折。

社会生活的变动超前于社会政治制度，许多新的社会生活领域（对外贸易、民族工业、近代报刊文化事业、近代铁路、近代邮电……）开始生长发展时，中国封建社会中沿袭数千年的一

---

① 朱英：《辛亥革命前的农会》，《历史研究》1991年第5期。

套成熟的政治制度的触角，还根本不具备迅速向新领域转型的灵敏，无论是算学馆成立时的朝内争执，还是早期铁路兴起时的朝野义愤，抑或1881年广东南海聚众“捣毁了举人陈植桀经营的裕昌厚丝厂”①的乡民行动，都是旧存社会制度与文化对于新的社会生活领域扩展的巨大压力的外化。近代社会的新生因素是在挤压中生成的。挤压是不同质的力量对抗矛盾的表现，是一种蕴含着爆发力的孕育新时代的内在矛盾。因而，新的社会生活因素并不会在挤压中消亡，而只能在挤压中内化为牵引整个社会向新时代转轨的力量。而且挤压本身对于新的社会因素的成长也会形成异乎寻常的推力，正如弹簧对于压力的反弹一样。当旧的制度、文化及其社会秩序的压力不足以扼杀新生社会因素而被反弹时，新的社会生活便得到急剧的发展。20世纪初，随着清政府社会控制能力的衰弱，整个社会近代化的进程获得了加速发展：收回利权运动导致了近代民族资本企业的发展热潮，科举制度的废除推动了新式教育制度的创立，社会结构和社会关系的变动引发了社团组织的勃兴……传统中国社会已经脱离了旧有轨道，在特定历史时代里压出了新的时代辙印。

机体里原本过于滞缓的社会变迁和实际中过于急速的社会变革，都使得近代中国社会面对近代化的艰巨任务时，表现出社会动员的缺乏。旧的社会力量分化不充分，新的社会力量发育不成熟，使得整个社会未能养育出一支足够强大的新生社会力量去占据新兴的社会生活领域。面对西方文明的冲击，技术可以引进，

---

① 徐赓陛:《不自慊斋漫存》卷六，台湾文海出版社1972年，第17页。

生产方式也可以引进，但掌握技术的主体或从事生产的主体却无法引进；西方传播媒介（报纸、杂志、电讯等）可以引进，但传播的主体却无法引进！那么，在旧的社会生活秩序中新的日趋扩展着的社会生活领域，将由哪一种社会力量去填充呢？毕竟，社会向来不会出现“真空”。

一个社会集团的转型，绝不是偶然的。它是社会集团本身的不稳定因素与社会生活条件剧烈变动因素相结合的结果。在封建社会结构中，绅士阶层居于上层社会与基层社会之间，是官与民发生关系的中介，具有举足轻重的社会作用，“绅士集团具有维持封建社会有序秩序和社会平衡的功能”①。但是，绅士们的理想抱负不是屈居乡野，而是出仕为官。然而，封建社会结构的内在需求，只能保证极少数上层绅士通过社会流动进入官僚阶层，大多数绅士只能居处乡野，构成基层社会的领袖集团。绅士事实上是一个庞大的闲居乡村的社会精英集团。闲居的绅士既然大多数居官无望，就必然追寻新的出路，寻找自己应有的“社会角色”。在传统的封建社会结构中，限于简单的士农工商社会分工和封闭的等级制度体系，闲居的绅士无法施展拳脚。而在近代，举凡新式企业、公司、商务、学堂、报馆、社会团体、地方管理等新的社会生活领域，均为沉淀的绅士阶层提供了用武之地。“夫亦当就今所谓绅董者，改良其任事之法，公溥其行政之权。”②依照定章，诸多新政事务“由地方公选合格绅民，受地方

---

① 参见王先明：《论近代社会中的绅士集团》，《史学月刊》1989年第1期。
② 《改良地方董事议》，《东方杂志》1904年第6期。

官监督办理”①。

在新旧时代转换之际，可以走向这种社会生活领域的集团力量，只能是绅士。在士农工商四民中，农、工、商均缺乏必要的文化根基，很难成为占据新领域的中心力量；商人集团虽然较早地渗入了新式企业，向近代资产阶级转化，但在社会分化不充分，传统社会结构未完全解体的条件下，屈居四民之末的商人阶层还不具备占领新兴社会生活领域的勇气和能力。因而在社会转型过程中，还曾经出现商向绅归附的逆向渗透现象，即使是新兴的社会力量也仍然要借重绅士阶层来体现自身的价值，如商会的领袖大多具有绅士的身份。

在力求驾驭新生活的同时，绅士们必然地被新生活所驾驭。社会力量对社会的改造和社会对社会力量的改造，在剧烈变革的社会运动过程中获得了历史性的统一。绅士集团的转型过程与近代中国社会的历史变迁是互相促进的，转型过程实际就是告别传统走向新生的转折过程。正是借助绅士阶层的转型，近代社会才从社会阶级关系上完成了新旧历史时代的转换。

首先，中国社会是在缺乏必要的经济关系和阶级关系的条件下，被西方资本主义列强推入世界市场后，才开始向近代社会转型的。在这个过程中，由传统绅士阶层转型而成的近代绅商阶层“既不同于泥守祖宗成法的封建士绅，也不同于构筑行帮壁垒、限制竞争创新的行会商人”②，而是中国近代社会最早出现的

①《城镇乡地方自治章程》(光绪三十四年十二月二十七日)，收入徐秀丽编：《中国近代乡村自治法规选编》中华书局2004年，第3页。

② 徐鼎新:《清末民初上海绅商阶层面面观》,《历史与档案》1988年第3期。

“民族资本人格化的具体体现者”[①]。绅商作为过渡时代的一个特殊社会阶层，它集绅与商双重身份、双重性格于一身，在“中国官商隔阂，由来已久。今官急欲保商而无所措手，极欲恤商而无从着力，盖其中事皆隔膜，无承起上下之人”[②]的特定历史时代，扮演了消除“官商隔阂”“沟通官商关系”的中介力量。无论是在近代企业集团中，还是在近代商会的活动中，它最初形成的组织机构是一种确保既具有传统功名职衔又有经济实力，绅商居于领导地位的所谓“绅商领导体制”。[③]因而，近代中国社会的绅商阶层被赋予了“双重中介”的使命：第一，从社会关系变化的横向联系上，它作为官与商的中介，打破了相沿数千年的官商等级森严的封建结构，形成“为官为商，竟不能显为区别”，或者“表面供职于官府，而里面则经营商务”[④]的新的结构模式。第二，从历史时代的变化上，它作为新旧两个时代的中介，造就了近代中国社会新生资产阶级力量成长过程中一个必经的历史阶段——绅商时代。

上海是民族资产阶级力量比较强大的地区，也是其社团组织——商会的发源地。自1902年成立上海商业会议公所开始，便确立了绅商领导体制。之后，尽管由于商会内部不同集团力量的强弱变化和利益再分配的需求，进行了十多次换届改组，

① 徐鼎新：《清末民初上海绅商阶层面面观》，《历史与档案》1988年第3期。

②《上海商业会议公所第一次章程六条》，第4页，转引自徐鼎新、钱小明：《上海总商会史（1902—1929）》，上海社会科学院出版社1991年，第50页。

③ 参见徐鼎新：《从绅商时代走向企业家时代——近代化进程中的上海总商会》，《近代史研究》1991年第4期。

④《论整顿茶市》，《申报》1880年5月6日。

“但是盘根错节的绅商领导体制并未有丝毫触动。每次换届，大致保持有三分之一左右的议董（会董）选退下来，而更换另一批绅商上去，象走马灯似地循环周转”[①]。商会的权力并未随人事易动而发生质的变化，而只是在不同的绅商手中传递而已。尽管在一定时期内，绅商以其介于官商之间的特殊社会地位，为消除阻碍商务发展的官商隔阂，联结官商关系起着积极作用，但是绅商毕竟属于近代中国由传统阶层向新兴阶级过渡的社会力量，“在他们身上还或多或少保留着诸如崇尚名节、联结乡谊、信义经商以及因果报应等传统的价值观念和行为方式”[②]。在社会活动中，他们仍不能摆脱封建时代的做派而与典型的资本家阶级追求利润、勇于竞争的品格相抵牾。1919年，新崛起的一代资本家对绅商把持总商会表示了强烈不满：“商会之于商界休戚相关，利害相共，乃历年来总商会之于商界一事不办，一味与官僚派接洽，与吾商界真如秦之视越，暮气太深，官派太重，麻木不仁，非一日矣。”[③]要求对绅商体制进行彻底改革。正像传统社会的领导中心属于绅士而不属于商人一样，近代社会的主角最终属于新一代资本家、企业家而不属于绅商。绅商阶层作为一个过渡的社会力量，无论其曾经以多么惊人的能量和令人倾慕的地位叱咤风云于一时，也只能随着过渡时代的结束而退出不再属于它的历史时代。1920年8月，上海总商会进行了划时代的改组：原有的33名会董成员中竟有31人落选，一

---

① 徐鼎新、钱小明:《上海总商会史(1902—1929)》,第224页。
② 徐鼎新、钱小明:《上海总商会史(1902—1929)》,第247页。
③《江确生之改良总商会意见》,《申报》1919年7月25日。

批在第一次世界大战期间和战后成长起来的新式企业家进入领导层，“它意味着这个上海工商界的重要社会活动舞台上绅商时代的结束和企业家时代的开始”[①]。上海总商会由绅商时代向企业家时代的历史性转换，仅仅是近代中国社会绅商阶层作为时代中介使命终结的社会转型的一个缩影罢了。民国以后，新一代企业家阶层的崛起和绅商阶层的消退，已是全国范围内社会阶级力量兴替的共同特征。

其次，中国传统社会也是在缺乏必要的思想文化准备的条件下，开始迈向近代社会的。如果说绅商阶层扮演了从传统社会向近代社会转化的社会经济关系的中介角色的话，那么20世纪初年出现的中等社会人则是从思想文化关系上扮演了这一中介角色。社会转型的一个重要方面，是传统文化规范体系的变革，亦即由以伦理为中心的儒家文化体系向以法理为中心的近代民主科学文化体系转化。在社会力量方面，就是由传统绅士阶层向近代知识分子阶层的转化。近代新兴的文化教育事业和新的思想文化观念的出现早于近代知识分子阶层，作为严格意义上的近代知识分子阶层直到五四时期才初步形成。因而，适应社会转型并从思想文化方面承接新旧两个时代中介使命的，仍然是由绅士阶层转型而来的一种过渡性力量——中等社会人——近代社会中“具有科举功名，因再教育而受新学熏陶，成为新旧兼具的士绅”[②]，这是

---

① 徐鼎新、钱小明：《上海总商会史（1902—1929）》，第251页。

② 李国祁：《清季民初闽浙台地区社会结构与价值判断的变更》，《中国近代现代史论》第28编，台湾商务印书馆1986年，第63页。

"清末民初最常见的现象"①。文化教育的转型，在绅士阶层中造就了一批新旧学历兼具的第三种人作为自然衔接新旧文化的社会力量。清末各地涌现出的新士绅群体，便成为兴西学、办学堂、振实业、行新政的主要社会力量。

如同绅商一样，新旧身份兼备的新士绅群体或中等社会人，也只是中国社会历史由传统向近代转型的过渡力量。随着新一代知识分子阶层的发展，随着新的思想文化载体力量的壮大，近代绅士阶层转型期的时代中介使命便宣告完结。据统计，到辛亥革命前，全国已有2万上下的留学生和200万左右的新式学堂学生。②民国初年，浙江省军政长官中道尹及处长以上的机关首脑，共18人，属于新式知识分子的留学生出身者就有10人，占55.6%，旧式功名之士4人，仅占22.2%。从年龄结构来看，新式知识分子平均在40岁，绅士则平均53岁。③传统绅士阶层对于社会政治，尤其是对于政权结构的影响力已大幅减退，即使在地方议会的构成中，绅士阶层的地位也受到新式知识分子阶层的挑战而衰落。民国初年国会议员候选人的资格规定已同清末咨议局议员资格有所不同，如下表④所示：

---

① 参见李国祁:《清季民初闽浙台地区社会结构与价值判断的变更》,《中国近代现代史论》第28编,第63页。

② 参见陈翊林:《最近三十年中国教育史》,上海太平洋书店1930年,第167页。

③ 参见李国祁:《中国现代化的区域研究:闽浙台地区(1860—1916)》,台北"中央研究院"近代史研究所1982年出版,第546页。

④ 参见张朋园:《清末民初的两次议会选举》,收入《中国近代现代史论集》第19编,台湾商务印书馆1986年,第10—13页。

民初国会议员资格	清末咨议局议员资格
1.本省居住二年以上	1.在本省办理学务或公益事业满三年以上
2.小学以上毕业程度	2.中学以上毕业程度
3.身份功名不是条件	3.有举贡生员以上功名
4.无品级规定	4.文官五品、武官七品以上未被参革者
5.有五百元不动产	5.有五千元以上不动产

两相对照，情况截然不同，民初议员资格已经不再把传统功名身份作为基本条件，这必然导致清末和民国初年议员资格构成的变化，这种变化又一定程度上反映了新式知识分子阶层取代绅士阶层的历史兴替过程。

清末咨议局议员中，绅士出身的议员占90.9%以上，各省议长21名，绅士出身者占到20名。[①]1910年清朝设立资政院，各省互选议员98人，其中绅士出身情况如下所示[②]：

进士26人　举人37人　贡生18人

生员11人　监生1人　其他5人

所以时人说："咨议局的人，不是翰林进士，就是举人秀才。"[③]然而，到民国初年，由于新式教育体制的成就，新知识分子的成长及其在社会政治、文化、教育诸方面的作用和地位，使其已具备了取代传统绅士阶层的条件。在国会参众两院议员中，绅士仅占34.4%，而其中很多人又接受了新式教育，转型为新式知识分子。据统计，已知背景的489名议员中，接受过这种新式教育或

① 参见李守礼：《清末咨议局》，第297—342页。

② 据1910年《大公报》资料统计。

③ 蔡寄鸥：《鄂州血史》，龙门联合书局1958年，第133页。

曾留学者，占78%以上。[①]

绅士阶层在近代的转型，正是其适应社会近代化，并扮演新旧社会转换中介的特定历史条件下的运动过程。绅士阶层是跨越新旧两个时代的社会力量。在他们的背后是厚重的传统文化和社会背景，在他们的眼前却又是日新月异的时代变动。一只脚踏在传统社会的门里，另一只脚却又迈入了新时代的前沿。既有旧功名又有新职业，这就是转型过程中的绅士阶层的特征。如嘉应州农务分会会员便是如此，如下表[②]所示：

传统功名	新式职业					
	学堂董事	商会教育会会长干	公司总办股东司理	教师编辑	公团长局董	其他
缙绅	3	3	2	/	/	1
举人	2	1	/	/	/	1
贡生	6	3	/	/	1	/
生员	1	2	/	3	/	1
监生	3	1	3	/	/	/
职衔	2	2	12	/	/	1
其他	4	/	1	1	/	3

在由传统走向新生的过渡时代里，绅士阶层的自身变化，实际上承担了绾接中西、承转新旧、继往开来的历史责任。新的未来固然不属于绅士阶层，而通向未来的道路却注定由绅士或绅士的转型去铺垫。民国以后，不仅新的资本家集团取代了近代绅商

① 参见张玉法:《民国初年的国会(1912—1913)》附录《两院议员表》,台湾《近代史研究所集刊》第13期1984年6月,第111—112页。

② 据《嘉应州农务分会总理董事及各会员衔名》统计。

阶层的力量和社会角色，而且新的教育制度下培植起来的近代知识分子阶层，也开始替代新士绅群体的社会作用。因而，近代绅士阶层转型的完成，也就是其充当新旧时代转换中介使命的完成。

由此，从社会阶级关系上，近代中国社会完成了其历史性的转化过程。以前为人称道的“士读于庐，农耕于野，工居于肆，商贩于市”的社会阶级结构的生活失去了现实的意趣，而被定格在历史记忆之中。

四、“异质同体”

绅士阶层转型的历史过程，其实就是传统社会结构的转型过程。新式资本家集团和近代知识分子阶层对传统绅士阶层的取代，意味着近代社会结构的形成。这是20世纪之初中国社会历史变革的主要成果。“十九世纪与二十世纪交点之一刹那顷，实中国两异性之大动力相搏相射，短兵紧接而新陈嬗代之时也。”[①]反美爱国运动、收回利权运动、清末立宪运动、地方自治运动、辛亥革命……此起彼伏的社会运动和巨潮拍岸的历史事件，使得20世纪最初十年的历史承载了过于丰厚的内容。然而，隐藏在上述一系列重大历史事件后面的，是中国社会结构的悄然变化。

---

① 梁启超：《本馆第一百册祝词并议报馆之责任及本馆之经历》，汤志钧、汤仁泽编：《梁启超全集》第二集论著二，中国人民大学出版社2018年，第357页。

中国在19世纪60年代由洋务运动首次引进了一批近代机器，建成了最早的近代化企业。在这些企业中或多或少地产生了资本主义生产因素，并且较早地出现了与机器生产相联系的近代工人。

19世纪70年代以后，以商办名义经营的企业开始出现，并导致了绅与商之间的对流，形成由封建等级向近代资本家转化的趋势。然而这一转化过程极其缓慢，直至1894年，有限的近代企业还不足以表明近代资产阶级和无产阶级的形成。这一时期的近代企业仍不足200家，如下表[①]所示：

类别		数量	资本(万元)	工人数
洋务企业	军用	19	4500	10000—13000
	民用	20以上	1700	20000
民族资本企业		136	约500	30000

即使在这为数甚少的近代企业中，多数投资者还采取尝试经营态度，他们“一般都没有舍弃原来的剥削和营利手段”[②]，有些更是浅尝辄止。由传统等级向近代资本家转化，是一个漫长的历史过程，可以说直到“19世纪末叶，这转化过程还只开始不久，距离它的完成还很远很远”[③]。因而，在这世纪之交的岁月里，要求发展工商业、改革政治、提倡新学的呼声，还只能是由绅士或绅商们来发表，近代中国资产阶级尚未形成。

近代中国新兴的资产阶级，以及相对应的无产阶级，直到20世纪初才初步形成。

---

① 据孙毓棠编《中国近代工业史资料》第1辑有关资料整理统计。

② 复旦大学历史系、《历史研究》编辑部、《复旦学报》编辑部合编:《近代中国资产阶级研究》,第383页。

③ 孙毓棠编:《中国近代工业史资料》第1辑,序第77页。

甲午战争后，由于民族危机的刺激，近代中国出现了实业救国的热潮，加之清政府“新政”对工商业的鼓励政策、各地绅商收回利权运动的激发，民族资本企业得到了迅速发展。从1895年至1899年，仅4年时间新设工矿企业91家，超过了甲午战争前20年工矿企业的总和（72家）。尤其在长江三角洲，形成了近代企业集团的中心，“上海户口并制造工厂谓一千八百八十五……上海近五年来又转变为制造各厂聚集之所……”气象兴旺，局面为之一新。[①]南京及周边城镇，如常州、江阴、无锡、苏州、太仓、常熟，杭州、湖州、宁波一带，都设立了规模不等的纺织、缫丝、面粉、自来水等企业，可谓风气已开，商人唯利是图，竞相合资或集资经营企业。据统计，在1895年至1913年间，资本在万元以上的新式企业共有549家，其中民族资本企业已占据了突出地位，如下表[②]所示：

类别	厂矿数	资本额(千元)	资本比例
商办	463	90792	76.3%
官督商办、官办	86	29496	23.7%
合计	549	120288	100%

而且，在这一时期还形成了14个比较大的近代企业集团，集团首脑们构成了近代资产阶级的当然首领，他们共拥有133家企业，具有较厚实的资本力量，也具有较高的社会地位。这些企业大都形成于19世纪末20世纪初，见下表[③]：

---

① 参见《沪滨繁庶》,《时务报》第1册,第42页。

②③ 据汪敬虞编《中国近代工业史资料》第2辑下册资料整理统计。

资本家	拥有企业数	资本家	拥有企业数	资本家	拥有企业数
张謇	27	祝大椿	8	朱志尧	8
沈云沛	13	严信厚	14	宋玮臣	7
李厚佑	8	许鼎霖	10	周廷弼	8
楼景晖	3	曾铸	3	朱畴	7
张振勋	11	庞元济	6		

这批从传统中分化出来的资本家，立足于本土，将大工业生产建立在传统手工业基础上，旨在探索近代中国工业化的道路。他们的出现标志着近代资产阶级的初步形成。

此外，同资本主义生产发展密切联系着的近代银行业在20世纪初也有了明显的发展，如下表所示：

银行	设立时间(年)	银行	设立时间(年)
中国通商银行	1897	四明银行	1908
户部银行	1906	信义银行	1908
浚川源银行	1906	裕商银行	1908
浙江银行	1906	河北银行	1910
信成储蓄银行	1906	四川银行	1911
浙江兴业银行	1907	北京保商银行	1911
交通银行	1908	殖业银行	1911

中国近代银行业的兴起与发展固然主要反映官僚资本主义力量的增长趋势，但是正如马克思的精辟之论：“银行制度，就其形式的组织和集中来说……是资本主义生产方式的最精巧和最发达的产物。”①中国近代银行业的发展，从一个侧面表明了近代中国的资产阶级力量的发展程度。

---

①《马克思、恩格斯、列宁、斯大林论货币信用与银行》，金融出版社1960年，第78页。

当然，经济的发展仅仅是一个阶级力量成长的一个方面，因为一个新生的阶级不会默默无闻地一味追逐经济利润，势必会有伴随其成长的政治呼声和文化代表阶层的出现。20世纪初出现的近代知识分子群体，即这一事实的基本反映。

由于资本企业的兴起和传统观念的变革，更由于科举制度的废弃和新学堂的兴建，使得西方资产阶级学说风靡一时。风云际会，时尚所趋，很快形成了一个追求新式文化的知识分子群体。这一群体的成员尽管出身不同、经历有别，但他们都主张发展民族资本主义，鼓吹民主自由，醉心“民权”“宪政”和共和政治。他们是封建阶级的叛逆者，是新兴资产阶级的思想代表。对此，连颇称开明的张之洞都深感忧虑：

> 近数年来，各省学堂建设日多，风气嚣张日甚。大率以不守圣教礼法为通才，以不遵朝廷制度为志士。即冠服一端，不论文武各学，率皆仿效西式，短衣皮鞋，扬扬自诩。……至于学堂以内，多藏非圣无法之书，公然演说，于读经讲经功课钟点，擅自删减。以及剪发胶须诸弊层出，实为隐忧。①

礼崩乐坏、法毁制亡，这正是社会结构的深层变动和新生阶级力量形成的社会背景。

如此，有为数不少的资本家集团，有一批资产阶级知识分

① 朱寿朋编:《光绪朝东华录》五,第5676页。

子，在发展资本主义、要求政治改革、追求民主自由方面具有基本一致的目标，这就使他们产生了独立的阶级意识和内在的凝聚力。于是，集中体现阶级意志的近代社团、政党几乎都在20世纪初诞生了，这是近代中国资产阶级形成的显著标志。

近代中国无产阶级是与近代资产阶级基本共生发展的。所不同的是，中国工人阶级的出现早于资产阶级，因为它不仅是民族资本企业的产物，也是外资企业的产物。因而，中国最早的近代工人阶级首先出现在外国人开办的企业中。鸦片战争后，外国资本家在中国通商口岸地区修建船坞和开设船舶修造厂，破产的中国农民和手工业者成为这些厂家的雇佣劳动者，由此产生了中国第一批近代产业工人。据统计，到1894年，在外资企业的中国工人约有3.4万余人，如下表[①]所示：

行业	工人数
船舶修造业	9000
砖茶制造业	7000
机器缫丝业	6000
其他进出口加工工业	6000
其他轻工业	4600
公用事业	1400

此后，在清政府举办的洋务企业和民族资本企业中，又产生了近代第二、三批产业工人。但是，工人阶级的成长受到了近代工业不发达情况的制约，在1894年前，不足十万的工人很难形成独立的社会阶级，不过是一种新生的社会职业集团而已。在资产

① 孙毓棠编:《中国近代工业史资料》第1辑下,第1182页。

阶级尚未形成的时代，与之对立的无产阶级也是无法形成的。总计，甲午战争前中国工人人数大致情况，可参见下表[①]：

企业/行业	工人数
外国在华企业	34000
清政府的近代军事工业	9100—10810
清政府的炼铁、纺织业	5500—6000
近代矿冶业	10000—20000
民族资本企业	27250
共计	85850—98060

到20世纪初，由于世界资本主义已经进入帝国主义阶段，扩大了对华资本输出，外资企业迅猛增加，也由于实业救国热潮对于民族资本企业的推动，中国近代工人阶级的力量获得了明显发展。到1913年，中国产业工人人数已由1894年的不足10万增加到65万；到了1919年五四运动前，中国产业工人人数已有200多万。[②]至此，虽然中国工人阶级还未独立地登上政治舞台，但已初步形成了一支影响中国社会未来发展的重要阶级力量。

马克思说："资产阶级时代，却有一个特点：它使阶级对立简单化了。整个社会日益分裂为两大敌对的阵营，分裂为两大相互直接对立的阶级：资产阶级和无产阶级。"[③]这是典型的资本主义社会结构的特征。但是，近代中国新兴的社会构成力量——资产阶级和无产阶级——的形成，并没有使传统社会结构彻底分崩

① 孙毓棠编：《中国近代工业史资料》第1辑上，第120页。

② 参见中国人民大学国民经济史教研室编：《中国近代国民经济史》，中国人民大学出版社1962年，第243页。

③《马克思恩格斯选集》第一卷，人民出版社2012年，第401页。

离析，只是从两个梯阶上造成了身份等级结构体系的坍落：社会变革引起的士农工商结构的错位和政治革命迫使皇室贵族地位的跌落。因而这时传统社会结构的分化十分有限，剧烈的阶级关系的变动主要发生在绅士阶层中，传统社会的主体部分——地主阶级和农民阶级始终未有较大的变动。

不过，传统的复杂的等级结构却遭到破坏，整个阶级结构表现出简单化的历史特征。“资产阶级在它已经取得了统治的地方把一切封建的、宗法的和田园诗般的关系都破坏了。”[①]在资产阶级领导的辛亥革命风暴冲击下，封建的身份、爵位、功名、顶戴等标志各种等级社会地位的“名器”，从制度上被废弃了。传统社会层累的阶级结构也被简化为地主阶级和农民阶级的对立关系。

无论从时代发展进程，还是从生产方式内容来看，地主阶级与农民阶级，资产阶级与无产阶级，完全属于不同质的社会构成力量。不过，异质的社会力量却共同构成近代中国社会最基本的成分，并且相互交错、制约，紧紧地纠结在同一个社会机体内。近代中国社会一方面产生了具有近代意义的资产阶级的主体结构体系，另一方面还保留并发展着传统社会的阶级结构体系。旧质的分化不充分与新质的发育不成熟，使得近代中国社会结构既不再是传统社会结构类型，也未能蜕变为典型的资产阶级结构类型，而是在社会转型未完成情况下形成的一种“异质同体”的社会结构模式。

① 参见《马克思恩格斯选集》第一卷，人民出版社2012年，第402—403页。

在典型的资本主义社会里，其基本阶级结构诚如马克思所言："单纯劳动力的所有者、资本的所有者和土地的所有者——他们各自的收入源泉是工资、利润和地租——也就是说，雇佣工人、资本家和土地所有者，形成建立在资本主义生产方式基础上的现代社会的三大阶级。"①然而，阶级结构在现实社会中始终不是纯粹的，它比理论抽象分析要更为复杂，也更具多样性。即使在英国典型的资本主义社会里，"现代社会的经济结构无疑已经达到最高度的、最典型的发展"，但"这种阶级结构也还没有以纯粹的形式表现出来。在这里，一些中间的和过渡的阶层也到处使界限规定模糊起来"。②

这一特点在过渡形态的近代中国社会结构中尤其明显。"异质同体"的结构模式不仅仅表明近代社会结构中共存着两个不同性质的阶级结构体系，而且意味着在同一个阶级集团内部，也不可避免地带有新旧两种力量的某些特性、印记、残痕。近代为数不少的亦官亦商或亦绅亦商的人物，或地主官僚兼任企业股东，或资本家又投资于封建土地，或企业主又捐纳顶戴……双重身份，多重因素羼杂相错，既是近代中国社会阶级结构体系中的特有产物，也是阶级结构关系复杂性的具体体现。

在近代中国特有的"异质同体"社会结构中，新与旧、传统与革新，不仅表现为冲突、斗争、交锋，也表现为交织、互存、重合。传统的重负拖累着新的社会形态，使其不能真正脱胎而生。

---

①② 马克思：《资本论》第三卷，人民出版社2003年，第1001页。

一定的社会阶级结构具有自己特定的生活方式、价值观念、思想情趣。近代“异质同体”的社会结构，新旧交错的社会构成因素，为社会生活画面增添了丰富驳杂的内容：有传统的耕读之家的地主乡绅生活，也有男耕女织的小农生活；有一掷千金的冒险家的“乐园”生活，也有一贫如洗的黄包车夫的生活……这一切，就构成了近代中国社会结构及其社会生活的基本特色。

第九章 迷离的“绅权”——早期民权的历史内涵

1789年5月5日，在法国社会阶级的反复较量中，一个包括贵族代表（370人）、僧侣代表（291人）、第三等级代表（584人）的三级会议开幕了。国王路易十六缓缓登上王座，当他戴上帽子时，贵族代表和僧侣代表也都戴上了帽子。不同寻常的是，作为第三等级代表的平民们也毫不迟疑地照着僧侣、贵族的样子去做。第三等级讲话时必须免冠下跪的时代已经终结了。这是近代历史进程中民权光大的象征。

权利，指的是法律赋予人们某种权益，表现为享有权利的人可以作出一定的行为或要求他人作出相应的行为，在必要时，可以请求国家机关予以强制性协助实现其权益。然而，专制制度下，只有皇权而无民权。“君权者以一人治万人也，民权者万人自治也。”[①]因而，对民权的不懈追求和获取，不仅体现着近代人们主体意识的觉醒，也标志着人类社会一个全新时代的到来。

但人类社会演进的路径却各有不同，民权的历史内涵也各有所别。与法国主要是扩展第三等级权利的民权不同，近代中国最

---

① 孙宝瑄:《忘山庐日记》上，第178页。

初的民权旗帜上，主要浸染着绅权的色彩。

一、“绅权”的发端

在强固的专制制度下，皇权不存在任何制衡力量。虽然绅士阶层拥有控制乡土社会的权势，但它却并不构成正式的权力体系，并不拥有正式的绅权。在传统社会中，绅士的权力本质上是对皇权的分割。绅士的地位、角色依存于皇权。绅士对于地方社会的影响力，总体上是皇权的延伸或变形，是官方权力系统以外的社会控制力量。

绅士以身份为纽带，以功名为依凭，以特定社区为范围，以官、民之间的社会空间为运动场所，形成一种地方社会控制力量。权力的作用从根本上表现为对社会的控制。但是，皇权的高度集中与行政区域的高度分散，必然导致政权在基层社会中运行的迟滞与阻碍，使之并不能完全发挥作用，而必须借助绅士阶层的社会力量，才能完成对基层社会的控制。尽管绅士对于地方社会拥有客观存在的权力，但以保障“以一人治万人”的社会制度及其思想文化体系，却始终高扬着唯一的皇权旗帜。

绅士阶层属于纯然的封建时代的社会力量，而绅权的张扬却是中国社会跨入近代历史的一个时代内容。

绅权的正式楬橥及对其较为集中的理论表述，是由维新变法时期的思想家和政治活动家梁启超完成的：

> 欲兴民权，宜先兴绅权；欲兴绅权，宜以学会为之起点。此诚中国未常有之事，而实千古不可易之理也。夫以

> 数千里外渺不相属之人，而代人理其饮食、讼狱之事，虽不世出之才，其所能及者几何矣？故三代以上，悉用乡官；两汉郡守，得以本郡人为之，而功曹掾史，皆不得用它郡人，此古法之最善者。①

梁启超把绅权的振兴看作社会改革和政治近代化的重要一环，并且极为审慎和圆满地为绅权的提倡寻找着既符合中国文化传统又迎合世界潮流的客观依据。他特别强调，兴绅权不仅是中国“古法之最善者”，也是“今之西人，莫不如是”②的善政良制。

能够作用于全社会的思想或理论，向来都是密切关注着社会历史命运的知识者们共同创造的智慧硕果。当然，它以成熟的最终形态奉献给社会所引起的震撼，常常掩盖了它的胚芽萌生发育的漫长历史过程。梁启超兴绅权的主张及其关于民权与绅权相互关系的思想，并不仅仅是他个人智慧的创造，更是近代中国早期进步思想家认真思索的历史性总结。

早在19世纪70年代，注目于西方社会政治的中国知识分子和外交人员，已把绅权同西方的议院制度联系在一起。出使英国的张德彝介绍英国议院说，英国议院曰豪骚拍拉蛮（House of Parliament），分上下二院，上院称豪骚皮尔斯（House of Lords），由近支五公等组成；下院称豪骚考门斯（House of Comments），由公举之绅士组成，“下院绅士为英国最要之选，号令政事，每由

①② 梁启超：《论湖南应办之事》（1898年4月），收入李华兴、吴嘉勋编：《梁启超选集》，上海人民出版社1984年，第75页。

此出，再上院核定，亦有倡议自上院，而交议于下院者。然必下情胥协，然后奏闻君主，以见施行。否则饬下再议……总之，凡事绅主之，官成之，国君统之而已”①。显然，西方议会中拥有民权的议员们的阶级属性，并不为封建文化喂养大的近代中国知识者所理解。绅士这一烙印着中国文化特征的概念，仍然是他们对于西方议员的基本称谓，甚至也不仅仅是称谓，而是刻意沟通两种文明的一种理解的基本形式。因此，从一开始，近代思想家们就把绅权同政治近代化——建立议会制——紧密联系在一起。

19世纪80年代，曾经受过西方资产阶级系统教育的何启、胡礼垣，也提出了开设议院、改革政治的主张。“自古乱之所生，由于民心之不服；民心之不服，由于政令之不平。”他们认为只要设议院，“使民议其政，自成政令”，“人人皆得如愿相偿，从心所欲也，何不服之有?”②然而，议员的产生却仍不出绅士的范围，他们建议在县、府、省三级各设议会，分别由平民在秀才、秀才在举人、举人在进士中选举产生，每级六十名，“以几年为期，遇有缺出，则以公举法择人补之”，“兴革之事，官有所欲为，则谋之于议员，议员有所欲为，亦谋之于官”。③甲午战争之际，许多进步思想家紧急呼吁，“从此仿泰西立议院，君民之气脉贯通”④。这里，通上下之情的妙药却仍然是兴绅权。“如果朝

① 钟叔河主编，张德彝著：《走向世界丛书·随使英俄记》，岳麓书社1986年，第375页。

② 何启、胡礼垣：《新政真诠》，第128页。

③ 何启、胡礼垣：《新政真诠》，第115页。

④〔清〕经元善：《拟筹甲午义兵饷始末记》，收入朱浒编：《中国近代思想家文库：经元善卷》，中国人民大学出版社2014年，第142页。

廷一旦幡然悔悟，宽假文网，许各局绅董，参议和战大局”[①]，或战或和，都以“众志”为定，即可稳操胜券。当传统社会中的绅权同近代民主政治制度的议院嫁接在一起，并受到适宜的社会文化土壤的滋养时，绅权便获得了近代的形式。

在早期思想家有关绅权的论著中，和梁启超主张最为相近的当属郑观应了。郑观应是近代历史上明确提出实行君主立宪要求的第一人，也是戊戌变法前影响最大的资产阶级改革集团的代言人。从19世纪80年代始，他就力求探索一条会通中西的改革途径，使西方文明与中国传统文化相贯通。在《论议政》一文中，他既回溯中国三代之制，又横览西方列国政体，认为以绅权为中心的议院制度，是“上下无扞格之虞，臣民泯异同之见”的长治久安之道，西方议院同中国上古时代“君卿大夫相议于殿廷，士民缙绅相议于学校”[②]如出一辙。

对于西方文化或政治制度的理解和诠释，不能不带有滋养自身的本土文化的浓郁特色，这是早期进步思想家们永难摆脱的历史沉积。郑观应也不例外，他以绅权去比附民权，主张政治改革应以“至善者之政”为目标，在绅权的基础上完善议院制，“每县数十万人由士农工商公举三、四人……各县议绅中公举一人到省，每省约得数十人。由各省议绅公举二人入京，约得四十余人。岁会有期，是非共听，优则奖之，劣则黜之，自然各顾声

---

① 〔清〕经元善：《拟筹甲午义兵饷始末记》，收入朱浒编：《中国近代思想家文库：经元善卷》，第145页。
② 〔清〕郑观应：《论议政》，收入夏东元编：《郑观应集》上，第103页。

名，不敢轻举，贻笑中外”①。

社会思想的承继关系及其发展脉络是十分清晰的。郑观应关于绅权思想的三大要点，几乎完全为梁启超所继承：

1.绅权的制度外壳是议院；

2.绅权与议院相结合的政治制度是最完善的制度；

3.以绅士为主体的议院制度，既符合“三代法度”，又是西方的“至善之政”。

就思想内容而言，梁启超的绅权论主要是对早期维新思想家们不断吐露的片段思想火花的汇集，也是对郑观应较为完善的绅权理论的直接继承。在绅权思想的基本内容上，梁启超并没能超越郑观应。如果说思想的创新属于郑观应的话，那么将这一思想付诸实践的历史贡献则属于梁启超。梁启超唯一系统阐述其绅权思想的《论湖南应办之事》，并不是一篇追求创新的理论论文，而是改革地方政制的具体方略。正是在充分接纳郑观应思想的基础上，在政治改革由理论走向实践的条件下，梁启超把其绅权思想具体化于湖南的改革措施中。②这并不表现为严谨缜密的理论思维，而是表现为治理地方事务的具体措施。因此，在梁启超这篇行动纲领指导下成立的南学会及湖南保卫局，从实践意义上说，就是近代绅权的真正开端。

南学会是湖南新政的重要成果之一。“如果说时务学堂的目的在于为开民智而育人才；那么南学会的创立便是为了开绅智和

① 夏东元编：《郑观应集》上，第323—324页。

② 参见李华兴、吴嘉勋编：《梁启超选集》，第77页。

合大群。”[①]这是梁启超“欲兴绅权，宜以学会为之起点”主张的具体的实践。兴绅权的前提是开绅智；开绅智的具体措施则是组织南学会。只有绅智尽开，才能做到集合“乡绅为议事，则无事不可办，无款不可筹”[②]，“绅权之兴”才有现实意义。因为在当时“绅权被看成逐步达到民众参政和取得主权的必不可少的踏脚石”，而且“增进绅权也被视为使中国国家强盛的第一步”，所以“南学会被看作是在湖南和其他南方省分增进绅权的一个必需的工具”。[③]

成立于1898年2月的南学会，是近代中国地方政治制度改革的首次试验。根据《南学会大概章程》，可知它基本上是由绅士们掌控的地方政治机构。章程规定，由湖南巡抚选派本地绅士十人为总会长，再由这十名绅士各举所知，汲引会友。会友分为三种，其职责各有不同：

第一，议事会友。以谭嗣同、唐才常、熊希龄等南学会创办者充任，负责会中章程及重大问题的处理。

第二，讲论会友。每七日集会讲学一次，内容分为学术、政教、天文、舆地四门。湖南绅士相率集会，“专以提倡实学，唤起士论完成地方自治政体为主义”[④]。

---

① 郑海麟：《黄遵宪与近代中国》，生活·读书·新知三联书店1988年，第399—400页。

② 李华兴、吴嘉勋编：《梁启超选集》，第76页。

③ 参见〔美〕费正清、〔美〕刘广京编：《剑桥中国晚清史（下）》，第349页。

④ 梁启超：《戊戌政变记》附录《湖南广东情形》，收入汤志钧、汤仁泽编：《梁启超全集》第一集论著一，第616页。

第三，通讯会友。凡各府县士绅及百姓，如对新学新政有疑问，均可随时函询或提示质疑，以完成“通民隐、兴民业、卫民生”[①]的重任。

显然，南学会不仅仅是一个开绅智的学术团体，还是一个肩负改革地方制度责任的政治机构。有学者认为它“大概是一种用中国的书院与西方议院相混合的产物，在新政中多少起着地方议院的作用”[②]。作为南学会讲论会友的皮锡瑞认为：“予以为诸公意，盖不在讲学，实是议院，而不便明言，姑以讲堂为名。”[③]其实，这种初创时期的组织既然担负开绅智、兴绅权的双重责任，便不可避免地在规制上“虽名为学会，实兼地方议会之规模”[④]。无疑，南学会是近代中国绅权与议会相结合的创举。

南学会最大限度地汇集了湖南地方趋新求变的绅士，“最盛时它的会员可能超过一千二百人”[⑤]。它的会员享有政治特权，可以就地方公共事务通过该会向巡抚和省内高级官员建议施行，试图创建一种新型的由地方官绅“自治其身，自治其乡”，“由一府一县，推之一省，由一省推之天下，可以追共和之郅治，臻大同之盛轨”[⑥]的近代模式。

---

① 《南学会大概章程》，收入《湘报》编辑部编：《湘报》上，中华书局2006年，第255页。

② 郑海麟：《黄遵宪与近代中国》，第400页。

③ 〔清〕皮锡瑞：《师伏堂日记》第3册，光绪二十四年正月二十五日，国家图书馆出版社2009年，第21页。

④ 梁启超：《戊戌政变记》附录《湖南广东情形》，收入汤志钧、汤仁泽编：《梁启超全集》第一集论著一，第622页。

⑤ 〔美〕费正清、〔美〕刘广京编：《剑桥中国晚清史（下）》，第359页。

⑥ 〔清〕黄遵宪：《黄公度廉访第一次第二次讲义：论政体公私人必自任其事》，收入郑海麟、张伟雄编校：《黄遵宪文集》，日本中文出版社1991年，第104页。

南学会是湖南新政的中枢机构，是地方绅士兴绅权的智囊团，它本身还不是权力机构。但是在其稍后成立的湖南保卫局，却是直接代表绅权的一个新兴的地方政权机构了。

湖南保卫局成立于1898年7月27日。它是湖南绅士仿效西方警察制度而创建的地方政权机构。该局设立的宗旨是“参以绅权”，限制官权，“保甲局之设，其治地方之权，反重于州县官”[①]，不过由诸绅议事，而官为行事而已。改变官权独治的模式，分官权于民，培养绅民的自治能力。[②]由黄遵宪手订的《湖南保卫局章程》，明确地规定了绅权在保卫局中的地位：

> 第一条，此局名为保卫局，实为官绅商合办之局。
>
> ……
>
> 第三条，本局设议事绅商十余人，一切章程由议员议定，禀请抚宪核准，交局中照行。其抚宪批驳不行者，应由议员再议，或抚宪拟办之事，亦饬交议员议定禀行。
>
> ……
>
> 第四十三条，本局议事绅七十数人，以本局总办主席，凡议事均以人数之多寡，定事之从违。议定必须遵行，章程苟有不善，可以随时商请再议，局中无论何人，苟不遵章，一经议事绅商查明，立即撤换。
>
> 第四十四条，本局总办，以司道大员兼充，以二年为

① 梁启超：《戊戌政变记》附录《湖南广东情形》，收入汤志钧、汤仁泽编：《梁启超全集》第一集论著一，第626页。

② 参见蔡开松：《湖南保卫局述论》，《近代史研究》1990年第1期。

> 期，期满应由议事绅士公举，禀请抚宪札委。议事绅士亦以二年为其期，期满再由本城绅户公举。①

从保卫局的章程及组织机构运行的实际情况来看，它是典型的近代政权组织，肩负着国家政权机构的职责。它有严密的组织结构：在长沙设一总局，辖分局五所，分设于城东、城南、城西、城北、城外；每分局辖小分局六所，共计三十所。每小分局辖地一段，全城按街道划分三十段；另设迁善所五所，附于五分局。它有完整的官员设置：总局设总办一人，总司一切事务。分局局长由同州县班充任，督率在局各员遵章办事。小分局为基层组织，设理事委员一人，负责局务。巡查长督率、节制、执行具体警务。②它还有明确的职能范围：“去民害，卫民生，检非法，索罪犯”，“凡有杀人放火者，斗殴伤者，强窃盗者，小窃掏摸者，奸淫拐诱者，见则捕之”，“有人民告发，则诉其事于局，执票拘捕之……”③

保卫局是近代地方政权在近代化运动中具有示范意义的创造，它最主要的目的是以兴绅权的方式来弱化官权，试图完成向三权分立、权力制衡的近代政权模式的过渡。黄遵宪认为，保卫局是地方自治、民权振兴的制度改革，“听民之筹款，许民之襄办，则地方自治之规模，隐寓其中，而民智从此而开，民权亦从此而伸”④。谭嗣同则坦白地认为绅权是保卫局的根本特征，他说：

①③《湖南保卫局章程》,《湘报》第7号。

② 参见蔡开松:《湖南保卫局述论》,《近代史研究》1990年第1期。

④〔清〕黄遵宪:《人境庐书札钞稿》。

“今之所谓保卫，即昔之所谓保甲，特官权绅权之异焉耳。”[①]作为封建国家的政权组织，它十分强调同构性，形成严密的从中央到地方的上下一以贯之的权力系统。这个系统的每一个环节，都是皇权意志的直接代表——官权在发挥作用。然而，湖南保卫局的组织结构“最大特色是推士绅为保卫局董事，在官权上加进绅权，并将主体移至绅权”[②]。因此，绅商第一次在封建官署中有了知情权、参与权、监督权，“凡议事均以人数之多寡定事之从违”[③]，“用人不当于才，议员可以议而撤之；立法不便于民，议员可以议而易之”[④]。绅权正式纳入政权机构这一事实表明，“中国封建行政结构一元性正在解体”[⑤]。

与传统社会中绅士在地方上的权势相比，近代绅权的时代特征是不言而喻的：

其一，无论从近代思想家们的政治改革方案还是从南学会、保卫局的改革实践看，绅权属于被纳入政治机构中的权力，而不再是传统社会中非官方的社会控制力量。

其二，绅权具有相对独立性，不再是依附于官权（或皇权）的一般社会力量。它所着重的制度建设，具有不以人事更替而导致绅权兴废的发展趋向，设想“以此（南学会）为议院规模，利权尽归于绅，即右帅去，他人来，亦不能更动”[⑥]。

---

① 《记官绅集议保卫局事》,《湘报》第25号,第97页。
② 郑海麟:《黄遵宪与近代中国》,第423页注。
③ 《湘报》第7号,第27页。
④ 《湘报》第49号,第193页。
⑤ 蔡开松:《湖南保卫局述论》,《近代史研究》1990年第1期。
⑥ 〔清〕皮锡瑞:《师伏堂日记》第2册,丁酉十二月初一日,第487页。

其三，传统绅士的权力并不明确规范，完全视地方官的素质、力量和绅士势力的大小而转移。近代绅权则融合了议院模式，对绅权的职能、范围予以规定。

因而，严格意义上的绅权，只能是中国近代社会发展过程中的产物。

二、绅权的扩展

作为政治近代化的社会试验，也作为康有为、梁启超发起的戊戌变法内容的一部分，南学会和保卫局的成就很快就在变法失败的冲击下倾覆了。对于个人或政治举措而言，政权所显示的强制性权威是不言而喻的。在一个对统治者没有制约也没有法律规范的社会里，权力系统中人或事的命运，均受着最高权力者意志的支配。“人存政举，人亡政息”的历史性总结，揭示着中国专制社会政治中“人治”的基本特征。

思想，尤其是已经为社会所接纳的思想的力量，却不会因政权的人事波动而彻底湮灭。社会发展的必然性规律，将顽强地在不同政权的背景下或条件下，以不同的形式表现出自身的力量。戊戌变法后的西太后虽然囚禁了光绪皇帝，屠杀了从事“百日维新”的“戊戌六君子”，但社会变革的浪潮却难以阻遏，地方绅士要求参政、扩展权力的呼声也难以按捺。无论是从规模还是从范围上，20世纪初绅权的扩展已不再是局限于湖南一隅的政治尝试，而是促成了遍及全国城乡的政治改革的社会运动。

上自庚子西幸以还，若阴有以相之，知时机如此，非

> 解弦更张不足以振新气运，非采用西制，参稽中法，会而通之，仍未足利推行。故筹议变革，上下一心，凡前甫萌芽，与引起端绪，莫不振迅奋厉，推衍扩张。①

清末所谓“振新气运”的变革，虽议论于庚子年间，但到1905年9月载泽等五大臣出洋考察各国宪政，才算踟蹰不决地正式拉开了帷幕。

1906年9月1日，清政府正式颁诏预备立宪，实行政体改革。然而，清末政制改革的侧重点却是地方政制，诚如五大臣考察报告所言：“以地方之人行地方之事，故条款严密而民不嫌苛；以地方之财供地方之用，故征敛繁多而民不生怨。”②因而，清末地方自治便成为全社会的一场政治活动。从清末丙午地方官制组织系统看，地方政制改革的关键是引入绅权，仿照西方三权分立的形式，建立“以行政之事归官吏，以建言之责归士绅，庶几相得益彰，无虞侵越”③的政治体制，其组织系统为：

①地方行政。基本以清朝官制为模式，形成督抚辖制知府（州），知府辖制知县（州）的垂直权力系统，只是在具体职能上略有变动，增加了诸如“劝业”“警务”等内容。

②地方立法。以咨议局为最高机构，形成自上而下的各级立法组织。

---

①《清德宗实录》第59册，光绪三十四年十月，中华书局1987年，第901页。
②《出洋考察政治大臣泽公等奏陈在英考察大概情形折》，《东方杂志》1906年第8期。
③ 故宫博物院明清档案部编：《清末筹备立宪档案史料》下，第697页。

③地方司法。建立司法与行政分立的制度，将地方官审判、司法的职能独立出来，使之自成系统。

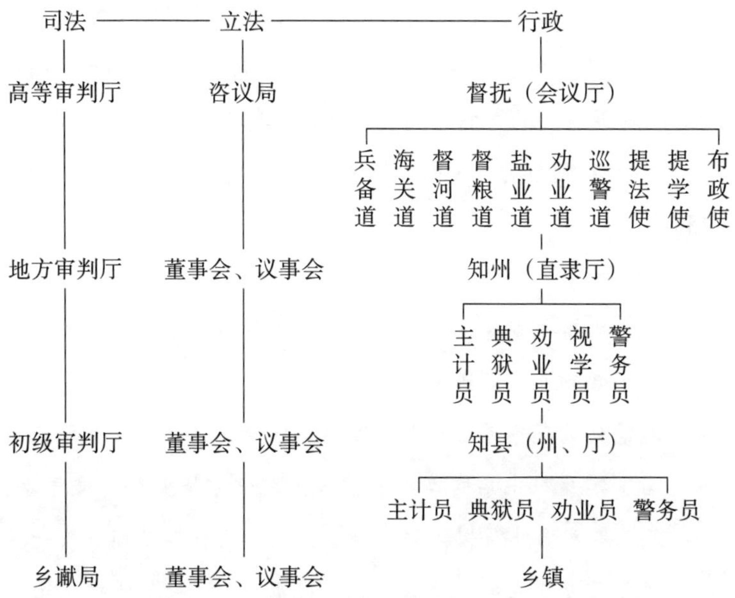

具有地方立法权的咨议局，是清末政制改革中的关键，清政府对此极为重视。“咨议局之设，为地方自治与中央集权之枢纽，必使下足以裒集一省之舆论，而上仍无妨于国家统一之大权……夫议院乃民权所在，然其所谓民权者，不过言之权而非行之权也。议政之权虽在议院，而行政之权仍在政府”①。清廷从一开始就把创建咨议局的责任交付给地方绅士阶层，“着各省督抚均在省会速设咨议局，慎选公正明达官绅创办其事，即由各属合

①《宪政编查馆等奏拟订各省咨议局章程并议员选举章程折》，《东方杂志》1908年第7期。

格绅民公举贤能作为该局议员，断不可使品行悖谬营私武断之人滥厕其间”[①]。各省咨议局筹办处的基本格局不外是官吏任总办、绅士任会办，真正的资产阶级并不能插手其间。如广东是“先由广东地方的官员和一些大绅士组成咨议局筹办处”，而民族资产阶级组成的粤商自治会人物却全部被排斥在“议绅”之外。[②]清政府颁布的咨议局议员选举章程也主要保障着绅士们的权利：

> 凡属本省籍贯男子，年满二十五岁以上，具左列资格之一者有选举咨议局议员之权：一、曾在本省办理学务及其他公益事务满三年以上著有成绩者；二、曾在本国或外国中学及与中学同等或中学以上之学堂毕业得有文凭者；三、有举贡生员以上之出身者；四、曾任实缺职官文七品武五品以上未被参革者；五、在本省地方有五千元以上之营业资本或不动产者。[③]

清政府并不想把咨议局建成一个真正拥有立法权的机构，只是使其徒具立法机构的形式而已。因而，它不仅在章程中主要把传统绅士阶层（而不是新兴资本家阶级）作为咨议局的依靠力量，而且责成地方官严格监督议员选举进程。1908年，清廷要求督抚

---

① 故宫博物院明清档案部编：《清末筹备立宪档案史料》下，第667页。
② 参见《纪念辛亥革命七十周年青年学术讨论会论文选》，中华书局1983年，第388页。
③ 刘锦藻：《清朝续文献通考》卷三九四《咨议局章程》，第11436页。

“选举议员，尤宜督率各地方有司认真监督”，保证遵循“行政之权在官吏，建言之权在议员，而大经大法，上以之执行罔越，下以之遵奉弗违”[①]。尽管清廷把咨议局限定为似乎是绅士表达意见的机构，而很难被认为是一个立法机关，但它的成立，毕竟开通了地方绅士正式步入权力系统的合法渠道。对于本已拥有权势而无合法权力的地方绅士而言，它所带来的绅士参政的美妙前景，仍然具有空前的诱惑力。

1908年8月1日，直隶绅士开办咨议选举事宜，积极组织调查，编造选举人名册，为正式选举作充分的准备。24—25日，江苏全省绅士会于上海，决议呈请督抚催办咨议局，并自设调查会，刊发通告，以为各省倡导。不久，在山西、福建、广西、广东、江西、山东、浙江各省，先后由绅士们遵旨设立了咨议局筹办处。

1909年，各省进行了第一届咨议局议员的正式选举。然而，议员的数额并不体现新兴资产阶级或工商业者的分布发展状况，而仍然从传统意义上体现出绅士阶层的分布状况。“议员定额……不得已参酌各省取进学额及漕粮之数，以定多寡。本条所定，以各该省学额总数百分之五为准。”[②]选举结果表明，“很多当选者年纪在40—45岁间，而绅士占大多数”[③]。广西初选的570人中，绅士占84.8%；复选结果，64名议员中几乎全是“有

① 参见《清德宗实录》第59册，光绪三十四年六月，中华书局1987年，第841页。

② 故宫博物院明清档案部编：《清末筹备立宪档案史料》下，第672页。

③〔美〕费正清、〔美〕刘广京编：《剑桥中国晚清史（下）》，第448页。

功名的乡绅”[①]。各省绅士在咨议局中所占席位，以最保守的估计，也有90%以上。以下表所列五省咨议局议员身份表[②]，足以说明这一事实。

<table>
<tr><th rowspan="2">省别</th><th colspan="5">当选人身份</th><th rowspan="2">合计</th></tr>
<tr><th>进士</th><th>举人</th><th>贡生</th><th>生员</th><th>其他</th></tr>
<tr><td>奉天</td><td>3</td><td>7</td><td>23</td><td>11</td><td>9</td><td>53</td></tr>
<tr><td>山东</td><td>5</td><td>20</td><td>45</td><td>27</td><td>6</td><td>103</td></tr>
<tr><td>陕西</td><td>3</td><td>11</td><td>32</td><td>12</td><td>8</td><td>66</td></tr>
<tr><td>湖北</td><td>8</td><td>15</td><td>48</td><td>21</td><td>5</td><td>97</td></tr>
<tr><td>四川</td><td>2</td><td>32</td><td>44</td><td>36</td><td>12</td><td>126</td></tr>
<tr><td>累计</td><td>21</td><td>85</td><td>192</td><td>107</td><td>40</td><td>445</td></tr>
<tr><td rowspan="2">占比(%)</td><td>4.7</td><td>19.1</td><td>43.1</td><td>24</td><td rowspan="2">9.1</td><td rowspan="2">100</td></tr>
<tr><td colspan="4">90.9</td></tr>
</table>

各省咨议局议长、副议长共63人，其身份见下表[③]。

身份	人数	占比(%)
进士	30	47.6
举人	18	28.6
贡生	5	7.9
生员	3	4.8
其他	7	11.1

---

① 卢仲维：《广西辛亥光复与咨议局的激进特征》，《近代史研究》1988年第2期。

② 参见张朋园：《立宪派与辛亥革命》，台北“中央研究院”近代史研究所1994年，第27页。

③ 据《时报》宣统元年（1909）十一月八日资料统计。

绅士原本属于封建社会中带有浓郁的宗法等级色彩的乡土势要阶层。他们的活动范围及其影响力具有鲜明的地域特征，一般局限于生于斯长于斯的乡土社会——村社，或者大而及于州县。而且，通常情况下各地绅士既无横向的联系，也无垂直的系统制约。咨议局作为近代社会政治振新的枢纽，为地方绅士权益的合法化和其权力的扩展，提供了必备的政治舞台。各省咨议局成立后，大都由地方利益色彩浓厚的士绅主其事，他们共同努力和争取的，便是如何在维护地方的利益的同时争取地方权利，终使各省咨议局在地方经济、政治格局中日益突起，成为地方利益之维护者。[①]咨议局汇集了全省各地的绅士，就全省的兴革大事提出自己的主张，并在一定程度上监督督抚及其所属地方官对咨议局议决案的执行情况。由乡村社区走向全省范围，由非正式权力成为正式立法机构，标志着在清末政治近代化过程中，绅权扩展的质的变动。

咨议局的成立只是绅权扩展的起点。伴随着清末地方自治的推行和资政院的设立，绅权已一变昔日社区代表的面目，形成了自中央到乡镇的系统运作体系。

1908年清政府颁布了统一的《城镇乡地方自治章程》，1910年颁行《府厅州县地方自治章程》。按定章，选举和当选资格为：男性，年龄在二十五岁以上，在其所住地连续居住三年以上，付两元以上的固定税金或公共捐献。但不管章程所规定的资格的代

---

① 参见胡春惠：《辛亥前后的地方分权主义》，收入《中国近代现代史论集》第17编下，台湾商务印书馆1986年，第831—836页。

表性如何，都无法改变“各地的这一选举活动，实际上均由地方绅士所操纵”[①]的事实。可以说，当时的社会文化背景，决定了任何社会政治活动都独属于绅士阶层，尤其在民族工商业尚不发展的基层社会，“查地方自治本属良法，但中国民智未开，畎亩蚩氓，安于耕凿，不知自治为何事，出而任事者仍属士绅，其中固不乏端人正士，而平日好事之徒亦复不少”[②]。所以，各省咨议局以下的府厅、州县、乡镇的自治机构，各级董事会、议事会中的“议绅”，都是具有功名身份的地方绅士。浙江昆山、新阳两县由绅士们推选的正副议长就是当地的两位贡生[③]，遂安县1910年成立的十一个城乡议事会的议长中，就有十人具有各种功名。[④]在清末自治运动中，大部分被选为自治会会长和镇乡董事的人是绅士，清末的地方自治实际是绅士之治。

显然，已经从传统村社控制权扩展到全省范围的近代绅权，并不满足于督抚牵制下的议论和咨询，他们为把绅权扩展至真正的立法权而做着不懈的努力。他们以咨议局为活动舞台，形成联络全国绅商及立宪派的政治力量，推动着清王朝中央立法机构的尽快出台。1910年9月，作为国会基础的资政院正式组成。在这全国性的立法机构中，除皇帝钦选议员外，各省民选议员的绝大多数还是绅士，如下表[⑤]所示：

---

① 汪林茂：《江浙士绅与辛亥革命》，《近代史研究》1993年第1期。
② 故宫博物院明清档案部编：《清末筹备立宪档案史料》上，第595页。
③ 参见连德英等修，李传元等纂：民国《昆新两县续补合志》卷八《地方自治》，1923年刻本。
④ 参见罗柏麓修，姚桓等纂：民国《遂安县志》卷五《自治》，1930年铅印本。
⑤ 据1910年9月4日—7日《大公报》之《资政院议员一览表》资料整理。

省份	进士	举人	贡生	生员	其他	合计
奉天	/	2	/	1	/	3
吉林	/	/	1	/	1	2
黑龙江	/	/	/	/	2	2
直隶	3	3	3	/	/	9
江苏	2	3	1	1	/	7
安徽	/	4	/	1	/	5
江西	1	2	1	/	2	6
浙江	2	2	2	1	/	7
福建	2	1	1	/	/	4
湖北	/	/	5	/	/	5
湖南	1	1	1	1	1	5
山东	/	3	2	1	/	6
河南	4	/	1	/	/	5
山西	2	1	1	/	1	5
陕西	2	1	1	/	/	5
甘肃	1	2	/	/	/	3
四川	/	3	/	2	1	6
广东	/	5	/	/	/	5
广西	/	1	1	/	1	3
云南	2	2	/	/	/	4
贵州	/	1	/	/	1	2
总计	22	37	21	8	10	98

由此，借助议会这一近代政治制度的外壳，绅权已不再是乡野田埂间的地方社区的代表，而形成了根基于乡土社会，汇集全省代表，直达中央的正式权力体系。从乡镇议事会到州县、府厅议事会，从咨议局到资政院，这一完全以绅士阶层为主体的贯通中央与地方的代议系统，使中国社会中的绅士阶层的权力扩张到它产生以来最辉煌的顶点。

当然，清政府不会轻易地眼看着削弱自身权威的绅权，在咨议局合法组织的“庇护”下急速膨胀。在1908年公布的章程中，积累了几千年专制统治经验的封建统治者，本来是把咨议局塑造为督抚控制下的一个言论机关。章程规定：

> 总督和巡抚如对咨议局的决议无异议，应负责予以公布并执行。如无总督或巡抚的批准，此类决议不得实施。如总督或巡抚对咨议局的决议不满，他可以命令复议。在进一步讨论之后，如果未能取得一致意见，应征求资政院的决定。督抚有权召开、中止或解散咨议局的会议。①

但是，在政府权威日趋衰退的政治危机中，咨议局的绅士们并不甘心扮演皇权的“侍女”。把有名望和社会活动能力的绅士们集合在一起的咨议局本身，就给绅士们提供了约束督抚专权的合法形式。在传统社会中，绅士的地位很高，但组织化程度却十分低下，“他们没有较为成型的组织以代表他们的要求，只能依赖于与某些官员的人际关系来实现自己的目的”②。但是，20世纪初的中国社会，已经为绅士阶层创造了体现自身利益的成型的社会组织——商会、教育会、自治会等，借助这些现代性组织，活跃的士绅阶层的政治化也许成为最显著的表征。尤其是在省咨议局建立后，“士绅阶层便开始以咨议局为核心在省一级的地方层

① 〔美〕费正清、〔美〕刘广京编：《剑桥中国晚清史（下）》，第447页。
② 孙立平：《辛亥革命中的地方主义因素》，《天津社会科学》1991年第5期。

次上积聚起来，其最明确的政治要求就是立宪主义”[①]。最终，由于咨议局绅士力争地方分权的要求与清政府坚持中央集权的立场无法妥协，导致了清末以咨议局为中心的反对清廷专制独裁的政治大请愿，使各省咨议局成为地方适度抵制清朝中央势力的堡寨。

政治制度的内容，本质上由社会阶级力量的对比关系来决定，形式及名称并不重要。作为近代资产阶级政治制度发源地的英国，其议会起源于七百多年前，在亨利三世未成年的时候，尽管“议会更为重要，成为国家机构的核心”[②]，但是它还并不具备资产阶级立法机构的性质，“议会与陪审团一样，也是王家的方便而不是臣民的权利”[③]。它之所以成为后来英国资产阶级的议会组织，不是因为它所具有的组织形式，而是它所拥有的组织内容——资产阶级成为议员的主体。

清末咨议局的活动之所以突破清政府既定的藩篱，也是因为它的活动主体——绅士阶层——已不再完全是传统的社会力量了。绅商力量的形成，具有功名和学历双重身份的新式绅士的出现，最终使得清政府希冀完全控制咨议局的梦想成为泡影。

当然，政权组成的形式也不是毫无意义的，“通过选举，政权成为可以变动的，从而使政权成了公职；而特权则是把政权变为世袭的，从而形成少数人的私产”[④]。

---

① 孙立平:《辛亥革命中的地方主义因素》,《天津社会科学》1991年第5期。
② 〔英〕莫尔顿:《人民的英国史》,谢琏造等译,生活·读书·新知三联书店1962年,第72页。
③ 〔英〕莫尔顿:《人民的英国史》,第73页。
④ 〔法〕马迪厄:《法国革命史》,杨人楩译注,生活·读书·新知三联书店1958年,第104页。

三、绅权与民权

绅权思想来源于旧式士人在旧秩序轰然崩解的历史性震撼中，对于同自身命运相系结的一个现存集团的过于厚重的期望。正像绅士阶层不能构成一个独立的阶级一样，近代绅权的观念也不能成为绚丽多彩的社会思潮长河中的主流。无论是梁启超的“欲兴民权，宜先兴绅权”，还是谭嗣同直截了当的“苟有绅权，即不必有议院之名，已有议院之实矣”①，其实都明白无误地言明了绅权附丽于民权的时代意义。但是，民权又是什么？

民权思想作为近代中国的进步思想之一，既是康、梁变革政治的思想武器，也是20世纪初民主思潮的前奏。无论是资产阶级维新派，还是资产阶级革命派，都从早期的民权思想中获得了程度不同的启示。然而，民权思想并不像它的外形那样单纯易解，其中隐藏着更为复杂、深重的文化内蕴。

早期民权思想的内容尽管复杂，但其基本精神或思想走向却是明确的、一贯的。中国士人释读民权，不只是语言文字上的翻译，更是思想、精神、心理、人生经验即文化上的体认。从表象上、观感上、直接的意义上，早期民权思想显然带有西方文化的痕迹，因为它毕竟来源于西方。但从民权的内蕴上、思想精神的实质上，却是中国传统文化深沉力量的凝结。因为最初力求向西方学习的士人也都是中国传统文化培育的儒士，而且自觉或不自

---

①〔清〕谭嗣同：《上欧阳中鹄书》，收入蔡尚思、方行编：《谭嗣同全集》，第471页。

觉地都意识到，脱离中国传统文化的外来思想文化将是没有生命力的。连梁启超都认为：“舍西学而言中学者，其中学必为无用；舍中学而言西学者，其西学必为无本。”①民权实实在在是中国士人立足于中国文化土地，以自己的历史精神和人生经验对西方近代政治文化的理解和领悟。

在西方文化中，民权与民主在本质上并无区别。英文的民权主义和民主主义都叫democracy，都是对中世纪封建君主专制制度的根本否定。但是，近代中国早期的民权思想却有着独特的意义：它一方面包含着对封建君主极度专权的不满，另一方面又包含着对资产阶级民主思想的根本否定。早期的进步思想家们大都倡言民权而诅骂民主，认为民主为“犯上作乱之滥觞”②。由中国士人认同的民权思想或以民权为基石构造的社会政体，是一种排斥民主、使君主世代相承的社会政治思想。因而，西方的democracy辗转植入中国后，在传统文化的培育下便分蘖为相互对峙的两种思想之花：民权与民主。何启、胡礼垣后来还曾特别加以分辨：“民权之国与民主之国略异，民权者，其国之君仍世袭其位；民主者，其国之权由民选立，以几年为期。吾言民权者，谓欲使中国之君世代相承，践天位勿替，非民主国之谓也。”③所以，近代中国早期的民权思想，并不包含着反对封建君权的内容，而是传递了中国士人在“气愈遏抑”“心愈困穷”情状下，

---

①《西学书目表后序》，收入李华兴、吴嘉勋编：《梁启超选集》，第38页。

② 陈炽：《盛世危言·序》，收入张登德编：《中国近代思想家文库：陈炽卷》，第47页。

③《劝学篇·书后》，收入何启、胡礼垣：《新政真诠》，第406页。

对君权极致专权现状要求限制的微弱呼声。它表达了限制君权的主张，却不具备反君权的思想意义。

中国文化讲究中庸，认为过与不及都是违反“圣道”，都应加以裁抑。早期民权思想的立足点，并不是从学理上对封建君权的反叛，而是充分肯定了君权本身的天经地义，“君者，民之父母也”，君民相隔之问题则在于“君门万里，民之疾苦无由而诉”[①]。民权不是对君权的反对，而是对君权极致专制的一种纠正，抑或补充。在早期的进步士人看来，无论是中国“降及嬴秦”的皇帝专制，还是西方资产阶级民主制度，都不合乎中国文化“中庸”的基本精神，都是失之偏颇的政治。“君主者权偏于上，民主者权偏于下。”[②]一种两全其美，既不过偏于君，又不失之于民的理想的社会政治，既符合中国传统文化中庸政治的要旨，也是近代中国士人在中西文化映照中，改造中国的第一个设计方案。这就是中国人最早赋予民权的双重含义与作用：限制君权而杜绝民主。

因而，早期民权不是君权的对立物，而是与君权共生共存的。只有“君民共主者权得其平”[③]，才能“君民一体、上下一心”，才能“上下无扞格之虞，臣民泯异同之见”[④]。从君权与民权的相互关系而言，民权依存于君权，是君权的补充或完善；君权是民权存在的条件、基础。伸张民权是为了君权的永固，是为

① 何启、胡礼垣：《新政论议》，收入何启、胡礼垣：《新政真诠》，第116页。
② 夏东元编：《郑观应集》上，第316页。
③ 夏东元编：《郑观应集》上，第216页。
④ 夏东元编：《郑观应集》上，第103页。

了“去塞求通，下情上达”。因为“上与下又不宜隔，隔则民隐不闻，蒙气乘辟而乱又生”[①]。民权的功用正在于使君与民“上下之交不至于隔阂”。这样，“能与民同其利者，民必与上同其害；与民共其乐者，民必与上共其忧”[②]。民权政治的最终目标是使君权“世代相承，践天位勿替”，恢复以君权为中心的“三代之隆”。民权只作为辅佐，弥补君权的不足，这是其存在的价值。

“限制君权”“杜绝民主”“与君权共存”“补君权不足”是近代中国早期民权思想的基本精神。它同西方近代文化的民权主义仅是形似，绝无神随之处，它完全失落了“人民的权力”或“人民作主”的本身含义和特定历史条件下的新兴资产阶级权力的含义。从主导精神看，是中国传统文化，特别是“纲常名教”“尊卑贵贱”旧伦理—政治文化，依托于民权外壳，得到了新的张扬。民权所包含的阶级内容既不是泛化了的人民权力，也不是特定的新兴资产阶级或工商业者的权力，仍旧是封建社会关系体系中部分社会集团绅士的权力。具体而言，早期民权所指称的民其实仅包括以下几个方面：

其一，作为“民之父母”的封建官僚。汤震在《危言》中提出了“采西法而变通之”的议院主张，作为民权代表的议员是“自王公至各衙门、堂官、翰林院四品以上者，均隶上议院，而以军机处主之。堂官四品以下人员，无问正途、任子、訾郎及翰

---

① 〔清〕冯桂芬:《校邠庐抗议·复陈诗议》,第34—36页。

② 〔清〕王韬:《弢园文录外编·重民中》,第18页。

林院四品以下者，均隶下议院，而以都察院主之”①。改良派思想家陈虬提出的议员也是“任官公举练达公正者”②充之。

其二，处于官民之间的封建绅士集团。在汤震的议院构想中，就把绅士作为地方议员的主体，“自巨绅以至举贡生监，皆令与议，而区其等”③。甚至在维新运动时期，连激进的谭嗣同也把民权直视为绅权，他说：“苟有绅权，即不必有议院之名，已有议院之实矣。”“民权即绅权”一直是近代中国士人赋予它的具体的阶级内容。

其三，由科举制度产生的封建功名之士。何启、胡礼垣在《新政论议》中就明确地提出：“县议员于秀才中选择其人，公举者平民主之……府议员于举人中选择其人，公举者秀才主之……省议员于进士中选择其人，公举者举人主之。”④

无论是四品上下的官吏，还是“通官商之邮”的绅士，作为民权的体现者，都不具备democracy所包含的阶级实质。对于官吏而言，议员的身份不过是封建官职的另一种外化形态；对于绅士们，不过是他们已有的封建社会地位或社会角色的明确化。这些封建性议员充其量是对于君、民上下相隔的封建政治略加通达而已。况且在“通上下之情”时也不能过分接近，必须保持必要的尊卑等级关系，所谓“上与下不宜狎，狎则主权不尊，太阿倒持而乱生”⑤。纵使从县州府直至中央建立起这种议员的运作体

①③ 汤震：《危言·议院》，收入中国史学会主编：《戊戌变法》一，神州国光社1953年，第177页。

② 〔清〕陈虬：《治平通议》卷一，光绪十九年（1893）瓯雅堂刊本，第4页。

④ 《新政论议》，收入何启、胡礼垣：《新政真诠》，第115页。

⑤ 〔清〕冯桂芬：《校邠庐抗议·复陈诗议》，第34页。

系，也只能是封建社会政治制度漂亮时髦的点缀，而无法导向社会政治的真正改革。

议员的身份从一个方面揭示了近代中国早期民权思想的阶级内涵。那么，我们再从另一方面即由这些议员组成的民权运行实体——议院，来进一步窥探它的作用及其社会内容。

限制君权是近代中国早期民权思想的主要内容；在议院的规划中，民权伸张到什么地步，君权被限制到何等程度？民权的主张者们并没有详尽的论述和明确的答案。但是基本的倾向是，他们都坚决否定了美国和法国的议会制度，认为其弊在于民权过重，“叫嚣之气过重”，而对英、德君主立宪的议院制度较感兴趣，“其斟酌适中者，惟英、德两国之制颇称尽善”①。然而，在中国进步士人的眼中，“犹有中国三代以上之遗意”的英、德之制，也必须依据中国文化精神加以“斟酌变通”，才能与中国的文化深层结构——文化心理相谐和。变通的重点不在于伸张民权，而在于贬抑民权。因为即使是英、德的君主立宪也造成了“君权过轻”的大弊。西人借此“置君如弈棋”，可以随意摆布。②所以早期民权思想所倡导建立的议院也并不是西方资本主义的君主立宪制度中的议院，而是中国士人“上效三代之遗风，下仿泰西之良法”③的创造。最早的中国式议院方案，至少有两个明显的特征：

① 钟叔河主编，〔清〕薛福成著：《走向世界丛书·出使英法义比四国日记》卷三，岳麓书社1985年，第197页。

② 参见吴剑杰：《论早期维新思想与洋务思想的分离》，《武汉大学学报（哲学社会科学版）》1989年第2期。

③ 夏东元编：《郑观应集》上，第103页。

第一，它不受三权分立和责任内阁政治原则的制约，不是独立于政府之外的立法机构。它规定，“凡军国大政，其权虽出于君上，而度支转饷，其议先询诸庶民”[①]，“凡事虽由上下议院决定，仍奏其君裁夺”[②]，悉视君意而行。它对于君权没有丝毫的制约作用，议院仍然是匍匐于君主脚下的咨询性机构。

第二，它的作用在于改善传统政治体制中“上下欺蒙”“君民阻隔”的弊症，主要是为了“民隐上达”“君恩下施”、缓和矛盾、清明政事。其基本职权亦不过是“求民隐”“相讲求”而已。[③]

早期民权思想，以及作为其政治运行实体的议院，事实上是传统中国文化发展至近代社会初期的产物，它并不表现出西方近代工业文明的精神。它所追求的仍然是大一统皇权统治的政治秩序。所谓民权、议院，其实不过是极致专权的君权、仁政内容的扩充伸展而已。因而，它的基本精神力量是从传统文化中汲取的，如康有为的《上清帝第一书》就反复论证：“周有土训诵训之官……汉有光禄大夫、太中大夫、议郎，专主言议。今若增设训议之官，召置天下耆贤，以抒下情，则皇太后、皇上高坐法宫之中，远洞万里之外，何奸不明，何法不立哉！”[④]陈虬在《治平通议》中谈到议院建议问题时说：

---

① 何启、胡礼垣：《新政真诠》，收入中国史学会主编：《戊戌变法》一，第197页。

②〔清〕郑观应：《盛世危言·议院》，收入夏东元编：《郑观应集》上，第314页。

③ 参见宋育仁：《时务论》，收入王东杰、陈阳编：《中国近代思想家文库：宋育仁卷》，中国人民大学出版社2015年，第20—21页。

④ 康有为：《上清帝第一书》，中国史学会主编：《戊戌变法》一，第177页。

> 何谓开议院？泰西各有议院以通上下之情。顾其制繁重，中国猝难仿行。宜变通其法令，令各直省札饬州县，一例创设议院。可即就所有书院或寺观归并改设，大榜其座。国家地方遇有兴革事宜，任官依事出题，限五日议缴。但陈厉害，不取文理。①

陈虬认为，如此可以达致一种官员与地方绅士之间喁喁咮咮，如家人父子之自认其私的景观——这是何等美妙而且充溢着传统中国士人向往古圣之制精神的理想境界啊！然而，施行仁政的君主，毕竟还是君主，与真正意义上的君主立宪风马牛不相及。

近代中国早期的民权思想，从时代意义上来讲，是鸦片战争以后的大变局的产物。唯甲午战争以前，这一大变局的情势正在形成之中，由中国传统文化培育出来的士人对“世变至亟”尚未有更痛切的感受，对西方文化也仅限于表面肤浅的认识。因而，在近代的早期阶段，士人基本上是从传统文化的角度去诠释和领悟democracy的。早期民权思想是中国士人一种变通了的社会政治思想，它处处闪现着传统文化古幽的光泽。

首先，早期民权思想表现了强烈的功利性，失落了对专制文化的理性批判精神。倡民权的着眼点在于“救弊”和“御侮”。他们或者是“愤国力之弱也”“痛民生之艰也”，或者是有感于“船坚炮利不如夷，人无弃材不如夷，地无遗利不如夷，君民不

---

① 〔清〕陈虬：《治策》，收入薛玉琴、徐子超、陆烨编：《中国近代思想家文库：马建忠、邵作舟、陈虬卷》，中国人民大学出版社2015年，第457页。

隔不如夷，名实必符不如夷”[①]。其中浸透着传统文化中崇尚功利的一面。

近代中国现实的最急迫的任务是“救亡御侮”，是使中国摆脱外国资本主义的钳制走向强盛。这一现实任务被士人们直接凝练在民权思想之中。郑观应直截了当地道出了民权主张的现实功利性：

> 欲行公法，莫要于张国势；欲张国势，莫要于得民心；欲得民心，莫要于通下情；欲通下情，莫要于设立议院。中国而终自安卑弱，不欲富国强兵，为天下之望也，则亦已耳；苟欲安内攘外，君国子民，持公法以保太平之局，其必自设立议院始矣。[②]

倡民权、设议院归根到底是“安内攘外”“君国子民”“保太平之局”，是要变“以君上一人”对外为“以天下之民”对外。这是中国传统士大夫“为王者师”功利品性的光大。汪康年说得更为明白：“民权之行，尤有宜亟者。盖以君权与外人相敌，力单则易为所挟，以民权与外人相持，力厚则易于措辞。”[③]因而，现实的功利特色，不能不淹没民权思想所应担负的思想启蒙的理性光辉。戊戌变法后，进步思想家们已注意到了民权思想的理性

① 〔清〕冯桂芬：《校邠庐抗议·制洋器议》，第49页。
② 〔清〕郑观应：《盛世危言·议院》，收入夏东元编：《郑观应集》上，第314页。
③ 〔清〕汪康年：《论参用民权之利益》，收入〔清〕葛士濬辑：《皇朝经世文续编》卷二九《时务》，第6—7页。

启蒙作用，曾用较多的笔墨去弘扬它的学理意义。然而，他们毕竟不能够推卸掉“救亡御侮”的沉重的历史使命。应该说，这是时代的特征。

在这一点上，近代中国早期民权思想与西方的民主民权观念有着天壤之别。西方的民权或民主思想，从一开始就具有浓厚的学理性。弗朗西斯·培根的历史地位主要不是由他直接发表的政治主张，而是由他的唯物主义哲学奠定的。他从学理上从精神上沉重打击了封建社会的上层建筑核心——宗教神学和经院哲学。洛克的“政府论”也是较深刻地从学理上否定了君权神授、王位世袭理论，又从自然法、自然权利、社会契约方面奠定了近代资产阶级民主思想的基石。他们的民主、民权观念包含着深厚的理性内涵。

其次，近代中国的民权思想舍弃了人人平等的精义，尊尚中国传统政治文化的封建等级精神。“君者，民之父母也”（何启语），君民关系是传统宗法家庭关系的放大，如父子、夫妇必须恪守伦常尊卑，不能妄议平等。黄遵宪认为平等之说流弊不可胜言，“推尚同之说，则谓君民同权、父子同权矣；推兼爱之说，则谓父母兄弟同于路人矣。天下不能无尊卑、无亲疏、无上下，天理之当然，人情之极则也”[①]。因而，所谓民权、议院也必须以维护君臣父子的“天理之当然”“人情之极则”的封建等级规范为主旨。然而，抽去平等精神的民权思想，也就失去了其应有

① 〔清〕黄遵宪：《日本国志·学术志一》卷三二，收入陈铮编：《中国近代思想家文库：黄遵宪卷》，中国人民大学出版社2014年，第352—353页。

的反封建的力量和走向近代文明的内驱力。

即使如此，民权也始终是近代中国进步思想家们着力追求的目标。除对未来理想境界的描绘外，在现实的政治改革中，民权又被具体化为绅权。近代民权理论的植入及其中国化的过程，为绅权的正式扩展提供了顺乎时代的理论基石，并在民权旗帜下，实现了将绅权纳入清末立法系统的目的。民权是绅权的理论前提。

民权作为近代以来社会政治学说的主要内容，从来都不是一种抽象，而是血脉相系地同现存社会力量融为一体的。在近代中国社会的早期阶段，近代资产阶级还处于襁褓期，因而无论是精于探寻未来社会前途的思想家，还是勇于改革现存秩序的政治家，都未能把尚未成型的资产阶级作为民权的主体代表。用绅士们自己的话来说，是“以绅权孕育民权”[①]。等级时代的四民之首轻而易举地成为“民权”的主体，这一独特的社会历史角色的转换，或许从某种意义上正聚集了近代中国社会过渡的最根本的特征。客观历史进程表明：绅权是民权的具体内容。

没有理由否认，在近代社会的转型过程中，绅士阶层本身也发生着具有时代意义的变动。变动的实质及其趋向，预示了一个旧式阶层的衰退和新生阶级成长的社会变革风暴的迫近。但从整体而言，绅士阶层毕竟属于传统而不属于未来。就近代绅权的扩展和辛亥革命前后绅士们的实际作用而言，社会给予它的希望太厚重了：维新派的政治改革以绅权为起点，清政府的新政和地

① 张宪文辑，温州市政协文史资料委员会编：《孙诒让遗文辑存》，第142页。

方自治也由绅士们上下其手，立宪党人的政治渴求更是由绅士们来实现，革命党人的基层政权建设又何尝能摆脱绅士力量的制约……

以传统的力量来肩负新时代的重托，它所承担的历史责任与其固有的社会地位及其属性不是相去甚远么？历史的重负需要足够的历史过程去消磨。绅权作为民权的代表或具体化，是近代中国社会过渡时期的社会阶级结构的表现，它并不具有代表社会发展方向的价值。梁启超“欲兴民权，宜先兴绅权”的主张，就预言了绅权在过渡时代的暂存的历史命运。

但是，思想家可以预言历史，却不能决定历史。绅权的消亡只能伴随着绅士阶层的消亡而实现。

第十章

趋向分化——日趋消退的权势阶层

阶级分化是社会历史运动中较深层次的变动。世界各地在向近代社会转变的过程中，无例外地发生了剧烈的阶级分化。在近代中国，首先走向大分化的是绅士阶层。

绅士身份是同科举制度相联系的。民国年间的《洛川教育志》卷头语说："地方教育……或为绅耆，或为新进，前者当远溯诸'科第谱'，后者当近察夫'毕业谱'。"[①]科举既然是一种制度，那么由此途径而获得的身份，就是其他途径所无法替代的（尽管捐纳、保举也可获得相对应的身份）。就是清代所举孝廉方正也不能完全脱离科举功名，如1910年保定州县举孝廉10人，其中生员6人、贡生2人，仅2人无功名。[②]山东巡抚孙宝琦在奏折中说山东省所举孝廉49人，其中44人属于举贡生员之类。[③]

《大公报》载"深州绅民上道宪公禀"，具名绅士都是举贡生员。[④]清末新政时民政部颁"京师内外城各厅区人民职业分别统

① 黎锦熙、余正东：民国《洛川教育志》卷头语，泰华印刷厂1944年。

② 参见《传验孝廉方正》，《大公报》1910年4月9日。

③ 参见《内阁官报·折类·叙官类》，内阁印铸局发行，1911年7月4日第4号。

④ 参见《深州绅民上道宪公禀》，《大公报》1910年10月7日。

计表”，士绅项内特予说明“兼包举贡生员肄业学生及本地官绅”[①]，这是推衍扩展了的说法，因为近代学堂毕业生不具有等级身份，他们只是形成了近代另一种社会阶层——知识分子阶层，而不属于绅士阶层。

在近代，绅士阶层的社会地位发生了明显的变化，探讨这一阶层变动分化的历史过程，有助于全面理解和认识近代中国社会。

一、分化的基本趋向

在封建社会中，绅士阶层享有徭役优免权和其他法外特权。“家有举贡士，敢把钱粮蚀；孝肃与忠介，所以疾巨室。”[②]他们是清朝专制统治的社会基础。所谓“官于朝，绅于乡”则较形象地说明了绅士阶层在乡里的统治地位。绅士们占据公产，独揽钱粮，与地方官“扶同舞弊”，共同分肥[③]；“起灭讼词，武断乡曲”[④]。且不说地方官走马上任首先拜会一方绅耆，甚至他们升迁任免也取决于绅士们的好恶。

诚然，绅士阶层作为相对独立的社会政治力量，有时也同皇权发生冲突[⑤]，甚至也会与民众斗争结合起来反对恶豪与官府[⑥]。但是，在正常的社会统治秩序中，绅与官的冲突只是外在现象，还不具有内在的本质对峙。

---

① 《大清宣统新法令》第2册，第5页。

② 钱麟书：《潜皖偶录》卷九，1945年铅印本，第158页。

③ 参见〔清〕樊增祥：《樊山政书》卷二，第34页。

④ 徐世昌：《将吏法言》卷五，第8页。

⑤ 参见刘锦藻：《清朝续文献通考》卷九七《学校考四》，第8568页。

⑥ 如明万历时松江生员和人民共同反对恶豪董其昌。

社会阶级的分化变动是在巨大的历史变动的阵痛中逐步形成的。

鸦片战争揭开了近代中国历史的第一页。由于民族矛盾的上升，绅士们也曾同民众结社团练，抗击“英夷”侵略[①]；生员邹伯奇、李善兰则专意于近代化学、船械的研究[②]。自发行动不足以导致整个阶层的分化，个别事例也不能影响阶层的整体变动，但在近代社会的剧变中，它毕竟预示了这一阶层的历史命运。

“阶级间的关系的变化是一种历史的变化，是整个社会活动的产物，总之，是一定‘历史运动’的产物。”[③]阶级分化的发生不在社会变迁的开端，而在社会变迁的一定的历史阶段。导致整个绅士阶层分化变动的转折点是中日甲午战争。

甲午一战，以“天朝”自居的清王朝竟被日本击败，“中国之甲午中东一役而情实露……盖不独列强之所以待我者大异乎其初；即神洲之民所以自视其国者亦异昔。于是党论朋兴，世俗之人从而类分之，若者为旧，若者为新”[④]。“士夫之有知识者，亦知非变法不足以自强。”[⑤]绅士们受到内忧外患的强烈刺激，“天下兴亡，匹夫有责”，他们不能不认真思索社会现实。先前鄙视实业、藐视商界的观念遽然改变，对清政府的依赖心理也陡然涣

---

① 广东绅士组织社学进行抗英斗争。

② 参见刘锦藻：《清朝续文献通考》卷一〇七《学校考十四》，第8664页。

③ 《马克思恩格斯选集》第一卷，人民出版社1972年，第191页。

④ 《主客平议》，《大公报》1902年6月26日。

⑤ 张继煦编：《张文襄公治鄂记》，湖北通志馆1947年，第10页

解，绅士们开始弃置空泛的浮议和对官场的向往[①]，走向充满危机的社会。面对甲午败局，绅士们意识到“非输入新学术，不足以济时艰”[②]，遂相继共谋振兴实业，策励自强，于是，绅办之苏州苏经丝厂、苏纶纱厂、杭州通益公纱厂、无锡业勤纱厂、通州纱厂等相继兴起。[③]

风气渐开的初期，绅士们兴办企业，虽还不曾起到寸炬千灯的作用，但它毕竟改变了“民分四等，商居其末”的观念，由此才出现了“朝野士庶，渐不至鄙商为末务”[④]的新兴局面。苏州“商民莫不踊跃”[⑤]集资设厂，较为闭塞的陕西也有举人邢廷荚呈请设立机器织布局，以同外人争利[⑥]。

甲午战后，上层绅士举办近代企业不过是一个开端。此前外国资本主义的经济入侵和随之而来的科学技术，洋务运动的影响等，是这开端的历史准备；此后经过维新变法的涤荡和清末新政的鼓励，绅士阶层的分化才加剧了，向近代企业的投资才具有了普遍意义。战后十数年间，他们集资借款或纠股招募，“引起了全国到处创办起股份、合伙或独资经营的新企业”[⑦]。掀起了青

---

① 朱仲甫说:“我从政数十年,乏味得很,要做实业。”见汪敬虞编:《中国近代工业史资料》第2辑下,第708页。

② 黄季陆主编:《革命人物志》第3集,台北“中央文物出版社”1969年,第219页。

③ 参见汪敬虞编:《中国近代工业史资料》第2辑下,第686—704页。

④《光绪二十八年九月盛宣怀、张之洞会奏上海设立商业会议所折》,收入上海商务总会编:《上海商务总会历次奏案禀定详细章程》,上海集成图书公司1907年,第46页。

⑤ 汪敬虞编:《中国近代工业史资料》第2辑下,第926页。

⑥ 参见《时务报》第36册,第6页。

⑦ 汪敬虞编:《中国近代工业史资料》第2辑下,第738页。

衿绅带的举贡生员，甚至进士状元们，在近代企业厂房中寻找到了新的落脚点：在江阴有贡生吴昕胪的华澄布厂[①]，在长沙有监生禹之谟的织巾厂[②]，在巴县有秀才杨海珊的火柴厂[③]，在厦门有生员孙逊的电灯公司[④]……可以说在近代中国民族资本主义发展的早期，由封建绅士阶层分化出来的资本家居于重要地位。《中国近代工业史资料》统计的企业主，除华侨外，买办为30家，商人8家，学徒2家，官、绅18家。[⑤]实际属于绅士阶层的企业主远不止此数。被该书归入商人类的周廷弼、渠本翘等，本身就属于绅士阶层。就是在买办和华侨中的资本家也有不少是绅士，如贡生朱开甲为上海民族资本家，曾任东方汇理银行买办[⑥]；举人邱菽园，就是新加坡华侨中有名的资本家[⑦]。笔者据接触到的资料做一大概统计，绅士投资于近代企业者已达140多家。[⑧]由封建阶层向近代企业投资，这是绅士阶层走向分化的第一个主要方向。

几乎还在企业热潮的势头上，走向分化的绅士们又把注意力投向近代教育事业。“天下之变岌岌哉，夫挽世变在人才。”是在从事实业的社会实践中感受到近代人才的奇缺，也是从近代企业

---

① 参见扬州师范学院历史系编：《辛亥革命江苏地区史料》，香港大东图书公司1980年，第179页。

② 参见陈新宪等编：《禹之谟史料》，湖南人民出版社1981年，第4页。

③ 参见《各省工艺汇志》，《东方杂志》1904年第10期。

④ 参见汪敬虞编：《中国近代工业史资料》第2辑下，第739页。

⑤ 参见汪敬虞编：《中国近代工业史资料》第2辑下，第1123页。

⑥ 参见民国《上海县志》卷五，1936年铅印本，第43页。

⑦ 参见丁文江、赵丰田编：《梁启超年谱长编》，上海人民出版社1983年，第201页。

⑧ 资料限于本文所引用，数字仅有参考意义。

的难产中发现了"民智不开"的严重性，"近数年来，振兴商务、工务、农务之谕旨传播海内，而振兴商务、工务、农务之功效罕有所闻。此虽官司劝导之无方，抑亦民智未开，而力且有所不足也"[①]。因此，兴学育才成为"时势所趋，大圣难遏"的当务之急。20世纪初，绅士办学层出不穷，蔚然成风，如江苏绅士王同愈举办四所半日学堂[②]，安庆绅士方象埅设立三所女医学堂，有的绅士办学达几十所。[③]各种专门学堂也为绅士们所关注，如广东绅士梁祖光设立农务学堂，四川孝廉张式卿设立蚕桑学堂，湘绅胡元倓设立高等商业学校，等等。[④]绅士们还兴办各种社会文化教育事业，如阅报所、书报室[⑤]等，任公众浏览，使之得以增长新知识。

绅士本来是封建阶层，吮吸的是传统封建文化，这时却热衷于创办新式教育。"科举停止以来，各省地方绅士热心教育，开会研究者，不乏其人……"[⑥]旧等级、新动向，这是绅士阶层分化的第二个主要方向。

这两个方向是绅士阶层走向大分化的基本点。在近代社会的不断运动中，这两个基本点又进而扩展，终于使绅士阶层走向更深层次的分化。绅士们积极组织学会社团，兴办近代报刊，编印

---

① 张怡祖编:《张季子九录·实业录》卷一《代拟请留各省股款振兴农工商务疏》,文海出版社1983年,第1109页。

② 参见《各省教育汇志》,《东方杂志》1906年第9期。

③ 参见《各省教育汇志》,《东方杂志》1904年第11期。

④ 参见黄季陆主编:《革命人物志》第6集,台北"中央文物出版社"1971年,第19—21页。

⑤ 参见《各省教育汇志》,《东方杂志》1904年第5期。

⑥《学部奏酌拟教育会章程折》,《东方杂志》1906年第9期。

西方书籍，甚至专意于发明创造，等等。绅士们的社会活动可谓千姿百态。但是，只有引起该阶层社会职业或社会地位发生根本变化的社会活动，才足以标示出它分化的历史趋向。向近代企业投资的绅士也不是都能转化为近代资本家（如王先谦、曾朴都投资于近代企业，都没成为资本家），但由此形成了一批绅士资产者、企业主，却也是事实。此外，中下层绅士还从事近代报刊编辑和近代学堂教员等自由职业。1903年《广益丛报》的主要编辑就是两名秀才杨沧白和胡湘帆①，1904年江西绅士龙钟洢编辑了《江西农报》，“按期出版，各处流通”②。仅据本文使用资料辑录下表，以见从事编辑职业的绅士情况。

姓名	旧式身份	编辑职业	姓名	旧式身份	编辑职业
廉惠卿	/	文明编译局编辑	韩衍	生员	《通俗报》编辑
于仲芳	/	《黔报》编辑	朱山	生员	报馆主笔
蒋大同	生员	《长春日报》编辑	程善之	生员	《中华民报》主笔
刘博存	/	《选报》主笔	叶楚伧	生员	《中华新报》主笔
于佑任	举人	《神州日报》社主笔	李基鸿	生员	《汉文新报》编辑
吴伟康	生员	报馆编辑	景耀月	举人	《民呼报》主笔
田桐	生员	《国风日报》编辑	李庆芳	生员	《教育官报》主编
雷昭性	生员	《鹊声报》编辑	吴鼎	生员	《国风日报》主笔
时题杏	生员	《晨钟报》编辑	李钟钰	举人	《字林沪报》编辑
蒋衍生	生员	《悬钟周刊》编辑	刘镇	生员	《西南日报》编辑
马方	贡生	《皖报》主笔	张明德	生员	《西南日报》主笔
狄楚青	举人	《时报》主笔	刘繇训	进士	《晋阳报》主笔

① 《广益丛报》,《大公报》1903年4月25日。

② 傅春官辑:《江西农工商矿纪略》二编(南昌府卷),1908年石印本,第2页。

续表

姓名	旧式身份	编辑职业	姓名	旧式身份	编辑职业
陈训正	举人	《天铎报》主笔	胡汉民	举人	《岭海报》记者
黄某	举人	《厦洪日报》编辑	黄协埙	生员	《申报》主笔
汤化龙	进士	《教育杂志》主编	蒋方震	生员	《浙江潮》主笔
丁仲和	生员	编辑	居励今	生员	《铁道时报》主编
杜孟兼	举人	文明编译局编辑	张某	举人	《北洋学报》主编
王元庆	/	《农务报》编辑	胡湘帆	生员	《广益丛报》编辑
万芳卿	/	《农务报》编辑	杨沧白	生员	《广益丛报》编辑
陈范	举人	《苏报》总编	范腾霄	生员	《海军杂志》编辑
莫伯伊	拔贡	《羊城报》主编	钟荣光	举人	《博闻报》编辑
曾熙寿	举人	《国民日报》编辑	龙钟洢	—	《江西农报》主编
杨度	举人	《大同中央日报》编辑	李云藻	生员	《进化报》编辑
李某	举人	《汇报》主编	熊育锡	生员	广智书局编辑

至于绅士从事教师职业，则更为普遍。如天津崇实学堂1904年聘任刘子云等两秀才为教习①；广东潮阳林氏蒙学堂也是由两名秀才任教习②，1902年端方泰保的湖北教习也都属于绅士阶层。由于近代学堂的兴起，社会对教员的需求量骤增，“近来各属学堂多苦于教员之难得”③，因而大批中下层绅士自然向教师职业流动。1904年三江师范学堂设立，即“选派举贡廪增出身之中学教习五十人，分授修身、历史、地理、文学、算学、体操各科”④。由此可见一斑。

---

① 参见《学风大盛》,《大公报》1904年4月1日。

② 参见《各省学堂类志》,《东方杂志》1904年第2期。

③〔清〕樊增祥:《樊山政书》卷一七,第9页。

④ 刘锦藻:《清朝续文献通考》卷一〇七《学校考十四》,第8659页。

此外，还有一批绅士走向下层社会，自愿投军，充任兵士。《大公报》报道："深州举人胡某率本州举人七名，廪生三十余名，呈请练兵处王大臣，恳请分发各镇充当兵勇，以为中国文人秀士之倡"。结果，"发交保阳第三镇步队第三营"。[①]投笔从戎，救亡图存，强烈吸引着年轻士子，以至于"读书士子争先恐后，犹恐其投效之晚也"[②]。1902年清政府派铁良视察长江，"至皖检阅武备练军，许其成绩优美，而兵士多系举人、廪贡、秀才之优秀分子"[③]。

绅士们还加入下层劳动者的秘密结社组织。1903年，开封举人李元庆倡议反清革命，成为仁义会首领[④]；河南柘城青帮首领是秀才王居信[⑤]；河南卫辉等地"票匪尤盛，头目多生员，通文理者"[⑥]；四川"绅衿与哥老会多合为一气"[⑦]；重庆哥老会的舵把子也是举人刘锡封[⑧]；湖南会党至此"富人及士绅亦有加入者。成分虽较复杂，势力则较前厚矣"[⑨]。

---

① 《偃文修武》,《大公报》1905年12月22日。
② 丘权政、杜春和等选编:《辛亥革命史料选辑》上册,第384页。
③ 《近代史资料》1979年第3期。
④ 参见段剑岷:《辛亥河南革命轶事》,收入丘权政、杜春和等选编:《辛亥革命史料选辑》下册,第261页。
⑤ 参见中国人民政治协商会议全国委员会文史资料研究委员会编:《辛亥革命回忆录》五,第385页。
⑥ 沈祖宪编:《养寿园奏议辑要》卷三一,项城袁氏宗祠本,1937年,第1页。
⑦ 范爱众:《辛亥四川首难记》,收入丘权政、杜春和等选编:《辛亥革命史料选辑》下册,第188页。
⑧ 参见中国人民政治协商会议全国委员会文史资料研究委员会编:《辛亥革命回忆录》三,第107页。
⑨ 中国人民政治协商会议全国委员会文史资料研究委员会编:《辛亥革命回忆录》三,第241页。

绅士阶层的分化趋向大致有三：一是转向近代资产者；二是转向自由职业者；三是走向下层社会。这种分化不是在某个地区，而是在全社会范围；不是只有几个代表人物，而是整个阶层的变动，唯其如此，才造成绅士阶层的大分化。

二、绅士分化的社会作用及其影响

开风气的社会倡导性和对外国侵略的民族抵御性，是绅士阶层分化中的两个特点。“下等社会之视听，全恃上中社会为之提倡。”[①]中国“实业不振，首在提倡”[②]，而提倡之责，就自然落在了作为四民之首、颇具“乡望”的绅士们身上。1905年云南派遣留学生，也还不能无视这种社会现实，认为“学生出洋，以风气之开，必始自名望之人”[③]，旋将一位七十多岁的老孝廉派往日本。在《商部奏绅商承办劝业银行要折》中，也特别强调绅士们的倡导作用，认为“商情涣散，物力奇绌，非广招外洋华商不足以树风声”，因此商部选定闽绅林维源，“使之招集华商，自必闻风响应”[④]。倡导社会开辟风气，走向近代的绅士们一开始就揭起了这面旗帜。

绅士对社会的倡导作用体现在绅办企业和学堂中。甲午战后，张謇“半生精力耗于实业”[⑤]，到1911年，他创办的有影响

---

①《吉林全省自治筹办处第一次报告书》中卷。
② 傅春官辑:《江西农工商矿纪略》初编,第2页。
③《老成维新》,《大公报》1905年6月2日,附张“东京琐闻”。
④《商部奏绅商承办劝业银行要折》,《大公报》1905年6月30日。
⑤ 张怡祖编:《张季子九录·实业录》卷七,第1页。

的企业已有29个之多[①]。绅士沈云沛从1895年到1907年举办和投资的企业有13家，许鼎霖10家，周廷弼8家。[②]在沉淀数千年的封建制度与文化的重负下，在广阔的自然经济之中，要迈向近代化是一个艰难的过程，而民办企业更是千回百折，历尽艰辛，但在绅士们的维持周转下，毕竟获得了社会的承认。在江苏，大生纱厂各项管理之善，销数兴旺，被时人称为中国商界独一无二之特色。《东方杂志》曾报道绅办豆饼、面粉、垦牧三公司，使"生产渐多，风气较从前开辟"[③]。在较闭塞的地区，绅办企业的倡导意义就更为突出。1900年南昌绅士曾秉钰创办工艺局，"创开风气，成效可观"，该厂仿制洋式木器，获利甚厚，其他仿效者遂众。[④]不久，南昌城内就增设十多家同类企业，足见工业竞争，进步显然。

进步绅士在学堂建设中的倡导作用也很明显。如陕西临潼"学务蔚兴，悉由张绅秉枢、杨绅樾、杨绅联芳捐资提倡使然"[⑤]。当时，清廷无暇也无力在全国广兴学堂，地方办学几乎完全由绅士们来承担，"言学务者，往往是绅，非官"[⑥]。民立、公立学堂都是由绅士们来开设，"晋省自奉诏兴学以来，各府厅州县中小学堂皆由官立，从未有民立者。适有晋绅举人冯济川等

① 参见汪敬虞编：《中国近代工业史资料》第2辑下，第925—926页。
② 参见汪敬虞编：《中国近代工业史资料》第2辑下，第768页。
③《外务部等议复署两江总督周奏请海州开埠折》，《东方杂志》1906年第3期。
④ 参见傅春官辑：《江西农工商矿纪略》二编（南昌府卷），第7页。
⑤〔清〕樊增祥：《樊山政书》卷一七，第485页。
⑥ 沈同芳编：《江苏学务总会文牍》，第83页。

公议筹银三千两……设公立中学堂”，“实为民学开风气之始，远近士绅必有闻而兴起者”。[①]

在绅士们的积极倡导下，各地捐资设学者不绝，公立、私立学堂奋然兴起，大有压倒官立学堂之势。1904年两湖地区办学情况如下：湖北民立学堂10所，官立学堂19所；湖南长沙民立学堂19所，官立学堂15所。[②]

而《无锡江阴学界调查汇表》中所列32所学堂，官立者仅4所，其余28所均为民立和公立，大多由绅士创办。[③]江苏省奖优学堂共37所，其中绅办学堂占了21所。[④]因此，在清政府第二次教育统计时，各省学堂达到42444处，其中“公立私立较官立为尤多”[⑤]。绅办学堂的发展，减弱了清廷对教育的控制权，有利于新思想、新学术的传播和进步人才的成长。

由爱国而实业、由爱国而学堂，正是严重的民族危亡的局面和“匹夫有责”的责任感促成了绅士阶层的分化，因而对外国侵略的民族抵御性是走向近代的绅士们的鲜明特点，绅士们创办企业莫不具有“杜外人觊觎之渐”[⑥]的民族信念。上海绅士设立华盛公司，为“寄售仿造各种洋货，以挽利权”[⑦]。有的绅办企业在章程中就特予强调：“不招集洋股，亦不借用洋款，庶免利权外溢。”[⑧]

---

① 刘锦藻:《清朝续文献通考》卷一〇六《学校考十三》,第8652页。
② 参见《各省教育汇志》,《东方杂志》1904年第12期。
③ 参见《杂俎》,《醒狮》第4期。
④ 参见沈同芳编:《江苏学务总会文牍》初编上,第91—108页。
⑤ 刘锦藻:《清朝续文献通考》卷一〇四《学校考十一》,第8634页。
⑥〔清〕樊增祥:《樊山政书》卷一七,第469页。
⑦《各省教育汇志》,《东方杂志》1906年第3期。
⑧ 汪敬虞编:《中国近代工业史资料》第2辑下,第739页。

正是在"救亡图存"旗帜下，绅士们两度投入了大规模的民族抗争热潮——波及全国的反美爱国运动和声势浩大的收回利权运动。

同时，绅士阶层的分化对近代中国还产生着极其深远的社会影响。

随着社会的发展，绅士愈来愈走向封建主义的反面。他们也将"按照自己的面貌为自己创造出一个世界"①。在自由、民权的呼声中，在资产阶级政治思想引导下，分化了的绅士们热衷于通过地方自治和咨议局的形式来参政。时论所谓自治者，实际是相对于官治而言，20世纪一开始，地方自治就成为绅士们主要的政治活动。《浙江潮》向社会呼吁组织自治机关，要求：

> 1. 各地固有之绅士联合成一自治体；
> 2. 自治体宜分议决与执行二机关；
> 3. 分任机关之事者，由绅士中投票公举；
> 4. 机关议事，必以多数为可行；
> 5. 机关之职员悉为名誉职。②

地方自治是绅士们摆脱封建专制控制，获得绅权的较好形式。"一二年来，地方自治之论，日腾于士大夫之口，稍有识者，皆能见之。"③"自治名义，近世国民咸心醉焉。"④

---

①《马克思恩格斯选集》第一卷，人民出版社1972年，第169页。
② 攻法子：《敬告我乡人》，《浙江潮》第2期，第11页。
③ 思群：《论地方自治》，《四川》1908年第2期，第55页。
④ 寿鹏飞编著：《吉林农安戊己政治报告书》卷四《杂录》，第91—108页。

从自治人才的培养，到实施地方自治和组织咨议局，都是绅士们左右其中。各地自治公所宣讲自治，通常遴派曾习法政、熟谙士风之绅士为宣讲员；各地自治研究所章程也大同小异，基本上以地方绅士为成员，如宾州府要求“本所为招集本厅合格士绅讲习自治章程、造就自治职员而设……本所学员就本厅直辖全境二十区内遴选合格士绅次第入所听讲”[①]。

因此，各地进入地方自治研究所学习近代资本主义政治、法律的学员，绝大多数都是地方绅士。在具有近代特征的社会政治活动中，绅士们的思想认识开始发生变化，他们的社会活动和地位也有所变化。通过自治所活动，绅士们学习了资产阶级的法律、财政、政治、经济等主要课程。这样，绅士们比较系统地接触了新的学术、思想，对西方资本主义制度有了一定了解，产生了一批开明进步绅士，为近代资产阶级政治活动造就了人才。

通过自治、立宪和咨议局活动，绅士们在分化中形成一股新的政治力量。绅士们首先控制了咨议局的选举，各地选举章程一般都规定用本省曾习法政绅士作司选员。因此，随着立宪运动的发展和咨议局的出现，活跃在各地政治舞台上的绅士理所当然成为各省、州、县议员的主体。1910年山西选出常驻议员18名，其中举人5名、贡生5名、生员7名。[②]1909年四川省127名议员，也基本上是地方上的举贡生员。[③]1910年资政院各省互选议员

① 李澍恩编:《宾州府政书》乙编“公牍辑要”,第188页。

② 参见《近现代山西政权机构概况》,山西编纂委员会办公室1984年,第48页。

③ 参见《辛亥革命回忆录》三,第146—151页之《四川复选当选人名表》。

98人，其中有进士26人、举人37人、贡生18人、生员11人、监生1人、其他5人。[①]由此，绅士们“内而资政院，外而咨议局”[②]，由乡居走向合法的政治舞台，开始为自身利益而斗争。清末，从事地方自治和立宪活动的主体是那些由封建文人向资产阶级转化的绅士。可以说，绅士阶层的分化是资产阶级立宪派形成的直接前提。

就是资产阶级民主革命派的形成，也受到绅士阶层分化的影响。在广西柳州，举办地方自治和教育的绅士们不断与革命党人交往，“这些士绅受到影响，逐渐倾向革命……先进分子加入同盟会”[③]。容县绅士陈协五也向往革命，与同盟会关系甚密。山西安邑秀才李岐山也很早就加入同盟会，并“结交学生、士兵和塞外豪杰，以壮大革命力量”[④]。在民主革命风潮推动下，相当一批绅士积极投入民主革命斗争的洪流中。同盟会河南支部的骨干都是清朝的举人秀才。这绝不是例外的情况，各地从事革命活动“主谋及联络者，为加盟之进士、举人。实行者皆学生、农民及兵士也”[⑤]。1903年成立的反清革命团体光复会，其领袖骨干14人，属于绅士阶层者占到10人[⑥]；河南农民“在园”组织的领

① 据1910年天津《大公报》相关资料整理统计。
② 〔清〕胡思敬：《退庐疏稿》卷二，1913年南昌退庐刊本，第35页。
③④ 中国人民政治协商会议全国委员会文史资料研究委员会编：《辛亥革命回忆录》二，第454页。
⑤ 段剑岷：《辛亥河南革命轶事》，收入丘权政、杜春和选编：《辛亥革命史料选辑》下册，第262页。
⑥ 参见罗福惠：《光复会的特点及其悲剧》，《华中师院学报（哲学社会科学版）》1985年第1期。

袖，也是秀才张子良、金炳光，举人王北方等[①]。

背叛了自己出身的绅士们，成为亡清革命的策动者，他们真诚渴望资产阶级民主制度，并不惜为之献身。据《革命人物志》作一大概统计，参加辛亥革命属于绅士阶层者，进士7人，举人29人，贡、监生13人，生员170人，其他3人；其中为同盟会员者，进士2人，举人11人，贡监生5人，生员62人，其他1人。[②]全书共载1900多人，除去大量辛亥以后的人物，这220多人确是不小的数据。绅士分化对民主革命斗争的作用不可忽视。

绅士阶层的分化本质是上对传统等级制度及其原本身份的否定和背弃。从武昌起义后各地绅士的基本动向不难看出：除早已投身革命者外，在革命风潮鼓荡下，绅士们或赞成独立，或承认革命的既成事实，或者骑墙观望，只有极少数顽绅采取对抗态度。不是对革命的赞助，就是对清王朝命运的漠然置之，这恰恰说明“在阶级斗争接近决战的时期，统治阶级内部的、整个旧社会内部的瓦解过程，就达到非常强烈、非常尖锐的程度”[③]。作为清朝专制统治社会基础的绅士阶层，它的分化无疑是掘松了其统治大厦的根基。虽有鲁阳，亦无从挥戈反日，清朝败亡已是指日可待了。

① 杨依平：《略谈“在园”活动》，收入中国人民政治协商会议全国委员会文史资料研究委员会编：《辛亥革命回忆录》第五集，中华书局1963年，第376页。
② 据《革命人物志》统计，其中难免疏漏，只求反映大概状况而已。
③《马克思恩格斯选集》第一卷，人民出版社2012年，第261页。

三、社会原因与历史条件

一个社会阶层的分化有其深刻的社会原因。近代中国严重的民族危机、亡国灭种的紧迫感、清政府的政治昏聩，引起了绅士阶层的分化。甲午中日战争使严重的外患和黑暗的内政充分表露，它引起异常强烈的社会反响，“可哀哉中国，可怜哉中国！中国自甲午中东一役，以庞大之中国竟不能敌蕞尔一日本”[①]，以致“国威丧削、有识蒙诟”[②]。民族灾难和耻辱比任何说教都更为有力，它终于使人们懂得了“国事败坏，由于朝政昏谬”[③]，“政府既无可望矣”[④]，它终于使绅士们从封建政治文化的氛围中解脱出来，从事实实在在的事业——实业。这些绅士有着不同的等级身份，有着不同的个人生活历程，却又有大体相同的深邃执着的社会见识，这是社会历史运动的力量作用于人的个体的顽强表现。正是在绅士们不约而同的实践活动中，隐现着人类一直以来探求的历史发展的必然。

近代中国的社会历史条件，对于任何阶级和阶层都是同样的，但绅士阶层首先具备了分化的条件。

当一个民族、国家受到文明程度较高的外国的军事、经济、文化侵略时，首先觉醒者是知识阶层。只有具备了一定的文化水平，才有可能对两种交锋的社会进行真正的横向比较，才不至于

---

① 《说中国》,《大公报》1902年12月30日。
② 张怡祖编:《张季子九录·教育录》卷三,第15页。
③ 黄濬:《花随人圣庵摭忆》,香港亚东学社1965年,第12页。
④ 《论中国改革之难》,《东方杂志》1904年第4期。

永远囿于“蛮夷”或“奇技淫巧”的成见。状元张謇就是通过中外对比，洞悉中外大势，认识到“图存救亡，舍教育无由，而非广兴实业，何以取资以为挹注？是尤士大夫所当兢兢者矣”[①]，才能“推原理端”，认识到“不得不营实业”[②]。旧文化是新文化得以发展的基础，即便前者是传统的封建文化。梁启超在《论中国之将强》中满怀希望地说：“其灼然有见于危亡之故，振兴之道，攘臂苦口，思雪国耻者，所在皆有。”“后起之秀，年在弱冠以下者，类多资禀绝特，志气宏远，才略沉雄。嗟呼！谓天之不亡中国也”。[③]梁启超所言足以说明社会注意力一般是集中于知识阶层的。近代社会是走向开放、联系广泛的社会，从“老死不相往来”到梯山航海，知识也就愈见其功用。

在传统农耕社会，劳动群众绝少有接受文化教育的权利和机会，“穷陬僻澨，蠢如豕鹿，姓名不能书，条教不能读者，吾反见其如林鲫也”[④]，“中国人之识字者，通国约计，亦不过十之一二”[⑤]。劳动群众缺乏知识文化的现状，自然突出了具有文化知识的绅士阶层的地位和作用。《湖南各县调查笔记》对劳动群众的知识状况，有个大致介绍：“（安化县）民众之识字者，不过十之二三。”“（常宁县）全县人民，平均能识字者，不过十之一

① 张怡祖编：《张季子九录·教育录》卷四，第23页。
② 张怡祖编：《张季子九录·教育录》卷三，第15页。
③ 梁启超：《论中国之将强》，收入汤志钧、汤仁泽编：《梁启超全集》第一集论著一，中国人民大学出版社2018年，第204页。
④ 孙学修：《乡学篇》，《时务报》第32册，第537页。
⑤《开民智法》，《大公报》1902年7月21日。

二。”“（汝城县）野老村夫，不识字者约十分之七八。”[①]

湖南并非全国文化最落后的地区，而且这已是民国初年的统计情况了。清末，随着立宪运动的发展，人们才注意到民众知识水平低下的严重危害。劳乃宣说：“距地方自治成立，近者二年，远者五年，为选民者必须二十五岁以上能识字之人，目下各省乡民往往阖村无一识字之人，自治从何办起？”[②]立宪、自治需要知识，办企业、兴学堂需要知识，这自然成为绅士们专为之事。这种社会历史玉就的，不可骤然改变的因果关系，决定着阶层分化的选择范围。

绅士阶层具有首先接触西方先进科学文化的条件，具有传播、改造、发挥这种文化的能力和手段。无论是游学外国，还是就读于新学堂，绅士阶层享有优先权。湖北武备学堂“自开办之日至今已及七年，前选取入堂之举贡生监，文武候补候选员弁以及官绅子弟来学，其成材者实不乏人”[③]。各地选送留学生，也是尽先照顾绅士。[④]所谓“民间识论，恒随士子为转移”[⑤]，也就在于绅士还是知识阶层的优势。

而且明末清初形成的反清意识，也在绅士阶层中通过社会文化意识形态顽强地延续着。近代许多举贡生员就是在《明季稗

---

① 曾继梧等编：《湖南各县调查笔记》下，长沙和济印刷公司1931年，第60—88页。

② 赵尔巽编：《宣统政纪》卷二六，辽海书社1934年，第1页。

③〔清〕端方：《端忠敏公奏稿》卷三，第393页。

④ 参见《四川学政吴奏设立学堂以备游学而广师范折》，《东方杂志》1904年第1期。

⑤ 罗惇曧：《庚子国变记》，神州国光社1946年，第361页。

史》《痛史》《扬州十日记》[①]的刺激下激发了反清思想，逐步走上推翻清王朝的革命道路。

从根本上说，绅士阶层是地主阶级一部分，但绅士又是成分比较复杂的一个阶层。绅士中有终生不得出仕者，也有主持正义被革职回籍者，还有因教案戴罪落乡者……这一阶层时常同清朝统治者发生矛盾。近代中国阶级矛盾和民族矛盾的尖锐化，也加深着官绅之间的裂痕。20世纪初期，官绅冲突已发展到不可调和的地步。《大公报》公然发表文章，提出官吏不能把持地方行政，而应授诸绅士，认为“我中国之所以弱，由官吏代治而弱也”[②]。在广东，因筹办粤汉铁路，绅士与官府屡起冲突。[③]天津督署会议厅召开的关于咨议局议决案的会议上，由于绅士人数只占三分之一，绅士们极为不满，同官府发生龃龉。[④]上海实行地方自治，绅办巡警着警服入城都不被官府许可。[⑤]因此，官绅间的矛盾冲突不仅有增无已，而且已具有了新的内容和特点。绅士阶层既是地主阶级的一部分，又同清朝统治者发生矛盾冲突；既欺压鱼肉劳动群众，又时常和群众结合共同反抗官府。这种两面性特点，正是绅士阶层处于官与民之间的“中等社会人”地位的反映，这使绅士阶层在新的历史条件下，具有走向分化的最大可能性。

---

① 参见中国人民政治协商会议全国委员会文史资料研究委员会编:《辛亥革命回忆录》四,第67页。

② 《论地方自治》,《大公报》1905年11月2日。

③ 参见《东方杂志》1906年第2期。

④ 参见《官多绅少》,《大公报》1910年12月6日。

⑤ 参见吴桂龙:《清末上海地方自治运动述论》,收入中南地区辛亥革命史研究会、湖南省历史学会编:《纪念辛亥革命七十周年青年学术讨论会论文选》下,中华书局1983年,第414页。

尤其在义和团运动失败后，清廷屈从于帝国主义，大肆镇压人民反帝斗争，绅士阶层也未能幸免。“地方绅民胁从伤害教民之人，虽宽其死罪，却不得无过。”[①]在湖北襄阳，参加义和团运动的绅士受到不同程度的惩治：朱广林、赵文源等八人被革除顶戴，冯国士等二人永远监禁，李隆斋等二人顶罪监禁，其余绅士则应“接待教士，会面赔礼”[②]。当时，从反洋教斗争到义和团运动，各地都有绅士参加，《论中国停试事》中说：“盖向来中国仇视洋人之事，由士林中人主谋者十居八九。”“此次凡谋与洋人为难者，非进士，即举人，非举人，即秀才，从未闻无功名之士，能煽动愚民，为其效力者。”[③]其结果是绅士们由此受到不同程度的压迫。然而，“愈压则反激烈”，“愈摧则愤变愈捷”，中外反动势力的镇压，也促使绅士们走上反帝反清道路。

在阶级斗争日趋激烈的政治舞台上，绅士阶层受到各种政治力量的关注。清廷为绅士们创造条件，把他们送入各类新学堂，尽量先为自己的统治培养人才。“选派学生出洋游学，但取举贡生监而学童不与。”[④]在“科举初停、学堂未广”的时期，绅士们总是优先进入各级学堂，如湖南达材学堂“专收举人五贡入堂”，景贤学堂也是“取通省中年以上生员入堂”。[⑤]至于师范和法政学堂，一般都限定在“举贡生监内考选”[⑥]，如两江法政学堂“专

---

① 中国历史研究社编：《庚子国变记》，第238页。
② 中国历史研究社编：《庚子国变记》，第290页。
③ 中国历史研究社编：《庚子国变记》，第297页。
④〔清〕樊增祥：《樊山政书》卷一四，第398页。
⑤ 刘锦藻：《清朝续文献通考》卷一〇三《学校考十》，第8614页。
⑥ 沈同芳编：《江苏学务总会文牍》，第23页。

收宁属三十六州县举贡生员及宁属候补人员”[①]。有的学堂则专为绅士设立别科、特班。[②]清廷“分学科，招绅班”[③]，其主旨是把绅士培养成稳定自己统治秩序的人才。

革命党人在实际斗争中，也十分注意联合地方绅士。浙江党人在白云庵会议中制定行动计划，一是运动新军，二是运动学界和地方绅士。上海同盟会响应武昌起义，也决定“联络商团，媾通士绅为上海起义工作之重心”[④]。有的革命志士甚至认为：“联合会党不如从地方士绅、富商大贾及青年学生入手。”[⑤]

至于立宪派，诚如前述，它的主体就是分化了和正在分化的绅士阶层。

在20世纪初年，加速绅士阶层分化的还有两个重要因素，就是清朝仕途壅塞和科举制的废弃。在科举制度支配下，举贡生员疲精死神于功名，博取功名在于出仕。但清季“捐纳、保举两项得官较易”[⑥]，这对举途士子出仕极为不利。由此，“流品混淆，奔竞百出……”[⑦]江苏省“内外……候补道道员乃至二百余人之多，殊骇听闻”[⑧]，江西“仕路近来尤拥挤不堪”[⑨]，浙江仕途“自道府五倅以及牧令佐杂各班，均甚拥挤，品类不齐”[⑩]，山东

① 〔清〕端方：《端忠敏公奏稿》卷一一，第1353页。

② 参见刘锦藻：《清朝续文献通考》卷一八〇《学校考十五》；《大清宣统新法令》第1册，第43页。

③ 赵尔巽编：《宣统政纪》卷二，第15页。

④ 中国人民政治协商会议全国委员会文史资料研究委员会编：《辛亥革命回忆录》四，第48页。

⑤ 贺觉非：《辛亥革命武昌首义人物传》上册，中华书局1982年，第204页。

⑥⑦⑧ 〔清〕端方：《端忠敏公奏稿》卷七，第891页。

⑨ 《外省新闻·江西》，《大公报》1902年9月9日。

⑩ 《时事·浙江》，《大公报》1905年9月28日。

也是“候补正佐各员，计逾千数，无所事事者，或不免酒食征逐；居常鞅鞅者，甚至于奔竞钻营……”[①]《大公报》颇有感触地嘲讽济南有三多：“柳暗花明风俗淫荡多；人力车多；道员多，以至司道官厅几无坐处。”[②]官途壅塞是政治衰败的表现，它促使士子们只能抛弃功名找寻新的出路。

由于科举废除，各省数万举贡，数十万生员[③]，在社会进步的强制作用下，不得不四方觅食，自寻生路。清末举贡生员大批涌向新学堂，从事实际工作，谋求新的职业出路，正是废除科举的必然结果。20世纪初，即使是属于同一阶层，也显示着鲜明的时代差异。清末许多年轻的绅士一走向社会，就受到近代思想文化的影响和启示，受到社会变动发展的刺激和推动，他们已拥有了属于自己的时代了。1902年浙江乡试，就有考生即堂“演说自由民权各种新理，环而听者如蜂屯蚁聚，几将堂前栅栏挤倒”[④]。他们追求的是争当这一时代的主人，而不是甘为封建时代的臣属。因此，中了举人的吴禄贞没有回乡做绅士，而是走向民主革命道路。[⑤]

造成阶级分化的社会原因和历史条件是多方面的，也是相互联系、互为因果的。从甲午战后到辛亥革命是上述诸条件和因素充分发生作用的时期，绅士阶层的分化也就在这一时期充分展开。

---

① 袁世凯：《设课吏馆片》，收入廖一中、罗真容整理：《袁世凯奏议》上，天津古籍出版社1987年，第311页。

② 《外省新闻·山东》，《大公报》1905年2月24日。

③ 参见《政务处奏酌拟举贡生员出路章程折》，《东方杂志》1906年第4期。

④ 《外省新闻·浙江》，《大公报》1902年9月30日。

⑤ 参见黄季陆主编：《革命人物志》第6集，第330页。

虽然历史发展的转折并不只表现为一次，但对于一个历史时期的某个阶层来说，造成其走向分化的历史机缘却可能只有一次。历史毫不留情：已经分化者，踏上新的道路；正在分化者，还在抉择前程；冥顽不化者，只能同历史的沉渣合流并存。不过，拥有身份和乡土权势的绅士阶层，却处于日趋衰退的历史进程中。

下编

第十一章 何谓“绅董”——晚清基层社会治理机制的历史演变

“州县地大事繁，不能不假手于绅董，宪札亦令督董办理，原恐书吏侵蚀故也。”[①]作为国家权力最末端的州县官，如果要实现对地方社会的有效治理，实现政府与社会对接运行的机制，绅董乃其关节之处。所谓“绅董无不倚官为护符。而官之贪婪者，亦无不借绅董为绍介”[②]，因而在晚清推行地方自治的制度转型的规章中也特别明确规定：“向归绅董办理”[③]的地方事务属于地方自治内容。这在一定意义上提示着，绅董不仅仅是一个地方治理主体力量的称谓，也是具有一定规则的社会运行体制。

以往的研究受限于社会阶层或社会分层视域的制约，大都以“绅治”或“乡绅”话语[④]概而论之，未能真正揭示基层社会治理

---

① 《上各大宪请拨种棉经费禀》，收入〔清〕阮本焱：《求牧刍言（附：谁园诗篇稿）》卷二，“近代中国史料丛刊”第27辑，台湾文海出版社1966年，第76页。
② 白莲室主人：《绅董现形记》，1908年，第3页。
③ 《湖南地方自治筹办处第三次报告书》（清宣统间铅印本），收入李铁明主编：《湖南自治运动史料选编》，湖南师大出版社2009年，第2页。
④ 参见吴晗、费孝通等：《皇权与绅权》；费孝通：《中国绅士》，中国社会科学出版社2006年；张仲礼：《中国绅士》；徐茂明：《江南士绅与江南社会（1368—1911年）》，商务印书馆2004年；王先明：《变动时代的乡绅：乡绅与乡村社会结构变迁（1901—1945）》，人民出版社2009年。

的主体力量及其运行机制。通常所称的绅士，只是一个具有功名（等级）身份的人数众多的群体（阶层），并非获得绅士身份就可以直接跻身地方社会公共事务管理者行列。事实上，只有被推举（或选举）为地方各级和各项事务的总董、董事者（如乡董、城董、团董、局董、学董、渠董、仓董等），才真正成为地方社会事务的掌管者。绅董形成的基本规制，以及其对于地方社会建设和公共事务管理的机制如何，其基本规制和内容在近代以来的制度性变迁中发生怎样的变动，等等，都是值得深入探讨的问题。

一、绅董与官役制

何谓绅董？辞典的权威解释为："绅士和董事。泛指地方上有势力有地位的人。"并列举二例加以阐释：其一为"《文明小史》第五三回：'那买办为着南京地方情形不熟，怕有什么窒碍地方，说必得和地方绅董合办，方能有就。'"其二为"鲁迅《准风月谈·同意和解释》：'至于有些地方的绅董，却去征求日本人的同意，请他们来维持地方治安，那却又当别论。'"[①]将绅董解释为绅士和董事的合称，在字面意义上是贴切的，但这一诠释却与历史事实和本来的指称内容相去甚远。1930年代，上海现代书局曾刊行谷剑尘的《绅董》剧本，对于绅董人物有一个鲜活而形象的描述。剧本主人公范之祺是留学生出身，并以银行及纱厂经理地位而成为著名绅董。范之祺的身份及其出身显然不符合"绅士和董事"。

① 《汉语大辞典》第九卷，汉语大词典出版社1992年，第780页。

如果说民国时期由于社会政治制度的更易，会导致传统称谓内涵及其指称对象发生变化的话，那么光绪年间出版的社会小说《绅董现形记》中的描述，则应能准确地表达晚清时期关于绅董的一般认知。书中描写，梧县的查延宾科考成功，“点了翰林”之后，却不想在京城做个低三下四的小清官，一心要回乡做一个“尊无二上”的绅董，几番运作后，即获办理学务照会，“请他为办学的总董”，此后他又为商会会长并兼任团练局总董，遂成为一邑之大绅董。[①]晋绅刘大鹏日记记述：“晋祠一带生意近立一名目，凡出钱票之家，有人凭票取钱，而该号于每千钱少付五六十文，谓之‘快钱’，乃不肖绅董尚为巧饰其词，致人民受困，此亦世道之大不幸也。”[②]不难理解，上述绅董，是对具有特定地位和权势人物的特指，并没有“绅士和董事”合称的意义。

那么，绅董的确切所指是什么？晚清时期《申报》上《绅董不可轻信说》一文可以为我们提供更明晰的含义：

> 近来州县官有欲自拔于庸庸碌碌之中，求获好官之名，往往寄耳目于绅董。其意固以为绅董素知地方利弊，人情好恶……则似乎听差役不如听绅，凭家丁不如凭董事，其贤不肖之相去已不啻天渊矣……今夫近时之为绅董者，吾知之矣。其先不过乡曲中武断横行，尚不匪虎之威也；百计千方，钻营谋控，忽焉而延之为某善堂董事，则得计矣。

---

① 参见白莲室主人:《绅董现形记》,第12—77页。
② 刘大鹏:《退想斋日记》1908年1月20日,第164页。

> 无论所谓善堂者，其中经费可以惟彼所欲，为侵吞挪移，莫知究极……地方绅士果其德隆望重者，往往不肯预闻外事。如前数年潘大司空居苏垣，杜门不出，此其征也。彼纷纷扰营，干各善堂董事，借此以亲近地方官者，必其有所求于官者也。吾尝谓：绅士请托公事，例禁甚严，所以杜渐防微者，可谓至矣。而无如绅董，则不避嫌疑；官亦不知律意，下车伊始，即有绅董迎迓。若书役之接差，门上之手版朝投，袖中之公事夕至，其弊可胜言乎？①

就文中所言可知，即使身份和官职甚高的地方绅士，如无地方公共事务之职责，亦非绅董。所谓“地方绅士果其德隆望重者，往往不肯预闻外事”，只有那些“百计千方，钻营谋控，忽焉而延之为某善堂董事”的绅士，才能进入所谓的绅董之列。

咸丰时期因应乱局，各地均成立团练以靖地方。“每县各有练局委员，绅董主其事。”②因此，地方官周知地方形势之重要事项，即是与绅董沟通，“地方牧令，形势不可不熟也。各村各团之绅董，皆有簿籍，俾得随时访察”③。此处所指绅董，实为一个地方社会特定权力职责者，亦非绅士和董事的合称。以下我们可以用三个不同时段的史料详细说明。

---

①《绅董不可轻信说》，《申报》1888年7月17日。

② 伍承乔编：《清代吏治丛谈》卷三《团练害民》，“近代中国史料丛刊”第2辑，台湾文海出版社1988年，第574页。

③〔清〕方宗诚：《鄂吏约》，收入〔清〕盛康编：《清朝经世文续编》卷二五《吏政》，第272页。

其一，道光年间，林则徐关于通州治河折中提及，“知州督率委员绅董，劝谕捐修。首先知州捐廉，劝谕绅董捐挑，一律挑深三尺”。此后，各乡董事或开始挑柴至南沙河界。[①]此处所言绅董是特指，并与“各乡董事”相区别，表明绅董是高于各乡董事的人物，显然不能解释为“绅士和董事”。

1882年12月《申报》转载《京报全录》，内中记述巡视中城工科掌印给事中臣国秀所上奏折，折中提及“按照历保成案，拟保首先司坊官三员绅董五员”事。其中五员绅董在折中分别又称之为：北城绅士董志敏（候补知县）、南城绅士房毓璋（候选教谕）、南城绅士李振钧（议叙县丞）、北城绅士宁师张（候选知县）、中城绅士杨逢篁（议叙知县）。他们都是以绅士身份出任五城水局的董事者[②]，亦即董理地方公务的绅士。

其二，1901年八国联军占领天津期间，天津都统衙门第105次会议决定在津城分设五区，并由各村镇务于“本月25日之前举荐三名绅董”，负责维护各村镇的秩序及安宁。[③]对此，《大直沽敉乱记碑文》记述，由绅董王聘三、刘镙斋、李穉香、李高贵请都统衙门派巡捕维持治安。其中绅董王聘三、刘镙斋、李穉香分别是大直沽村烧锅“义丰永”“义聚永”“同兴号”的经理，而李

① 参见《林则徐全集》奏稿六《通州捐挑河道片》（道光十六年），海峡文艺出版社2002年，第340页。

② 参见《巡视中城工科掌印给事中臣国秀等跪奏为遵保获盗出力之司坊绅士仰恳恩施，以资鼓励事》（光绪八年十月十一日京报全录），《申报》1882年12月2日。

③ 参见刘海岩、郝克路选编：《天津都统衙门会议纪要选》，收入庄建平主编：《近代史资料文库》第六卷，上海书店2009年，第514页。

高贵是村正。[①]1904年《大公报》所载《天津县示》中革除的“不肖绅董”即担任村正的乡绅王文宗。[②]以上提及的绅董，都不是绅士和乡董的合称，而是指管理乡村事务的乡绅董事。这不是一个身份的标示，而是具有实际职权的社会职位（但不是官位）。

光绪三十一年五月，直隶曾选派44名绅董游学日本，“考察学制，借资取法”，各州县选送绅董多则6人（如天津），少则1人（如宁河、房山等），他们都是拥有科举功名并董理地方公务的人员。[③]这里绅董，用以指称的是每一位被选派者。

其三，1910年长沙米荒时，湘抚设立由绅董掌管的禁米局。据藩司“说明书”可知，禁米局设于商会，置总董、董事，并于各地立分局，征收捐款。其中第六条规定：投票选举绅士为董事，每局选定二人，董事每月各支薪水。第七条中特予说明：“绅董职任已于第六条内叙明；至权限一节，应实守调查米数宗旨，一切局事该董事等均不得干预。”“绅董经费已详载第六条内。”[④]

以上史料表明，从道光至宣统的相当长的历史时期内，在正式的官方文献中，绅董是一个特指的称谓概念，并且也是相对稳定的一种表述，其含义实指为“董理地方公务的绅士”，即“若

---

① 参见林开明整理：《大直沽救乱记碑文》，收入庄建平主编：《近代史资料文库》第六卷，第536—538页。

② 参见《天津县示》，《大公报》1904年10月20日。

③ 参见《本处第一期先后选送游历游学绅董呈文二件》（光绪三十一年五月），《教育杂志》1905年第7期。

④ 〔清〕赵滨彦：《湘藩案牍钞存·拟稽查禁米局全案总说明书》，“近代中国史料丛刊”续编第31辑，台湾文海出版社1974年，第666页。

得公正绅耆董理其事”者。[①]

值得我们特别关注的是，“谓事由局而不由县，公在绅而不在官”[②]的绅董治理模式，并非清王朝建政立制时的制度性选择。明清易代后，乡村治理体制大体因袭明制而有所取舍。“清代在州县以下不设正式行政机构，各种乡里组织大致可以分为两类：其一，办理乡里社会自身事务的各种常在性或临时性会、社；其二，办理各种官府事务（即所谓‘政教之下于民者’）的组织。”[③]清前期亦曾有设乡官之议（雍正七年御史龚健即奏请添设“乡官”），“取本乡之人以资治理”。但此议旋即被鄂尔泰所否定：

> 如牧令得人，则此等人原俱可以助其不及，而进其不知，即乡进士、举贡、生监内品行才德之选，亦未始不可以资耳目而益心思，是不必增乡官，而堪以佐理者其多。设使牧令不得其人，则虽贤能乡官，亦原不能主其事，或遇不肖乡官，且适足济其恶。且乡官既应设，则佐贰可裁，佐贰不可裁，则乡官为冗。臣愚以为该御史请设乡官之议，似不可行者也。[④]

---

① 参见《咸丰朝东华录》卷一九，收入罗尔纲：《湘军新志》，“近代中国史料丛刊”续编第95辑，台湾文海出版社1983年，第22页。

② 〔清〕刘蓉：《复温邑宰书》，收入〔清〕葛士濬辑：《皇朝经世文续编》卷二一《吏政六·守令》，第589页。

③ 魏光奇：《有法与无法：清代的州县制度及其运作》，商务印书馆2010年，第382页。

④ 〔清〕鄂尔泰：《议州县不必设副官乡官疏》（雍正七年），收入〔清〕贺长龄编：《皇朝经世文编》卷一八《吏政·设副官乡官疏》，第686页。

在清前期乡制运行的制度框架中，极少见到直接由绅董操持地方事务的情况。据顾如华《西台奏疏》所记顺治十六年间有关地方报荒、蠲免事项看，所主要依托力量“半是分委佐贰，或依凭该村地方保正”[①]。雍乾之时，即使属于地方救灾事务的社仓管理，亦是选取“殷实老成之人充为社正社副，董理收放”[②]，而社长之任不过“视同传舍，寅接卯替……一年一换，需人过多。惟凭乡保举报，按户轮当，遂多任非其人”[③]。这与明代“该用赈济稻谷若干，就令该图里长领去粜卖”[④]的惯制基本相同，这是以“职役制”[⑤]为主导的基层社会控制体制。“动行乡约、社仓、保甲、社学，纷纷杂出”[⑥]，无论里甲、保甲还是乡约、里老之选，虽亦被赋予“皆民之各治其乡之事”，其名分地位甚为低下，不过为官之差役。其名目在各地虽略有不同，其总体职能和地位却一仍其旧，“或差役，或雇役，或义役”，是一种将基层社会完全置于官府管控之下的治理体制——“官役制”[⑦]而已。

---

① 〔清〕顾如华：《西台奏疏》，“近代中国史料丛刊”三编第46辑，台湾文海出版社1988年，第18页。

② 〔清〕岳濬：《议社仓与古异同疏》，收入〔清〕贺长龄编：《皇朝经世文编》卷四〇《户政十一》，第1433页。

③ 〔清〕李湖：《酌定社长章程疏》（乾隆三十年），收入〔清〕贺长龄编：《皇朝经世文编》卷四〇《户政十一》，第1436页。

④ 〔明〕章枫山：《与许知县》，收入〔明〕陈子龙：《明经世文编》卷九五，中华书局1997年，第839页。

⑤ “甲长乡正之名，近于为官役”，见张惠言：《论保甲事例书》，第2468页。魏光奇称之为“乡役制”，见魏光奇：《有法与无法》，第383页。

⑥ 〔清〕陆世仪：《论治邑》，收入〔清〕贺长龄编：《皇朝经世文编》卷二二《吏政八守令中》，第811页。

⑦ 林建：《中国乡治史观》，第25页。

那么“督率绅董切实办理”[①]地方公务的治理模式，又何以形成，何时得以建构呢？

二、“绅董主其事”——基层治理机制的形成

“国初以来，例不用绅”[②]的惯制被打破，而形成“每县各有练局委员，绅董主其事”[③]治理机制的历史性变动，大致发生在咸同之际。“自咸同以来，克复疆几，赞成庙略，半皆出于诸生，不用之说，久已废搁。”[④]

一方面，因战乱兵事之需，各地设立专局，咸以绅董主其事。丁宝桢谓：“川省自同治初年，本省邻省军务紧急，各处征兵防剿，地方供给兵差，始创设夫马局，由地方官委绅设局，按粮派钱，预备支应。”[⑤]两江总督曾国藩于同治初年《报销安徽省抵征总数疏》中也称：

> 自楚师入皖……各州县支应兵差，款项无出。每立公局，按亩捐钱，以绅士经理其事。民捐民办，从不报销。日久弊生，县官不能过问，绅士亦互争利权，征求无度，百姓苦之……兵革之后，册档全失，丁漕混淆，遽征钱漕，

① 〔清〕张之洞：《札东臬司饬东莞等七属遵办清厘匪乡》，收入赵德馨主编：《张之洞全集》五《公牍·咨札》，吴剑杰、周秀鸾等点校，武汉出版社2008年，第118页。

②④ 《拟上某宪整顿绅董书》，《丽泽随笔》1910年第9期。

③ 伍承乔编：《清代吏治丛谈》卷三，《团练害民》，“近代中国史料丛刊”第2辑，台湾文海出版社1966年，第574页。

⑤ 〔清〕丁宝桢：《裁撤夫马局疏》，收入〔清〕盛康编：《清朝经世文续编》卷三八《户政·赋役五》，第416页。

> 竟无下手之处。当经善后总局议以亩捐之法，参用正供之意，查明各处熟田，按亩捐钱四百文，给予县印串票以抵正赋，名曰抵征。一切收解动用，官为报销。兼设绅局，襄办清查粮亩。①

此举措原属“万不得已之举”，不料竟演化为平时规制。“迨后军务肃清，兵勇大半遣撤，而各厅州县积习相沿，仍借支应兵差名目，任意苛派……较正供浮多加至数倍。地方官以此为应酬入私之具，局绅以此为迎合渔利之阶。小民脂膏，半入官绅私囊。二十余年，视为固有。”②

太平天国失败后，晚清时期地方所设的各种局、所激增。“这里是官员、士绅、商人一起工作和交换意见的最重要的地方。例如1860年代，在上海海洋运输局的‘士绅帮办’中，就有像胡光墉这样的商人官员，还有像王萃元、王承勋这样的士绅地主。上海的另一些局包括：巡防局、厘捐局、保甲局、洋务局、清道局、文庙所扫局等，总计多于50个。”③不仅专项事局的设立如此，即使地方社会常设的救助机构如善堂、济养堂等，也强化了绅董管理模式。上海“‘善堂’是官员、商人、士绅领袖之间会面、沟通信息以及互相合作的另一个重要场所，在《上海续县志》

① 〔清〕曾国藩：《报销安徽省抵征总数疏》（同治三年），收入〔清〕盛康编：《清朝经世文续编》卷三六《户政》，第383页。
② 〔清〕丁宝桢：《裁撤夫马局疏》，第416页。
③ 《上海县续志》卷二，转引自梁元生：《上海道台研究：转变社会中之联系人物（1843—1890）》，陈同译，上海古籍出版社2003年，第146页。

中，有22个善堂董事的小传，其中13人有商界背景，只有11人原来是士绅学者或官员”。①

另一方面，镇压太平天国后清政府面临地方社会秩序重建的困局。江南地方“自粤乱后田地多荒废”，尤其“江宁、镇江、常州三府暨扬州府之仪征县，被兵最重，荒田最多……同治三年，军务平定，随时设局招垦”②。依凭“官役制”架构中的组织资源（保甲、里甲乃至乡约），显然无法实现地方社会秩序的重建，即便朝廷一而再、再而三试图强化的保甲制，也只是官员对上的呈文功夫，其实效却是：

> 近代以来，奉行鲜有成效者……因地方官疲于案牍，不能不假手书差，而一切工料饭食夫马之资，不无费用。大约书役取给于约保，约保集之甲长，甲长索之牌头，牌头则敛之花户。层层索费，在在需钱，而清册门牌，任意填写，以至村多漏户，户有漏丁。徒费民财，竟成废纸。③
>
> 今大乱之后，民户死绝流徙，册籍难稽。僻壤远乡，避抗成习，非一二书差所能承办也。④

---

① 参见梁元生：《上海道台研究：转变社会中之联系人物（1843—1890）》，第146页。

② 〔清〕李宗羲：《招垦荒田酌缓升科章程详文》（同治年间），收入〔清〕盛康编：《皇朝经世文正续编》卷三九《户政屯垦》，第424页。

③ 〔清〕方宗诚：《鄂吏约》（同治二年），收入〔清〕盛康编：《皇朝经世文正续编》卷二五《吏政》，第272页。

④ 〔清〕吴嘉宾：《上大府条陈新章利弊书》，收入〔清〕盛康编：《皇朝经世文正续编》卷三七《户政·赋役四》，第411页。

因此，一定程度上摆脱既有的“官役制”，“不令书役干预”[①]，转而倚重于绅耆成为地方官重建地方社会秩序的必然选择。地方社会秩序重建之大要有数端：一是正经界，以清丈地亩；二是定限制，核实“叛产”、绝产概令充官；三是缓钱粮以苏民困；四是定租谷以息纷争。[②]为此，地方官延绅设局以主其事：“由总局颁发执照，设分局以专责成。各州县选择公正明白绅耆二三人，户工书吏各一人，书手一二人，设立分局，丈量地亩，册记登录，颁发执照。”[③]

刘汝珍《上浙江论清粮开荒书》直言：咸同以后，绅董在地方社会的作用日见其重。

> 兵兴以来，百姓之失业多矣，国家之赋税缺矣……且谬意，此办事之绅董，不必他择也，即取之粮户耳；公正区长，不必他择也，亦即取之粮户耳。同此管业之粮户，其秀而文者为绅董，其朴而愿者为公正区长弓手诸色。此无异以己之财力，办一己之事，而游手无业之人，初不得冒充入局也。[④]

由此或可推断，咸同之后地方治理中的一个重大变动便是基层社会

---

① 〔清〕方宗诚：《鄂吏约》（同治二年），第272页。
② 参见〔清〕刘蓉：《筹办陕西各路垦荒事宜疏》（同治四年），收入〔清〕盛康编：《皇朝经世文续编》卷三九《户政·屯垦》，第434页。
③ 〔清〕刘蓉：《营田总局酌定章程》（同治四年），第435页。
④ 〔清〕刘汝珍：《上浙抚论清粮开荒书》，收入〔清〕盛康编：《清朝经世文续编》卷三九《户政·屯垦》，第443—444页。

中绅董治理机制的出现。“各村各团之绅董，皆有簿籍”，地方牧令欲察知形势，熟悉民事，须借助于绅董，方可“俾得随时访察”。[①]

“所谓经久之规者，乡约也，保甲也”的地方治理体制，在历史的演进中早已“名存而实亡矣”[②]，至晚清之际更是流弊丛生，如户口之册籍所载与乡村实态相去甚远，“今有一村数里，一巷数甲，甚有一家一户，里甲不同。河南河北，里甲牵制，插花犬牙，在在而有”[③]。此地向来户口，“每以具文从事。究其实，官捧一册，户悬一牌，亦曾何益之有哉？盖官取据里绅，里绅取据甲首，甲首取据村牌，各不任咎，存心作伪，何伪不生。观其所开户册，不守男女大小，以外别无载列。推原册状，实无所用。持以办丁户、赈饥民，而未详其贪，何以详极详次？持以理词讼，盘奸宄，而不知其名，何以知人知事？”[④]就地方社会秩序治理而言，此实为根基之所在，所谓“兴亡之途，罔不由此”[⑤]，“若不更改，如何而可？”因而，“立绅首”就成为地方社会有效治理的当然选择——“立绅首，定坐落，清户口，至此皆可坐收其益”[⑥]。

“军兴以来，各省团练民勇，有图董，有总董，大同小异，顾行之转视保甲为有效。”[⑦]许多地方出现的这种倚重于绅董进行

---

① 参见〔清〕方宗诚：《鄂吏约》，第272页。

② 〔清〕顾炎武：《乡亭之职》，收入〔清〕贺长龄编：《皇朝经世文编》卷一八《吏政》，第691页。

③④⑥ 《庚子议办渭南各镇保团事宜》，《丽泽随笔》1910年第12期。

⑤ 〔清〕顾炎武：《乡亭之职》，第689页。

⑦ 〔清〕冯桂芬：《校邠庐抗议·复乡职议》，第12页。

治理的模式，且实践成效颇受推崇，断非地方官员个人好恶偏向所致，显然也有其制度性原因。对此问题孙诒让曾有所指陈：

> 今中土县邑，大者数百里，户盈十万，而以一县令治之，极耳目之明，竭手足之力，亦必不能周知其情；则不得不假手于架书粮书地保之属。其品既杂，率为民害，今宜一概裁革。……又多设乡正，以绅士耆民有恒产者为之，不为书吏而为绅董。则位分略高，而自爱者多。其职掌教化，平争讼，略如汉之三老啬夫之制。使百家以上，各公举一人为之，小里不及百家者，附于别里。①

首先，绅董的身份地位远高于保甲长，属于“准官员”资格。冯桂芬在《复乡职议》中曾比评二者谓：“地保等，贱役也，甲长等，犹之贱役也，皆非官也。图董，绅士也，非官而近于官者也。”这是造成保甲制之无效与绅董制之实效的重要原因之一。“惟官能治民，不官何以能治民？保甲之法，去其官而存其五四选进之法，不亦买椟而还珠乎！”因此，冯桂芬提出“复乡职”方案的实际办法就是建构绅董治理模式，即由所举正董、副董主持图里村落事务，“皆以诸生以下为限。不为官，不立署，不设仪仗，以本地土神祠为公所”②。张惠言从另一角度强调绅董治理机制优于“官役制”之所在：“甲长乡正之名，近于为官役，

---

① 孙诒让的《周礼政要》中有论清地方之弊一节，见杨天竞：《乡村自治》，村治月刊社、大东书局1931年，第42页。

② 〔清〕冯桂芬：《校邠庐抗议·复乡职议》，第12页。

不若乡设一局，以绅衿一人总理，士大夫数人辅之，谓之董事。牌头无常人，轮日充当，谓之值牌，如此，则牌头之名不达于官。”①

其后的史实表明，这种倚重绅董治理的方案相当普遍地落实在实际操作的层面，而并非只是纸本上的构想。譬如阮本焱谈及阜宁县赈灾举措情形说：

> 于城董中选择二人作为总董，谕令督同沿河各乡董、保、顺庄挨查。每乡实有极贫村庄何处，每村实有极贫户口何人……如无甚错，由县核定先期榜示某乡某庄实在极贫无力购种之某户田若干，应借给籽种若干，然后示期交董均匀散给，督令种入……②

其次，主理地方社会公务的绅董，须经过推选或选举程序——其地方权威性或认同感由此而获得。“各图满百家公举一副董，满千家公举一正董，里中人各以片楮书姓名保举一人，交公所汇核，择其得举最多者用之。”③与皇权钦命的正式权力不同，绅董不属于官方权力体系，其对于地方公共事务的权力的合法性和正当性，一定程度上取决于地方社会的认同度；而公举或选举的形式恰恰是获得这种认同的社会规制。“董事民间所自举，不为官役，又皆绅士，可以接见官府，胥吏虽欲扰之不可得

① 〔清〕张惠言：《论保甲事例书》，第2649页。
② 〔清〕阮本焱：《求牧刍言（附：谁园诗篇稿）》卷一，第76—77页。
③ 〔清〕冯桂芬：《校邠庐抗议·复乡职议》，第12页。

矣。”[①]重要的是，“正、副董与县级官员间不是长官和下属的关系，而是平等的关系”。[②]

再次，绅董设立局（所），掌管地方公共事务，并享有薪酬。按张惠言所述规制，为乡设一局，“以绅衿一人总理，士大夫数人辅之，谓之董事。牌头无常人，轮日充当，谓之值牌，如此，则牌头之名不达于官”[③]。绅董所督理者不仅局限于社会秩序或治安、户口、册籍，而且几及一切民间事务，甚至“民有争讼，副董会里中耆老，于神前环而听其辞，副董折中公论而断焉……不服则送正董，会同两造族正公听如前，又不服送巡检，罪至五刑送县，其不由董而达巡检或县者，皆谓之越诉，不与理。缉捕关正副董指引而不与责成，征收由正副董劝导而不与涉手”[④]。

由于地方事务繁简不同，具体情景有别，绅董的职务亦并无统一的规制，但其体系的基本框架却大致相近，通常设总局于县，以驻局绅董数人总领局事，复分一县为数乡，“由城董举报每乡中之稍有身家明理识事之生监为乡董，每乡统数十村，由乡董每村举报一人为村董。村无生监，则以诚实耆民充之。”[⑤]以总局绅董统辖下属乡董、村董，由此形成以绅董为主体的地方社会治理的权属体系。

---

①③〔清〕张惠言:《论保甲事例书》,第2648页。

② 参见牛铭实编著:《中国历代乡规民约》,中国社会出版社2014年,第61页。

④〔清〕冯桂芬:《校邠庐抗议·复乡职议》,第12页。

⑤〔清〕刘佳:《与郑耕畬广文书》,收入〔清〕盛康编:《清朝经世文续编》卷四五《户政·荒政》,第508页。

最后，与保甲、里甲及乡约长不同的是，绅董享有薪酬。"正董薪水月十金，副董半之。正、副董皆三年一易……见令丞簿尉用绅士礼，文用照会。"[①]当然，事实上绅董们所获收益和报酬远不止如此，"绅董每借办团横索暴敛来鱼肉平民"[②]。

"不假书役，不由现充之保甲人等，专俾绅士富户经理"[③]，绅董总率其事。"局绅专办团练，都总兼催钱粮。当其立法之初，妙选廉正绅士以充其任。上下之气既通，官民之情大洽。"[④]咸同之后，许多地方逐渐兴举绅董制，甚至一些地方还将"乡约责任从地方官吏的手里，转移到地方绅董的手里"[⑤]，遂使"诏书宪檄络绎旁午而卒不行，间行之而亦无效"[⑥]的地方社会治理借此而获得生机。

这一地方治理体制的历史性变动，导致传统乡制在管理模式上的变化，既使原本设立乡约时所定的"不许绅衿把持"[⑦]之禁荡然无存，转而设立以绅董为中心的乡约局[⑧]，也导致官府直接管控的保甲制度在相当程度上落入绅董之手。"金陵新设四乡保

---

① 〔清〕冯桂芬:《校邠庐抗议·复乡职议》,第13页。

② 罗尔纲:《湘军新志》,第26页。

③ 〔清〕徐文弼:《设卡房议》,收入〔清〕贺长龄辑:《皇朝经世文编》卷七四《兵政》,第2659页。

④ 〔清〕刘蓉:《复温邑宰书》,第589页。

⑤ 牛铭实编著:《中国历代乡规民约》,第58页。

⑥ 〔清〕冯桂芬:《校邠庐抗议·复乡职议》,第12页。

⑦ 〔清〕于成龙:《慎选乡约谕》,转引自闻钧天:《中国保甲制度》,第333页。

⑧ "城中总局邀请公正绅士经理,并设司讲二人。随同本二县,于朔望就在城乡约各所按期宣讲外,司讲等随时分赴各乡镇,谆劝公举司董乡长约副,举行乡约。"见《江苏常州府江阴县乡约局规》(咸丰五年四月),收入牛铭实编著:《中国历代乡规民约》,第217—218页。

甲，专委绅董数人办理”，以至于保甲绅董代替县衙“赴乡督率乡董代为缉拿”犯案。[①]浙江城乡甚至改定新章，将保甲局统归绅董巡办，“上中下三城，每城各以一巨绅主之，以为六假之总办。若总局中则另有一绅士统司其成”，此制之设竟使原有地保“高枕安眠，而诸绅士皆将终夜不寝矣”。[②]地方官巡查保甲事务，除依例由保甲、总巡陪同外，还须邀集“本城各堂绅董”[③]，次第抽查。故此，许多地方的基层社会已经形成了“权在绅而不在官”[④]的绅董治理机制。

需要指出的是，绅董治理并不是朝廷典章制度意义上的显性制度，它没有也不可能典制化（规范化）于朝廷文本中，而只是依存于地方特定情景而变通运行的一个机制。因此，各地局（所）乡区的绅董权属体系并不具有统一规制和范式，其具体架构确实难述其详，然其大要则不外有两个方面：

其一，县设总局或公所，入局（所）办其事者为绅董，总其事者为总董、局绅，因事之繁简设若干分理事务的分董。各乡区对应办理公务之绅董，或为图董、都董、村董，均领命于总局绅董。就地方治理权属分层而言，绅董为主导，而区村长及地保之属，不过行走办事而已。“其朴而愿者为公正区长弓手诸色。此无异以己之财力，办一己之事，而游手无业之人，初不得冒充入局也。至于庄书人，不过令其造册勾稽书算而已。”[⑤]总局绅董为全

① 《桃渡春波》，《申报》1892年3月29日。
② 《绅董巡更》，《申报》1878年12月18日。
③ 《抽查保甲》，《申报》1893年12月1日。
④ 〔清〕刘蓉：《复温邑宰书》，第589页。
⑤ 〔清〕刘汝珍：《上浙江论清粮开荒书》，收入〔清〕盛康编：《清朝经世文续编》卷三九《户政·屯垦》，第444页。

县绅董之首，在局（所）布置事项、议决公务，如庚子年间，京师五城分别设协巡公所，之上为巡防局，主持者，概称绅董。[①]这基本上就形成了绅董自主、官为督察的地方社会治理权属。

其二，绅董治理模式的出现，体现着地方治理机制的历史性变动趋向。虽然其演进的具体线索还有待进一步梳理，但大致可见其时代性差异，即咸同之际的地方社会治理模式与雍乾时已全然有别。譬如雍乾时期的义仓管理，通常“择里中老成信实者为社长，司谷之出入，收息免息，悉依前法”[②]。至乾隆五年，仍然是“社仓已选有殷实老成之人充为社正副，董理收放，似毋庸更设队长乡官名目而保簿”[③]。但是，咸同时期许多地方却采用“当社立仓之法，各归各庄，暂存富家公所，选择本乡公正绅士妥为经营”[④]的治理模式，其管理规制为“于县署二堂设局，选本城绅董四人，常住其间，总司赈务”，下辖乡区“由城董举报每乡中之稍有身家明理识事之生监为乡董，每乡统数十村，由乡董每村举报一人为村董。村无生监，则以诚实耆民充之”。[⑤]无疑，这种“地方事尽归绅董，亦非所以存政体杜弊端”[⑥]的治理模式，显然具有不同既往的时代特征。

---

① 参见庄建平主编：《近代史资料文库》第六卷，第463页。

②〔清〕孔毓珣：《议复社仓保甲疏》，收入〔清〕贺长龄编：《皇朝经世文编》卷二三《吏政》，第866页。

③〔清〕岳濬：《议社仓与古异同疏》，收入〔清〕邵之棠辑：《皇朝经世文统编》卷六十八理财部十三《储仓》，第2753页。

④〔清〕任道镕：《东省办理积谷情形疏》，收入〔清〕盛康编：《皇朝经世文续编》卷二三户政《仓储》，第4610页。

⑤〔清〕刘佳：《与郑耕畲广文书》，收入〔清〕盛康编：《清朝经世文续编》卷四五《户政·荒政》，第508页。

⑥ 庄建平主编：《近代史资料文库》第六卷，第465页。

亨廷顿认为："制度是稳定的、有价值的行为的再现模式，组织与程序会随其制度化程度而变化。"[①]绅董治理模式虽然不构成显性制度，但也是一个地方社会内生的权力运行机制（或谓隐性制度）。就诺斯的定义而言："制度是一个社会的游戏规则，更规范地说，它们是为决定人们的相互关系而人为设定的一些制约……它是理解历史变迁的关键。"[②]

三、绅董治理范围——溢出官役体制所限

乡村治理乃国家治理之基石。"今之为治者，动行乡约、社仓、保甲、社学，纷纷杂出，此不知为治之要也。"[③]明清时期，乡村治理的制度设置名称各异、规制不一，但其大要不出乡约、社仓、保甲、社学之范围。这一官役体制下的乡村治理模式，职分明确，所谓"乡约是纲，社仓、保甲、社学是目。乡约者，约一乡之人而共为社仓、保甲、社学也。社仓是食事，保甲是兵事，社学是民信事，许多条理曲折，都在此一日讲究。不然，徒群聚一日，说几句空言，何补益之有？"[④]官役体制中的乡职人员只是奉命行事，应差服役，于地方公共事务及社会建设事业一无所为，"其流品在平民之下，论者亦知其不足为治也"[⑤]。因此，

---

① 转引自高旺：《晚清中国的政治转型：以清末宪政改革为中心》，中国社会科学出版社2003年，第162页。

② 〔美〕道格拉斯·C.诺斯：《制度、制度变迁与经济基础绩效》，刘守英译，生活·读书·新知三联书店1994年，第3页。

③④ 〔清〕陆世仪：《论治邑》，收入〔清〕贺长龄编：《皇朝经世文编》卷二二《吏政八》，第811页。

⑤ 〔清〕冯桂芬：《校邠庐抗议》，第12页。

“延绅士以通上下”[①]的绅董治理模式得以成型。

不难发现，维系地方社会秩序是绅董治理机制创立的出发点。嘉庆年间，川楚“教匪”蔓延，朝廷“令民团练保卫，旋即荡平……若得公正绅耆董理其事，自不致别滋流弊，即地方间有土匪，一经约束，亦将去邪归正，共保乡闾”。地方社会秩序维系和治理“均归绅耆掌管，不假吏胥之手”，从而获得“以子弟卫父兄，以家资保族党”[②]的功效。但事实上，作为社会（或社区）内生的公共权力体系，绅董在地方社会治理中的权力远远超越了地方保卫和维系社会秩序的界限，“凡公事之要而且大者，则惟繁冲之处居多，无论绅倡议而请于官，与官有意而商诸绅，其谋之臧否与事之难易，及经费之若何措置，于以绅之言为定。绅亦必以众绅之言与四乡合城之言禀于官而后定，则绅之言公言也”[③]。它具有相对独立于官治体系的属性，“凡一地方，常有特别之事情，一方之人，皆同其利害，而能合力以营谋。且官吏之知之也，不如其地方人士知之为悉也”[④]。其建设因地而异，受限于地方经济、文化与习俗的制约，无法纳入统一的国家治理体系。“所谓利害共同之事，在愈小之区域，则其事愈多，在愈大之区域，则其事愈少。”如道路之修筑、医院之建设，“在一市一乡，其利害固易相同也，若在一省，则不必然矣”。所以，“地方

---

① 〔清〕姚莹:《复方本府求言札子》,收入〔清〕贺长龄编:《皇朝经世文编》卷二三《吏政》,第856页。

② 咸丰三年正月癸丑谕内阁,见《咸丰朝东华录》卷一九,转引自罗尔纲:《湘军新志》,第22页。

③《论宁郡浚河专任绅董之善》,《申报》1879年5月3日。

④ 吴贯因:《省制与自治团体》,《民国经世文编》内政二,“近代中国史料丛刊”第50辑,台湾文海出版社1966年,第2096页。

治理之道，使仅集利害相同之人以谋之，则其事易举……故普通之自治事业，宜于市乡办之，而不能于行省办之”①。

地方社会公共事务繁难丛杂，晚清以来绅董在地方事务活动的内容也广受社会各界关注。我们通过《申报》中关于绅董相关活动的记述可以见其概要。检索《申报》从1872年5月至1910年12月关于绅董的记述条文，共有1167条，其中按年代统计分别为：1870年代（1872年始）为131条，1880年代为319条，1890年代为377条，1900年代为340条。报刊为当时社会舆论之中心，它所关注的内容与社会生活在在相关。从其记述绅董相关内容数量看，呈逐年增加趋势，尤其从1880年代开始呈现大幅增长态势，如下图②所示：

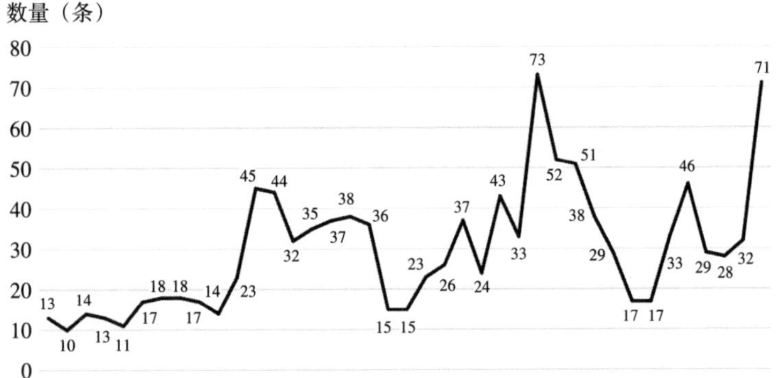

据统计，1870年代《申报》关于绅董记述年均为14.56条，而80年代后开始激增，1880年代年均31.9条，1890年代年均为

① 吴贯因：《省制与自治团体》，《民国经世文编》内政二，第2069页。

② 笔者根据《申报》（1872年至1910年）绅董条目检索显示的数据制作。

37.7条，1900年代年均为34条。除1870年代外，在大约30年的长程中其年均条数基本稳定。这从一个侧面显示绅董在地方社会的作用及其影响力既广泛又恒定。那么，绅董治理地方公务的内容究竟有哪些，其权力影响的具体范围有多大？这是我们需要进一步讨论的问题。

据上图可知，绅董在地方事务中非常活跃。州县之治理地方“舍地方绅董不为功”，“地方之有绅董，诚足以匡官之不逮者也。或家资殷实可以经理公款，或名望素重足以压服群情。地方公事往往官所不能了者，绅董足以了之；官所不能劝者，绅董足以劝之。且官虽亲民而民情或不能遽达，是又借绅董为之转圜，为之申诉”。[①]绅董经管事务之广，几乎涉及地方公共事务的一切方面：

> 书院有绅董也，善堂有绅董也，积谷有绅董也，保甲有绅董也，团练有绅董也。或一董总理数事，或各董共理一事。虽各处公事不同，而皆足代官分理则一也。[②]

由此可知，地方公共事务均由绅董掌管经营，如水利渠塘开放闸口[③]、地方“权衡公允”（即由绅董禀请改用十六两秤，“务必使家家户户尽换而后已”[④]）、议定工价（上海婚丧应用之吹鼓手，“经地方绅董议定工价，不准临期需索”[⑤]），甚至妇女看戏之事

①②《论严惩劣董事》,《申报》1899年9月30日。

③《疏通水利》,《申报》1898年10月21日。

④《权衡公允》,《申报》1896年5月17日。

⑤《罗夫人等需索奉禁》,《申报》1873年1月9日。

也在其管治之范围（如《申报》曾刊载“上海绅董有禀请禁止妇女看戏之举”[1]之评论）。

不仅如此，地方各行业之公务通常也由绅董经管。据《申报》记载，汉镇行帮绅董分设有油蜡帮、绸缎帮、棉花帮、广福帮、匹头帮、祥盐帮、药材帮、药土帮、记票帮、银钱帮等[2]，尤其汉口之八大行，即各立绅董经管公事[3]。

地方绅董“既为上流社会中人，当尽地方上之义务，即当享地方上之权利。欲尽地方上之义务，故不得不运动；欲享地方上之权利，故不得不谋虑”[4]。然而，绅董虽然对地方公共事务的经管治理显然有所侧重，权用所及也有轻重之分。在检索《申报》资料的基础上，我们将1900年前的相关记载略分为七类（即道路、河渠等营建，派抽捐税和地方经济事务，公事和词讼，善堂、义仓、社仓及救济，团练、保甲及地方风化维系，地方学务，其他），按年代统计所得数量，可以见其大概分布情况，如右侧图所示。

1870年代之际，绅董介入地方事务多在道路、河渠等营建上；1880年代以后，绅董们的活动更多侧重在三方面：团练、保甲及地方风化维系，善堂、义仓、社仓及救济，派抽捐税和地方经济事务。

清代地方行政事务由六部主之，在基层社会治理权属方面，无论“户口之编查，丁役之征调，赋税之课税，率掌之于户部与

---

① 《禁止妇女看戏论》，《申报》1874年1月6日。
② 参见《照抄酬谢拾遗章程示》，《申报》1874年3月5日。
③ 参见《集款赈饥》，《申报》1888年11月15日。
④ 《绅董之忙碌》，《申报》1910年2月19日。

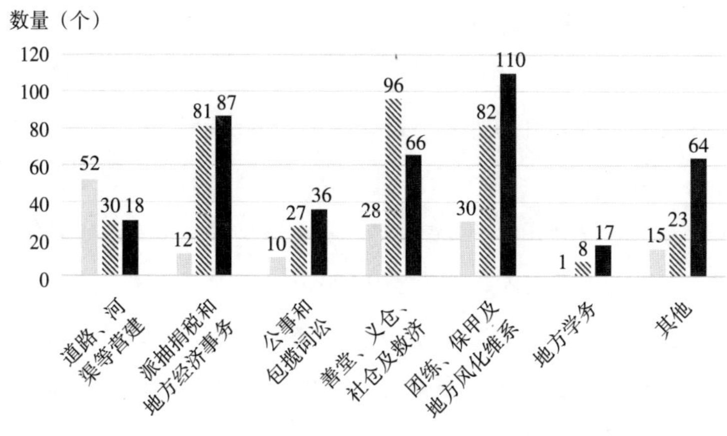

兵部。其乡村之保卫政策，重在施行保甲，以期彼此互相牵制，此其一也”①。保甲、里甲功能虽各有侧重（或归于户部，或归于兵部），然其大要不出于六政之内。然而，地方绅董之治理权属却远超乎其上，溢出了官役体制的范围。从一则南汇县告示中我们可见其大略：

> ……本县莅任以来，凡民间大小各案，无不随到随审随结……城中善堂如积谷、育婴、恤嫠、普济、宾兴、书院，亦俱会董筹商。崇实黜华，力求实济，此本县孜孜求治之意……但以百里之大，四乡之广，一人耳目，窃恐难周全，赖缙绅大夫及各乡各镇各团各图诸贤董，实力匡维，共图补救。究竟何者当兴当革，何事应猛应宽，何等

① 闻钧天:《中国保甲制度》,第203页。

> 棍徒善于滋扰，何等唆讼技量最精，何家能孝友一门，何人为乡党善士？诸绅董土著于斯自能目击耳闻，确有实见。本县自知愚暗，最肯虚衷，不妨各举所知互相商榷，当行则行，可止则止，断不致訑訑见拒，自诩才华。能得去一分弊，受一分益，减一分浮靡，得一分实惠，风俗朴纯，各安其业，岂不乐与！……本县公余之暇，仍复周履各乡，宣讲圣谕，查办保甲，密拿讼棍土棍，并与诸绅董就近商酌公务。倘有应办事宜随时在乡讯断，以期不扰不累。①

此告示表明，不仅县域之内的社会救助善堂“如积谷、育婴、恤嫠、普济、宾兴、书院，亦俱会董筹商”，各基层社会应兴应革诸务、风俗教化、社会秩序、百业维系之公共事务，均须“与诸绅董商酌”。“近来州县官有欲自拔于庸庸碌碌之中，求获好官之名，往往寄耳目于绅董。”②在国家权力与基层社会治理架构的机体中，绅董是其运转如常的铰链。“绅董为地方表率，苟有关于地方公益，自当竭力赞助。”③“故各邑各乡无不立有绅董。”④可以说，绅董在整个基层社会治理体制中扮演着关键角色。

---

①《南邑告示》,《申报》1888年2月5日。
②《绅董不可轻信说》,《申报》1888年7月17日。
③《论官绅仇视学务公所学会之原因》,《申报》1906年5月11日。
④《论严惩劣董事》,《申报》1899年9月30日。

四、绅董与治理机制的转型

《申报》以讽喻的笔触描绘了“各地方之绅董”忙忙碌碌的剪影。

> 各地方之绅董，乃因而忙甚。其未为董事而欲为董事者，于循例拜年，外以欲得票多数极力运动，其忙固弥甚。其向为善堂董事否，闻将清查公款也，翻阅其历年之报销账；其尚有罅漏否，熟计其历年侵蚀之银钱，其幸能保存否？花账又花账，画策又画策……于是营营补救外更极力运动，其忙盖尤甚……[①]

但这幅图景也映射出在地方社会事务中绅董们活络而繁忙的身姿。显然，清末新政，以及由此引动的地方治理体制转型，助推了绅董们的“繁忙”，“今天下之谈新政者，莫不曰学堂之宜遍设也，警察之宜急办也，农工商诸务之宜逐渐扩充也。是数者为育才，为禁暴，为兴利，无论智愚贤不肖，固皆知为当务之急，而不容稍延”[②]。

无论是对于中央与地方还是国家与社会，绅董参与社会治理都是不可或缺的有机组成部分。“城乡各绅董能任事者居多……董为官用则治，官为董用则否。”[③]非但如此，在晚清社会与制度

① 《绅董之忙碌》,《申报》1910年2月19日。

② 《论筹款》,《申报》1904年8月5日。

③ 《复两江曾宫保爵帅查询地方事宜禀》,收入〔清〕阮本焱:《求牧刍言(附:谁园诗篇稿)》卷三,第127页。

的变迁中，实现传统体制与现代体制榫接并促成地方治理机制转型的主体力量其实也是绅董。这一历史演进的印痕深深地烙刻在从保甲到警察的制度转型中。

在清代保甲制度兴衰的漫长岁月里，“重任绅董以严行保甲”，并在地方社会治理体系建构中形成上下统属层级，“州县有州县之绅董，一府有一府之绅董，省会有省会之绅董”，而“乡镇村落各设分董，支分派别，纲举目张”①，已经构成了保甲制度的一次重大变动。“光绪年间……统辖保甲职权之划定，各省县有保甲总局分局之设置，是皆因保甲行政，有统一指挥监督之必要，而特设之机关。”②这一变动虽然也具有制度变革的意义，但它毕竟仍属于传统体制内的变迁。而“宣统年间，新式警察制度兴，各省保甲局，渐次裁撤，保甲之主管机关既废，保甲之制，遂不见著于政令”③的变革，却是超越传统的具有近代意义的制度性变迁，其结果是以警察制取代了传统的保甲制。尽管地方社会推行的警察制度“颇有混乱而不划一”，然其主导和推助之力量却同为绅董。“各府州县之警察，大抵均归绅董办理。”④甚至一些地方试行的官办警察后来也明确改归由绅董管理，如：

> 拟请鄂督将汉口警察改归绅办，其章程须各商公举一公正绅董素有名望者为总理，另选举各帮商董若干人为协理，

① 《论近日江浙等处诘奸禁暴宜以重任绅董以严行保甲》，《申报》1897年6月6日。

②③ 闻钧天：《中国保甲制度》，第223—224页。

④ 《论我国警察之弊及其整顿之方》，《申报》1909年9月22日。

> 招募巡兵，二千五百人成为十队，四十步地位派一个站岗兵。其收捐用人等事则责之绅，行政司法各事则操之官。[①]

此外，在晚清学制（特别是地方学务体制）转型中，绅董也是新旧体制借以完成转换对接的主体力量。“开办学堂，为作育人才之举，关系非轻，而初等小学及高等小学尤为学级始基。凡管理教授课程学级，以及酌筹经费，均应由地方公正绅董会同地方官酌筹办理，以臻妥善。”甚至一些地方绅董“并不禀明该管地方官”[②]，而自行开办学堂。清末新政虽头绪纷繁，却以警察与学堂为要务：

> 自政界维新，纷纷竞言学堂、警察矣。朝廷以此责于疆吏，疆吏以此责于州县，有能设学堂、办警察者，列优等，膺上赏。其不能者黜之、罢之而。于是为州县者，朝奉檄文，暮谈学堂；卯受朱符，午议警察，无州不尔，无县不然。[③]

其他实务方面如农工商务乃至一切新兴事业，均由各地绅董所操持经办。这一历史变动的内容最终通过清末地方自治法规的颁

---

①《警察改归绅办之先》，《申报》1907年6月22日。不仅如此，上海南市等处警察，也“向归总工程局绅董管理”。见江苏苏属地方自治筹办处编：《江苏自治公报类编（1911年）》卷四至卷六，“近代中国史料丛刊”三编第53辑，台湾文海出版社1989年，第294页。

②《示遵学务范围杭州》，《申报》1905年8月24日。

③《论乡隅学堂与警察之流弊》，《大公报》1906年4月22日。

行，逐渐制度化和法规化，并形成了整体制度的变迁。晚清地方自治制度在各地推展的具体步骤和梯度不一，但就其实质来看，却呈现出现代化的共趋性。

其一，对一向实际操持地方事务的主体力量——绅董，通过《城镇乡地方自治章程》的法令使之制度化、规范化。所谓地方自治以专办地方公益事宜，辅佐官治为主，“按照定章，由地方公选合格绅民，受地方官监督办理”，且统一区划，按规定人口数额划分城乡，统一设立镇董事会或乡董①，将绅董治理的既成事实统一在正式的制度框架之内，使之变成显性制度。

其二，将传统绅董治理的地方事务纳入地方自治范围，予以制度性确认。地方自治范围明确规定为：①地方学务（中小学堂、蒙养院、教育会、劝学所、宣讲所、图书馆、阅报社，以及其他关于学务之事）；②公共卫生事务（清洁道路，蠲除污秽，施医药局，医院医学堂，公园，戒烟会诸务）；③道路工程（修桥筑路，疏通沟渠，建造公用房舍，路灯等事项）；④兴办农工商务等地方实业；⑤地方慈善事业（救济、赈灾、保节、育婴、义仓积谷、消防、救生等）⑥地方公营事业（电车、电灯、自来水等）；⑦地方经济（筹款）等；此外还特别规定：“其他因本地方习惯，向归绅董办理，素无弊端之各事。”②

其三，分设议事会、董事会，将议决事权与执行事权分立。

① 参见《城镇乡地方自治章程》（光绪三十四年十二月二十七日），收入徐秀丽编：《中国近代乡村自治法规选编》第3页。
② 《城镇乡地方自治章程》（光绪三十四年十二月二十七日），收入徐秀丽编：《中国近代乡村自治法规选编》，第4页。

“各地举办自治，约分会议执行两机关。”[①]“议事会议决事件，由议长、副议长呈报该管地方官查核后，移交城镇董事会或乡董，按章执行。”[②]从制度设计上打破传统绅董治理机制中议行不分的惯制，同时明确规定了议事会、董事会成员任职资格与年限等。

其四，颁布《城镇乡地方自治章程》(光绪三十四年十二月二十七日)，以公民投票方式规定了议事会、董事会议董、总董、董事产生的方式和程序，将地方社会治理权力的产生和运作纳入规范化的制度建设中。[③]

“原以本地财用办本地方之公益”的惯制，既是朝廷认同绅董治理地方社会的前提，也因此成为近代地方自治制度建设的基础。宣统二年六月二十五日上谕即谓：“各地推行新政，就地筹款，如学堂、警察诸务，原以本地财用办本地方之公益，而地方自治即以此为根基。”[④]兴办新政的绅董们扩充了地方治理权力，使之远远超越了传统旧政范围；而地方自治制度的实施，则将绅董治理的传统体制转型为近代性制度。

晚清以来，基层社会治理体制发生了两次重大历史性变动：一是绅董制相对普遍的出现，弱化了官役体制的效用，并在传统制度框架中体现了地方治理机制演变的趋向；二是由传统绅董制

---

① 《论办理地方自治亟宜改变方针》,《申报》1911年3月14日。

② 《城镇乡地方自治章程》(光绪三十四年十二月二十七日),收入徐秀丽编:《中国近代乡村自治法规选编》,第9页。

③ 参见《城镇乡地方自治章程》(光绪三十四年十二月二十七日),收入徐秀丽编:《中国近代乡村自治法规选编》,第19页。

④ 江苏苏属地方自治筹办处编:《江苏自治公报类编(1911年)》卷四至卷六,第225页。

向地方自治的转型，在时代性制度更替的变动中，绅董的主体性作用隐然其间。前者之变属于传统之内的变迁，其结果是绅董制取代官役体制；后者则属于传统之外的变迁，其时代特征昭然如炬，而且其并未弱化绅董在地方治理中的主体地位与作用。“是绅董者，介乎官与民之间，所以沟通地方之群情，巩固地方之团体，不失为地方政治上之一机关者也。”[①]虽然由绅董掌控的旧的体制相继裁撤，“县自治公所成立后，乡董公所断无不即裁撤之理”，但是绅董们却在新的制度设置中获得重新定位，“况县自治公所城乡并选，乡董公所从前办事之人自必多半选入一同办事；不过向无城绅，今则兼有城绅”[②]而已。

然而在这背后，却是绅董力量的撕裂。“近观各地办理自治，大抵均与旧日地方政事，划而为二：即办理自治之绅董，亦与旧日绅董分为两派。”[③]与此同时，“今举办自治，而忽由本地绅董管理人民，故群萌反抗之志。”[④]在新旧绅董的利益冲突之上，复而叠加着民众与绅董的矛盾，遂演化成基层社会民变风潮蜂拥不绝之势。“近日自治风潮，层见叠出……无一地不冲突，无一役不因自治而起。”川沙县新政推行中形成新旧绅董势力的分裂也很典型，“一部分乡董摇身一变，成了自治会或自治公所的官员，这自然令那些落选者心中颇为不快，旧董与新贵之间的矛盾由此

① 《改良地方董事议》,《东方杂志》第1卷第6期。

② 《呈督宪遵饬录报据阳湖县乡董赵衡等呈为会议公所被撤经费另拨请御查抚批文》,收入江苏苏属地方自治筹办处编:《江苏自治公报类编(1911年)》卷四至卷六,第447页。

③ 《办理地方自治亟宜改变方针》,《申报》1911年3月13日。

④ 《办理地方自治亟宜改变方针》,《申报》1911年3月14日。

产生”[①]。这一征象，已然昭示了整个绅董阶段的结局：“铜山东崩，洛钟西应，大有不期然而然者”[②]。

晚清剧烈的社会变动所引动的制度变迁，复杂而又深刻。在大约半个世纪的历史长程中，地方社会治理的内容和体制迭经更易，具体的规制和运行机制也变化繁多。在时代性制度更易之中，绅董的力量亦隐然贯穿其中，且扮演了新旧制度转型的承接和助推力量。原本基于约定俗成的惯制规范化为新政之制度：

> 今宜著为定则。一城有总董，各地有分董，各业有业董。而总董之下，又设会计、书记二人，以治其繁剧。官长有关系地方事宜，或改良，或创设，则下之于总董，总董下之于分董、业董，开公议所，凭多数人决议，以定可否而复之。[③]

剧烈变动的是制度的形式——新旧制度的时代区分判然分明，不变的却是制度中的权力主体——绅董。他们承转其间，脉系相连地完成了地方治理体制的近代转型。

---

① 〔美〕蒲乐安：《骆驼王的故事：清末民变研究》，刘平等译，商务印书馆2014年，第229页。

② 《敬告今日筹办自治者》，《申报》1911年4月3日。

③ 《改良地方董事议》，《东方杂志》第1卷第6期。

第十二章
士绅与民变——绅民冲突的历史趋向与时代成因

近代中国带着屈辱走入了20世纪。逃亡在外的清政府尚未返回北京即在西安宣布“变法”，意图推行新政、刷新政治，以收拾人心、安度危机。然而，不仅危象蜂起的社会变乱昭示出新世纪特有的深层社会危机，而且颇具反讽意味的是，新政本身也构成了民变风潮的动因。

民变迭起不仅呼应着有组织的革命党人和立宪党人的政治吁求，成为制约和影响着20世纪初中国历史运行基本构架的因素之一，而且它自身展示出日趋清晰也日渐突出的绅民冲突，凸显着中国社会结构的深层变动。以往学界对于民变的研究更多关注的是民变的类型、参与主体的成分及其在革命条件形成中的作用等问题，而对于隐伏在民变背后的深层社会结构变动问题则甚少关注。大革命时期乡村社会矛盾的爆发以“打倒土豪劣绅”为目标而展开，并非只是国民党或共产党政治动员的结果。显然，如果乡村社会矛盾没有一个相当长期的历史累积，如果传统的官—绅—民利益关系没有发生结构性失衡，又如何揭起“有土皆豪，无绅不劣”的政治口号？从晚清“毁学杀绅”事件中形成的绅民利益冲突，到大革命岁月里“打倒绅权”的政治诉求之间，蕴含着基于社会制度变迁而形成的利益关系分化与社会的结构重构。对于重大历史事件爆发的精确理解和深度把握，应该更多地基于对孕育事变的历史的剖析。

一、绅民冲突

1900年作为一个世纪的自然转折，也是一个富含社会文化内涵的历史转折。Mary Wright认为1900年是中国20世纪一连串革命的起点。不仅1919年到1927年革命的根源在此，即使1949年以后的革命根源，有很多也要在此找寻。[①]可以说从1901年始，涌动于社会底层的民变连绵不绝，“几乎无地无之，无时无之”，它与王朝的所谓新政一起，构成晚清上层力量与下层民众作用于社会的互动态势。据现有的研究成果估计[②]，从光绪二十八年（1902年）正月至宣统三年（1911年）八月辛亥革命前夕，全国共发生民变1028起（马自毅估计为1300多起[③]）。“清末民变的年发生率超过清中期数十、数百甚至数千倍，比之甲午战争前后也有大幅度上升。”[④]从年份上看，民变主要集中在1906年（133起）、1907年

---

① Mary Wright, “Introduction: The Rising Tide of Change”, in Wright ed., *China in Revolution: The First Phase 1900–1913*, Yale University Press, 1968, pp. 1–19.

② 参见张振鹤、丁原英编：《清末民变年表》，《近代史资料》1982年第3、4期；中国第一历史档案馆、北京师范大学历史系编选：《辛亥革命前十年间民变档案史料》（上、下），中华书局1985年；杜涛：《清末十年民变研究述评》，《福建论坛》2004年第6期。

③ 参见马自毅：《前所未有的民变高峰——辛亥前十年民变状况分析》，《上海交通大学学报（哲学社会科学版）》2003年第5期。

④ 马自毅：《前所未有的民变高峰》，《上海交通大学学报（哲学社会科学版）》2003年第5期。

（139起）、1909年（116起）、1910年（217起）和1911年（108起）。底层社会蕴积的矛盾和愤激力量的喷发更多地集中在1906—1907年、1909—1911年两个时段，其中又以1910年为最高点。

与传统时代集中于官民矛盾（即“官逼民反”的一般特征）的态势有所不同，新世纪的民变风潮一开始就呈现了结构性社会矛盾特有的复杂性和多向性。

首先，参与民变的主体力量十分广泛复杂，体现出社会阶层剧烈分化的一般趋势。已有的研究成果一再显示，清末十年民变的主体力量及其首领的身份，与清中期相比截然标示着时代的差异。清中期“这些人几乎全都来自贫穷或边际贫穷的地区，是从土地中游离出去的过剩人口，没有必要的生产资料”[①]。可以肯定的是，下层社会是民变形成的主体力量，而其中“游民无产者或称社会边缘人在其中占了很大比重”[②]。属于“中等社会人”及之上的社会阶层“很少直接卷入罪行”，即使参与也“通常是盗匪的接赃者、保护者，或是助手”。[③]但清末民变中的“士绅、豪富占很大比重”，在“民变首领中所占比例更大”。[④]在主导地方社会秩

① 相关研究成果有〔美〕安乐博：《盗匪的社会经济根源：十九世纪早期广东省之研究》，收入叶显恩主编：《清代区域社会经济研究》上，中华书局1992年，第534—543页；秦宝琦：《从档案史料看天地会的起源》，《历史档案》1982年第2期；刘平：《民间文化、江湖义气与会党的关系》，《清史研究》2002年第1期。

② 刘平：《民间文化、江湖义气与会党的关系》，《清史研究》2002年第1期。

③ 〔美〕安乐博：《盗匪的社会经济根源：十九世纪早期广东省之研究》，收入叶显恩主编：《清代区域社会经济研究》上，第536页。

④ 马自毅：《前所未有的民变高峰》，《上海交通大学学报（哲学社会科学版）》2003年第5期。

序急剧动荡的力量中，“今则居然武庠中之举、秀，仕途中之弟子”[①]。晚清“前闻举贡生监，以考试既停无所希冀，诗书废弃，失业者多，大半流入会党”[②]。“甚以庠序衣冠之辈，亦多为所诱惑。”[③]“士农工商，全民参与”[④]成为其独特性的时代特征。

其次，民变冲突的社会集团和利益分层交错纠葛，呈现的社会面相纷繁多样。民变参与主体的扩大，揭示了社会利益分化的剧烈和普遍性，使得民变中的力量组合和斗争指向也更形复杂多变，形成了绅民—官（如1910年2月浙江台州仙居民变、4月河南密县民变[⑤]、1911年四川名山县绅民将县官轰下台[⑥]等）、官绅—民（如莱阳民变）、官民—绅（如毁学风潮中对乡民打绅行为的纵容或骑墙态度[⑦]）等多模式矛盾冲突的历史景观。士绅阶

---

①《道友滋事》，《申报》1876年6月15日。

②《给事中李灼华奏学堂难恃拟请兼行科举折》（光绪三十二年八月十一日），收入故宫博物院明清档案部编：《清末筹备立宪档案史料》下，第995页。

③ 赵尔丰：《奏张治祥等结党联盟倡言改革片》（光绪三十二年十二月初七日），收入中国第一历史档案馆、北京师范大学历史系编选：《辛亥革命前十年间民变档案史料》下，第774页。

④ 马自毅：《前所未有的民变高峰》，《上海交通大学学报（哲学社会科学版）》2003年第5期。

⑤ 台州民变结果不仅小民无辜被压，官府也欺压绅士（见《详志台州民变原委》，《东方杂志》1910年第3期）。密县知县“办理新政”，“颇为绅民所不悦”，“大滋绅民之怒”致纠众千余人捣毁县署（见《河南密县乡民滋事拆毁县署》，《东方杂志》1910年第4期）。

⑥ 参见《名山新县志》，收入隗瀛涛等编：《四川辛亥革命史料》下，四川人民出版社1982年，第158—160页。

⑦“甲辰以前，中国闹学毁学之事，见于学生；甲辰以后，中国闹学毁学之事见于愚民。”“愚民毁学，其咎则全在于官吏。”（见《毁学果竟成为风气耶》，《东方杂志》1904年第11期。）在慈溪风潮中，学绅归咎于知县“纵匪仇学”（见中国史学会主编：《辛亥革命》三，第454—455页）。

层的利益分化也更为突出，所谓“绅分五党”“皆争权据利，各不相下”[①]的局面所在多多。传统时代官—绅—民社会权力结构模式进入分解与重构的历史进程之中。

值得特别关注的一个趋向是，民变风潮中的绅民冲突日趋频繁和激烈。据《清末民变年表》，直接标示出和从内容能够体现出的绅民冲突的事件至少有300多起，且总体上呈逐年递增的态势，如下表所示：

年份	1902	1903	1904	1905	1906	1907	1908	1909	1910	1911
绅民冲突次数	5	2	9	8	31	44	14	38	97	59

1906年民变风潮持续走高后，绅民冲突的频次也明显增加；当1910年代民变发生次数达到这一历史时段的最高点时，绅民冲突的次数也同样达到最高峰。但二者的演进态势并不是等量递增，绅民冲突的增长趋势显然远远高于民变本身。1906年民变为133起，绅民冲突为31起，占前者两成多；1907年民变为139起，绅民冲突44起，后者为前者的三成；1910年民变虽增至217起，而绅民冲突则陡然增至97起，几乎接近民变事件的半数。这一现象明显揭示着绅民矛盾的日趋激化。

另据分省统计，十年间民变发生次数最多的是江苏省（275起），其次为浙江（178起）、江西（69起）、安徽（64起）等省。从地域分布上看，民变主要集中在黄河以南的广大地区，且大多是经济相对发达的省份；经济最发达的江浙地区，民变发生的次

① 存萃学社编：《辛亥革命资料汇辑》第1册，香港大东图书公司1980年，第169页。

数最多。此外，从引发民变的原因上看，在可以辨明起因的786起民变中，主要可划分为四种：捐税负担（262起）、米的问题（199起）、工资问题（80起）、与地方势力的矛盾（70起）。从比例上看，捐税负担约占1/3，米的问题约占1/4①；和其他原因相比，这两项构成了最主要的原因，而这两项事实上又与士绅所扮演的角色密不可分。“近年民变之由来有二：一曰抗捐，一曰闹教。夫曰捐、曰教，皆国家所行之实事也。”其时代性特征十分突出：

> 今之所谓捐与今之所谓教，此二事者，皆我国历史之所无，古人一切政书亦无有一言及者。而此一二十年间始持以牧令至严之考绩，一切旧政除办差外，其功罪均莫能与此二者相较焉。……故此二者之起，致之者有三类人焉，曰政府，曰督抚，曰州县二者之害，受之者有一类人焉，曰民。②

“抗捐”与“闹教”不过是内忧外患时代性危机的具象化，它从普遍性意义上揭示着社会利益的分化程度及其社会矛盾的历史走向。

民变风潮汇聚着社会阶层各方利益和力量的纠葛和冲突，《论陕西民变》中说：“以铁路亩捐，激成民变，蔓延十余州县，前后亘四阅月。”“终误于地方官吏之把持。”借路事大肆收取盐捐、亩捐，其间又有官绅之斗，将路权由绅办移为官办，“借机

① 杜涛：《清末十年民变研究述评》，《福建论坛》2004年第6期。
② 《论近日民变之多》，《东方杂志》1904年第11期。

谋利，把持一切，安置僚属，局所林立”，以新政而害民生，“长负此加赋之累，相续于无穷也”，“缓须臾而不得”。[1]至各地层出不穷之毁学打绅事件，虽然表象上与新旧观念、革新与保守的价值取向不无联系，但对乡民而言说到底仍在于切身利害之所系。“考其原因，无非为抽捐而起。”“捐于官吏，于吾民为无益，则捐于学堂，于吾民亦为无益。”[2]

历史的演进有时与预设者的期望愈行愈远。新政的施行并没能消弭社会矛盾和化解统治危机，反而触发了并扩展着民变风潮的持久涌动。其间，士绅社会角色和功能的变动，对民变风潮的影响至关重要。“今则易官吏为绅士，则以吾侪之力与绅士抗。易易耳，此毁学之事所由起也。故按其原因，则知愚民之毁学，固非有意与学堂为难，实由平昔官府之敲扑过甚，故借此而一泄其忿焉。”[3]显然，这与传统社会中“官与民疏，士与民近。民之信官，不若信士……境有良士，所以辅官宣化也”[4]的士绅的地位与功能已相去甚远。看来，“绅士信官，民信绅士，如此则上下通，而政令可行矣”[5]的官—绅—民权力结构制衡关系，已如明日黄花，呈分崩离析之势。

---

① 蛤笑：《论陕西民变》，《东方杂志》1906年第3期。

②③《毁学果竟居风气耶》，《东方杂志》1904年第11期。

④ 李燕光：《清代的政治制度》，收入明清史国际学术研讨会秘书处论文组编：《明清史国际学术讨论会论文集》，第257页。

⑤〔清〕姚莹：《复方本府求言札子》，收入〔清〕贺长龄编：《皇朝经世文编》卷二三《吏郑》，第856页。

二、从莱阳抗捐到长沙抢米风潮

迭次爆发的民变各有不同的起因，参与其中的社会力量的角色和作用也各有不同。但是通过对具有规模性的民变风潮的个案剖析，我们或可观察到地方士绅与民变孕育、触发、演变和结案的全程性关联。

1910年5月间山东莱阳爆发了以曲士文为首的抗捐运动，直接原因是灾荒引发歉收，"粮价昂贵，为数十年所未有"[①]，农民无力缴纳当年捐税，要求提取群众多年存储的社仓积谷，而与掌控社仓的士绅发生冲突。其实，民众对于掌控社仓士绅积怨已久。1880年莱阳县农产丰收后，百姓们记取前车之鉴（1876年莱阳县遭受严重旱灾，饿殍遍野）储粮备荒，存于各社社仓。但是，不久掌控社仓的士绅却勾结官府将储粮提进县城，高价变卖，低价入账，将粮款大部中饱私囊。通过对社会公权的运作将社会公共利益私人化，是传统时代基层社会权力结构的痼疾，也是触发官、绅、民利益冲突的根本性社会原因。莱阳"县令朱槐之于1908年复任后，将全县钱粮包给劣绅王圻、于赞扬、尉龙章等人开办的私人钱庄"，借助"改制"将社会公权公然私人化，由此形成绅官分肥的利益勾结，"每收银一万两，朱槐之从中抽取1500两。王圻等人采取强制手段，迫使农民交纳钱粮均按制钱、铜元各半搭配，仅此一项便使农民的负担增加25%"[②]。莱

① 《申报》1910年5月15日，转引自刘同钧、董礼刚：《莱海招抗捐运动与辛亥革命》，北京理工大学出版社1994年，第15页。

② 刘同钧、董礼刚：《莱海招抗捐运动与辛亥革命》，第15页。

阳杂捐有如地亩捐、契纸捐、染房捐、户口捐等十多项。以此，劣绅王圻、王景岳、于赞扬、张相谟、葛桂星在民众中素有“三害二蠹”之恶名。

问题还在于，以改革政制为目标的新政并没有意欲对基层社会权力结构及其权力主体产生根本触动，而是将新制度直接付之于传统权力进行操作。清政府的新政不仅丝毫没有试图去解决矛盾，反而火上浇油，建学堂、设警察全都假手于劣绅，经费则全部由百姓负担，政府一毛不拔。为此，莱阳县开征了契纸税、户口税、文庙捐、油坊捐、染坊捐、丝麻黄烟捐、牲畜捐、钉牲口蹄捐、瞎子捐等多种捐税，农民负担一下子增加了数十倍。正如时论所言：

> 洎乎开办地方自治，地方绅士借口经费，肆意苛征，履亩重税，过于正供，间架有税，人头有税，甚至牛马皆有常捐，悉索敝赋，民不聊生，绅民相仇，积怨发愤，而乱事以起。官不恤民，袒助劣绅，苛敛不遂，淫刑以逞，而乱事以成。①

更加使人不能容忍的是，这些捐税大部分被官绅们贪污，中学堂每年经费开支不过大钱1883吊，而经手劣绅王圻兄弟每年所筹之款不下14000吊；警局每年经费不过大钱4695吊，而经手劣绅王景岳征收捐款7800余吊。新政为这些劣绅的胡作非为、

① 张楠、王忍之编：《辛亥革命前十年间时论选集》第三卷，第653页。

横行乡里提供了相当便利的条件，操控莱阳地方权力的士绅家族，均在县城里开设多家钱庄和店铺，不失时机地借助新政改制的公权增加私利，于赞扬的钱庄和王圻所开的源顺钱庄一样，存储了大量官款。[①]掌控乡村社会公权的士绅们“一旦逞其鱼肉乡民之故技，以之办理自治……或假借公威为欺辱私人之计，或巧立名目为侵蚀肥己之谋，甚者勾通衙役胥差，交结地方官长，借端牟利，朋比为奸”[②]。

莱阳乡民聚众要求提取社仓积谷来抵偿各种捐税，与其说是应对灾荒的临时举措，毋宁说是对劣绅积怨的必然爆发。对于事后查证莱阳劣绅将社仓积谷“早经变价，现只存入四千吊，余皆无有”[③]的问题，事实上早在民变之前就已公然哄传于民间，并逐步累积为可以随机喷发的敏感媒触。因此，莱阳以抗捐为内容的民变一开始就直指劣绅。1910年4月21日，各乡农民在太平社社长曲士文和永庄社社长于祝三等人领导下成立“联庄会”，动员西北乡30多个村庄的农民参加讨还积谷斗争；5月21日集700余人于县城城西关帝庙，准备面见诸劣绅论理，“当得知劣绅早已避匿时，曲士文便带领群众拥入县署”[④]，逼迫知县答复传质劣绅，十日内算账、追赔缺粮。至此，“索谷抵捐”的民众吁求

① 参见《山东旅京同乡会莱阳事变实地调查报告书》，收入中国史学会济南分会编：《山东近代史资料》第二分册，山东人民出版社1958年，第9—11页。

② 故宫博物院明清档案部编：《清末筹备立宪档案史料》下，第757页。

③《山东旅京同乡莱阳事变实地调查报告书》，转引自刘同钧、董礼刚：《莱海招抗捐运动与辛亥革命》，第15页。

④《山东旅京同乡莱阳事变实地调查报告书》，转引自刘同钧、董礼刚：《莱海招抗捐运动与辛亥革命》，第16页。

演变为大规模群体性的民变。

作为不同类型的民变个案，我们可以发现长沙抢米风潮发生时明确的指向似乎是“官”，呈现出官民冲突的另一样式。但是如果我们考察的视野并不局限于抢米事件爆发的近因，也不仅仅聚焦于事件走向极端时展示出的官民对立态势，便仍然能够从中探寻到士绅在其中扮演的主导角色和难以替代的作用。

> 湘省自咸同军兴以来，地方官筹办各事，借绅力以为辅助，始则官与绅固能和衷共济，继则官于绅遂多遇事优容，驯致积习成弊，绅亦忘其分际，动辄挟持。民间熟视官绅之间，如此侵越，亦遂借端聚众，肆其要求。①

湘省地方权力结构为地方绅权扩张及其对官权的抗拒提供了独具的条件，“于是哄堂围署，时有所闻，而礼法亦荡然无存矣”②。

事后湖广总督瑞徵将湘乱之源归咎于劣绅，虽不免官官护惜之意，却也并非无稽之谈，他说：“臣念湘乱之始，固由地方官办理不善，而肇乱之源，实由于劣绅隐酿而成。”③对此，《长沙闹事之前因》有所剖析，谓湘省“近年民食之艰也，一因于铜元之滥发，货物价昂；一因工艺不兴，人民专恃农业；一为各省改

---

①② 饶怀民、〔日〕藤谷浩悦编：《长沙抢米风潮资料汇编》，岳麓书社2001年，第95页。

③《湖广总督瑞徵奏特参在籍绅士挟私酿乱请分别惩儆折》，收入饶怀民、〔日〕藤谷浩悦编：《长沙抢米风潮资料汇编》，第97页。

征为募，湘兵归里，均失生业；一为社会教育不发达，而事权均操于顽绅”。“此次因不禁米而致民变，固在近因中之最近者也。”[①]即使就长沙民变发生的近因而言，士绅也隐然居于主导地位，“由于官绅斗法，造成米价高涨，贫民难以忍受，蠢蠢欲动……奸商豪绅，既不顾人们死活，乘机大肆掠夺；民众要求官府开仓平粜，又不获准，因此自然地把仇恨集中到巡抚岑春蓂身上，斗争就这样起来了”[②]。

在官、绅、民三方矛盾已经处于随时爆发之际，就利益的调整方向而言，呈现出官向民的某种倾斜和士绅对民众利益的坚拒。当初，面对嗷嗷待哺的灾民，“欲由官筹款，交绅经办，后知官款实在窘迫，始议劝募绅捐，先办义粜。闻该绅王先谦首先梗议，事遂迁延”[③]，正是在指望绅富捐办义粜遭拒后，岑春蓂十分恼怒，两次发布措辞强硬的告示，称：

> 无论绅富行店以及耕佃人家，均一律由团保秉公据实验明仓囤，除划出本户自留食谷不计外，但查有余存谷米或少至数石者，即属忍心害理，意存遏粜。一经清乡总绅查出或被本团告发指名禀县罚究，并将徇隐团保议罚。

并要求“公谷”尽先平粜，如有“仓长措留公谷不发及本境”等

① 《湖南近讯》，《时报》庚戌三月，收入饶怀民、〔日〕藤谷浩悦编：《长沙抢米风潮资料汇编》，第225页。

② 饶怀民、〔日〕藤谷浩悦编：《长沙抢米风潮资料汇编》，第284页。

③ 饶怀民、〔日〕藤谷浩悦编：《长沙抢米风潮资料汇编》，第96页。

情事，一经查出“仍将所罚谷米归入本团平粜公谷项下”[①]。因此，在官、绅、民三者利益关系上，至少从岑春蓂的主观意愿及其最初举措来看，更多倾向于民的一方。正是由于“岑春蓂的两项措施直接损害了士绅的利益”，才使得“官绅之间的矛盾日趋尖锐”。[②]而士绅们则既不顾及民众的生计，也不虑及社会秩序的安稳，却在明画深图中谋取着官绅权力的重组。[③]

事实上，绅民利益冲突的先兆早已显露。1909年6月，常德数千灾民围官绅李亨宅，迫其捐款赈灾[④]；1910年春湘潭贫民聚众索食强吃排饭，长沙靖港、衡州、醴陵、宁乡等府县“均有贫民伙众吃大户及捣毁砻坊之事”[⑤]。绅民利益冲突已是一个相当普遍的社会问题，而矛盾的症结正在于士绅阶层对于地方经济的操控。薪桂米珠之际，叶德辉“家中积谷万余石”，却“不肯减价出售，致为乡里所侧目，实属为富不仁猥鄙无耻”[⑥]；杨巩则“专营私利，广置房产”[⑦]；而担任两湖米捐局总稽查的叶德辉与

---

①《湖南巡抚部院岑春蓂告示》，收入《湘鄂米案电存》上卷，1910年铅印本，第61页，转引自杨鹏程：《长沙抢米风潮中的官、绅、民》，《近代史研究》2002年第3期。

② 杨鹏程：《长沙抢米风潮中的官、绅、民》，《近代史研究》2002年第3期。

③ 湘绅们借抢米风潮，致力于改组湘省权力、更换抚臣的活动。

④ 参见湖南省地方志编纂委员会编：《湖南省志（第一卷）：大事记》，湖南人民出版社1999年，第179页。

⑤《湖南巡抚部院岑春蓂告示》，收入《湘鄂米案电存》上卷，第64页，转引自杨鹏程：《长沙抢米风潮中的官、绅、民》，《近代史研究》2002年第3期。

⑥ 杨鹏程：《长沙抢米风潮中的官、绅、民》，《近代史研究》2002年第3期。

⑦《署湖广总督瑞徵奏特参籍绅挟私酿乱请分别惩儆折》，《国风报》第1年第13期，转引自杨鹏程：《长沙抢米风潮中的官、绅、民》，《近代史研究》2002年第3期。

莱阳劣绅的作派如出一辙，也是“勒令米捐全部存入他所开德昌和钱店，常集一二十万不解，以此牟利”[①]。只是久经历练的长沙士绅具有更娴熟的政治手腕，在事变发生后机巧地将抢米风潮中的绅民矛盾导向了官与民的直接对立。

就官、绅、民三方利益与力量的演变而言，“莱阳民变”与“长沙民变”的走向显有不同。“莱阳民变”以民绅直接冲突的形式展开，乡民曾以地方官为绅、民利益调整的“中介”，找官府“评理”。知县朱槐之也曾向乡民推说“所有苛捐杂税全由劣绅王圻、王景岳等所为”，并允诺按章收税、不征杂捐、偿还积谷，并出告示革除劣绅王圻、王景岳等人的职务。但官绅利益的一体化使朱槐之“出尔反尔”，终于导致民变猝然升级，乡民们于6月11日将劣绅王景岳等的房舍衣物付之一炬。绅民冲突的极端化随即引发了官绅利益关系的破裂，士绅们显然对知县将众怒引向士绅的行为极为恼怒，警察局董王景岳遣其子王廷兰随劣绅王圻到济南运动，“携带万金，遍行贿赂，要求山东巡抚孙宝琦撤换朱槐之”[②]。6月24日朱槐之因“主莱事不善”被免职，他的接替者奎保“接受莱阳劣绅贿金3500两，将朱槐之所允各项协议一概取消”，并以莱阳民众“抗拒新政，结党倡乱”为由请兵弹压。由此，事件进一步升级，7月初，乡民聚集达10万之众，正式喊出“杀尽贪官污吏与诸劣绅”的口号。几乎同时，与莱阳相邻的海阳县乡民也于1910年6月6日起事，围攻县城，提出开仓赈荒、

① 《长沙抢米风潮竹枝词》，转引自杨世骥：《辛亥革命前后湖南史事》，湖南人民出版社1982年，第177页。

② 刘同钧、董礼刚：《莱海招抗捐运动与辛亥革命》，第17页。

革除契税、浮收钱粮、惩处巡警等9项要求，县令向农民推说“浮收的钱粮银两均被乡社绅士贪污”，海阳西乡群众于6月8日“发动了一场闹乡社绅士的斗争”[①]，“分路下乡，斗绅士，分钱粮，开展了‘吃大户’运动”。这场斗争延续半个多月，涉及方圆百里，参加者达数万，斗争的直接指向始终是士绅。

“长沙民变”“祸首实系湘绅”[②]，但民变的走向却隐然操控于士绅股掌之中：一方面一批由绅士派出的人员乔装饥民，处处表现出“对于庄公极深爱戴”的样子，大造由庄赓良做巡抚的舆论。另一方面，又由王先谦领衔以七绅士的名义，致电湖广总督要求更换湘抚[③]，试图通过重组地方官绅权力结构取得士绅权益的最大化。湘绅们借助民变欲将“官绅之争久矣”的矛盾转化为“似专与巡抚为难”[④]的官民冲突。1910年4月14日，在事态已趋严重之时，官府动员“各绅以城厢各都团总”召开会议应对之策，绅士们即将局势作为谋求利益最大化的筹码，甚至不惜以牺牲新政为代价。以孔宪教、杨巩为首的绅士提出与官府合作解围的七项条件：停办铁路，停办学堂，废警察，复保甲，平粜，开皇仓，撤常备军。[⑤]内有绅与官讨价还价之争，外有民众之围困，在公开出场的官、绅、民三方力量的博弈中，似乎“绅民共构”为针对官方的力量，至少在表象上形成了这种态势。但从士绅们

---

① 刘同钧、董礼刚：《莱海招抗捐运动与辛亥革命》，第21页。

② 《枢发署鄂督电》（宣统二年四月初四日），收入饶怀民、〔日〕藤谷浩悦编：《长沙抢米风潮资料汇编》，第73页。

③④ 饶怀民、〔日〕藤谷浩悦编：《长沙抢米风潮资料汇编》，“前言”第13页。

⑤ 参见饶怀民、〔日〕藤谷浩悦编：《长沙抢米风潮资料汇编》，“前言”第12页。

坚守的利益立场和其向官方开具的条件而言，却集中表达了士绅的利（如对“绅捐义粜”的抵制）和权（如针对“新政”利权的夺取）的诉求，丝毫未及饥民的基本要求。这一利益指向与晚清各地民变风潮中“毁学”“抗捐”的绅民冲突基本一致。抢米风潮中官民矛盾之所以日渐激化并最终以极端方式爆发，与长期隐匿着的“官与绅之间的斗争亦日趋激烈”①的历史纠葛不无关联，而官绅之争的历史内容最终借助民变得以宣泄。

然而，一旦民变四起，且触及所谓绅富的利益时，士绅们对于民变的隐蔽操控就转变为直接打压，三月初六“乱民……纷纷抢劫……及抢劫省城绅富之说，绅士大恐，会集席氏祠，商议定乱方法，始主用重典之说”②。因而民变的结果仍然落实于绅民冲突的基点上，“一闻抢劫绅富，祸将至已，则立请重办”③。在长沙抢米风潮中，士绅们居于隐可操持民变，明可挤压抚臣的强势地位，意图左右逢源、从中渔利。这一复杂的局势正提示着长沙抢米风潮中绅民利益对立和官绅权力结构分化重构的实质。

尽管莱阳民变与长沙抢米风潮中官、绅、民三方利益关系的表现不同，但最终揭示出的绅民利益的根本冲突却基本一致。正是绅民利益及关系的冲突和恶化，构成了晚清以来地方社会民变风潮持续涌动的基本原因之一。

---

① 饶怀民、〔日〕藤谷浩悦编：《长沙抢米风潮资料汇编》，“前言”第3页。
② 饶怀民、〔日〕藤谷浩悦编：《长沙抢米风潮资料汇编》，第93页。
③ 饶怀民、〔日〕藤谷浩悦编：《长沙抢米风潮资料汇编》，第96页。

三、绅权的体制化

晚清以来，地方社会秩序频繁动荡与失控，尤其民变风潮多以绅民冲突的形式展开，作为地方权力主体的士绅阶层诚然难辞其咎。此后，劣绅之谓流布一时，并在相当程度上成为诠释乡村社会变乱的重要因由，如“莱阳民变，实由该县官抽捐甚苛，劣绅助桀为虐之故”①，奎保接任后，“与劣绅商办一切，遂致酿乱”②。然而，绅之所以为“劣”，并从普遍意义上与乡民利益形成日趋严重的对立，实与乡村社会公共利益和权力的制度性变迁密切相关，而断非正绅与劣绅的道德分别所致。正是在这种制度性变迁中，不仅传统社会中相对稳定的官、绅、民利益—权力制衡关系猝然破裂，而且将士绅阶层直接推向权力重构中心，在新政的体制更易中，形成了占据地方各项权力资源的士绅——权绅。

在相对于新政的旧政（姑妄称之——作者）体制下，士绅与乡民虽不免等级之别，却不至于频繁出现严重的利害冲突。民国《醴陵县志》记载：

> 醴陵旧称岩邑，其人忍苦习劳，无甚富之家，而贫无立锥者所在皆是，当科举世，以博得一衿为荣，衣食足以

---

①《盛京时报》1910年7月26日，转引自刘同钧、董礼刚：《莱海招抗捐运动与辛亥革命》，第26页。

②《盛京时报》1910年7月27日，转引自刘同钧、董礼刚：《莱海招抗捐运动与辛亥革命》，第26页。

> 自给，贫寒之士，资笔耕为生，不慕利禄……农民素勤耕种，平居与士类齐等……父老垂训，常以耕读并称，多合于今世平民主义。[①]

至少基于乡里社会或宗族共同体，利益相近的绅民关系相对和缓，远不如官绅之间关系的紧张。同治年间，围绕漕粮征收，长江中游地区乡村士绅与乡民借助宗族组织结成合力以对抗官府，在某些地区已经出现了这样一种局面：乡村宗族“动辄恃众抗官，逞强凌弱，转以宗祠为聚众逋逃之护身符，人命盗案，一入强梁之村落，往往不服拘拿”[②]。张仲礼的研究表明，士绅们视自己家乡的福利增进和利益保护为己任，在政府官员面前，他们代表了本地的利益。在正常情况下，政府和士绅的主要利益是一致的，并且为保持社会的齿轮运转和维持现状，他们相互合作。但是当他们的利益相悖时，士绅则会批评，甚至反对和抵制官府的行政。[③]

在传统社会官、绅、民基本利益—权力结构中，无论对于乡民还是对于官府而言，地方秩序的稳定和利益调节，通常都倚重士绅阶层。“有清一代乡制未改……保正复名乡保……乃传达州署功令于各村之外，并不知乡政为何事……谓之无乡政时期可

① 陈鲲修，刘谦纂：《醴陵县志》第四卷《礼俗志·风俗》，1948年印本，第8—9页。

②〔清〕陶澍：《陶文毅公集》卷二五《缕陈巡阅江西各境山水形势及私枭会匪各情形附片》，转引自章开沅、马敏、朱英主编：《中国近代史上的官绅商学》，湖北人民出版社2000年，第388页。

③ 参见张仲礼：《中国绅士》，第50、51、67页。

也。”[①]乡村社会秩序的维系和生活功能的运转，以及乡村社会的公共组织，如水会、老人会、堤工局等，也多基于士绅私人威望来构建。[②]享有文化权威和社会权威的士绅阶层是这个控制系统的社会基础。

太平天国时期，清朝地方长官意识到必须调适与民间士绅的关系，缓和社会矛盾，才能有效借助其力量与太平军抗衡。湖南巡抚张亮基于咸丰二年力主“尤汲汲以延访士绅通上下之情为务”[③]。地方大员的深切感受是，在官、绅、民三方力量的构架中，绅民之间存在着更多的共同利益，并足可形成与官府角力的合力，因此危机时代必得动员士绅以求抵御太平天国的破竹之势。湖南巡抚骆秉章认识到“官与民不能联络，绅为通之”，“务在官绅与民通为一气，丁胥吏役无所容其奸”。[④]由此，官绅的利益共谋在团练中得以实现。[⑤]官为绅用，以绅为主的团练局，其征派“固然要由官府同意，但实际操作则是士绅自行其事”[⑥]。而且，团练局有一大批局董、局绅，均是在地方有势力的上层乡

---

① 仇远廷等纂修：民国《蓟县志》第三卷《乡镇志》，1944年，第1页。相关研究可参见魏光奇：《官治与自治：20世纪上半期的中国县制》，商务印书馆2004年，第50—53页；〔清〕吴趼人：《二十年目睹之怪现状》，人民文学出版社1959年，第439页；邱捷：《清末民初地方政府与社会控制：以广州地区为例的个案研究》，《中山大学学报（社会科学版）》2001年第6期。

② 参见魏光奇：《官治与自治》，第53页。

③〔清〕李翰章等修，〔清〕曾国荃等纂：《湖南通志》卷一〇八《名宦志·国朝·张亮基》，扬州古籍出版社1986年，第16页。

④《骆中丞并村结寨谕》，收入〔清〕张延绮等纂：《长沙县志》卷一五《兵防》，同治十三年刻本。

⑤ 参见章开沅、马敏、朱英主编：《中国近代史上的官绅商学》，第395页。

⑥ 章开沅、马敏、朱英主编：《中国近代史上的官绅商学》，第405页。

绅。[①]局绅或绅董群体的出现，预示着地方权势由士绅阶层向权绅集团的演变。[②]

士绅与团练机构的结合及其权力的组织化过程，开启了士绅阶层——以士为基本特征的文化权威和社会权威——的“绅权体制化”和“士绅权绅化”。“19世纪中叶以后，清代传统乡里组织的性质正在发生变化”，这一变化不仅体现为士绅开始成为里社、乡地组织的首领，乡里组织职能由应付官差向广泛介入民事纠纷调解、征收赋税、办理地方武装的扩展，还突出表现为“不同于传统乡里组织、具有近代地方自治性质的各种会所”的兴起，有些乡地组织自身虽然没有出现明显变化，“但被置于士绅的领导之下，并开始承担地方公共职能”。[③]这一历史进程延续在新政或地方自治的制度更易中，并由此获得了更大的权力空间和合法性，诚如周锡瑞所论：“地方自治会和较早的地方绅士权力设置之间，存在着意味深长的延续。”[④]

“近世交通日繁，地方政务日赜，就一州县而论，学务、警察、农工商务，百端待理，为牧令者，讵一身而万能也。东西列国，皆使地方之人任地方之事，事无不举，而地方以治，政府所设之官吏，仅监督焉而已。”[⑤]与“旧政”相比，“新政”及由此推进

---

① 参见贺跃夫:《晚清士绅与近代社会变迁》,广东人民出版社1994年,第55页。

② 参见〔日〕佐佐木正哉编:《清末的秘密结社》,第35—37页,转引自章开沅、马敏、朱英主编:《中国近代史上的官绅商学》,第414页。

③ 魏光奇:《官治与自治》,第79—80页。

④〔美〕周锡瑞:《改良与革命:辛亥革命在两湖》,杨慎之译,中华书局1982年,第111页。

⑤《盛京将军赵尔巽奏奉天试办地方自治局情形折》,收入故宫博物院明清档案部编:《清末筹备立宪档案史料》下,第717页。

的地方自治制度，为日趋扩展的士绅权力提供了合法性和制度性基础[①]，并将传统时代基于习惯或地方情境的非制度性绅权也合法化和制度化，“查各直省地方局所，向归绅士经理者，其与官府权限，初无一定，于是视官绅势力之强弱，以为其范围之消长。争而不胜，则互相疾视，势同水火”，如今则“经理在民，董率在官，庶得相倚相成之意，而胶扰可以不生”。[②]而且，在近代制度建构过程中，地方经济和财政也自然受控于士绅，“地方自治既不能动用国家正款，则于旧有公款公产而外，不能不别开筹措之途……地方自治，以本乡之人办本乡之事，情亲地近，功效易见，而流弊亦易生。选举苟不得人，则假公济私，把持垄断，将利未形而害先见……”[③]此外，更多的新兴领域及其社会组织也为士绅的权益获取提供了历史机遇，“即如近数年间，

---

① 《城镇乡地方自治章程缮具清单》将地方自治范围规定为：“一、本城镇乡之学务：中小学堂、蒙养院、教育会、劝学所、宣讲所、图书馆、阅报社，其他关于本城镇乡学务之事；二、本城镇乡之卫生：清洁道路、蠲除污秽、施医药局、医院医学堂、公园、戒烟会，其他关于本城镇乡卫生之事；三、本城镇乡之道路工程：改正道路、修缮道路、建筑桥梁、疏通沟渠、建筑公用房屋、路灯，其他关于本城镇乡道路工程之事；四、本城镇乡之农工商务：改良种植牧畜及渔业、工艺厂、工业学堂、劝工厂、改良工艺、整理商业、开设市场、防护青苗、筹办水利、整理田地，其他关于本城镇乡农工商务之事；五、本城镇乡之善举：救贫事业、恤嫠、保节、育婴、施衣、放粥、义仓积谷、贫民工艺、救生会、救火会、救荒、义棺义冢、保存古迹，其他关于本城镇乡善举之事；六、本城镇乡之公共营业；七、因办理本条各款筹集款项等事；八、其他因本地方习惯，向归绅董办理，素无弊端之各事。”见故宫博物院明清档案部编：《清末筹备立宪档案史料》下，第728—729页。

② 《宪政编查馆奏核议城镇乡地方自治章程并另拟选举章程折》，收入故宫博物院明清档案部编：《清末筹备立宪档案史料》下，第726页。

③ 《光绪三十四年十二月二十七日奉上谕》，收入故宫博物院明清档案部编：《清末筹备立宪档案史料》下，第726—727页。

教育会、商会等，其办有秩序者，固日进于文明，其貌是神非者，或益丛为诟病，此其所以为难”，从而“贤者有涂炭衣冠之惧，而自好不为，不肖者煽狐鼠城社之风，而路人以目”。[①]袁树勋此论虽多非议，却足证传统士绅对于新权力领域的掌控情况。

从传统体制走向近代体制，当然可视为制度架构（组织层面上即形式）的转变，更具实质性内容的是权力主体的转变——“前清变法以前，即流外微秩，亦同属朝廷命官……乃自光绪之季，旧吏多裁，今之教育、警察等机关……多本县之士绅”[②]。由此，地方公共事务的主持（即公共权力）不再仰仗于传统威望型人士（士绅），而更多地依赖于占有公共组织和权力机关的人士——权绅，所以，新政启动的制度嬗变“实际上是将由士绅而不是由官员办理地方公共事务的传统做法制度化、机构化”[③]。与传统时代不同，士绅在主持乡里公共事务时，“大多已经具有成文的法律法令依据”[④]。20世纪前期活跃于乡村社会权力中心的士绅，“大多具有城镇团练局等准权力机构的局绅局董身份，或是议员校董，或是县政府机关的科长局长，或是区长区董……同时又是民间社会掌握族权的族长，他们掌握了城乡社会的政治权与经济权，在他们身上体现了地权、政权、绅权、族权的高度

① 《山东巡抚臣袁树勋跪奏，为遵章筹办地方自治，设立自治研究所开办情形，恭折仰祈圣鉴事》，收入故宫博物院明清档案部编：《清末筹备立宪档案史料》下，第741—742页。

② 周保琛修：《东明县新志》卷九《佐治表》，1924年。

③ 魏光奇：《官治与自治》，第118页。

④ 魏光奇：《官治与自治》，第136页。

结合，他们是农村社会中的特殊阶级”[①]。

四、绅民关系：从身份等差到利益冲突

20世纪之初的民变呈现着分散性，虽然四面开花却较少有聚集式大规模起义的爆发。从《东方杂志》关于民变的记录可知，触发民变的直接原因相当分散各有不同，但引发绅民冲突的导因却相对集中，如调查户口风潮。1909年《记江西调查户口之风潮》说：各地“风潮迭起，此倡彼和”，“讹言朋兴，非理可喻”，南昌县属潭沙、香溪等处，乡民“纠众滋事”，及至“某乡绅出而排解，乡民不问理由，竟将某绅痛加殴辱，又闻有拆毁某绅房屋之说”，由于调查户口的民变直指士绅，各地士绅被打被抢之事层出不穷，“间有被杀之事”。[②]是年5月27日、5月28日，崇仁县“聚众在统计处……并有联合各都全体，搜杀办事绅董之说”，6月，都昌县属六都地方，“绅士曾图南奉县照会，赶紧调查户口”，结果被打，家亦捣毁；安义县“初选当选人余承志、龚杰士二绅，因充查户绅士，致遭疾视”（余险些被杀，龚残疾）；樟树镇、新昌县、宁都州乡民捣毁、殴杀绅士多家[③]；新淦县“乡民愈闹愈烈，殴绅拆屋，遍处抢劫，被害绅士逃匿城内，不敢回家”，乡民欲将绅士灭口；宁都县，又有数名绅士被打被抢[④]。

---

① 朱英主编：《辛亥革命与近代中国社会变迁》，华中师范大学出版社2001年，第686页。

②《记江西调查户口之风潮》，《东方杂志》1909年第8期。

③ 参见《记江西调查户口之风潮》，《东方杂志》1909年第8期。

④ 参见《续记江西调查户口之风潮》，《东方杂志》1909年第9期。

毁学风潮也是绅民冲突的主要导因之一。《江西袁州乡民暴动余闻》记述："宜春学务及新政捐款，多系庐元弼经手，遂至乘便弄权，苛细杂捐，任意抽收，并不禀官核办"，乡民"凡一切新政，皆疑绅士无故生事，遂衔忿绅界，要进城毁学杀绅"。①1909年7月27日，直隶易州"近年借口办理学堂、巡警、自治等'新政'，筹款加捐"，自治局开办后，局绅张某竟将义仓积谷尽行出售，一面又抽捐，名曰自治经费，饱入私囊，最终激起民变。②1909年后，浙江省各地乡民仇绅风潮四起。慈溪县、上虞县、遂安县、景宁县等乡民焚毁学堂，一些劣绅借办学为名，筹捐自肥，亦导致人们仇学③，以至于上虞县学堂、教育会、劝学所、统计处、自治研究所等处被毁。"地方官既不能消弭于事前，复不能维持于事后。任令各种机关，停滞不行。"④而江苏各州县也是"聚众毁学，拆屋伤人之事，几于无地不有"，包括江宁县、吴县、常熟县等数十处，"绅董为重点打击对象"。⑤

"地方乡绅积极主持及参与地方新政，特别是地方乡绅主持地方兴学和地方警政，改城镇庙宇神祠为学堂，向村落社会派征大量学捐与警捐，往往最招村落农民的忌恨，村落农民反抗地方新政的斗争往往直接指向城镇学绅、绅董。同时由于官绅在新政活动中的矛盾，民变中出现的反绅不反官局面也与官府的挑拨

① 《江西袁州乡民暴动余闻》,《东方杂志》1909年第11期。

② 参见《东方杂志》1909年第8期,转引自张振鹤、丁原英编:《清末民变年表》(下),《近代史资料》1982年第4期。

③ 参见《浙江乡民毁学余闻》,《东方杂志》1910年第5期。

④⑤ 《中国大事记补遗》,《东方杂志》1910年第6期。

有关。”[1]1910年宜春民变，官吏在日益激烈的绅民冲突中，扮演着推助、挑唆、鼓动的角色，酿成官民合力反绅的形势。官员对围城的乡民说：“此非我官府要钱，乃绅士要钱。”致使乡民认为“凡一切新政，皆疑绅士无故生事，遂钉忿绅界，要进城毁学杀绅”。[2]据王树槐的统计，宣统二年（1910）正月至宣统三年二月的一年内，江苏乡镇共毁学堂50余所，自治公所18所。[3]浙江省慈溪、上虞、遂安等县在1911年二月间连续发生多起毁学事件，学绅、绅董主持之教育会、劝学所、研究所、统计处被捣毁，乡绅家室也多被毁抢。[4]“必欲进城毁堂，杀尽学界绅首而后已。”[5]

调查户口和兴办学堂都是清末新政重要内容，由此触发的民变显然表现为对新政的抵制。“湘乱之原因种种，自不徒在米价物价”[6]，论其根源，则“所资办之新政，一切皆实事求是，然且足以召乱……”[7]莱阳民变中“绅民交恶已非一日”，也源于“近年举办新政，假手乡绅，更不理于众口，积怨已深”。[8]不过，与“实为新旧交争之现象”的新旧士绅间的利益和权力的分配显

① 朱英主编：《辛亥革命与近代中国社会变迁》，第650页。

② 参见中国第一历史档案馆、北京师范大学历史系编选：《辛亥革命前十年间民变档案史料》上，第353—355页；中国史学会主编：《辛亥革命》三，第421页。

③ 参见王树槐：《中国现代化的区域研究：江苏省（1860—1916）》，第205—206页。

④ 参见中国史学会主编：《辛亥革命》三，第454—455页。

⑤ 中国史学会主编：《辛亥革命》三，第417页。

⑥ 饶怀民、〔日〕藤谷浩悦编：《长沙抢米风潮资料汇编》，第247页。

⑦ 饶怀民、〔日〕藤谷浩悦编：《长沙抢米风潮资料汇编》，第251页。

⑧《中国大事记补遗》，《东方杂志》1910年第8期。

然不同[①]，对于乡民而言，政其实无所谓新旧，只要损害其基本生存条件则均为弊政，因此表面上基于新政的绅民冲突，实质上是权绅利益的过度扩张，影响到乡民最基本的生存条件所致。

首先，在中国传统“绅治时代”，制度化的区乡财务自然无从谈起。士绅办理公共事务的财政既无常设机构，也“不是靠以公共权力和有关制度为依托的强制性税费”，地方公益事业“前清举办自治以前，均系本地绅士自行办理”，“所有公款公产均由士绅共同筹集，自行管理收支”，“事后报县备案”。[②]在晚清地方制度的更嬗中，士绅对于地方公共事业和地方财政的掌控却实现了制度化、常规化。许多原本由官府直接办理的公务也转为绅办，如清末河南和山东的差徭由胥办（由胥吏和差役经办）改为绅办，由各里保轮流支应改为随粮带征（按地丁银每两摊派）或按亩摊派。河南武陟于光绪五年（1879）创立公义局，为支应车马之所。[③]问题是改为绅办后农民负担并未减轻，反而浮收无度，“以摊派之弊而言，有由绅设局养车支差而摊之民间者，则局费开支虚糜浮冒，莫可究诘。”[④]“公差局改胥办为绅办……除舞弊侵渔外，每年定规稿稿、签稿、钱粮、杂物诸门曹各用钱六十六

① 湘省“杨、孔诸劣绅，素反对新政，乃利用此机会，竟令泥木匠焚毁各教堂、学堂及各码头、烧府中学堂”。（见《湘民报告湘乱之详情》，收入饶怀民、〔日〕藤谷浩悦编：《长沙抢米风潮资料汇编》，第230、237页。）

② 《山东历城等34县调查自治清册》，北洋政府内务部档案，1001—969；魏光奇：《官治与自治》，第138页。

③ 参见史延寿修，王士杰纂：民国《续武陟县志》卷六《食货志》，1931年刊本。

④ 《河南省财政说明书·岁入部·差徭》，转引自郑起东：《近代华北的摊派（1840—1937）》，《近代史研究》1994年第2期。

千，用印十七千，执帖十八千，跟班四十八千。”[①]因而，伴随着“举他人所行之数十年而始大备者，吾欲以旦夕之间行之”的“新政亟行”的，就是官绅利益共谋的公开化，所谓“财无所出，则一意取之于民，加赋增捐，络绎不绝，卒之无毫发之成效，惟是一般趋利速化之官吏，坐充其私囊而已”[②]。乡村政权的私利性变得更加赤裸，无复有道德掩饰，“中国农村的黑暗，算是达于极点”[③]。

其次，传统士绅与乡民虽有身份之别，却并不发生直接的利益冲突，因为士绅并不直接占有公共权力和公共资源。知县汪辉祖曾就官、绅、民三者的利益关系说：“官与民疏，士与民近。民之信官，不若信士。朝廷之法纪，不能尽晓于民，而士易解析。谕之于士，使转谕于民，则道易明而教易行。”[④]但晚清以来，地方政制的演变走向却使得占有乡村公共权力和公共利益的权绅与乡民的生存利益直接发生冲突，如直隶易州“近年因办理学堂、警务、自治等事，加捐筹款，民情久已愤恨”，“一切新政，全凭三五劣绅把持”，“每每从中中饱”。[⑤]浙江武康县乡民“因办理警察，抽收捐款……民间积怨已久。是日（初一）又因

---

① 熊祖诒：《上当事书》，转引自郑起东：《近代华北的摊派（1840—1937）》，《近代史研究》1994年第2期。

② 《湘乱危言》，收入饶怀民、〔日〕藤谷浩悦编：《长沙抢米风潮资料汇编》，第245页。

③ 李大钊：《青年与农村》，收入童富勇等编：《中国近代教育史资料汇编》，上海教育出版社1994年，第949—953页。

④ 李燕光：《清代的政治制度》，收入明清史国际学术研讨会秘书处论文组编：《明清史国际学术讨论会论文集》，第257页。

⑤ 《中国大事记》，《东方杂志》1910年第8期。

细故激动公愤，聚集多人，拥入县署”，堂被毁官被殴，警局被毁，警察遭殃，绅董顾某被殴[①]，以至于“毁学杀绅”[②]成为动员乡民的口号。

看来，新政与旧政下的绅民关系已经完全不同，“过去的社会精英有着强韧的地方关系并且毕竟与农村社会保持着某些接触，他们出于传统而多少还关心一些农民阶级的利益”[③]，而那些继起的劣绅“乃终朝不脱鞋袜，身披长衣，逍遥乡井，以期博得一班无知农民之推重。其在农村中之最大工作，厥为（一）挑拨是非，（二）包揽词讼，（三）为土豪地主保镖，（四）欺凌无知农民，（五）四处敲诈”[④]。正是新政的制度性安排改变了传统士绅的角色，结果形成了“学绅出入公门，鱼肉乡里”或“诸绅遂出入衙署，甚且借以牟利，为众所侧目”[⑤]的新的利益格局。而拥有地方社会公权的士绅，所关心的只是绅权的发展和扩大自己的利益，只能养成“乡绅之势，驯至大于县官”[⑥]之势。绅与民由身份殊分的两个等级转变为利益对峙的两个阶层，并且随着制度变迁的深入，这种绅民对立，使乡村社会秩序的稳定和利益调节终至戛戛乎其难哉！

---

① 参见《宣统二年三月中国大事记》，《东方杂志》1910年第4期。
② 张振鹤、丁原英编：《清末民变年表》（下），《近代史资料》1982年第4期。
③ 〔法〕谢和耐：《中国社会史》，耿昇译，江苏人民出版社1995年，第542页。
④ 周谷城：《周谷城史学论文选集·中国农村社会之新观察》，人民出版社1983年，第403页。
⑤ 《中国大事记》，《东方杂志》1910年第11期。
⑥ 《绅衿说》，收入徐载平、徐瑞芳：《清末四十年申报史料》，新华出版社1988年，第242页。

例如绅士者，既无官守，分亦平民，然其威福与官吏无殊，而鱼肉平民或有甚于官吏，一旦立宪，则由干预地方讼事之劣绅，进而为地方自治会之议员矣……立宪之动机，非发于国民，而发于在朝之民贼与在野之民蠹，岂惟与平民痛痒不相关，直利害相反也。[①]

由此，传统时代基于文化、社会身份的差异而形成的乡民对于士绅阶层的敬畏，蜕变为基于权力压榨而形成的对劣绅集团的社会性忿恨，基层社会矛盾的激化遂相当普遍地以绅民冲突的内容展开。从1908年《河南》杂志宣扬的《绅士为平民之公敌》[②]到大革命时期"有土皆豪，无绅不劣"的政治动员，就不仅仅是流布于舆论层面的时风，而是蕴含着社会结构、权力结构变动的复杂多样性的制度变迁的时代内容。虽然对于乡民的利益而言似无分别，但从乡民的利益诉求和抗衡的难易程度而言，则又有根本的不同，"易耳，此毁学之事所由起也"[③]。所以传统体制下"官逼民反"的大规模起义，就更多地表现为"绅逼民死"[④]的具

① 静卫(汪精卫):《论革命之趋势》,收入张楠、王忍之编:《辛亥革命前十年间时论选集》第三卷,第526页。

②《绅士为平民之公敌》谓:"其所谓立宪,所谓地方自治者,并非真心,而彼绅士反利用此新政之名目为其引火之导线","夫政府犹发踪之猎人,而绅士则其鹰犬也"。(见张楠、王忍之编:《辛亥革命前十年间时论选集》第三卷,第302—305页。)

③《毁学果竟成为风气耶》,《东方杂志》1904年第11期。

④(群众)派数百人手执竹牌,上书"官逼民反,绅逼民死"字样,押送清乡员到省城,控告官吏扰民罪行。(见张振鹤、丁原英编:《清末民变年表》(下),《近代史资料》1982年第4期。)

有新特征的普遍性社会冲突。

新政给予了传统士绅权力扩张的制度性、合法性基础。而权绅在资源的束聚过程中与民众利益形成直接的冲突，再加之新的制衡权力的缺位[1]，使绅民矛盾和利益冲突缺乏及时和适度的调整而频繁地走向激化，不断以民变的方式爆发。可以推论，清末新政也就构成了民变和绅民冲突的制度性根源。

---

① 已有的研究认为，士绅管理的地方性活动的范围，从未很清楚地与官方统治范围划分开来。所以官方的软弱必然导致名流的越权，反之则处于无休止的争议之中。明确划分“地方人士管理地方事务”的范围，有可能使地方名流的积极参与和官方的压制都不至过分。（R. Keith Schoppa, *Chinese Elites and Political Change: Zhejiang Province in the Early Twentieth Century*, Harvard University Press, England, 1982. pp. 31-33.）关于山东和江苏自治机构的详细情况，见张玉法和王树槐的论文，载《“中央”研究院近代史研究所集刊》第6集（1977年6月），第159—184、313—328页。

第十三章
权绅与农运——以湘绅为基点的历史考察

“乡董之所谓乡董也，都非乡民所选举出来的，都从雪白的银钱中出来。他们既下资本，自当一本万利。”[①]从维新时期激烈的新旧之争，到大革命时期惨烈的绅民冲突，这出惊心动魄的历史活剧都相对集中地出演在湖南这一区域性舞台上。晚近以来，湖南的社会政治动向每每关乎或展示出国家—社会演变之大局；而在湖南行云布雨的社会力量，又往往与当地的乡绅阶层密切相关。“湘之官宦多而绅士之权亦重……即今调查省城一区而核计其总数，约有四五百万，若兼外府、外县尚不止此数。”[②]湖南地方社会的绅权之重，罕有可匹者，所谓“湖南绅士之权力，其强盛实在诸行省之上”[③]。在地方社会矛盾持续冲突并逐渐激化的历史进程中，隐含着的是乡绅内在构成和地方权力结构的历史性变动，正是这一变动形成了地方社会持久动荡不安的结构性因

---

① 《各地农民状况调查：征文节录》，《东方杂志》1927年第16期。

② 社说：《因粤汉借款问题责卖国误民之臣民》，收入马鸿谟编：《民呼·民吁·民立报选辑（一）》，河南人民出版社1982年，第236页。

③ 杨笃生：《新湖南》，收入张楠、王忍之编：《辛亥革命前十年间时论选集》第一卷（下），第638页。

素。戊戌变法时期以“民权即绅权”的旗帜张扬着士绅阶层对于地方社会的掌控，并在清末民初的政治近代化轨道上使得绅权步步走向体制化，最终导致地方社会权力由传统士绅（scholar-gentry）向权绅（power-gentry）的结构性转变。1920年代，权绅化已经成为湖南突出的社会结构特征，而恰恰又是权绅化构成了大革命时期农民运动的触发点。在不太久的三十年里，从“民权即绅权”的思想酝酿，到以“打倒绅权”兴“民权”（此时的民权特指农民的权利）的政治运动，当然是浮现于观念层面的波澜起伏，更可能是蕴积于深层社会力量的结构性裂变和爆发。故本章试图立足于湖南地域社会权力结构的变动，剖析大革命时期绅民冲突的深层历史根源。①

① 近年来，湖南绅士问题的研究引起了普遍的关注。如许顺富：《论近代湖南绅士的群体结构及其社会影响》，《湖南大学学报（社会科学版）》2004第2期；刘泱泱：《湘军与近代湖南绅权势力的发展》，《益阳师专学报》1995年第1期；阳信生：《湖南近代绅士的计量分析》，《中国地方志》2004年第7期；等等。而常书红：《清末民初地方社会整合格局的变化》，《史学月刊》2003年第4期等文也间接有所涉及。但是其研究大多集中在晚清，民国之后的绅士状况鲜有涉及，对绅士的研究缺乏整体性。且论者大多仅立足于对绅士本身的研究，而对由绅士阶层的变动所引发的农村社会的连锁反应，尤其是绅民关系缺少关注，然而这却是近代乡村变动的重要枢纽，尤其在1924—1927年的农民大革命中得到了鲜明的体现。自华岗的《中国大革命史（一九二五— 一九二七）》问世以来，对农民大革命的研究一直备受瞩目。近年来相关的论文有李彦宏：《试析大革命时期湖南农民运动的历史局限性》，《湘潭师范学院学报（社会科学版）》2001年第3期；范忠程：《大革命时期湖南农民运动再思考》，《湖南师范大学社会科学学报》2002年第5期；等等。但是总体来看，这一课题的研究或局限于简单的阶级论，或仅集中于政治、经济的角度，而忽略了从社会—权力关系变动的角度进行探讨的重要性。本章拟补充这两方面研究的不足，将乡绅阶层内在结构的变动与农民运动结合起来进行考察，以揭示大革命时期农民运动爆发的深层致因。

一、从士绅到权绅

尽管传统社会中的士绅阶层并不直接拥有体制内的权力，但他们却拥有乡土社会赋予的约定俗成的天然权威，并在官民之间的社会领域拥有相当宽泛的权力空间。“士绅执行许多任务，最重要的任务是充当社会领袖，组织社区的防卫，调解人民日常的纠纷，关心人民生活，为社区人民树立楷模，以及帮助人主持婚丧事宜。”乡绅权力扎根于乡土社会，“主要是因为他得到平民的认可、信任、赞许、尊敬和服从”。①所以乡绅们每每以乡村的保护者自居，适度有效地承负着为社区谋求福利和保护的重要功能，在官、绅、民三方利益关系结构中，乡绅阶层居于官民双方皆赖以依凭的平衡制约地位。至少在社区公共利益方面，绅民之间有着更多的一致性，从而常常以绅民共构力量形成对抗官吏扰动地方的格局。同治年间，长江中游地区围绕漕粮征收，乡村社会的士绅与乡民借助宗族组织结成合力对抗官府，在某些地区已经演成了这样一种局面：乡村宗族“动辄恃众抗官，逞强凌弱，转以宗祠为聚众逋逃之护身符，人命盗案，一入强梁之村落，往往不服拘拿”②。但是，晚清以来，随着地方士绅阶层内在结构

① 周荣德：《中国社会的阶层与流动：一个社区中士绅身份的研究》，学林出版社2000年，第94页。

② 〔清〕陶澍：《陶文毅公集》卷二五《缕陈巡阅江西各境山水形势及私枭会匪各情形附片》，转引自章开沅等主编：《中国近代史上的官绅商学》，第388页。张仲礼的研究表明，士绅们视自己家乡的福利增进和利益保护为己任，在政府官员面前，他们代表了本地的利益。当与他们的利益相悖时，士绅则会批评，甚至反对和抵制官府的行政。（见张仲礼：《中国绅士》，第50、51、67页。）

的变化，不仅导致了地方权力结构的变动，从而打破原有的权力制衡关系，而且最终引发了区域社会中绅民关系的急剧逆转。

太平天国运动所造成的特殊局面，是构成湖南乡绅结构性变化及其权势迅速崛起的一个重要契机。在此之前，参加科举几乎是获取士绅身份的垄断性源头，因为士的功名身份及其等级特征始终是士绅地位形成的内在要素。所以“一般绅士们……大多是读过书的，在闭塞的社会里做事，能力真是绰乎有余，尽可以为地方服务，尽点小小义务”。士绅们既“不为衣食所迫，不为工作所苦，就有许多空暇时间，来领袖农村，支配农民”①。但是，太平天国运动的形势，至少从两方面影响了湖南绅士的结构。

其一，太平天国运动后，清政府日渐懈怠的军备无以应对危机，遂在倡行团练的基础上，湘军崛起了。由绅士掌控的湘军竟成为支撑王朝命脉的柱石，朝廷对于地方贡献的回报性奖赏措施之一即增加学额。这使湖南出现了地方士绅力量发展史上的第一个扩充期。②更为重要的是，在战时形成的大量军功绅士，以及由此扩充的捐纳功名、世爵世职的发展，乃至以团练起家的豪民绅士开始涌入绅士队伍，使得基于士绅的乡绅阶层的面目变得斑驳多样。绅士来源的多元化与绅士集团的迅速膨胀，终将导致建立在功名身份基础上的阶层由封闭变得相对开放，从而助长了绅士力量和权势的扩张，也扩展了其政治、经济和文化资本的累

① 金轮海：《农村组织与农村改造》，《东方杂志》1935年第1期。

② 太平天国前约有一半绅士为正途绅士，但其在太平天国后仅占三分之一。在当时近150万绅士中，异途绅士为近53万，即占36%。（见张仲礼：《中国绅士》，第131、136页。）

积。内部原本相对同质的文化价值逐渐趋向多元，武力和金钱因素与文化资本一道构成竞逐绅士身份的重要凭借。“绅士构成的变化，影响了绅士作为社会领袖的素质。……不仅侵蚀了政府，也导致原由这个阶层统治的社会的分崩离析。”[①]乡绅阶层的壮大与其出身的异质化同步推进。

其二，地方团练作为一种准军事性组织，是乡绅掌握地方性武装力量的重要契机，也是乡绅对于地方社会能够实行强控制的前提条件。地方团练的兴起和绅士力量的有效操控，终于使绅士阶层摆脱了在保甲系统中的尴尬位置，而成为近代基层控制的主体。依凭绅士在地方社会的角色和地位，团练的功能其实并不局限于治安方面。如咸丰四年（太平天国已据金陵），江阴知县陈懋霭广集当地绅士，共商妥善之法，当地绅士就提出“团其身必团其心，练其力必练其气”“因团练而及乡约”的主张。此议得到地方官赞赏与支持，遂“设局宣讲，一时风起云从……毗连的常熟、无锡、金匮各县，也在咸丰五年延绅设局”，使之成为一种“地官掌邦国之教令，分遣乡约，各掌其所治之教”的组织。[②]在总局绅董的统一控制下，四乡设立乡约长，“乡约长并且可以参加地方一切除弊兴利事宜，乡约和乡村行政又渐渐发生密切的关系”[③]。如此，乡约责任开始从地方官，转移到地方绅董手里，这就足以使地方团练成为集文武于一体的权力实体。

---

① 张仲礼:《中国绅士》,第154页。

② 参见杨开道:《中国乡约制度》,商务印书馆1937年,第312—313页。

③ 杨开道:《中国乡约制度》,第315—316页。

与此如影相随的则是乡绅对乡村族权、司法权、捐税权和地方公益事务更强有力的控制。“团这时作为县以下官方的行政机关行使职能，承担着保甲的——有时承担着里甲的——职能。”[①]“乡绅中之能够担任团长、团总者，大多并非谦谦君子”[②]，结果助长了乡绅阶层的横暴性。地方绅士把持了团练武装，并获得了筹措厘金的专项特权；有力之绅士进入各地厘金局及各种重要差局而成为拥有地方实权的局董绅士。如此，乡绅把持的厘金局当然地成为1927年农民运动打击的对象，“农民协会要求取消厘金的斗争也在激化，因为这种厘金使包收厘金的土豪劣绅大发横财”[③]。尤其清末新政与旧制在制度衔接上的错位，导致中央权力对于地方控制的弱化，绅士们几乎控制了地方公共事务的主要方面，“至今各省虽以官治为主，而地方公事无不酌派绅士襄办……特机关不全，权限不清，故任事者少，而避事者多”[④]。据不完全统计，近代湖南共有绅士91899人，其中卷入团练武装的绅士就达8700—11600人，团练局有一大批局董、局绅，均是在地方有势力的上层乡绅。[⑤]湖南两支势力最为强大的团练武装——湘乡团练和新宁团练都由罗泽南、王珍和江忠源、刘坤一等地方绅士所掌握，长沙的133个团练武装也基本控制在地方绅

① 〔美〕孔飞力:《中华帝国晚期的叛乱及其敌人》,第225页。

② 章开沅、马敏、朱英主编:《中国近代史上的官绅商学》,第407页。

③ 〔苏联〕A. B. 巴库林:《中国大革命武汉时期见闻录(一九二五— 一九二七年中国大革命札记)》,郑厚安、刘功勋、刘佐汉译,中国社会科学出版社1985年,第77页。

④ 《大清宣统新法令》第2册,第20页。

⑤ 参见贺跃夫:《晚清士绅与近代社会变迁》,第55页。

士的手中，他们成了地方治安的主要维护者。团练的兴办，为一些豪民地主的上升性流动大开方便之门，“在团练运动中，一些乡村豪民也乘时而起，他们捐资创办团练，也开始融入士绅阶层之中”[①]。晚清以来绅士与豪民之合流及绅士阶层的异质化进程由此开始。这股豪暴势力的增长遂成为导致乡村社会矛盾激化的重要原因，“早在一八九五年，对农村绅士来说，人民暴力就成为一个主要问题了”[②]。

戊戌变法之时，湖南是最富生气的地区之一。以梁启超、黄遵宪等人为代表的维新人士在湖南进行了大刀阔斧的改革实践，其中，在组织力量上尤以以士绅为主体的南学会和湖南保卫局影响最大。维新派极力鼓吹开绅智、张绅权，有效地调动了绅士们的参政意识，迎合了其改良地方政治、扩大绅权的要求。他们提出“民权即绅权”的主张，宣称绅权应当具有相对的独立性，并且有权利和义务参与到国家权力运作体系当中，从而使绅权在民权的旗帜下，最终实现以合法渠道渗入官方权力运作体系的目的。新旧绅士力量的较量以新派失败而告终，其结果是扩展了旧派绅士在地方政治、社会事务中的影响力。在随后的新政和地方自治的制度性变迁中，湘绅获得权势再度扩张的历史机遇。如岑春蓂所奏：“设立自治研究所，选取合格绅士二百十七名……咸以地方自治为法政之一部分，因就原设法政学堂、绅校，扩赁房屋开办，讲员、管理员即在法政、官绅两校教职人员内慎选派

---

① 章开沅、马敏、朱英主编:《中国近代史上的官绅商学》,第393页。

② 〔美〕周锡瑞:《改良与革命:辛亥革命在两湖》,第142页。

充”，“际此筹办伊始，选举绅董、拨用经费两端，关系最重，措办维艰”。[①]

传统绅权的特征即在于其乡土性、地方性，然而各级议事机构的成立，却大大拓展了乡绅们的活动空间，使其由乡村社区走向全省，由非正式权力变为正式立法机构。地方绅士的权力空间也获得新的拓展。1908年的《城镇乡自治章程》规定，议员的职责包括办理本城镇乡之学务、卫生、道路、工程、农工商务、善举救贫、公共营业等事，以及为办理各项事务进行筹款和其他一向归绅士办理之事。[②]绅权的扩张既包括对原有权力的认可和补充，又包括对近代新出现的公共权力的控制和操纵，一旦“控制了这些西式的局处等机构，他们可以完全把持乡村的权力”[③]。虽然新政的制度建构具有现代性特征，但厕身其中的却只能是传统时代的绅士；所不同的是，新政为绅权的扩张带来更多的合法性和合理性，使过去相对隐蔽操持地方公权的士绅变为了公然的权绅。而且绅权的扩张又始终与绅士阶层的劣质化同步进行。

观其颐指气使，咄咄逼人，直欲如玩傀儡者，牵一线而满盘皆动，如犬遇夜行者，一吠影而百吠声。此何人？

---

①《湖南巡抚岑春蓂奏湖南筹办地方自治设立自治研究所情形折》，收入故宫博物院明清档案部编：《清末筹备立宪档案史料》下，第749页。

② 参见《宪政编查馆奏核议城镇地方自治章程并另拟选举章程折》，收入故宫博物院明清档案部编：《清末筹备立宪档案史料》下，第728—729页。

③〔美〕艾恺：《最后的儒家：梁漱溟与中国现代化的两难》，王宗昱、冀建中译，江苏人民出版社1996年，第229页。

此何人？此非当世所自命为国民之代表而神圣不可侵犯之绅士乎？①

地方自治制度，缘附而至。吾见绅衿武断，攀缘长官，长官益恣，庇护绅衿，两者相狼狈，利为归墟，事则文具……其所恃为标志，咨议局也，警察局也，名目新异，张皇耳目，实不相符，则侵渔有所借口，苛索为之引例。②

诚所谓托名公共，而阴为私利。

乡绅阶层的变异，从根本上改变了乡村社会的统治格局与利益配置，并使传统时代的社会关系结构发生了本质转换，绅民矛盾开始突显并且日益激化。原本对于乡村控制就颇为有限的官方，在乡土视野中显得更加力不从心和徒有虚名。这显然不只是因为“皇帝的眼光在全国，督抚的眼光在全省，知县绅董的眼光在全县，小小的村落，从没看在他们的眼中”③，更主要是制度变迁的时势使然。

二、“权绅化”：绅民矛盾的激化

辛亥革命摧毁了皇权的威势，却未能动摇乡村社会结构的根基。乡村社会秩序依旧、绅权依旧，“乡村中的封建势力——封

---

① 《绅士为平民之公敌》，收入张楠、王忍之编：《辛亥革命前十年间时论选集》第三卷，第302—303页。
② 茗荪：《地方自治博议》，收入张楠、王忍之编：《辛亥革命前十年间时论选集》第三卷，第407页。
③ 杨开道：《中国乡约制度》，第319页。

建政治的基础，还是与革命以前一样，完全没有变动”[①]。乡村权力中心依然安稳地操持在乡绅的手中，“只不过秀才、举人老爷的红缨帽子不戴了，补子官服不穿了，戴上了瓜皮帽，穿上了长袍马褂……秀才、举人成了‘绅士’‘联庄自治’的总保董。照样是‘衙门朝南开，有理无钱莫进来’”。而且，革命的动荡还为乡绅权力扩充创造了更多的机遇。

> 最滑稽的是，我们这穷乡僻壤里也闹什么民主党、共和党。许多秀才、举人、绅士老爷、乡下的读书人又找到新的出路了，有的参加民主党，有的参加共和党，还有的来了个双保险，民主党、共和党都参加了。在他们看来，革命了，反正了，参加一个什么党，才能升官发财，这个机会不能错过。[②]

革命党人为了安定局势，也承认“凡我绅士皆地方领袖，当尽保卫地方之义务”[③]。

革命后，乡绅的权势与地位仍旧得以保持，不仅相当程度上获得新政权的认可，并且获得了制度化支持。在清末地方政治变迁中，“每县分为若干乡，每乡分为若干图，乡设乡董一人或两

---

① 《全国农协临时执委会发布全国农民第一次代表大会宣传纲要》，收入中央革命博物馆、湖南省博物馆编：《湖南农民运动资料选编》，人民出版社1988年，第16页。

② 李实：《辛亥革命时的乡居记闻》，《湖北文史资料》2004年第4期。

③ 转引自章征科：《辛亥革命时期没有“大的乡村变动”原因剖析》，《安徽师范大学学报》1994年第2期。

三人，图设图董一人或二人，乡董之上，又有局董，都是乡董的绅士所分配，实际上不是地方的自治，正像地方的绅治”[①]。在“预备立宪地方自治章程”中，我们可以看到士绅变为绅董的制度规划，“在城市执行权掌于董事，在乡则掌于乡董”[②]。民国成立后，“各省都督，虽公布《暂行乡村制》，然多沿袭前清之旧。且省自为政，没有统一的办法”[③]。通过地方议事会和董事会的设立，扩展了的乡绅权力纳入了体制之内，形成拥有正式权力的所谓绅董——导致士绅与权绅的分化。这打破了基于文化威权和社会威权而形成的社区公共权力的具有仲裁性质的平衡，使之直接介入权力体系。民国时期，虽几度更易自治规程，但总体趋势是强化执行机构而弱化议事机构。“民国十年所举办的地方自治，虽已规模略具，但都不脱官治或绅治的习气，一般的人民，实际上没有感到什么兴趣。”因“普通市的执行机关是由市长总理一切，佐以市董四人；特别市的执行机关是市参事会，由市长佐理员、区董，名誉参事员组织之”，“它从根本精神上观察起来，是一种自上而下的官治式的自治制度，与实际民权的扩张和社会的改造，没有丝毫关系”。[④]绅董的出现及凝固，体现着士绅向权绅演变的一般历史进程。

辛亥革命后，权绅化进程愈益加速，并形成独有的时代特征：

其一，传统士的文化身份特征弱化，地方强权特征强化。民国之兴，并未改变中国社会的整体面貌，旧的国家权力虽被冲

①② 李力成：《我国地方自治的源流》，《政治建设》第1卷第2、3期（合刊）。
③④ 邵元冲：《三十年来中国社会建设之演进》，《东方杂志》1934年第1期。

垮，但新的国家权力却迟迟未能步入正轨。新旧权力空间的交替，造成利益结构和权力结构的重组，终于演成国家分裂、军阀割据之局。一方面，战乱频仍、时局动荡，离乡入城成为有力乡绅们的最佳选择；此外，近代工商业的发展和科举制度废除后新式教育之勃兴，亦吸引着乡绅子弟离乡入城，乡绅城市化趋势加剧。另一方面，乡绅阶层的单向流动和新式知识分子在城镇的滞留，引发了乡村人才的大规模流失，使乡绅阶层失去了制度性的力量补充。“原来应该继承绅士地位的人都纷纷离去，结果便只好听滥竽者充数，绅士的人选品质自必随之降低，昔日的神圣威望乃日渐动摇。”[①]“民国人才多误于政客议员两途。政客利用权术以为挑拨，议员利用党派以固势力，各为其私……而洁身自爱之人，惟有退守蓬门匿迹不出而已。”[②]另外，随着军阀割据局面的形成，传统时代地方官员任职的回避制不再有效，民初“地方主义”“自治主义”思潮甚嚣尘上，“湘人治湘”的诉求更有助于权绅的操弄和扩充。

其二，绅士在地方社会的公益性减弱，私利性日趋严重。地方军阀为了巩固自身统治的需要，对乡绅阶层进行了“换血”，这直接加速了士绅阶层的劣化。如张敬尧督湘时，异常残暴，“地方士绅，苟稍质问，即加以庇匪或地棍等罪名”。长沙嵩山镇都总杜某，以清乡费用太滥，略有指摘，就被革去职衔；五美乡乡绅徐特立指责清乡军任意敲诈，就被加以地棍之名，并差点被

---

① 史靖:《绅权的继替》,收入吴晗、费孝通等:《皇权与绅权》,第171页。
② 熊宾:《鄂北治略》下卷,民国十三年五月襄阳道署印,湖北通志馆藏,第29页。

逮捕。[1]另外，军阀们也还操控选举，以赵恒惕时代为甚，其目的一是为了营造统治的合法性，二也为了扶植提拔对其言听计从的士绅。“自伪宪颁布以来，赵氏借以包办选举，第一步为其私党买议员，威逼利诱，黑幕重重。故选举诉讼几无县不有。第二步又以金钱贿买议员……”[2]而至于各县议会，“名为代议机关，实则纯系藏污纳垢之薮，把持操纵，植党营私，徒尸代表民意之名，适为自治行政之累，群情厌恶，万口讥评”[3]。人们讽刺议会是“议酒，议菜，议薪水；会官，会客，会姑娘”[4]。并且军阀权力的不稳定与政权的频繁更替，导致了湖南社会动荡不安，也使地方权力变更无序。尤为重要的是，它使士绅传统的权力基础发生了根本转换，将其一步步地从乡村社会中剥离出去，并整合到官方权威体系中，绅民之间原来由“地方利益”联系起来的内聚结构由此逐渐崩溃瓦解。地方权力也更加远离社区民众的利益诉求而依附于更具强权特征的军阀和政客，这又加剧了乡绅军事化、暴力化与乡村割据倾向的进一步滋长，“一省的督军是一省的军阀，一村的乡绅便是一村的军阀”[5]。

权绅对于地方社会而言，不再具有传统士绅独有的社会—文

---

① 参见沅兰：《清乡队之黑幕》，收入中国史学会、中国社会科学院近代研究所编：《北洋军阀：1921—1928》第三卷，武汉出版社1990年，第408页。

② 《湘人驱赵运动》，《晨报》1923年2月25日。

③ 《中华民国史事纪要（初稿）》（中华民国十五年：一九二六年一月至七月），台北“中华民国史料委员会”1979年，第563页。

④ 《第一次国内革命战争时期的湖南农民运动》，收入《中国现代史资料选辑（第一册）》下，上海师范大学出版社1978年，第507页。

⑤ 秋白：《农民政权与土地革命》，收入《第一、二次国内革命战争时期土地斗争史料选编》，人民出版社1981年，第102页。

化威望，也失去了社区民众的支持，所以加紧了与军阀的勾结。

> 军阀不是某人欢喜做军阀，其基础是建筑在一般士绅阶级上面……一切政权都是握在士绅阶级手里……军阀到处利用士绅阶级做他的基础。在某一地方要几十万军饷……县知事无法，就召集士绅开会，士绅就设法垫借，加倍的取偿于平民。士绅阶级完全是军阀保养而成的，既要借他们去压迫平民，于是给他们以武装——团防。[①]

所以，就地方社会而言“县政治的好丑是完全决定于绅士阶级的”[②]。这种军绅利益共谋局面和对地方社会日甚一日的压榨，不断加剧着基层社会矛盾的激化，而操控乡村权力的权绅就必然成为这一冲突中的矛盾集中点。

与绅权扩张同步出现的，是乡土视野中绅民矛盾的日益凸显和地方利益的急剧分化。1907年的萍浏醴起义和1910年的长沙抢米风潮，可以说是乡民对于乡绅权势阶层极度不满的两次大爆发。萍浏醴起义的一个突出特点就是乡民对于乡绅的打击，“无疑，起义的主要打击目标和对象，是民愤最大的民团及其组织者地方绅士”[③]。而1910年的长沙抢米风潮，也与农民发泄对绅士阶层

---

① 《谢觉斋先生报告国民革命与工农阶级的关系》，收入湖南省博物馆编：《湖南全省第一次工农代表大会日刊》，湖南人民出版社1979年，第141页。
② 克明：《绅士问题的分析》，《中国农民》1926年第10期。
③ 茗荪：《地方自治博议》，收入张楠、王忍之编：《辛亥革命前十年间时论选集》第三卷，第73—74页。

的不满有关。“湘潭县痞徒因米贵煽惑贫民聚众索食强吃排饭”，“又有一种不法痞徒因米价稍昂，借口富户闭粜，煽惑贫民及无知妇女成群结党向各绅富家勒索坐食，名曰吃排饭。或恃众抑价强买，捣毁砻坊。甚至持械抄抢，任意滋扰，实属愍不畏法”。[①]

乡村反抗情绪的日益滋长，使乡绅除了依靠军阀的地方部队外，更致力于培植团防、团练、民团等私人武装，并与秘密社会乃至土匪、流氓相勾结。当时湖南有一个影响很大的同善社，督军张敬尧、谭延闿、赵恒惕等人先后被聘为名誉会长。该会在各地设有分会，“凡建立组织的地方，其善长均为当地豪绅或军官担任”[②]。衡阳、邵阳等十余县的同善社活动频繁，其会员竟达20万之众，已经形成把持地方政局的强势力量。“虽然入了民国一直到现在民国十五年，地方政治的基础，仍然建筑在封建制度之上。”[③]“农村的政权被把持于一般乡绅，或被垄断于一般劣绅，农民的经济向上，无实现的可能。”[④]至此，乡绅对地方的政治军事控制可谓达到极点。同时，传统社会以文化权威身份拥有地方公共事务主导权的士绅，也基本让位于地方公共资源和公共权力的直接占有者——权绅。

正如许多学者所言：“中国的士绅只能按经济和政治的双重意义来理解。”“绅士的经济基础只有从他与地主的结合才能了解

① 转引自杨鹏程:《长沙抢米风潮中的官、绅、民》,《近代史研究》2002年第3期。

② 苏缙如:《宝庆同善社》,《邵阳文史》第十一辑,1989年6月,第316—317页。

③ 甘乃光:《绅士民团县长何以反对农会》,《中国农民》1926年第10期。

④〔日〕田中忠夫:《国民革命与农村问题》上卷,李育文译,村治月刊社、上海商务印书馆1927年,第9页。

的，大多数绅士便是地主。”[①]与乡绅阶层的壮大和绅权的扩展相伴而行的是土地权属的变动。“满清推倒之后，遗下来的士绅、官僚和许多的人，都假借革命为名，弄了许多钱，买许多田地，成为大地主。”[②]即使那些离乡入城的绅士也以土地占有和扩充作为保持自身地位的根基，而成为不在场地主。“士绅逐渐脱离乡村到市镇的过程，始终伴随着城镇资本转向农村购买土地的趋势。”[③]有学者对民国年间川东的重庆、万县，川西的崇庆、大邑、灌县，川南的宜宾、酉阳、雅安，川北的苍溪、江油等十县新旧地主的研究表明：“十县平均的结果，新旧地主所占土地百分率的总和比较，新兴的军阀官僚之类的地主所占土地为百分之九十，旧有地主所占之土地仅有百分之十，可见旧的地主没落，新的地主兴起。在户数比较上新兴地主占百分之六十，旧地主占百分之四十。”[④]新旧地主势力的更易，从一个侧面也体现了权绅私利化的演变趋势。

权绅与地主的合二为一，是晚清民国时期乡村社会演变的趋

① 胡庆钧:《论绅权》,第122页。

②《李维汉先生的中国政治经济状况报告》,收入湖南省博物馆编:《湖南全省第一次工农代表大会日刊》,第126页。

③ 吴滔:《在城与在乡:清代江南士绅的生活空间及对乡村的影响——以吴江震泽为例》,收入黄宗智主编:《中国乡村研究》第二辑,商务印书馆2003年,第51页。

④ 这种土地集中趋势的原因,归纳起来可有如下数点:(1)旧地主崩溃,卖去田产;(2)军阀官僚大批收买;(3)高利贷的地主渐将负债农民的土地集中;(4)田价低贱,促进土地集中于资产阶级;(5)军阀豪劣强夺农民土地,如占买及借事充公没收;(6)公田、庙田、祠田被提卖,为封建势力贱价收买。(见章柏雨、汪荫元:《中国农佃问题》,商务印书馆1943年,第26—27页。)

势，也是湖南社会变动的一个突出现象。地权变动昭示着地方权力变动的情况，它显示着土地向权势者流转的一般趋向。湖南的土地兼并比较严重，佃耕制高度发达。据1917年农工商部统计，“全国的佃农、半佃农平均不过50%，而湖南竟高达80%，实是骇人听闻”[①]。由于佃农、半佃农比例高，乡绅地主便趁机抬高租额，并附加种种苛刻条件。“东七佃三”“无息押金”是最为流行的地租形式；除此之外，农民还要服从地主附加的种种陋规，如“‘田鸡’‘田鸭’‘田蛋’‘田草’，逢时逢节送‘人情’给地主，遇地主婚丧，有作工不受工资的义务”[②]。尤为苛刻的是，遭遇荒年，一些乡绅地主不仅不减租，反而加租，如“溆浦平常为东六佃四，但遇天灾，地主占八九成，佃户只得一二成”[③]。此外，还有竞佃和包佃制，则是对农民更严酷的剥削。近代湖南天灾战祸频仍，而大量资金流入城市，农村金融极端困难，乡绅地主则乘机发放高利贷，“月息百分之十，差不多是全省七十五县普遍的现象，谓之‘大加一’，又有借银九元，月息一元，名为‘九去十归一’”[④]；另外，还有什么“‘九出十三归’‘十年三十石’的利息，害得一般贫苦农民要哭无泪，每年三比期到，撞塘吊颈简直变成贫民阶级一个毫不稀奇的事”。而与此同时，“土豪

---

① 张朋园：《湖南现代化的早期进展》，岳麓书社2002年，第83页。

②《湖南农民运动真实情形》，收入《第一次国内革命战争时期的农民运动资料》，人民出版社1983年，第396页。

③ 参见《湖南省第一次农民代表大会决案（选录）》，收入《第一、二次国内革命战争时期土地斗争史料选编》，第75页。

④《湖南省第一次农民代表大会决案（选录）》，收入《第一、二次国内革命战争时期土地斗争史料选编》，第76页。

劣绅却得个相反的际遇——买田置产”。[①]除了高额地租、高利贷外，乡绅地主还操纵粮食流通和粮食价格：

> 如囤谷居奇，故抑物价，至使一般农民，在初收新谷时，不能不将收获廉价卖出，一至荒月，又不能不重价向那班囤谷居奇的人购买食谷。……尤其在最近，湖南连年荒歉，农民因这种操纵，所受痛苦更加厉害。[②]

不难发现，晚清以来从士绅向权绅的演变，造成了乡村社会当时特有的变乱情势，“要国家无法律才有他们，要民权不伸张才有他们，要政治不上轨道国家多故才有他们……中国现在是一个军、官、绅三位一体合作造乱的国家”[③]。绅民矛盾在乡村社会层面上日益激化并不断累积，它的激烈爆发只需要一个时机而已。

三、绅权扩张与公众利益的丧失

新政及由此延伸出的立宪运动，无疑包含着中央权力对地方社会控制的加强。但历史的演进却正好相反，中央权威的式微和绅官权争的纷乱竟成为当时政治的常态。“查各直省地方局所，向归绅士经理者，其于官府权限，初无一定，于是视官绅权力之

---

① 《湖南请愿团为长沙事变敬告革命军士》，收入中国革命博物馆、湖南省博物馆编：《马日事变资料》，人民出版社1983年，第468页。

② 《湖南全省第一次农民代表大会决议案》，《湖南历史资料》1980年第2辑，第23页。

③ 舜生：《中国的绅士》，《中国青年》1924年第17期。

强弱，以为其范围之消长。争而不胜，则互相疾视，势同水火，近年以来，因官绅积不相能，动至生事害公。”[①]故而无论是资政院、咨议局抑或地方基层的选举，实际都助长着地方绅权的扩张。清末湖南当选为咨议局议员的有82人，据张朋园估计，绝大多数应为绅士。[②]至于各府厅州县的议员，亦当为绅士所独占。时人评价道：“所谓地方自治者，并非真心，而彼绅士反利用此新政之名目为其引火之导线。”[③]“今之称地方自治者，不曰自治，曰官治也。吾则曰非惟官治，亦绅治也。”[④]

地方自治也是权绅化进程一个重要契机。“中国风尚所重者功名，所信者殷富，民间行事，恒视此为向背，而其中等级亦自分明。若照地方自治选举法，人纳二元之租税或公益费，一律可充议员，则绅富中之豪者，便以无所优异而不乐就。”[⑤]问题在于，在地方权力结构形成中，由于监督缺位，制度变迁一开始就带有天然弊端，致使权绅失去最基本的制约。

> 各省办理地方自治，督抚委其责于州县，州县复委其责于乡绅，乡绅中公正廉明之士，往往视为畏途，而劣监刁生，运动投票得为职员及议员与董事者，转居多数。

---

①《宪政编查馆奏核议城镇地方自治章程并另拟选举章程折》，收入故宫博物院明清档案部编：《清末筹备立宪档案史料》下，第726页。

② 参见张朋园：《湖南现代化的早期进展》，第153页。

③《绅士为平民之公敌》，收入张楠、王忍之编：《辛亥革命前十年间时论选集》第三卷，第303页。

④ 茗荪：《地方自治博议》，收入张楠、王忍之编：《辛亥革命前十年间时论选集》第三卷，第413页。

⑤《御史温肃奏议院选举宜使秩崇税多者优异逾常折》，收入故宫博物院明清档案部编：《清末筹备立宪档案史料》下，第647页。

> 以之办理地方自治，或急于进行而失之操切，或拘于表面而失之铺张，或假借公威为欺辱私人之计，或巧立名目为侵蚀肥己之谋，甚者勾通衙役胥差，交结地方官长，借端牟利，朋比为奸。

不仅新政事业徒劳无功，“以一城数区合计之，每年经费不下万金……所谓办有成效者，不过燃路灯，洒街道，或设一二阅报社、宣讲所而已”，而且原有乡村事业也渐行变质，即“旧日育婴堂、养老院、义塾、社仓……积存诸公费，非皆挥霍尽净不休”。[①]

地方行政事务的扩展成为民国时期权绅化的一个重要制度性支撑，权绅们“借机谋利，把持一切，安置僚属，局所林立”[②]。借助体制化的局、所，“土豪劣绅，平日或假借功名，或恃其财势，勾结官府，包庇盗匪，盘踞团局，把持乡政，侵吞公款，鱼肉良民。凡诸所为，俨同封殖”[③]，这为权绅们交结官府、强化权势构建了合法的通道。

除对“体制性”公共权力的掌控外，地方公共资源及其事务也一向由乡绅管理，如学田类、善堂田类、祠田类、义仓田类的公田及公款。[④]“中国有一种集团的地主，例如祠产、庙宇、寺

---

①《御史萧丙炎奏各省办理地主自治流弊滋大拟请严加整顿折》，收入故宫博物院明清档案部编：《清末筹备立宪档案史料》下，第756页。

②《毁学果竟居风气耶》，《东方杂志》1904年第11期。

③《广东省农民协会重要宣言》，收入中国第二历史档案馆编：《中华民国史档案资料汇编》第四辑（一），江苏古籍出版社1991年，第578页。

④ 参见光绪《湘潭县志》卷二《公田表》及卷七《礼典志》，台湾成文出版社1970年，第233—267、581—582、601页。光绪《大冶县志续编》卷四《建置志》及卷五《学校志》，台湾成文出版社1970年，第51、86页。

产等……而管理此公共地者，实际握于少数人，故彼等易成土豪劣绅，在中国为一种特殊需要地主阶级。”[①]宗族的族田与乡村庙宇的庙宇田也是公田。附属于佛、道教寺庙的寺庙田本身不是公田，但自从清末新政以来，其中相当一部分也被编入学田，所以我们看到在有关国民革命时期两湖、广东的农民协会运动的资料里，通常也把寺庙田规定为公田。[②]

据柳镛泰研究，1934—1935年湖南、湖北各县的平均公田面积分别有4.4万多亩和3.2万多亩。[③]公产对于权绅地位的影响不言而喻，它不仅成为组织民团的重要经济支柱，而且支配公产的少数有权者可以操纵乡村内的经济和政治机构。[④]他们甚至主持公堂的祭祀仪式而把持神权，把自身的权力和权威正当化。“权力者在主持祭祀仪式的过程中，显示跟神格交通的样子以此粉饰权力者的暴力本性。”[⑤]宗祠和地方神庙既是宗族权力或乡村权力的中心又是其权威的象征。在同族乡村族权就是乡村权力，宗祠就是其执行机构。作为族权象征的宗祠数可以说是与族田分布几

① 〔日〕田中忠夫：《国民革命与农村问题》上卷，第9页。

② 参见《农民运动讲习所学员听课记录》（1926.5.8—5.18），收入中央档案馆、广东省档案馆编：《广东革命历史文件汇集（1923—1926）》（内部资料），1982年，第230页；邓雅声：《黄梅农民生活状况》，《湖北农民运动》第1期，1927年，第28—29页。

③ 虽然资源区分了“公有地”和“团体所有地”，但两者都是“非国有（官有）”也“非私有”的土地，这个意义上看，可以说两者都属于“公田”。（见柳镛泰：《国民革命时期公产、公堂问题：两湖与广东农民运动之比较》，《民国研究》总第5辑，1999年。）

④ 参见柳镛泰：《国民革命时期公产、公堂问题》，《民国研究》总第5辑。

⑤ Emily M. Ahern, *Chinese Ritual and Politics*, Cambridge University Press, 1981, pp. 77-92.

乎一致，比如湖南醴陵县平均881个人有一个宗祠，而广东中山县小榄镇31个人就有一个祠堂，湖南宗祠对族人的约束力比广东要弱。[①]“湖南各县公产，名目繁多。宗族有祠堂族产，宗族各支房有支房产，寺庙有庙产。还有桥会、路会、义学、育婴堂等均各有田产，大的收租几千石，小的也有几十石不等。”[②]但是，“所谓公地的地租，表面是公共机关底收入，其实都是豪绅底收入”[③]。而且，公产私利化恰恰与权绅化进程相伴随。“19世纪末至20世纪初在商业化的进程和新政以来政治体制的变化过程中，市场逻辑代替‘公’的伦理，公产和祭祀仪式急速衰落。”[④]公田原则上是禁止出卖的，可是在商业化的影响下，至1920年代末，三分之一的公田已经卖出去了。[⑤]公仓的仓谷也被出卖而转化为高利贷资金，加上军阀、土豪强卖或夺取的公田、公款、仓谷，总的来说，民国初期公产的衰落现象是很明显的。据湖南各县自治调查办公处的调查报告，攸县祀产的60%充作学款，余下的被管理者盗卖，礼典全都弛废，新宁县文昌、社、坛、祠的祭祀全部弛废。[⑥]因此公产及以“公”伦理为基础的乡村权力关系开

---

① 参见柳镛泰：《国民革命时期公产、公堂问题：两湖与广东农民运动之比较》，《民国研究》总第5辑。

② 《湖南的农民》，《向导》第181期。

③ 中央档案馆编：《中国共产党第二次至第六次全国代表大会文件汇编》，人民出版社1981年，第235页。

④ 柳镛泰：《国民革命时期公产、公堂问题》，《民国研究》总第5辑。

⑤ 参见章有义编：《中国近代农业史资料》第二辑，生活·读书·新知三联书店1957年，第70页；柳镛泰：《国民革命时期公产、公堂问题》，《民国研究》总第5辑。

⑥ 参见曾继梧等编：《湖南各县调查笔记》下，第126、135页。

始结构性变动。同时，农民家庭出身的新学知识青年结集为区域性青年团体或学生联合会等，展开了地方政治斗争。尤其是因为他们揭露了把持公共资源管理机构并谋求私利的乡村权力者的非道德性，因此与乡村权力者相对立。这也加速了乡村权力关系的变动。所以柳镛泰认为公产、公堂的衰退和农民家庭出身的近代知识青年的出现分别是1920年代农民协会发展的结构因素和主体因素。①

无序扩张的绅权还表现为对于公共资源，尤其是利益性事务的直接掌控。“绅士包办或承办收税各机关——如厘金、公卖、印花、赌捐等局……此外若管理地丁税的城绅，屡唆使地方小军阀，先借地丁税，各县甚至有借至民十八九年者，绅士实负有大咎，因为他要借以得利润呵！”②很多地方的各类市场也都由权绅们上下其手，海南各农产品市场就是如此。③而且，由于国家政体变革（共和取代专制）进程本身，以及新的国家权力建构，都缺乏对乡村社会权力的监管机制，致使地方绅士借助革命，将代管的公共资源和财产逐步私利化，如清代的社仓、义仓，自“雍正以后则改为劝募，奖励官商绅富捐纳，给以名誉上的赏典……但降及清季，社仓义仓亦与政治俱呈衰势，或被官吏侵吞，或被豪绅中饱，名存实亡，渐至废弃。从清末转入民国初期，原有的仓储，更全被豪绅恶吏变卖盗用，成了一大批糊涂帐”④。此外，

① 参见柳镛泰：《国民革命时期公产、公堂问题》，《民国研究》总第5辑。
② 步鸾：《应该打倒绅士阶级》，《中国青年》1926年第124期。
③ 参见《彭湃文集》，人民出版社1981年，第23、57页。
④ 陈醉云：《救灾政策与公仓制度》，《文化建设月刊》第2卷第6期，第62页。

以公谋私也是绅权无序扩张的特征之一。担任两湖米捐局总稽查的叶德辉勒令米捐全部存入他所开的德昌和钱店，常集一二十万不解，以此牟利[①]；湘绅杨巩则“专营私利，广置房产”[②]，等等。在1926年全国农民代表大会上，“某代表团在代表大会上引用了一个‘百般压榨农民、理应受到惩罚的’劣绅的例子……过去，他在县里当过小学教员，擅自侵吞过学校公款。他还与人合办过旅馆，并且在旅馆里设赌场”[③]。无疑，进入民国后，权绅们的以公谋私可谓愈演愈烈，地方公共资源和公产几乎在“历史变动”中被侵吞殆尽。“绅士阶级，在地方政治的作用，很似都市中商业上的买办阶级。”[④]湖北省农协代表大会明确指出：“农村中的公产如积谷仓、庙产、县田及地方公地等……实际上管理权操纵在土豪劣绅手中。”[⑤]驻汉苏联领事巴库林分析两湖及江西农协资料时也表示：土豪劣绅一般是恣意征收苛捐者和庙宇及公田、公仓的管理者。[⑥]《湖北农民》记载，武昌劣绅夏玉成“侵吞公款，把去年所发的赈灾米，及平素剥削农民所得的公款，多半都吞了”[⑦]。随着士绅的权绅化，“这般绅士们为了卫护他们特

---

① 参见《长沙抢米风潮竹枝词》，转引自杨世骥：《辛亥革命前后湖南史事》，第177页。

②《署湖广总督瑞徵奏特参籍绅挟私酿乱请分别惩儆折》，《国风报》1910年第13期，转引自杨鹏程：《长沙抢米风潮中的官、绅、民》，《近代史研究》2002年第3期。

③〔苏联〕A. B. 巴库林：《中国大革命武汉时期见闻录》，第108页。

④ 甘乃光：《绅士民团县长何以反对农会》，《中国农民》1926年第10期。

⑤《农村公产问题决议案》，《第一次国内革命战争时期的农民运动资料》，人民出版社1983年，第492页。

⑥ 参见〔苏联〕A. B. 巴库林：《中国大革命武汉时期见闻录》，第108页。

⑦ 步月：《劣绅夏玉成破坏农民协会》，《湖北农民》第14、15期合刊，1927年2月。

殊阶级的利益，时常要压迫农民”，“要想他们领袖农村，造福公众，是办不到的”。[①]显然，对于民国“共和”制度下的乡村民众而言，这是一个公共利益和公共权力完全“操在少数的地方绅士——土劣手里，不但自治事业不能举办，而且凭自治机关，作个人敲诈和鱼肉的工具”的社会，“是绅治，与自治不能混合一谈”[②]的社会。

四、农民运动：打倒绅权的革命

民国年间“农村的事业多为少数乡绅所独占”[③]，“农村的政权被把持于一般乡绅，或被垄断于一般劣绅”[④]的状况，是晚清以来士绅权绅化长期演化的结果。然而，社会历史自有其演进的法则。任何对于社会公共利益和公共权力无度侵吞的力量，都会遭受历史的惩罚。随着制度变迁和乡村权力结构变动，乡村社会矛盾和历史积怨已经汇聚于掌控公共权力和利益资源的乡绅——权绅阶层身上，一向居于“民望之首”的绅士蜕变为“平民之公敌”[⑤]。民国年间“打倒劣绅！”的政治动员当然地成为乡村民众最集中的利益表达。

围绕地方公产和公权产生的绅民矛盾和斗争，更加明晰地揭示着权绅化引发的后果，如海南农民运动就是围绕着地方公产和

---

① 金轮海：《农村组织与农村改造》，《东方杂志》1935年第1期。
② 赵如珩：《地方自治的理论与实际》，华通书局1933年，第17页。
③〔日〕田中忠夫：《国民革命与农村问题》上卷，第26页。
④〔日〕田中忠夫：《国民革命与农村问题》上卷，第9页。
⑤《绅士为平民之公敌》，《河南》1908年，转引自张楠、王忍之编：《辛亥革命前十年间时论选集》第三卷，第302页。

公权展开的，总农会为增加农会经费，决议将县城的各农产品市场，如番薯市、米市、柴市、猪仔市、牛市、糖市、菜市、地豆市、草市等等收归农会管理。这些市场向来都为绅士土豪和庙祝所掌握，要他们交出管理权，必然要引起矛盾和冲突。[①]1925年9—10月间，公产或公权问题也成为湖南农民运动的开端。当时国共两党共同主张，运用地方公款向乡村农民办理无利借贷局，为农民子弟提供免费义务教育，给小学教师增加薪金。[②]1926年11月，国民党长沙县党部决议“农民具有清查和支配地方公款公产的权力”[③]。农民协会认为：公产本都是谋乡村农民公共利益的基金，因此应该由农民协会和乡村人民革命团体直接清查和管理。[④]农民运动提出打倒劣绅具有当然的道义合法性，正像1926年12月湖南农民代表大会决议所表达的诉求那样：因为掌握乡村权力者依靠民团（团防）武装侵吞公产、垄断乡政，所以必须铲除他们才可以实现真正的乡村自治。[⑤]1927年3月湖北省农民协会代表大会也就公产问题通过了与湖南几乎同样的决议案，各县代表主张对公产的清算或没收，然后公布土豪劣绅名单及其罪

① 参见《彭湃文集》，第123页。

② 参见1925年10月《中共湘区关于农民运动决议案》、国民党湖南省党部1925年11月《湖南农民运动实施纲要》，收入中央革命博物馆、湖南省博物馆编：《湖南农民运动资料选编》，第60—61、167—168页。

③《长沙县党部第四次全县代表大会农工运动决议案》，《长沙评论》第5期，1926年。

④ 参见《农村公产问题决议案》，收入《第一次国内革命战争时期的农民运动资料》，第492页。

⑤ 参见《铲除贪官污吏土豪劣绅决议案》《乡村自治问题决议案》《关于社会仓积谷问题决议案》，收入《第一次国内革命战争时期的农民运动资料》，第402—409、418页。

状，敦促处罚他们。[①]从掌握乡村权力者手中夺取公产管理权的斗争是以清算斗争为基础展开的。清算斗争指清查公产侵吞额并向侵吞者索取赔偿。湖北各县农民首先对本族土豪劣绅展开清算、游乡、罚款等斗争，进而把它扩大到对全部乡村权力者。[②]通过清算斗争，农民协会获得了自己管理公产的正当性和名分，并以此为基础进一步夺取公产管理权。1926年12月湖南省政务会议指出："现在农民运动激烈的地方主要是有公有土地的地方。"[③]1927年1月和3月制定的将侵吞公产者明示为土豪劣绅的《惩治条例》表明，在农民运动的视野里，劣绅其实就是那些攫取公产、公权的权绅，而不是一般意义上的士绅。

事实上，从20世纪初开始，绅民冲突就已经成为乡村社会矛盾激化的主要内容了。[④]问题在于，为什么大规模的农民运动爆发于大革命年期，并具有那么鲜明的政治诉求和组织化程度？显然，始终围绕着社区公共利害关系而展开的绅民矛盾，即使频繁激化，也缺乏足够的超越地域性的成规模行动的内聚力，同时也缺乏鲜明的政治诉求——通常只是具体利益的争取。没有足以调动这种存在已久的冲突的政治动员和政治力量的支持，地域性斗争就无法形成时代性的影响。正是国民党和共产党的政治动员为满足这一历史需求提供了充足的条件。

当1920年代国民党致力于民族—国家权力的重建，向乡村社

① 参见《会议记录》,《湖北省第一次农民代表大会日刊》第4—8期,1927年。
② 参见《最近湖北农民运动概况》,《汉口民国日报》1927年5月6日。
③ 《湖南省政府公报》第20期,1927年1月2日。
④ 参见本书第十二章。

会大幅渗透时，却遭遇到权绅们顽强的抵抗。广东从化县党员陈逸如等致函中央执行委员会，尽述该县县长朱本恕等摧残党务情形[①]；紫金县党部筹备处报告称："一般土豪劣绅，多诬以赤化、共产、公妻、过激等口号，又指党部为共产机关。"[②]许多县乡党部人员遭到地方士绅、商团殴杀。[③]湖南乡村政权亦如湖南省农民协会第一次代表大会议决案所言："从前各级自治机关的组织，原是一种封建的遗物——现在省县政治稍见改变，然彼等把持农村政权，榨取村民，仍然如故。"[④]各地乡村权力架构层级或略有不同："长沙、慈利县：县以下有都、团、甲；衡阳县有都、区、甲；宝庆县有区、保、庙；常德县有镇、保、甲；郴县有区、团、小团；湘潭县有都、甲、团。"[⑤]然而也只是名目之不一，实质并无不同。湖南溆浦县由乡绅们控制的团防"办团者不得其人，以致各自为政，腐败不堪……虚糜公帑，无俾实益"[⑥]。这些既有的乡村权力，与国民党试图重建的基层权力必然形成利益上的冲突。大多数县"所设都总、团总，均系少数人所推选，与政府并无直接关系，以故推行政令，倍感困难"[⑦]。显然，乡村政治由地方自

① 参见《中央执行委员会第二十一次会议录》,《中国国民党周刊》第20期,1924年。
② 《各县市党部及筹备处工作报告》,《中国国民党广东省党务月报》第1期。
③ 参见《佛山市第三区部被无赖捣毁》,《广州民国日报》1925年9月12日；《查办丰顺县党部被捣毁案》,《广州民国日报》1925年12月16日；《阳江县长殴辱县党部筹备员》,《广州民国日报》1926年1月5日。
④ 〔日〕田中忠夫:《国民革命与农村问题》上卷,第26页。
⑤ 〔日〕田中忠夫:《国民革命与农村问题》上卷,第25页。
⑥ 曾继梧等编:《湖南各县调查笔记》下,第44页。
⑦ 湖南省政府秘书处统计室:《湖南年鉴》第六编《政治》,湖南省政府秘书处1936年,第113页。

治折入“于民治精神，已无存在”[①]的境地。地方自治体制下发育出来的乡村权力，非但未受到国家权力的合理制约，甚且予县域权力以强力掣肘，如桑植县“惟分八乡，各乡长拥枪数十枝，或数百枝不等。各自为政，不相统率。县府命令，视若弁髦。故前数年，该县人士讥称八乡长为八路诸侯。其骄横之态，可以想见”[②]。其“乡团林立，主任即乡长，威力大于县府”[③]的权力结构，是国民政府试图重建国家权威时必须面对的棘手问题。因此，“打破四千年来地方政治建筑在绅士阶级上面的政治基础，作一次彻底的改造”[④]，以党团政治取代权绅政治就成为国民党确立自己权力基石的重要的时代任务。

为此，将分散的绅民冲突提升为具有时代特征的农民运动，理论的凝练及其具有时代性的政治诉求至关重要。这是形成超越民众自发行动的社会运动的关键所在。我们可以从陶希圣的《中国社会与中国革命》中体认到这种提升的作用。他论证说，中国政治是官僚政治，其组织自成如右图[⑤]所示的一个系统：

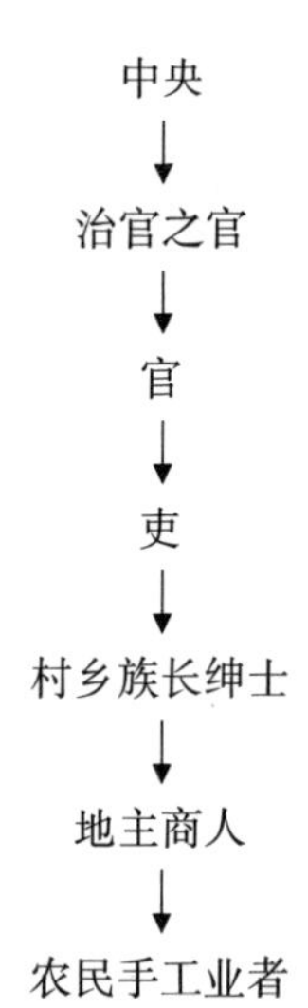

① 曾继梧等编:《湖南各县调查笔记》下,第36页。
② 曾继梧等编:《湖南各县调查笔记》下,第45页。
③ 曾继梧等编:《湖南各县调查笔记》下,第50页。
④ 甘乃光:《绅士民团县长何以反对农会》,《中国农民》1926年第10期。
⑤ 参见陶希圣:《中国社会与中国革命》,转引自古梅:《乡村建设与乡村教育之改造》,《东方杂志》1933年第22期。

面对这样一种社会政治结构，“如此行政有两个大事，一是税收，二是案牍，然均得经过绅士村乡族长之手可达官厅或乡民”[①]。在民众与政府之间，乡绅成为双方依赖并借以表达自己意愿和诉求的中介，舍此以外国家权力就难免虚悬，“县政府若果没有绅士阶级，便成为‘没爪蟛蜞’，一步不能行了”[②]。当国民党努力于国家政权的建构并试图深入乡间社会时，打破传统乡绅的权力控制就成为其题中应有之义。“国民政府统治区域内的一切反革命势力：反动派、买办、大地主、绅士，安福、交通、研究、外交各系，正在设法牵制国民政府的政策使不得行，并且用全力破坏革命的根据地。”[③]因此，“目前要解决县政问题”即“取消绅耆名目，严禁绅士会议以防止土豪劣绅垄断乡政”[④]，这就决定了其“本党为领导代表民主势力的农民与代表封建势力的土豪劣绅、不法地主的争斗”的时代选择。国民党中央执行委员会第三次全体会议公开宣言要在乡村层面重构自己的权力，“因此革命的要求，需要一个农村的大变动。每一个农村里，都必须有一个大大的变革，使土豪劣绅不法地主及一切反革命派之活动，在农民威力之下，完全消灭。使农村政权从土豪劣绅、不法地主及一切反革命派手中，转移到农民的手中”[⑤]，并将自己的

① 邬丹云:《闽西善后委员会最近施政概况及其土地问题》,《东方杂志》1933年第24期。

② 克明:《绅士问题的分析》,《中国农民》1926年第10期。

③〔苏联〕A. B. 巴库林:《中国大革命武汉时期见闻录》,第283—284页。

④《县政问题议决案》,《汉口民国日报》1927年3月23日,收入《第一次国内革命战争时期的农民运动资料》,第486页。

⑤ 1927年3月《国民党中央执行委员会第三次全体会议对全国人民宣言》,收入〔苏联〕A. B. 巴库林:《中国大革命武汉时期见闻录》,第230页。

政治诉求与农民的利益诉求相结合。

“在中国革命与改造上，不独共产党，即国民党、国家主义派，也一齐标榜着实行打倒土豪劣绅了。”[①]当时的共产党在动员农民“打倒绅权”的政治主张方面与国民党所持立场基本一致，尽管其立足点并不相同。共产党主张以农民协会为中心重建乡村政权，以实现剥夺乡绅权力的目标；同时以土地改革为手段实现重构乡村社会结构的目标。农民协会首先在广东成立，到1927年6月在全国发展成具有900多万会员的巨大组织，其中湖南450万，湖北280万，广东80万，两湖占总数的80%。两湖地区通过打倒土豪劣绅运动发展到彻底变革乡村权力关系的地步。[②]在共产党人强烈并日趋强化的阶级意识与理论面前，乡绅阶层理所当然地被置于革命对象的地位。

首先，农村社会被划分为两大对立阶级，绅士属于被革命的阶级。“在农村里有两个阶级，一个是资产阶级，一个是无产阶级，绅士阶级便是代表资产阶级的利益的乡村政府。”[③]绅士阶级在地方政治中的作用，“很似都市中商业上的买办阶级”，“是奔走于地方官吏与人民之间……的特殊阶级，若果我们不要更动这种秩

---

① 〔日〕田中忠夫：《国民革命与农村问题》上卷，第70页。

② 1922年底，海丰98个乡有了农会。农会为会员和农民办了许多有益的事，在事实上使乡村中的许多政治权力无形中从土豪劣绅的手中转移到了农会。（见叶左能、蔡福谋：《海陆丰农民运动》，中共中央党校出版社1993年，第47—49页；《彭湃文集》，第23页。并参见曾贵成：《试论大革命时期党领导湖北农民运动的经验与教训》，《党史研究》1986年第4期；梁尚贤：《国民党与广东农民运动之崛起》，《近代史研究》1993年第5期。）

③ 克明：《绅士问题的分析》，《中国农民》1926年第10期。

序，仍然保留着中间阶级的存在，则什么运动，都是废事……”[①]同时，由于权绅拥有优越阶级地位和传统权势，显然不能“一张命令取消绅士”，“若果民众没有组织，尤其是农民的组织，不起来替代绅士阶级作用，则绅士的阶级就永远不能消灭。就算你派如何能够革命的同志做地方官吏，仍然不能免绅士阶级的操纵”，所以“农民协会就变为绅士阶级的死敌”。[②]

其次，对待农会的立场成为判断革命与否的标准。因为推倒清朝统治的中国仍然处于封建制度之下，其根源就在于权绅统治的牢固。“虽然入了民国一直到现在民国十五年，地方政治的基础，仍然建筑在封建制度之上。”“从前的县长的基础，完全建筑在绅士的阶级之上。”“客观上绅士民团县长在现在的制度之下，一定很容易反对农民运动。”[③]因此，“那一个县长反对农会，我们大胆的说他就是反革命”[④]。

最后，这场农民革命以暴力斗争为手段。因为晚清以来的绅权扩展更多地表现为强暴性获取地方公权和公共资源，并在相当程度上既摆脱了国家权力的有效监管，又呈现着横暴化趋向。“民团的发召号令机关，就是绅士阶级，绅士阶级是奔走于官吏与人民之间的中间阶级，固然不能代表官吏、亦不能代表人民，所代表的是巨室的利益，绅士与农民既然变成了死敌，则绅士阶级所指挥下的民团，必定变为反抗农民协会武装团体。”[⑤]农民革命就是要“打破四千年来地方政治建筑在绅士阶级上面的政治基础，作一次彻底的改造”，“想民众组织替代做官与人民的中间的

①②③④⑤ 甘乃光:《绅士民团县长何以反对农会》,《中国农民》1926年第10期。

绅士阶级来实现最低限度直接民权政策”。[①]在湖北省的一些县里，“由于土豪劣绅侵占公款”而发生了流血斗争，湖北农民捣毁禁烟局，要求取消厘金，有些地方已经同轻易被劣绅收买的军队发生冲突。[②]

> （湖南）农民协会正在直接组织审判土豪劣绅特别法庭。土豪劣绅纷纷从乡下和县城逃往长沙或汉口。[③]
>
> （湖北）被杀被捕的土豪劣绅的财产以及逃亡地主的财产，通常均被农会没收，自行支配……农民在无情地惩罚压迫者。许多县都自行审判土豪劣绅。由于对土豪劣绅和大地主的斗争取得胜利，上述地区大多数县的村政权完全掌握在农会手里。[④]

辛亥革命后，当革命泛化为一个时代的主流话语时，乡绅无可选择地成为这个时代的革命对象。孙中山“革命尚未成功”的遗嘱，一定意义上被解读为对于乡绅权力的革命选择（绅士被称为“封建余孽”[⑤]），因为从晚清时代得以延续其权力和地位的绅士，被“历史”地认定为国民革命的对象，“军阀官僚最显著的特性是压迫剥削农村里和城市里的农工阶级和小商人，然而他们

① 甘乃光：《绅士民团县长何以反对农会》，《中国农民》1926年第10期。
② 参见〔苏联〕A. B. 巴库林：《中国大革命武汉时期见闻录》，第11页。
③ 〔苏联〕A. B. 巴库林：《中国大革命武汉时期见闻录》，第142页。
④ 〔苏联〕A. B. 巴库林：《中国大革命武汉时期见闻录》，第167页。
⑤ 黄强《中国保甲实验新编》（正中书局1935年）第279页称：“以防止封建余孽之复活，是端赖保甲。”

的工具便是贪官和绅士阶级（买办阶级是同等的）”，更重要的是，“不是有了军阀官僚才有贪官污吏，然后再有土豪劣绅的，却是先有了土豪劣绅，然后再有贪官污吏以至军阀官僚的，因此我们可以知道是绅士阶级决定了军阀官僚的存在”。[①]晚清以来，虽然总体上看“乡村士绅尽管在推进民主‘自治’方面发挥了先锋作用，但也被视为封建的，因为在国民党政权那里，封建主义与地方自治的要求是相等的”[②]。

一个社会阶级或阶层只能服从于历史的选择。对于拥有地方公权的乡绅而言，成为革命的对象就是无可逃避的历史选择，因为“便是在革命策源地之广东，陈炯明、邓本殷这些军阀虽然给革命军推倒了，但是下层的绅士阶级依然存在，所以各县的吏治依然和从前一样……革命依然不会成功，也便是下层的土豪劣绅依然没有动摇的原故”[③]。因而1920年代开始的国民革命乃至农村大革命就被划定了十分具体的斗争目标。

五、余论：不同利益取向的历史交汇

晚清以来，随着绅权的不断扩张，它逐渐形成了对乡村的全面垄断。绅民矛盾逐渐替代官民矛盾成为乡村社会冲突的症结所在，并且较之后者，绅民矛盾更加直接、频繁和毫无缓冲的余地。由此，国家或准国家力量的介入就成为调解和平抑地方利益矛盾冲突的必然选择。这种选择一定意义上迎合了底层民众的渴

---

①③ 克明：《绅士问题的分析》，《中国农民》1926年第10期。

② 〔美〕费约翰：《唤醒中国：国民革命中的政治、文化与阶级》，李霞等译，生活·读书·新知三联书店2004年，第249页。

求，尽管其结果并不一定意味着民众的利益就此得到保障、生活必然改善。在地方利益冲突已经超出自控调适的情况下，任何打破现存制度或利益格局的选择，都具有民心所向的必然支持——这种获得民心支持的程度和长短，取决于民众利益实现的程度——这当然也需要一个历史的过程。

权绅化的历史发展已经导致乡村社会矛盾高度激化，绅民矛盾的长期累积已经孕育为时时待发的社会危机。这是当时中国社会积存已久的巨大潜伏力量。面对新的民族—国家权力意图重建的压力，它就势必会处于一种双重的尴尬境地，即国家权力对于绅权过分膨胀的打击与压制和农民自下而上的讨伐与反抗。至1920年代，不同现代性政党组织的价值和利益取向虽然不同，但在动员争取乡村民众方面却基本一致。三种利益取向的运行正好交叉于这一特定的时代，从而推动着大革命时期的农民运动以打倒绅权的形式展开。历史上的绅民冲突所蕴含的利益诉求被政党理论升华，从而成为足以凝聚全社会认同的时代性诉求，成为最集中体现反帝反封建内容的时代表达：

> 封建势力以土豪劣绅为唯一之基础，土豪劣绅为帝国主义和军阀官僚之工具，为直接掠夺工农利益者，为阻碍农工团体之发展者。本党第二次代表大会宣言，提出“打倒土豪”口号，盖非此不能扶助农工团体之发展，亦非此不能铲除封建势力之大本营，而使帝国主义军阀官僚失其依据也。①

---

①〔苏联〕A. B. 巴库林：《中国大革命武汉时期见闻录》，第101页。

> 湖南农民对于打倒土豪劣绅的口号比任何口号都容易接受，因土豪劣绅为农民直接的统治者，湖南农民指土豪劣绅为“长牙齿”“坐长板凳的”。这都是形容土豪劣绅剥削农民血汗，垄断乡村政权的事实。尤其是农民对于此等“长牙齿”“坐长板凳的”所把持的乡村政治机关，比贪官污吏所盘踞的县政府及一切征税机关，更属畏惧，更属痛恨。①

也正是绅民矛盾的历史累积，使“湖南农民革命目前的对象仅为土豪劣绅”，“因此贪官污吏在湖南有些地方竟可以存在，他们的队伍中间也没有打倒几个，至于土豪劣绅被农民打倒的在数量上，就比其他封建势力为多了……如宁乡之刘昭、杨致泽，湘潭之晏容秋、华容之梅实等，长沙之俞勒华均为土豪劣绅队伍中坐头一把交椅的”，“这一点，湖南农民在国民革命中实在建了伟大的功绩”。②

无论对国民党，还是对共产党而言，乡绅们的权力都缺乏被认同的基础，“今虽光复祖业，创建民国，而执政者仍为清朝亡国之大夫，彼辈为政，惟知扰民害民为其所有事”③。这些从晚清以来形成的权绅，不得不面对他们难以回避的问题：一是他们权力的获得源自旧时代，对于新政权缺乏必要的政治认同和合法的权力授予关系，所以被新政权认为是“清朝亡国之大夫”“前清遗孽”；二是他们的权力历经久远，在既无国家权力有效制约

①②《湖南农民运动的真实情形》,《向导》第199期。

③ 赵如珩:《地方自治之理论与实际》,华通书局1933年,第71—72页。

又无民众合法监控条件下，已经孕育和积累成横暴性权力，形成足以抵拒任何影响其利益的力量。因而，动员农民起而打破乡村社会的权绅结构，就成为当时举国一致的时代性诉求——正是在这三种利益诉求的合力推动下，农民运动勃然兴起。

“打倒劣绅！”就成为一个具有时代性的召唤。

第十四章

士绅变异——以20世纪三四十年代的晋西北、晋中为例

“试观今日各地方之土劣，何莫非一村中之优秀所锻炼而成？……村中之豪强即所谓优秀者……上对于国家则为割据，下对于村民则为剥削，其为害将不堪设想。”[①]国际学术界对于传统中国社会的认识经历了从皇权研究到绅权研究，并从士绅研究到地方精英研究的转变。这一转变当然彰显着研究领域的不断深入和扩展，也彰显着研究视角和理念的演变。已有的研究成果关注在传统与近代社会结构变迁过程中，士绅阶层与地方精英的时代性差异，认为：“士绅虽然生活在地方社会，但是他们活动在国家场域。地方精英研究关注的是帝国末期，而且是在国家政权以保甲制渗入并分解传统的村庄共同体社会之后，相对于前一时期来说是一个较混乱无序的时期，针对的是地方社会中起实际支配作用的人物……关注的是地方场域。”[②]所以表面上看来，二者虽然都是“乡居者”的权势力量，但实际“是两个不同的对象，并非是同一对象在不同时期的延续。……乱世的地方精英并非完全

① 朱章宝:《评阎锡山氏之土地村有办法》,《东方杂志》1935年第21期。

② 李培林等:《20世纪的中国:学术与社会(社会学卷)》,山东人民出版社2001年,第88页。

由治世的士绅转变而来”[①]。不同于传统时代，民国时期的乡村社会权力是由地方精英而非由士绅支配。“地方精英是在地方舞台上（指县级以下）施加支配的任何个人和家族，这些精英往往比士绅的范围广泛得多，也更具有异质性，既包括有功名的士绅，也包括韦伯论述过的地方长老，此外还有各种所谓职能性精英，如晚清的士绅—商人、商人、士绅—经纪，以及民国时代的教育家、军事精英、资本家、土匪首领。”[②]“他们的场域是‘地方舞台’，他们的首要特征是在地方发挥着实际的支配作用。”[③]

然而，清末民初的历史演变，即使在乡村社会层面也并非地方精英替代了士绅。事实上，地方精英这个移植的话语并不足以反映近代中国社会变动的内容，也不为乡村社会所接纳——它只是研究者借用西方话语的一种表达，而不是乡土社会存在的实体。乡村社会仍旧认定这些作用于社区的人物属于士绅，尽管他们并不同于传统时代的士绅。因此，力求揭示其时代特性的词汇可以是劣绅、豪绅、士劣或正绅、开明士绅等，但这仍是由士绅衍生出的表达。当然，它却告知我们，民国时代士绅的构成要素已有所变异，并由此获得了不同以往的内容和特征。这一特征不仅仅与士绅的定义相关，而且也在一定程度上揭示着社会结构的时代特性。

---

①③ 李培林等：《20世纪的中国：学术与社会（社会学卷）》，第88页。
② 李猛：《从“士绅”到“地方精英”》，《中国书评》总第5期，1995年11月。

一、关于"士绅"话语问题

以地方精英来涵盖晚近中国基层社会的权势阶层或权威力量，近来在学界颇为流行。其出现其实也是西学强势影响的结果，尽管"西方人认为社会精英只是在西方最近的开放型社会中才开始出现并且壮大起来的……精英人物确实具有权威（不是权力）"①。马克斯·韦伯认为，"阶级分层依据他们对于产品和物质获取的关系，而阶层分层是依据代表其生活方式的物质消费原则"②，但精英理论并不是对于社会结构分层主体存在的表达，它是基于社会运行机制的描述。这一概念本与现代社会科层结构相融合，指的是社会制度管理的社会力量，即"管理精英"。美国社会学家米尔斯的《权力结构》（1959）一书被认为是运用精英理论研究社会结构的一个范例，但他的精英指的是居于社会统治地位的权力集团，按其在美国历史上所起的作用分为"政治精英"（早期历史）、"经济精英"（1886年后）、"军事精英"（第二次世界大战后）。有时，他们也称为"政治精英"（political elite）和"社会精英"（social elite），因为他们认为："既定的社会是由少数精英分子组织的政治机制（apparatus），控制这一机制的是精英，而不是阶级结构决定社会运动的性质和社会变迁。"③所以，

---

①〔美〕吉尔伯特·罗兹曼主编：《中国的现代化》，国家社会科学基金"比较现代化"课题组译，江苏人民出版社1995年，第118页。

② Berth Rerberoglu, *Class Structure and Social Transformation*, An imprint of Greenword Publishing Group, 1994. p. 7.

③ Berth Rerberoglu, *Class Structure and Social Transformation*, p. 9.

精英确切所指是“少数高智能的人们居于社会上层，他们拥有较高的个人素质并运用大量社会和政治权力，以此与大众相区分”。米尔斯（C. Wright Mills）和一派社区权力（community-power）的学者所使用的权力精英（power elite）一词，暗示了在公司和政府身居高位的人们之中，具有高度的协调和一套共同的利益。[①]而最早运用精英概念的柏烈图（Vilfredo Pareto）所建构的社会分析系统是“两极三层”结构：即精英——由统治精英和非统治精英构成（a governing elite and a non-governing elite）——与非精英（the non-elite）。[②]这样一个相对宽泛的概念不是对社会结构体系中某一阶层或阶级定位的精确指称，而是基于社会控制体系中对社会成员地位的一个模糊性描述。它的意义，相当于中国传统社会中“劳心者治人，劳力者治于人”的分类，因为有些西方学者也径直将“精英”表述为“治者”（the ruling class），非精英即“大众”（the masses）表述为“被治者”（the class that is ruled）。[③]精英与大众作为一对概念，完全类同于中国传统文化中“治人者”与“治于人者”的含义，而不具有相对明确的社会阶层或一般社会分层的意义。

以具有西方社会历史情境意义的概念为原型，在中国寻找对应或对比，“固然可以发现原本忽略的历史事实或对其做出新的解释，但不可否认的是，其对中国社会解释的有效性是有限

① 参见朱岑楼主编：《社会学辞典》“elites”，台北五南图书出版公司1991年。

② Vilfredo Pareto, *The Mind and Society–A Treaties on General Sociology*, Dover Publications, Inc., 1963, pp. 1423–1424.

③ Berth Rerberoglu, *Class Structure and Social Transformation*, p. 7.

的”[①]，且容易导致对于“范型”相关现象的强调以至“过度阐释”，而忽略对中国近代乡村社会本土性特征的深度把握。在中国近代史中，用“精英”很难清晰地指示研究的目标，而常常陷入表达的复杂化之中。一般而言，“精英”和“大众”是指一对在经济地位、文化和权力上互不相同的社群。他们之间的各种联系又将其组合在一个比上述概念更为复杂的社会系统之中。美国学者费士彬提出晚期中华帝国阶层划分的三个标准：教育、法权和经济地位，认为这些阶层的两极分别是受过良好教育、具有特权并处于主导地位的精英和目不识丁、处于依附地位的普通人；在这两极之间则是受过一点教育但程度各异的人群。这三种群体又可以细分为九种不同的文化集团。[②]

将这样一个本是工业化时代以后或随着科层化社会中出现的西方社群的表达，用于指示民国时期的中国乡村社会阶层，显然是西化学者的理论素养和经验所致，它与中国乡土社会权力或权威阶层的实体特征相去较远。

首先，在乡村社会结构里，士绅仍然是社会普遍认同的权势阶层，它所具有的社会性、文化性特征根本不能被“地方精英”

---

① 张百庆:《吸毒与卖淫:近代中国市民社会一瞥》,《二十一世纪》网络版第23期,2004年2月。

② 参见王笛:《大众文化研究与近代中国社会:对近年美国有关研究的述评》,《历史研究》1999年第5期。孔飞力研究晚清时期以地方精英为核心的团练、地方武装的活动,以及由此引起的社会结构的变化,使用了“名流”(偶尔也用“绅士”)这一社群概念,并区分了“全国性名流”“省区名流”和“地方名流”,认为后者在乡村和集镇社会中行使着不可忽视的权力。(见〔美〕孔飞力:《中华帝国晚期的叛乱及其敌人》,第3—4页。)

概念所指代。

> 村庄中有许多人尽管不担任公职，但是从某种意义上说是领导。他们在公共事务和社区生活中的影响可能比官方领导大得多，虽然不太公开。他们实际上是受人尊敬的非官方领导，其中最主要的是村中的长者，给全村提供特别服务的人和学校教师，可以说，这些人构成了村庄的绅士。①

刘大鹏《退想斋日记》对于民国时期晋中村落社会记述较多，认为乡村权力阶层仍然以士绅为中心：

> 身为绅士而存所在不思为地方除害，俾乡村人民受其福利，乃竟借势为恶，婿官殃民，欺贫谄富，则不得为公正绅士矣。民国以来凡为绅士者非劣衿败商，即痞棍恶徒以充，若辈毫无地方观念，亦无国计民生之思想，故婿官殃民之事到处皆然……②

尽管在这里“正绅”和“劣绅”道德指向十分突出，但士绅作为地方权力实体却是无可置疑的。山西省档案馆所藏《名人传略》记载了晋西北“地主士绅传记”“晋西北各县地主士绅题名”“兴

① 杨懋春：《一个中国村庄：山东台头》，张雄、沈炜、秦美珠译，江苏人民出版社2001年，第177页。

② 刘大鹏：《退想斋日记》1926年4月24日，第322页。

县的地主士绅”“宁武区的地主士绅”“一九四一年前临县十个地主富农”“岢岚区五个名人”等内容，比较集中地指明士绅阶层对于乡村权力和社会生活的支配性影响。资料尤其揭示了文水县地方权力被“城派士绅”和“乡派士绅”分割及其冲突和变动的状况，表明杜凝瑞作为“县里第一位大绅士”，不仅影响着县长的去留，而且在县域政治中至关重要，“文水地方士绅先后辈出，大半是经他提拔起来的”[①]。

“士绅阶层是晋身政治权力结构的阶层，由于取得了经济、社会与政治的利益，其地位甚为巩固。”[②]晚清时期的士绅们是政府在地方上的代理人，胡林翼说：“自寇乱以来，地方公事，官不能离绅士而有为。”[③]同时，“士绅阶层又是人民的保护者与地方官吏权力的挑战者。”[④]就对乡村公共权力的控制情况而言，民国士绅与传统士绅的区别并不明显，“他们虽无直接的政治权力，但却扮演二种不同的社会角色”[⑤]。绅士是掌控县域地方组织——各种公团或团防局、保卫局——的领袖，“在事实上，多

① 晋西区党委:《名人传略(1942年)》,山西省档案馆藏,档案号A-22-1-4-1,第14—15页。

② Fei Hiao-tung,"Peasantry and Gentry",In Bendix& Lipset,*Class,Status and Powers*,pp. 635-636.

③《麻城县禀陈各局绅筹办捐输情形批》,收入〔清〕郑敦谨、〔清〕曾国荃编:《胡文忠公遗集》卷八六,"近代中国史料丛刊"续编第34辑,台湾文海出版社1976年,第4298页。

④ 苏云峰:《中国现代化的区域研究:湖北省(1860—1916)》,第80页。

⑤ Fei Hiao-tung,"Peasantry and Gentry",In Bendix& Lipset,*Class,Status and Powers*,p. 641.

是土豪劣绅、不法地主的武力”[①]。所谓“地方权力集团唯士绅是赖”，仍反映着民国时期乡村社会的实况。可以说，士绅作为一个特定权势力量或特殊社会阶层的称谓和传统文化资源的熟语，为社会普遍认同；而所谓“地方精英”则疏离于乡村社会存在，只是学者们自己设定的一个概念。

其次，士绅概念具有相对明确的阶层指称，其内在规定性使其与其他社会阶层具有明显区别。由于制度变迁（科举制度及政治制度）所引动的社会变迁，致使民国乡村士绅的来源有所变异，但它所具有的阶层特征仍然十分明显，并以此区别于其他社会阶层。山西《名人传略》档案资料虽然列出的是有影响的地方人士，但仍然从身份上将士绅与地主、富农、商人分别标示，提示着我们不能简单地将士绅混同于“地方精英”。也许从内涵和外延的类同性上，“地方精英”更多地与“地方名人”概念接近（《名人传略》包含的成员有地主、富农、商人甚至名妓）。在乡村社会结构中，无论是从习惯性权威还是从体制性权威上说，士绅的身份和地位都非其他阶层可以比拟，尽管其他阶层的成员也可以占据公权位置。毛泽东在1930年代所作的《兴国调查》，分析当地控制公堂的乡村权力时，也格外指明：

> 公堂，本区多数把持在劣绅手里。这种劣绅，大半家里有些田，但不够食，所以不是富农也不是地主，他是劣绅。因不够食，所以要把持公堂，从中剥削。一乡、二乡及四乡

① 《乡村自卫问题决议案》,《湖南历史资料》1980年第2辑。

> 的公堂，劣绅管的占十分之六，富农管的占十分之四。第三乡，民国以前，劣绅管的最多，因为那时公堂要有功名的才能管得。民国以后，富农管的最多，与一、二、四乡恰好相反，十分之六是富农管，十分之四是劣绅管。[①]

民国乡村社会变动使得富农也挤入公堂管理层，但总体上并未动摇士绅的地位，而且毛泽东在论述中也认同士绅是与地主、富农不同类的一个特定社会阶层。

地方精英作为一个超阶层的涵盖广泛的概念，包括了地方官吏、学者名流、社团领袖、地方武装头面人物、大商人、大地主甚至富农等庞杂的群体，不足以形成相对明确的指属范围。因此，它并不具有替代士绅概念的价值和意义。

最后，民国士绅就其实体而言，确实与传统士绅已有所不同，其基于"士"的身份性和社会权威性特征已渐弱化。这体现着清末民初社会结构变动的一般趋势和特征。山西《名人传略》所载士绅传略表明其实体结构十分复杂，士的身份并不是唯一的判断标准（详见下文）。在晋中村落社会里，出身科举的乡绅刘大鹏也评论说："民国之绅士多系钻营奔竞之绅士，非是劣衿、土棍，即为败商、村蠹，而够绅士之资格者各县皆寥寥无几，即现在之绅士，多为县长之走狗。"[②]其实这与杨懋春所研究的山东台头村的士绅具有同样特征，"构成台头村非官方领导的'乡

① 毛泽东:《农村调查》,解放社1949年,第23页。
② 刘大鹏:《退想斋日记》,第336页。

绅’”主要成分为：“商人，经奋斗获得成功；教师，一个文化权威代表；儒生，并成为新式村学校教师”。“以前和现在一样，领导资格是一种看不见摸不着的东西，但渐渐与某些特征相关——年龄、财富、学识。”①显然，士绅构成的多元性已超越区域而广泛存在。

当然，整个结构只有在各种群体或阶级的功能中才能观察得到，士绅的特征及其功能也是在社会结构的关联性中才得以充分体现。周荣德对于民国云南乡村社会的研究，从社会结构层面上彰显了士绅阶层的地位：“在昆阳县城的东门外有一块由‘昆阳的官绅民众’竖立的巨大的纪念石牌（1935年）。官、绅和民众确是当地人们自己公认的社会阶层，虽然阶层的划分从来没有凝固成世袭的、明确而无流动的界限。”②然而，“作为一个阶层性的群体士绅不是组织严密布局完整的社会群体。他们之间的关系是个人的……士绅阶层包含了各种不同的社会关系的网络……虽然士绅内部也分层次和派系，他们却构成一个共同行动所需要的紧密团结的合作群体”③。所以，士绅阶层的同质性（将在下文进一步详述）特征，是无法通过地方精英的社群概念充分揭示的。

在官、绅、民社会—权力结构系统中，社会分层仍然是传统的，这是士绅阶层依然保持其传统地位和角色的前提，它从深层意义上体现着社会结构的凝固性和基层社会结构的传统性。士绅

① 杨懋春：《一个中国村庄》，第177—179页。
② 周荣德：《中国社会的阶层与流动》，第54—55页。
③ 周荣德：《中国社会的阶层与流动》，第159页。

包括明确的结构主体指称，它具有结构系统中明确的地位；而地方精英则仅有喻指性，相关的结构地位并不明确。

虽然晚清以来科举制的消亡和等级制的衰退导致“士绅”中的“士”显趋弱化，但“士绅”仍然是乡村社区成员、官方文献乃至当时中国共产党基层政权（《名人传略》即晋西北根据地政权整理的资料）对地方权势阶层统一的称谓。因此，无论是基于中国社会历史传统还是基于民国乡村社会实况，“士绅”这一概念所包含的历史价值和认知意义，都不是地方精英所能替代。要真正理解近代中国乡村社会的历史变动，问题的本质在于如何充分揭示地方权势阶层内在结构变动的时代内容，而不是简单地移植现代西方话语。

二、财产与士绅

现代化进程中社会结构的分化是一个必然趋势。彼特·布劳认为，社会成员的特征如果按照类别参数如职业、住地、工作地、声望、权力等来分类，它们就被定义为群体；如果按照等级参数来分类，它们就被定义为地位。但无论依据何种参数，传统的身份等级体系和士农工商社会结构，显然已不存在，至少不完全存在于民国社会。那么，作为乡村社会权力阶层的“士绅”的构成要素是什么？解答这个问题正是理解社会结构和权力结构特征的前提。

近代社会与传统社会一个显著的不同是，财富取向取代身份等级取向。财富对于个人社会地位的影响至关重要，以至于晚清以来绅商、商董集团的形成足以打破传统社会士农工商结构体系。20世纪之初，《大公报》上已经有言论理直气壮地宣告："士农工商，四大营业者，皆平等也，无轻重贵贱之殊。"[①]这与"古有四民，商居其末"[②]的等级地位结构有着时代性差别。商人地位的攀升和晚清商会、商部的成立，已经一定程度上体现着财富取向在社会结构变动中的上升，这使得士绅与富商原本清晰的界限变得十分含混。萧邦奇对于浙江地方精英的研究表明，到20世纪初，该地大多绅士或许都有商业利益。"当绅士逐渐卷入商务领域后，富商无论有无顶戴（身份），都可依凭功名之士履行绅士的功能……传统社会分界变得模糊不清，在语源学上表现为19世纪末20世纪初'绅商'的命名。"[③]由商而绅或由绅而商的社会流动，使得财富与功名共同成为社会结构重构的要素。

不过，这一趋势更多地存在于近代化程度较高的城镇或具有商业化传统的社区里，乡村社会仍然缺乏实质性变动。"辛亥鼎革以还，在政治上层虽不无改造，但于社会基层组织上，殊少革新之处……而前此里甲人员之旧势力，则仍无不到处存在，到处发酵，半公半私性质之图正（无锡）乡董，庄首（河南）村役，地方，练总，村长（河北），都总，甲首，（湖南）社老……'一如故我'。"[④]那么，在民国乡村士绅的构成要素中财

---

① 悲时客稿：《贵业贱业说》，《大公报》1902年11月20日。

② 〔清〕郑观应：《盛世危言·商战》，收入夏东元编：《郑观应集》上，第593页。

③ R .Keith Schoppa, *Chinese Elites and Political Change : Zhejiang Province in the Early Twentieth Century*, p. 60.

④ 江士杰：《里甲制度考略：一个中国基层财务组织简史》，商务印书馆1942年，第65页。

产因素居于什么地位呢？这是认识这一权势阶层必须考察的内容之一。

晋西北《名人传略》中的兴县“八十三个地主士绅分析”，对于“县域名人”财产状况有较详记载，其土地占有情况如下表[①]所示：

地主士绅土地占有情况表

土地占有数量(亩)	土地占有实数(亩)	占比	户数	占比
100—200	180	0.19%	1	1.32%
200—500	6980	7.24%	22	28.95%
500—1000	18270	18.94%	23	30.26%
1000以上	71022	73.63%	30	39.47%
合计	96452	100%	76	100%

上表显示占有五百亩以上者为53户，占表列总户数的接近70%。虽然晋西北土地质量较低，以山地为主，农作物产量不高，但其以土地占有为标志的财富也是相当惊人的。但是该资料是将地主、士绅两个不同属性的社会阶层合并在一起的，那么土地与地主和士绅的相关性完全相同吗？这要作具体分析。

《名人传略》临县的资料将地主与士绅两个阶层分别标明，有助于我们的进一步分析，其对比如下表[②]所示：

① 参见晋西区党委：《名人传略》，第34页。83个地主士绅中有7个为土地占有“不明”者。

② 参见晋西区党委：《名人传略》，第6页。武攀魁为地主兼士绅。

士绅与地主土地占有比较情况

士绅姓名	土地(亩)	其他财产	地主姓名	土地(亩)	其他财产
郭俊选	45	窑房14间、水磨1座	乔文斌	1588	窑23眼
郭树棠	71	房15间	乔芝旺	788	窑11眼
范沚如	20—30	/	郭效业	600—700	窑5眼、房10间
丁璧法	/	/	王修善	1500	/
郭缙绅	20余	/	王志书	1500	窑房30余间
杜凝瑞	30余	/	武攀魁	5400	钱庄商店木料厂多处
孙良臣	100余垧	房1所	/	/	/

上表的对比十分鲜明，地主大都拥有千亩左右的土地，而士绅拥有土地基本在三四十亩，数量极少，仅有大地主兼士绅的武攀魁和孙良臣拥有极多的土地。

有钱的不尽是土豪劣绅，但是“为富不仁”的古语也是最切实的。豪绅的成因与方式，中国南北有些不同。在山东、河南、江苏的江北以及安徽的皖北一带，所谓村长的势力很大……江南、皖南、浙西和浙东的沿海一部分，福建的闽北大多数退隐的官吏、军官、富商等在乡村中占有很大的势力……豪绅处于官厅与民众的中间，一手拉住官厅，一手压住民众……①

① 张宗麟：《中国乡村教育的危机》，收入邰爽秋等合选：《乡村教育之理论与实际》，教育编译馆1935年，第6页。

显然，就是在民国时期的乡村社会里，仅凭土地财产也不能直接跻身士绅阶层。即使拥有巨额土地的武攀魁也是“出身于城市中产阶级，以经商收入为主”，以经商所得“而购置土地……形成交城第一个大地主”。然后由于“花钱运动当过省议员”，“因为有钱的缘故，在地方上趋炎附势者日多，社会地位遂以提高，成为当地大士绅之一”。[①]商业经营的财富及其活动区域、界域的影响，尤其是财富与权力的转换才导致其地位的攀升。

“地主士绅传记”中有传者13人，其中地主6人、士绅7人，地主与士绅有重合之处，但又是完全不同的阶层。甚至二者利益时有冲突，如临县的大士绅郭树棠“在经济上他与本村地主有矛盾，常因摊款、出公粮而与地主争执”，作为士绅他并不代表地主利益，而“在村中代表中间阶层势力”。[②]岢岚区两个大士绅中，武竟成“在家族中很有威信”，“是地方上的开明士绅，又是专署的咨议”，然就其财产而言，“民国前是个城市贫民，民国后在教育界担任高小校长”，也仅仅是“渐变为小地主”而已。[③]

乡村社会中个人权势地位和声望并不仅仅取决于财产，而主要取决于其社会关系网络和社会活动的影响力。临县士绅郭俊选，仅是富农家庭，以秀才身份成为乡绅并在民国初年出任公职（县官粮局、财政局等），开始有了“政治地位”，然而导致“他的政治地位提到最高点”的却既非财产的扩充，也非官职升迁，根本原因“就是大量写状子包揽词讼，很有成绩，影响逐渐扩

---

① 晋西区党委:《名人传略》,第6页。
② 晋西区党委:《名人传略》,第10页
③ 参见晋西区党委:《名人传略》,第53页。

大，群众中也有了声望”。当然，这与他曾任商会会长、新学堂教职及县府任职所构织的社会关系网络密切相关，所谓“在本县政界最有势力，其次为学界，一般高小中学毕业学生，都很信任他”。[①]相比他“因写诉状很有名，当地群众敬畏他……他掌握着‘刀笔’求之者颇多”[②]的社会声望而言，他拥有的四十余亩的土地财富诚不足道也。

在郭俊选声望发展趋势上，我们可以观察到的一个事实是，“他的政治地位提到最高点”时是民国二十年以后，这是他在社区中最具影响力的时期；但他的经济地位的最高点却是“民国五、六年时代”，此时除了土地、房产外，还有“在外投资五六万元”，而民国十九年以后，由于“生意赔钱，外债也收不回来，家庭顿时陷于破产”[③]境地。财产和经济地位与其作为士绅的社区影响力的变化正好相反，至少可以说明财产或经济地位对于一个士绅的地位并不具有决定性。

相反的例子是地主乔文斌。此前因其父主持“一切对外交际……在兔坂主村占第一把交椅，因与每任区长勾结，故在全区地位亦高”，但当其父去世后，尽管他仍然拥有1588亩土地，佃户80多户，财产颇巨，却因其“不善于交际，所以地位就降低了，一般群众开始也并不十分尊重他……村里地位一落千丈”。[④]这应该是他之所以列名地主传记而不是士绅传记的原因。

---

① 晋西区党委:《名人传略》,第8页。
②③ 晋西区党委:《名人传略》,第8—9页。
④ 晋西区党委:《名人传略》,第1页。

土地是乡村社会成员基本的财产和谋生的主要资源，“拥有土地与否是农民阶层的基本标准。‘那怕家里只有一寸土地，他们就认为自己和乡人平起平坐。’于是在中国农村的许多地方，没有土地就意味着不再属于农民阶层，他们被迫生活在村子的外围，受到各种歧视”。“在一个以拥有土地的多少来衡量人的声望的社会里，那些没有土地或几乎没有土地的农民已经遭受了很多耻辱……”[①]但在乡民心目中，社区士绅的地位绝不仅凭其所拥有的财富确立，如在山东台头庄，“只有财富没有文化的家庭往往是最孤立的，富裕的有教养的农民看不起他，而他又不想与穷人联合。因此，仅有财富并不能使家庭在社区中享有较高的地位”[②]。又如满铁调查中河北沙井村教员赵斌对绅士资格的应答：

问：什么样的人能成为乡村绅士呢？

答：有学问、在公众场所善于言谈、人格高的人。

问：绅士是有钱人吗？

答：不是。绅士是有学问和人品好的人，没有特别规定在金钱方面有何要求。

问：李如源是绅士吗？

答：他只是人格好，没有学问，不能称为绅士。

问：村长为什么不能称为绅士？

---

① 〔英〕贝思飞：《民国时期的土匪》，徐有威等译，上海人民出版社1992年，第92、97、98页。

② 杨懋春：《一个中国村庄》，第154页。

答：因为没有资格。绅士的资格是有学问、品行端正、能办公事，为民众带来利益的人。

问：现在吴氏这个人怎么样?

答：也不能称为绅士，因没干过公事。……

问：张瑞家有九十亩地，是村中最有钱的人，是绅士吗?

答：张瑞被称为最有钱的人而不是绅士。①

可见，财富与士绅资格的获得并没有直接的关联，斯科特在分析东南亚农村时对这一社会现象做了精辟的阐析，他总结道："只是在富人们的资源被用来满足宽泛界定的村民们的福利需要的范围内，富人的地位才被认为是合法的……富人被要求做出的慷慨行为并非没有补偿。它有助于提高富人的日益增长的威望，在其周围集聚起一批充满感激之情的追随者，从而使其在当地的社会地位合法化。"②

"士绅的地位并非来自出身和法定的特权，而是由于公众的评比。士绅拥有地方上公众的爱戴，这是与官僚交涉时为执行人民代表的任务所必须具备的条件。"拥有财产是士绅地位的基本前提，却并非决定性因素。"士绅成员的财富或许差别很大，虽然在边缘上参差不齐，但士绅却有一个坚固的核心。这核心就是有田地……它的成员有田地，但他们自己并不耕种。……另外他们是自由职业者——学校的教师，著名的医生和比较富有的商

① 《中国农村惯行调查》第1卷，日本岩波书店，第96页。

② 〔美〕詹姆斯·C. 斯科特：《农民的道义经济学：东南亚的反叛与生存》，程立显、刘建等译，译文出版社2001年，第52—53页。

人——他们大多曾受过高等教育。”同社会声望和文化要素相比，财产的作用十分有限。“士绅成员可以看作是马克斯·韦伯命名为‘业余’或‘非职业’类的行政人员，其特点是：第一，他们的经济条件允许他们连续无报酬或只收名誉报酬地在社团中担任领导和有实权的职务。成为‘业余’的根本原则是一个人不依靠政治谋生而能为政治服务……第二，无论士绅依靠的基础如何，其成员所以具有社会权威，是因为他们的经验和能力可以胜任。”①

“基础性的社会权力包括：各式各样的经济资本、文化资本，以及象征资本；而象征资本指的是，当各种不同类型的资本被人感知到，并且被承认为是正当的，它们也就具有了象征资本的形貌。”②权力关系不仅仅取决于经济资本，还取决于不能量化成经济资本的社会、文化、象征资本的总资本量和其比例。经济资本、文化资本、社会资本分别与财富、声望、权力三个因素基本对应，而且它们是可以相互转换的。地主、富商的公产捐献就起到这种资本转换的作用，正是这种转换可以导致其由地主、商人跻身士绅之列。因此，士绅不能没有土地等财产，但士绅的地位并不直接取决于财产占有量，土地占有量尤其不足以成为乡村士绅的充分条件；地主与士绅在社会结构中的分层标准和地位也是完全不同的。

---

① 周荣德:《中国社会的阶层与流动》,第59—60页。

②〔法〕皮耶·布赫迪厄:《所述之言:布赫迪厄反思社会学文集》,陈逸淳译,台湾麦田出版城邦文化事业股份有限公司2012年,第239页。

三、文化身份与士绅

“从前士大夫……屈于一人（君主）之下，临于万民（农工）之上……由秀才而进士，由进士而官僚，这是多便当的事。即不幸不得意于仕途，把酒吟诗，在本乡作一位豪绅，以维持他的低度的物质生活，仍不失其山林文学家的风度。”①在等级分层和以功名为取向的传统社会里，社会流动的价值指向以科举功名为转移，功名和身份即成为士绅的决定性要素。“士绅的成员是学者和现任或退休的官吏。在农村里士绅成员可能只包括受过教育的地主和富商。因为他们通常是年老和受尊敬的人，因而被称为‘绅老’。”尽管他们没有直接的政治权力，却因“趋向于掌握地方组织的机要地位”而拥有社会声望和地方权势。②那么，在历经科举废除和政制变革后的民国社会，强制性制度变迁对于乡间社会权势阶层的构成影响如何？

民国政治及乡村政制变迁繁杂，已与传统时代的体制相去较远。至1920年代末，“提起中国的农村政治，谁都会知道，区公所乃是农村政治上中心的机关。民国十六年以后，原来的所谓乡董图董等等名目，都已跟着虚伪的‘打倒土豪劣绅’的口号而被废弃，换上了‘区长’‘乡镇长’等等新的名目。区公所可以说是新添出来的农村政治机关，它介于县政府与乡镇之间，一切县政的设施，都要通过了它才能到达地方。所以在农村政

① 天行：《学潮与出路》，《东方杂志》1932年第6期。
② 参见周荣德：《中国社会的阶层与流动》，第59—60页。

治上形成了一个特殊的地位”[①]。乡村基层权力的转移虽然十分频繁，却仍在同质的集团中转移，未发生结构性的变动，亦即由此引动的士绅成员的更迭并未影响士绅阶层对于地方权力的操控。直至1930年代中期，在华北各县，不但用人权操在当地绅士手中，财政权由他们掌握。河北省“多数县分向例将地方经常预算决定于全县行政会议，又其临时开支决之于县政会议，官不能主，上不过问”。公款割据造成各县财政的通病，河南“县款以往为土劣把持，滥派滥用，既无标准，又无帐簿，更不办理计算，一遇交替，一走了之。自奉颁整理地方财政章程后，财委会组织成立，但仍为恶势力所劫持”[②]。一些地方新绅旧绅迭起风潮，争权甚烈。[③]在河南，30年代的地方保长也“纯系士绅的代理人，一切以士绅的意志为转移”，“至于甲长，名义上是由户长或每户代表推定……实际上也是按乡绅的意图由保里决定的”。[④]

民国政制变动未能触动绅权的根本地位，“（区长）这些比较新进的知识分子，他们本来是中等以上的学校出身，有些做过教员；他们在表面上虽然掌握了农村政治的一部分实权，其实农

① 李珩:《中国农村政治结构的研究》,《中国农村》第1卷第10期。

② 河南第十一区行政督察专员公署编:《欧阳专员十年督政纪实》,《十年工作述要》,第33页,郑起东《华北县政改革与土劣回潮》未刊稿。

③ 郑起东《华北县政改革与土劣回潮》中说:旧绅多为老年绅士,如原县财政所长、自治会长、商会会长、参众两院议员,旧区董、保卫团团总等。新绅多为县党部委员、中小学校长和各新式组织的代表等,“新旧士绅,向有派别”。(见《关于衡水报告》,《视察特刊》第2号,报告第463页。)

④ 朱德新:《二十世纪三四十年代河南冀东保甲制度研究》,中国社会科学出版社1994年,第114页。

村中真正的势力，还依旧在一般地主豪绅手里”，“有些地方的区长，仍是干脆地由地方的豪绅充当。例如陕西渭南第六区区长骆相成，已经当了十年，绥德第五区团长薛学通接任了差不多已经二十年，这些都可以证明区长的如何从旧日的绅董蝉联下来”。[①]可以说，基于功名、身份的文化权威性仍然是成为民国乡村士绅的基本条件，湖南农村大革命时期将士绅解读为“长衣先生”和“读书先生”[②]，说明附着于功名、身份、社会地位的文化权威要素对于乡间权势阶层的重要作用。

就晋省而言，民国时期乡村权力体制的架构完全不同于传统社会，其时代特征也十分明显，但政制变革对于基层权力主体的触动却相当有限。

其一，权力架构形式发生了较大改变，但权力主体未变。晋省的“用民政治”特设“六政考核处”专理其事，并实施区制（每县划分若干区，置区长），阎锡山推行“村本政治”“增扬村长绅士的光彩”，但“骨子里却是收罗一般劣绅士棍到省城里受上占有一席之地个把月忠孝阎锡山的奴隶教育，回乡下去镇压平民的反抗”[③]，即使“村长的产生表面是由村民票选的，不过因的种种财产上的限制，有资格当选为村长的也只有高利贷者、富农、商人、地主等人。同时官方为了慎重起见，须将票数较多的

① 李珩：《中国农村政治结构的研究》，《中国农村》第1卷第10期。

② “事实告诉我们，农民的政治能力和思想，实远了同于士绅之上，因为他们有许多实地经验，为长衣先生、读书先生所不知道。”（见觉哉：《农民运动与国民革命》，《湖南民报》1927年3月15日。）

③ 王振翼：《模范督军治下山西之概观》，《新国民杂志》第1卷第6期。

前十名村长全部送县由县长圈定；因此县长就可以商同县绅，不拘票数多少地任意择定加委”[①]，士绅势力仍然影响着基层权力的形成。

其二，权势阶层的构成和基础发生变化。一方面“自从实行‘村政’以来，封建势力的实际基础也随着多少有点变质的倾向；就是过去的封建基础大半是建筑在祖先或者是自己的‘门第’（功名）和‘名望’的上面，现时已渐将其现实的基础转到‘村长’这个官衔上了”[②]。另一方面“身为农村政治人物，自然需要‘文字通顺’，从前的‘乡村大先生’以秀才先生最受人推崇，否则起码也要读过四书五经，能够坐坐师塾。现在则差不多以受过新式教育的占优势了，计中等以上学校出身的共占39.47%，初等以上学校出身的占24.1%”。农村政治人员……不是完全凭借其自身的力量。一般说来，这些人必定有其“政治上的奥援”。他们和城市的绅士地主及上层的政治层都有或多或少、间接直接的关系……[③]功名、身份及其构成的社会关系网络，依然是影响乡村权力结构的要素。

其三，士绅阶层开始呈现商业化特征，传统的文化权威和社会教化功能弱化。“差不多的绅士，在县城内一定开设着‘银号’‘花店’‘洋货庄’之类，自然有的是因为他有许多的商店而做了绅士，也有的在做了绅士之后，才一下大开其商号起来。”[④]士绅阶层的这种结构性变化早在晚清即已开始，刘大鹏在1902年2月

---

①②④ 悲笳:《动乱前夕的山西政治和农村》,《中国农村》第2卷第6期。
③ 参见李珩:《中国农村政治结构的研究》,《中国农村》第1卷第10期。

26日的日记中十分清晰地记述："各州县乡绅，皆由捐纳，阶职夤缘，奔竞谄媚，宰官而得。一遇公事，借官势而渔利害民，官亦依为爪牙……"[①]所以，"个人权力的有效性依赖于他所处的社会结构和社会关系的强度，要想使个人权力有效，就必须把他组织到社会的集团或制度的模式中去"[②]。从传统社会对于公共领域的占据，到民国政制重建中对于县域权力的分割，许多县区地方财政局完全落在士绅们的手中，"所有一应钱粮国税公共借款均须由他们经手；而所有的公款得分别存放在他们的私人银号中"[③]。

仅仅依赖政制的变革无法触动乡间社会权力实体的地位，士绅阶层"有历史关系，有社会地位，取精用宏，根深蒂固，绝对不易动摇"[④]，因为"个体是社会性的创造物，不仅受社会背景的塑造，而且也积极塑造所处的社会背景"[⑤]。

"在朝可为官，在野便是绅。"[⑥]这是大革命时期湖南农民协会对于乡村士绅标准的确认，它揭示出在朝野两种社会体系中官绅转换的一般事实和其身份的同一性。至少在乡间社会，传统社会结构并没有充分分化，以至于社会分层尤其是权势阶层仍然流转于官绅之间。中共第四次全国代表大会（1925年1月）《对于

---

① 刘大鹏：《退想斋日记》，第106页。

② 〔美〕安东尼·M. 奥勒姆：《政治社会学导论：对政治实体的社会学剖析》，董云虎、李云龙译，浙江人民出版社1989年，第234页。

③ 悲笳：《动乱前夕的山西政治和农村》，《中国农村》第2卷第6期。

④ 静守：《总理逝世两周年纪念中的湖南农民运动》，《湖南民报》1927年3月24日。

⑤ 王乐理：《政治文化导论》，中国人民大学出版社2000年，第181页。

⑥《一封未发的信：致刘梅斋先生》，《湖南历史资料》1980年第2辑。

农民运动之议决案》中也指明："同样亦应当在大多数小私有者的农民之间，鼓动他们反对土豪劣绅……这种前清官僚的遗孽大半是乡村里实际上的政府。"[①]晋中士绅刘大鹏在其《退想斋日记》中记述了自己作为乡绅的情况：

> 予之幼时，即有万里封侯之志……及至中年，被困场屋，屡战屡蹶，乃叹自己志大而才疏，不堪以肩大任，年垂四十，身虽登科，终无机会风云，不得已而舌耕度日。……革命党起，纷扰中华，国遂沦亡，予即无舌耕之地，困厄于乡已数年矣。[②]

虽然刘大鹏本人更多眷恋于传统时代，而对民国政治存有强烈的敌视，但"邑侯张公，今日请四乡绅士，余及玠儿皆与焉"[③]。正是凭借传统功名身份，刘氏及其子成为县域社会中具有较大影响力的士绅。对于民国乡村社会分层情况，他在日记中大体分为官绅、商人、社会三个界别："清源一县共派内国公债八千元，官绅现派六千元，商界派三千元，社会派三千元，现在纷纷派摊，非用勒逼手段未易派齐，嗟乎！"[④]此处将"官绅"合称，正是"在朝可为官，在野便是绅"的另一种表达。所谓"山西现时的封建贵族，可以统称之曰'官绅'，'官'和'绅'大致

---

①《第一次国内革命战争时期的农民运动资料》，第19页。

②④ 刘大鹏：《退想斋日记》，第198页。

③ 刘大鹏：《退想斋日记》1905年3月1日，第139页。

时常是一体的，但也有不一致的时候，有时‘绅’的势力往往驾乎‘官’之上”[①]。因此，传统功名或身份（以及准功名或身份——新学毕业或官场地位）对于乡间士绅地位的形成仍具有决定性意义。

山西《名人传略》的“地主士绅传记”，集中记录了民国时期当地社会结构和政治结构变动中士绅阶层的内在构成状况，对我们具体认知乡村士绅构成的基本要素和权力特征，不无参考。其中83个地主士绅的功名学历如下表[②]：

士绅出身情况表

功名与学历	人数	比例
秀才	5	6.0%
大学	5	6.0%
中学	14	16.87%
小学	32	38.55%
文盲	4	4.82%
不明	23	27.71%
合计	83	100%

其中旧式低级功名仍占6%，中学及以上的新学历则占22%以上，可知在地方有影响的名流中（包括地主、士绅等），受新式教育者占据了主导地位。然而，在同一资料所记能够确定的士绅集团（权势阶层）中，情况则完全不同，如右侧表[③]所示。其中，有旧式功名者几乎占到半数。

① 悲笳：《动乱前夕的山西政治和农村》，《中国农村》第2卷第6期。
②③ 参见晋西区党委：《名人传略》。

士绅情况表

姓名	功名与学历	主要任职	社会经历	说明
郭俊选	秀才	县府二科科长	教员，负责官粮局、财政局	任公职后地位大升，并写状子
郭树棠	小学	连任两任村长	两获县府“优胜旗”	与地主有矛盾，代表中间阶层
范沚如	大学	省议员	承审员，太谷县典狱长，临南县科长	发起募捐修路，整理合作社等
丁壁法	太原专门工业学校毕业	省议员	高小教员，做过行政工作	受乡人尊敬，称之为“壁法先生”
郭缙绅	太原警官学校毕业	县财政局长	高校校长，掌管村政	在三区威信很高
杜凝瑞	秀才	县水利局长	财政局长、商会会长	支配各村水权，为地方名绅
孙良臣	秀才	区长	银行董事、中学教员	乡派士绅，代表地方利益
武攀魁	/	省议员	当过伪县长	指挥区警，包揽词讼

此外，《名人传略》中还有“晋西北各县地主士绅题名”资料，共记录188人，并标示其个人简况，其中明确标示为士绅者13人，地主24人，富农7人，商人、资本家8人，地方名流32人，其余则未详。而在13名士绅中，旧学经历者2人，新学经历者6人，未标明者5人。①可知，在晋西北各县士绅中，新学堂出身者已占有相当地位，构成所谓新士绅。

一些研究者看到这一权势阶层的结构性变动便认为：“有影

① 参见晋西区党委：《名人传略》，第17—24页。

响绅士群的组成是多样化的，不一定跟科举有关，所以可以采用'绅士'的下述广大定义：任何在地方环境里施加影响的个人、家庭。"①

一般而言，新学堂出身的人士通常成为近代以来新兴的"知识分子"阶层，并成为社会现代化职业的主流成员，为何在乡村社会又与传统的士绅阶层共构为一体?

首先，社会结构是由角色而不是由人构成，人只是构成社会结构的要素因子。结构可以是稳定的，人却是流动的。民国乡村社会结构迄无根本性变动，不唯士农工商分层依然存在，即使在官—绅—民社会权力结构模式上也无大的变动。因此，"在这社会地位体制中，每一群体有其相当的社会地位和特定的社会功能。士绅成为当地政府不可缺少的部分，并已自己形成为马克斯·韦伯所命名的'地位群体'——它享有共同的意识形态，荣誉和特权。它担任着一系列的社会任务"②。由科举到学堂的学制变革，可以改变个人的经历及其出身，却不能决定个人的社会地位或社会角色。新学之士只有融入城市社会或社会分化程度较高的社会，才能在新的社会结构中扮演新的角色——自由职业者，公务员，知识分子等；而一旦回归乡村社会，并融入传统社会结构中，就只能扮演传统社会角色，发挥乡村社会结构所需的功能。《名人传略》资料记录的具有新学出身的士绅，都是沉淀

① "Any Individuals Or Families That Exercised Dominance Within A Local Arena", Esherick, Joseph and Rankin, Mary Backus (ed.), *Chinese Local Elites and Patterns of Dominance*, Berkeley, University of California Press, 1990, p.10.

② 周荣德:《中国社会的阶层与流动》,第7页。

在乡村社会并最终融入了乡村社会的新学之士。文水士绅郭缙绅本太原警官学校毕业，曾出任本县财政局长、第三高级中学校长，“因三区地方上没有象他这样在社会上显露头脚（角，原文如此——引者）的人，一般村民对之颇尊敬”，“为文水大士绅之一，代表文水三区各村势力”，他先是“由杜凝瑞扶起来”，并“往来于本县士绅之间”，后与杜不协调，又被杜推下台去”。[①]新学堂出身并没有使他与当地旧绅杜凝瑞在社区活动上有任何本质区别。宁武士绅范沚如从山西大学堂毕业后，曾在“北平晨报社做过事”，然不久回乡“在家住闲”，在本县“社会关系很复杂，二区各县的‘名流’知识分子和他有来往的很多……”由此成为神池“有声望的……一个‘公正’‘清高’有学问的绅士”。[②]民国时期，乡村社会中已经沉淀了一些新学堂毕业之士，但新学出身的经历，并没有改变他们在地方社会“包揽词讼”“主持公团”“交接官府”“左右舆论”等与传统士绅同样的社会作用与功能。其实，也正是由于科举制度变革中断了士绅阶层的制度性来源，新学之士才成为乡村社会结构需求的填充物。“由一个人在一种社会结构中所占据地位所表现的‘社会人格’的概念是和社会结构的概念有密切关系的……人是牵涉在各种社会关系的网络之中的。”[③]面对社会结构的力量，个人的选择是有限的。

其次，民国政制变动对于乡村权力阶层现实需求的制约。士绅是在官民之间发挥作用的一个特定权势阶层，“多少世纪以来

① 晋西区党委:《名人传略·地主士绅传记》,第12—13页。
② 晋西区党委:《名人传略·岢岚区五个名人》,第52—53页。
③ 周荣德:《中国社会的阶层与流动》,第7页。

中国在官僚制度统治之下不受民众的监督。于是士绅在政府与民众之间执行媒介的任务……农民们必须依靠士绅来保护他们不受官吏的侵犯。当一个普通农民遇到麻烦时，他就找一个地方士绅分子请求帮助。因为官吏与民众之间的社会距离很大，农民们对政府没有信心，政府不可能赢得人民的合作，只有士绅能做沟通隔阂的桥梁"[①]。传统时代官与绅的同质性是通过科举实现的，这是二者得以合作并从文化权威上相互认同的前提。晚清以来的学制变革和民国政制变动，从制度层面上打破了建立在功名身份上的认同，官绅之间的合作必然需要寻求符合新的制度条件的认同。所以，"至民国时代废除科举制度和抛弃儒学为正宗以后，具有科举功名的旧儒学者由于老朽很快被挤出政府，并被新式学校出身的官吏所替代了。新官吏所接触的人不再限于学者；他们的访客中有没有受过多少正式教育的富商，偶尔甚至也有声名狼藉的人。公众影响和财富替代了科举功名而成为判断哪些人能为公、私事务直接接触政府官吏的标准"[②]。士绅之存在并发挥作用，是因其借助出身获得了"能有进县和省官衙去见官的特权，这就赋予他做为官府与平民中间人的地位和权利"[③]。在此，新学出身与传统功名对形成个人社会地位和角色的作用并无分别。然而，士绅群体成分的变动，虽显示了权力结构和学历结构的历

① 周荣德：《中国社会的阶层与流动》，第77页。

② C. K. Yang, *A Chinese Village in Early Communist Transition*, Cambridge: The Technology Press, distributed by Harvard University Press, 1959, pp. 112–115.

③ 周荣德：《中国社会的阶层与流动》，第5页。

史性变动，却由于基层社会结构并无质的变动，其角色和功能则一如既往，“那种传统的统治者与被统治者两极分化的局面却并未因此而有所改变”[①]。社会结构的深层变革并不同步于，且往往滞后于强制性制度变革。

最后，传统士绅构成多元性的延续。即使在科举构成士绅的制度性基础的传统时代，士绅的来源也呈现多元趋向，尤其在晚清时期，捐纳出身和军功出身已经成为地方士绅的重要来源。因此，传统士绅也并非仅指沉淀于地方社会的科名之士，而是指在政治、文化和社会上拥有地方影响力的各种权势人物。由此形成的文化传承和制度传承依然使民国士绅的称谓约定俗成，“中国士绅没有边界；它包容各种人才，涵盖在自然形成的社会领域有最广义领导才能的一切人物……除了特殊的才能之外，他们似乎普遍都具有一种叫作‘社区意识’的能力”，“这是一种以可能的最佳方式应付非常情势的能力，它是靠经验磨炼出来的。”[②]对于乡村社会而言，知识文化、社会阅历和社会资源仍然为少数优越者享有，这是其社区权力和声望来源的基础。“士绅这一阶层群体是农业社会的产物。在一个交通不便的广袤的大陆上，权力只是在名义上而不是在事实上集中的。许多农村只有少数的地主和知书识字的人，至于能利用他们的闲暇和知识来管理社区民政的人，那更是少数中的少数了……士绅成员就做了公众舆论的领导者。”[③]因此，无论出身于科举旧学还是学堂新学，都是这种公众

① 周荣德:《中国社会的阶层与流动》,第5页。

②③ 周荣德:《中国社会的阶层与流动》,第93页。

认可和习俗赋予非正式权力的前提。

在20世纪前期剧烈的社会政治变迁中，士绅仍然是乡村权力结构的主体，只是此时的士绅来源却并非局限于功名身份，而呈多元化趋向，学堂出身的新学人士也成为士绅阶层来源之一。虽然士绅阶层的构成已有所变异，但士绅之传统功能和角色却并无质的变化。士绅“成了表示社会和财产地位较高的那些家庭的一个模糊概念”①，而无论是富商还是财主，如果其财富未能转换为具有身份性的社会地位和文化权威，则仍然不能跻身士绅阶层。乡间社会权势阶层的身份性价值未能让位于财富性价值。

新学之士融入士绅阶层，正好反证着士绅阶层以文化权威为基础而形成的社会权威特性。同时，这一现象也昭示着传统与现代因素在现存社会中的融通和接续的时代特征（任何现存的社会都既非纯然的传统也非纯粹的现代），而这种融通和接续是借助于个人—制度—角色（地位）的重构而实现。士绅阶层在乡村社会中的作用与影响，揭示着民国社会结构的传统性特征，而新学之士的融入则标志着传统阶层内在构成的近代因素的变异。虽然来源变异尚未导致整体结构的变动，却蕴含着结构变动的历史趋向。

四、士绅权势范围与特征

晚清以来，在地方政制重建过程中，乡绅权力不仅借之以获得“正统性”，而且其权力作用范围得到前所未有的扩展，从学

① 《唐家吉村政权调查》，山西省档案馆藏，档案号A141-1-125-1。

务到公共卫生，从道路水利到农工商务，从整顿集市到筹集款项，即使衙门专管的诉讼官司，他们往往也会插上一脚。刘大鹏的日记显示，晋中乡村士绅“一遇公事，借官势而渔利害民，官亦依为爪牙，朘削百姓脂膏，名曰乡绅，其实皆市侩也”[①]。在捐款局中，“官借捐款饵绅，绅借捐款媚官。官绅一心，上下齐手，从中渔利。官则捐多报寡，绅则得贿徇情。局中经费皆从捐款提取，盈余部分，官绅分利”[②]。“乡绅的权力不仅公开化而且制度化了，乡绅原来扮演的地方社会的仲裁角色转变为执法角色，由主要依赖于道德评判转变为权力强暴。”[③]传统士绅的权绅化，也成为晚清以来直至民国时期一个延续性的问题。

那么，在新的乡村政制建构体系中，士绅占据什么位置或者说扮演着什么角色？民国时期，晋省以“村治模范”推行乡村政制重构计划，传统士绅仍然构成新乡制权力运作中的重要力量。阎锡山认为：“国家之基础在社会，社会之良否，视士绅之言行，是否合乎正道，能否感化人民以为断。故富强根本在改良社会，改良社会纯在于士绅之端正者，热心提倡，扬正抑邪，扶政治之进行，布公道于乡间。”[④]在他看来，“有知识的明白士绅愈多，则地方愈繁荣，愈开通；若地方上都是些无知识的、不明白的人，那地方就不免鄙陋蔽寒，诸事吃亏了”。所以，村治能否进行，政治能否下逮于民间，关键在于“正绅”能否出任村长。[⑤]

---

① 刘大鹏：《退想斋日记》1902年2月26日，第106页。
② 刘大鹏：《潜园琐记》手稿，山西省图书馆藏。
③《谢觉哉日记》，人民出版社1984年，第379页。
④ 阎锡山：《阎伯川先生言论辑要》第2辑，山西绥靖公署1937年，第31页。
⑤ 参见阎锡山：《阎伯川先生言论辑要》第3辑，第2页。

虽然晋省士绅已有出任村级公职者，如“顷闻人言各村董事人等，无论绅学农商，莫不借执村事从中渔利，且往往霸公产为己产，肥己身家”①，但毕竟为数寥寥，士绅只是村落政权中“绅学农商”的成分之一。其后，省府权力向乡村社会强力渗透，于1918年颁布《修正山西各县村制简章》，除规定村长、副的资格及选任条件外，还特别强调村长、副均由县知事委任，并颁发委任状，试图将村长的权力纳入正式行政权力网络之中，使之向正规化、制度化方向发展。即使如此，士绅阶层也没有成为村级行政权力的主体，如下表②所示：

民国二十二年太原阳曲县二十个乡村及贫富之等级表

村落	榆林坪	黑土巷	陈家村	马庄	松庄	老军营	亲贤村	王村	前北屯	北寨村	三给村	芮城村	呼延村	上兰村	向阳镇	南寨	皇后园	青龙镇	黄寨镇	大盂镇
村长职业	/	务农	务农	务农	务农	/	商人	/	/	务农	务农	务农	大学生	务农	务农	务农	务农	大学生	警察	务农
贫富等级	下村	中村	中村	上村	中村	下村	上村	中村	中村	下村	上村	上村	上村	上村	上村	中村	下村	中村	上村	上村

此表显示，1933年阳曲县担任村长、副等公职的社会成员多为普通农人，并不享有士绅身份。这与黄宗智对河北村落权力的研究结论相似：“过去一直为研究者所重视的持有功名的绅士，

① 刘大鹏：《退想斋日记》1913年5月13日，第181页。

② 杨容亭：《山西阳曲县二十个乡村调查之研究》，《新农村》第3、4期。

在华北的自然村中却很少见。当地的村级领袖几乎全部由庶民组成。”[①]因此，所谓乡绅，是影响力超越村落达至县域的权势阶层，单纯的村政人员够不上士绅资格。

不仅在村级政权，可以说在县域正式行政权力，即县—区（镇）—村结构中，士绅阶层都并不占有明确的位置，士绅对于地方的权力影响无法从正式的行政网络中得到充分解释。“中国乡绅或农村学者可能想在地区、省或中央政府中谋职，但不愿向小人物低头哈腰，因此，村公职人员一般从穷人家中招募。他们要么不甚关心名誉和社会地位，要么对任职谋利非常感兴趣。这自然在村民心目中使得公职变贱，村民从未觉得要尊重那些管理他们的人。”[②]晋中或晋西北相关资料表明，士绅阶层是超越村落社区的具有县域影响的非正式权势力量。

其一，士绅的活动及其影响主要集中在县域。在山西，“各县的县城，大概是一个非常有油水的地方，因为山西的劣绅大半是麇集在县城里的。他们所以要盘踞县城，并不是为了他们有什么政治主张，其惟一的目的只是希图‘把持政权，操纵一切’……”“凡是新任的官吏到来，首先一定得将当权的绅士接洽好，不然他们就非想法叫他滚蛋不可。甚至就是由省府来的公令——尤其是有关派款的政令，在施行之先，也是非首先征询他们的意见不可……他们通常捣乱的方法是非常巧妙，自己绝少出头，只要暗中命意他们的干部——村长和土棍（可知单纯的村长必为绅

① 李怀印：《中国乡村治理之传统形式：河北获鹿县之实例》，《中国乡村研究》第一辑，商务印书馆2003年，第72页。
② 杨懋春：《一个中国村庄》，第181页。

士——引者），假借人民名义在四乡大闹起来就行了。最后县长还是非请他们调解不可；……只要是经他们认可的‘政令’，就可以无往而不顺利地通行无阻了。……他们对了官厅说人民反抗，对了人民又说官厅非如此不可；他们对了官厅痛责愚民可杀，对了人民却又说官厅万恶”①。

其二，士绅是相对独立于官吏体系之外的非正式权力。“吾邑之害纷如，非但官吏肆虐，扰民不安，抑且有媚官殃民之绅士，借公营私之乡长，加之地痞、流氓，借仗官势，扰累闾阎……”②县长可以任免和指使区长（镇长）、村长，却不能直接行权于士绅。“这些在地方上有名望的士绅在很大程度上制约着官权在基层社会的行使，县知事到任后首先去拜访他们，以便与他们建立融洽的关系，得到他们的支持。官府在征收赋税或执行其他公务时，必须征得他们同意，才能执行。而当官府与他们利益发生冲突时，他们就会通过更高一级的官僚用弹劾的方式施加压力。如盂县知事可秉篪，因要求向农民减征草料，与士绅发生冲突，结果被撤职。”“当然他们也会利用官府权力迫使民众服从。由此可见，当时晋省乡村社会的权力中心是士绅，而不是通常由平民充任的里长、甲长。”③“而绅士的合作，却是知县们在当地得以顺利履任的一个极为主要的因素。”④

---

① 悲笳：《动乱前夕的山西政治和农村》，《中国农村》第2卷第6期。

② 刘大鹏：《退想斋日记》1933年2月6日，第469—470页。

③ 高大云：《盂县抗税记实》，收入郭裕怀主编：《山西社会大观》，上海书店出版社2000年，第363页。

④《河北省档案馆藏获鹿县衙门案卷》，656.2.967，1927。

"传统上，地方行政长官或他的秘书必须尊重乡绅、学校教师和大家族的族长，但对官方领导却摆出优越的架势。"[①]在1930年代，晋中文水县"每当新县长（以前是知事）上任，由太原到文水，必先经过开栅镇去拜访'杜先生'"[②]，这位"第一位大绅士"杜凝瑞。然而，士绅利益与官方权益并不总是一致，其矛盾甚至剧烈冲突也是民国地方权力建构中的突出问题。1925年以后，国民党势力在山西膨胀，试图与新兴士绅勾结谋取摧毁杜派士绅的权势，让警察抓了杜家的赌场。而杜经十余日后则策动开栅附近村庄流氓、村民捣毁了国民党县党部。国民党挟国家权力强势行动也未能根本动摇地方士绅的地位，经五年之久的较量，国民党文水县党部终不得不"与杜取得妥协"[③]。

其三，士绅并不直接影响村级行政，却又凌驾于村长之上。"不过自从实行'村政'以来，封建势力的实际基础也随着多少有点变质的倾向；就是过去的封建基础大半是建筑在祖先或者是自己的'门第'（也叫功名）和'名望'的上面，现时已渐将其现实的基础转到'村长'这个官衔上了。"村长只是士绅行使权力的工具，"大凡能够联络得十个或二十个以上村长的人，不管他过去的门第是如何不行，那他马上就可以成为一个起码绅士。同时在绅士们的卵翼之下，有些专门赌博和以贩卖违禁品为业的土棍，也得被选而又被委任为村长。此外，凡是本省头二三四等阔人的父兄和姻亲之类，都可以无条件地成为当然的大绅士

---

① 杨懋春:《一个中国村庄》,第181页。

②③ 晋西区党委:《名人传略》,第15页。

的”[①]。《退想斋日记》记述的情况说明，作为县绅的刘大鹏虽然在县政方面颇有影响力，但对于所在乡村村政却少有过问，除非村庄利益受到重要影响或社区矛盾激化时，他才以士绅的威望出面过问，如“花塔村民众呈控该村之村长张克敏借公营私，尚县长不惟不究张克敏之咎，且仍令其充任。张克敏因之心高气傲，大发狂言，欺压村民，于是激怒花塔村底之人，纠结数十人于昨日偕往县政府请愿……有人专来告予，请予行解调解之法，予遂应允，为尚县长缮函报告其事，请官黜退旧村长，另选新村长”[②]。这同周荣德在云南昆阳观察到的情形完全相同，“乡约……在自己的社区并无权势，只是充当自上而下的那道轨道的终点，他接到政府命令就去请示村子里的一个士绅”[③]，虽然“士绅在政府机构中没有官职”，但“县长必须考虑士绅的意见”[④]。这种对社区政治的影响力是任何村长或一般区长都不可能具备的。

其四，“士绅会议”是士绅权力发生作用的管道。作为乡土社会权势力量的士绅阶层，由历史传承、文化权威、社会地位和社区声望构筑的权力影响、制约着县域权力的运作。那么，体制外的士绅阶层又如何作用于地方政治或权力结构呢？至少在晋省乡村政治的运作过程中，我们发现了一种具有超越行政权力体制的士绅权力的管道。

在正式的行政权力系统之外，各县有所谓“士绅会议”，商讨本地相关事务的具体办法，经地方士绅与官吏商定后，才能具

① 悲笳：《动乱前夕的山西政治和农村》，《中国农村》第2卷第6期。
② 刘大鹏：《退想斋日记》1934年11月3日，第488页。
③④ 周荣德：《中国社会的阶层与流动》，第109页。

体实施，如“整理金融办法……于是就在这一办法的公布之下，所有权绅士棍高利贷者便于一转手间大发财源了”[①]。《名人传略》中的郭效业，从太原友仁中学毕业后，“在盐店作事”，“与当地名流贺天申、贺天周接近，并来往甚密”，因其“文化程度高，社会活动能力很强，临南县四区到北临县四区八区一带都很有名”，经济上在“各市镇上，都有力量……并且有很大操纵作用”，“县政府每次士绅会，他都参加了，但还未起用他”。[②]能参加县府的“士绅会议”，是一个士绅具有权力和影响力的重要标志。晋中乡绅刘氏父子在乡人眼里也是不擅应对政事的士绅，刘大鹏在日记中说：“前五日县知事李桐轩遣人来约于今日到县会议事宜，予不欲往，里人皆行劝，骂曰：‘处此乱世，不可过于执拘以贾要人之怨恶。’试往应酬可也，看事而行。”[③]还有多处相似的记述。可见“士绅会议”是地方士绅阶层集中表达利益和行使权力的管道。

问题是，当传统的身份等级结构失去了制度基础，在皇权政治被替代之后，为什么“农村中绅豪的势力依然存在”[④]，士绅阶层依然有着重要影响？

山西《名人传略》中“传记”和“题名”的士绅分为三种类型：一是具有秀才功名的旧绅；二是具有新学堂经历的新绅；三是大商人或出身不明者。三类士绅的权力来源可以归纳为几种

① 悲笳：《动乱前夕的山西政治和农村》，《中国农村》第2卷第6期。
② 晋西区党委：《名人传略》，第3页。
③ 刘大鹏：《退想斋日记》1915年1月14日，第202页。
④ 章乃器：《金融恐慌中金融制度的演变》，《东方杂志》1935年第13期。

情况：

1.地方权势网络的构织。文水号称第一大绅的杜凝瑞及宁武士绅王淑身等凭借功名、新学出身，以及在商会、教育、官粮局等县区出任公职的经历，与地方士绅名流结织成势力网络，形成影响县域政治的集团力量，由此形成“每当新县长上任……必先经过开栅镇去拜访‘杜先生’”[①]的局面。武竟成也因其在“教育界中势力很大，所以在政界中也有声望，历次调换的大小官员都要拜访武”[②]。

2.对地方公共事业的主持和控制。大多数士绅的社区影响力来源于对地方公共事业的主持和掌控，如临南县士绅范沚如于民国十三四年独力主持地方公路工程“地方上树立很高威信”，主持地方纺织业“采用新式科学用具，使之走向现代化，在群众中留下很深印象”。[③]兴县士绅孙良臣“长时积极关心扶持地方建设”[④]，在地方社会具有很强的影响力。

3.包揽词讼，以专业技能形成的社区影响。如临县士绅郭俊选“写状子，在晋西一带和太原官场方面，都是顶有名的”，特别是在民国二十五年，他的诉状竟将县长判定的临县一命案完全翻案，使“省政府派人到县将县长公安局长都扣了起来，此案胜利后”，“他在老百姓中信仰大为提高”[⑤]，成为有名士绅。

---

① 晋西区党委：《名人传略·地主士绅传记》，第15页；《岢岚区五个名人》，第53页。

② 晋西区党委：《名人传略·岢岚区五个名人》，第54页。

③ 晋西区党委：《名人传略·地主士绅传记》，第11页。

④ 晋西区党委：《名人传略·地主士绅传记》，第16页。

⑤ 晋西区党委：《名人传略·地主士绅传记》，第9页。

我们知道，民国时期国家权力虽然已大幅向乡村社会渗透，但其正规的权力建构也只到达区乡层面，而区或乡也只是一个行政管理的概念，而非“民居”的实体。区乡长离却士绅的有效合作，根本无法施政，如某乡村庙修葺，“乡民虽觉得这件事有些为难，他们知道这种举动是要破费的，破费以后又会影响到自己的生活上来；可是这是乡绅们的意见……有谁敢道个‘不’字呢！事情就是这样在乡长与绅士们‘为公努力’中进行了。……经手人（乡长与绅士）……事情过后因为绅士们分赃不匀而露出了破绽”[①]。在其权力真正作用于散居的村民时，士绅作为“民望”的代表，仍然扮演着官与民之间利益矛盾和冲突的中介。“士绅做为社区的社会领袖和代表。乡村士绅既不是世袭的，指派的，也不是选举的。他们的最重要功能之一是陈述当地的需要，提出具体的方案和采取适当的措施。……乡村士绅之所以成为社会领袖主要是因为他得到平民的认可，信任，赞许，尊敬和服从。”[②]

对于地方公共权力和公共资源的控制（并非占有），是传统士绅独有的权力之一，清末民初地方政制的重构更多地表现为地方公共权力和公共资源的体制化。而且，由士绅名流管理的新公共事业，其财政基础必须是在土地正税之外。一般地说，这类附加税是杂捐，给地方士绅提供了一条介入地方财政系统的合法渠道。这类杂捐可以很容易地扩展为新税源，官府很难监督。20世纪第一个十年的“地方自治”活动，包括举办新式学校和警察，

① 沙芸：《建德青云乡的丰年梦》，《东方杂志》1936年第8期。

② 周荣德：《中国社会的阶层与流动》，第94页。

就是利用这类捐税。1909年，在新组建的度支部的一套大型出版物中，对国家、省和地方财政范围有详细的规定。[①]从这些规定中可以看出，地方士绅已经多么深地卷入征集与动用地方税款的工作，他们向地方商业与服务业征收各种杂税，并把所收税款用在新组建的县警察和新式学校。地方取自商业的捐税大多避开县衙，由士绅管理和不经官吏之手。[②]这从经济资源上强化了士绅的权势影响。在国民政府统治时期，这一局面无非由原来的非制度化的公团会所演变为正式的局科而已，但地方士绅掌控的实况依然如故。各县公安局、财政局、教育局、建设局各局长中，除公安局一向来自省委，其他三局长均系本县人，即本县绅士。"各局长办事得力者固尤尝不有，而办事不力者实居多数。欲呈请撤换，必以士绅资格遇事兴波作浪，故与为难。县长每因有此顾虑，明知其不得力亦只好隐忍不言，卒至贻误地方。"[③]基于这一事实，地方士绅的权力实际获得了民国政府的认同在《内政部第一期民政会议纪要》中，有江西省政府民政厅长所提的《关于清乡剿匪办法案》，其内容为：

> 遇必要时，靖卫队部及总团区团甲牌，均可遴选地方公正绅商辅助办理。……各县靖卫队官兵薪饷……如有不足时，得召集地方绅商会议，就地方筹给。呈请省政府核

---

① 参见〔美〕孔飞力：《中华民国的地方税收与财政》，收入《远东研究中心论文选》第3卷，芝加哥大学1978—1979年，第100—136页。

② 参见张玉法：《中国现代化的区域研究：山东省（1860—1916）》，台北"中央研究院"近代史研究所1982年，第459页。

③《河北省第一次行政会议总报告书·民政》提案原文，第16页。

> 准备案。……各区团款，准提用原有公款，如有不足时，得召集地方绅商会议通过。……抽收绅富米谷等捐，须由地方绅商会议通过，拟具章程，呈由县长转呈该省政府民政厅核准后，方能开始征收。[①]

明确认可士绅具有参政权和议政权，作为与官权相辅的另一种重要权力。由此看来，晋省各县"士绅会议"作为士绅权力发挥作用的通道，实际也是民国政治权力架构中对于士绅权力认同的一种形式罢了。因而，民国时期乡村社会中士绅的功能是显而易见的，"士绅家实际上成为社区的公共事务所"[②]，他们既发挥着社区调解纠纷的功能，也被认为当然具有关心处理社区的灾荒、赈济、时疫等问题的公权力量，还承担为社区的民众树立楷模和执行家庭各种礼仪的任务。[③]这恰恰是由各色人等组成的地方精英并不具有的特性。

可以说，考虑到清末民初的历史变动大势，既可观察到士绅阶层变的内容，也可体察到其不变的部分。然其变与不变都体现为时代性特征，实难强分为进步与落后、传统与近代的对立与替代关系。然而，对于乡村社会而言，社会分化的不充分导致传统社会结构未能解体，只是引发了士绅成分的变动。士绅作为一个地方权势力量，其角色、功能并未发生质的变化，士绅一词仍然

---

① 《内政部第一期民政会议纪要》(1929年)，"近代中国史料丛刊"三编第53辑，台湾文海出版社1989年，第194页。

② 周荣德:《中国社会的阶层与流动》，第101页。

③ 参见周荣德:《中国社会的阶层与流动》，第94—108页。

揭示着民国乡村权力的结构性特征。当然，构成要素的变动虽然也展示着社会结构的变化趋向，却只能在原型中有限地扩充。社会结构的整体更易和士绅权势力量的消亡，虽然已为期不远，却还只能留待来日。

第十五章
“无绅不劣”——20世纪之交的社会重构与历史记忆

随着清末民初的社会结构和制度变迁，乡村社会权力结构也处于频繁变动之中。与传统时代的发展走向不同，地方权力的重建开始张扬着“民权”的旗帜，而不再仅在皇权与绅权的平衡制约中有所取舍。然而，进行历史比较我们不难发现，在1898年的湖南新政和1927年的湖南农民运动两大历史事件中，关于绅权的集体记忆竟然呈现着截然相反的价值取向，其中固然不免有绅士阶层蜕变劣化的因素，也当然地蕴含着社会结构变动、利益主体重构的复杂因由。[①]但是，对于传统绅士的历史记忆本身，却也在社会结构或权力结构的重建过程中，产生着潜在的却不容低估的影响。这种嵌入社会—权力结构的历史记忆，一定程度上构成

---

① 相关研究有王奇生:《民国时期乡村权力结构的演变》,收入周积明、宋德金主编:《中国社会史论》,湖北教育出版社2000年,第549—590页;魏光奇:《官治与自治》;徐茂明:《江南士绅与江南社会(1368—1911年)》。并参见郑起东:《转型期的华北农村社会》,上海书店出版社2004年,第37页。以往关于清末民初绅士阶层与社会结构的研究多侧重于废科举的制度影响、上升性流动渠道的受阻所形成的“新乡绅”构成等,并由此对民国绅士之劣化情状作了较多分析。但这种静态解析尚未能呈现绅士阶层从晚清“四民之首”到民国时期“无绅不劣”的历史演进过程的复杂面相,尤其未能揭示这一巨大变动中各种利益诉求反复博弈互动的历史真相。

“打倒劣绅”这一时代号召的历史因缘，并由此造就了大革命时代农村变动的特定情景。

一、从“四民之首”到“无绅不劣”

1920年代末，当大革命风潮涌起于乡村社会，“打倒绅士”的政治取向已经为社会广泛认同，以集体记忆的特征成为一个极具时代性的号召。1926年第10期《中国农民》杂志集中刊发了以“打倒绅士”为主题的论说，将此革命诉求宣示于整个社会。

虽然共产党与国民党的阶级属性和政治立场有着明显的区别，但对“打倒劣绅”这一点，二者却有一定的一致性。在共产党早期关于农村社会阶级关系的认识中，绅士是作为一个阶级而被置于革命对象的地位。1926年开始，共产党组织的以“打倒劣绅”为目标的乡村革命运动在两湖地区已经如火如荼，走向了暴力斗争阶段。

辛亥革命后，言必称“革命”，人们认为“经过了二次、三次的革命，革命依然不会成功，也便是下层的土豪劣绅依然没有动摇的原故”①。晚清以来，虽然总体上看“乡村绅士尽管在推进民主‘自治’方面发挥了先锋作用，但也被视为封建的，因为在国民党政权那里，封建主义与地方自治的要求是相等的”②。国共两大政党对于绅士阶层的集体记忆，为乡村农民运动树立了一个具体的革命对象。

---

① 克明：《绅士问题的分析》，《中国农民》1926年第10期。
②〔美〕费约翰：《唤醒中国：国民革命中的政治、文化与阶级》，第249页。

> 现在农村仍保留一半宗法社会的气味，曾青一衿的先生们，依然威严赫赫而且坐局堂皇，这种前清官僚的遗孽大半是乡村里实际上的政府，几令人不敢仰视……故我们须扩大反抗劣绅之运动，务使每人都深切明白劣绅是农民之死敌。[①]

因此，1920年代开始的农村大革命的指向性就十分具体而明确了，即只有“打破四千年来地方政治建筑在绅士阶级上面的政治基础，”才能够“想总理（孙中山——引者）的民权主义，在乡村间得到实现”。[②]然而，颇具反讽意味的是，近代“民权”政治实践却又是以“兴绅权”为开端的。至少在湖南地方政制变革实践中，绅权不仅是民权的具体内容，而且“兴绅权”几乎成为新政改革的历史起点：一是以南学会为绅士汇集的议政总枢；二是以保卫局为绅权行政之枢纽。事实上，以绅权为基本内容的新政措施，即使政变之后也在一定程度上得以维持，“此次政变以后，百举皆废，惟保卫局因绅民维持，得以不废，此亦兴民权之利益也”[③]。故当一切新政尽行撤革（朝旨饬张之洞裁撤之）时，“地方绅民，以谓此良法美意，足以卫民生而去民害，故仍私沿其制，继续办理”，“惟保卫局，巍然独存”。[④]这在一定程度上见证了绅权的影响。

---

① 《第一次国内革命战争时期的农民运动资料》，第276页。

② 甘乃光：《绅士民团县长何以反对农会》，《中国农民》1926年第10期。

③ 梁启超：《戊戌政变记》卷八“附录二湖南广东情形”，收入中国史学会主编：《戊戌变法》一，第303页。

④ 吴天任：《黄公度先生传稿》，第147页。

民权不是抽象的概念而始终有着十分具体的历史内涵。在近代中国倡行民权之际，绅权无疑构成其实在的内容，类如熊希龄所示："绅为人民之代表。"[①]这其实表达的是一个具有时代特征的"集体记忆"，甚至在旧绅如王先谦的记忆中，亦是如此。

在近代湖南区域内具有标志性的两大历史事件中，关于绅士阶层的集体记忆诚然有天渊之别。抽取两个时代不同的集体记忆的核心话语，我们可以作一个具体比较：

时代	戊戌变法时期	大革命时期
评价	绅士为人民之代表	绅士为全民之公敌
地位	绅士为救亡图存之中坚	绅士为列强、军阀之基础
作用	绅士为社会进步之动力	绅士为革命之障碍
目标	兴绅权以兴民权	打倒绅权以实现民权

过去不到三十年，关于绅士的集体记忆何以形成如此巨大的反差？我们当然不难体悟出其主体利益诉求之所在（主导言论或社会舆论的社会力量发生了由传统士绅向新知识群体的历史性转变），但它毕竟具有社会舆论特征，并在一定意义上体现了记忆的"社会性"。显然，两大历史事件分别记忆着以"兴绅权"为始和以"打倒绅权"为终的不同的民权诉求。问题是，在两大事件之间发生了怎样的历史转变？绅士何以从"四民之首"演变为"无绅不劣"？对于此一历史演变进程的记忆却是零散的、残缺的，而这恰恰是以重大事件为特征的集体记忆中所"失忆"的部分。历史研究应"将史料作为一种社会记忆遗存"，面对史料，

① 周秋光编：《熊希龄集》上《第四次湖南善后续议案（1910年5月）》，湖南出版社1996年，第349页。

研究者需时时警惕：这是谁的记忆，“它们如何被制造和利用”，以及“它们如何被保存和遗忘”。“同时还要广泛地研究各种边缘的被忽视的社会历史记忆。只有典范历史和边缘历史的合鸣才能唤起完备的社会记忆，才是真实的历史。”因此，在两大历史事件的集体记忆之间，寻求可以呈现历史进程的记忆，是理解这一问题的要义之所在，也是建构合理的历史认知的必要环节。

二、绅权扩张中的民众记忆

“‘社会记忆’，指所有在一个社会中借各种媒介保存、流传的‘记忆’。”[①]但社会记忆在社会群体中有着不同的指向，其选择性也是显而易见的。在戊戌时期，主导湖南地方政制变革的士绅阶层同时也是社会舆论的主导力量，因此关于民权的诉求更多地表达着士绅的利益取向，这一事件中的集体记忆无疑集中体现着士绅自身的诉求和价值评判。那么，在以“兴绅权”为导向的“兴民权”的历史进程中，民众的利益表达和吁求情况如何？尤其在绅民关系或绅民利益调整的历史进程中，民众对于绅权的历史记忆更值得我们关注。“不同层次的群体如家庭、地区、阶级、民族乃至人类整体都以各自不同的方式保留着他们关于过去生活的历史记录……而且这种记忆的性质和内容也因时因事而异，或者有意识地抑制和禁止某种记忆，或者有意识地提倡和张扬某种记忆，更多的则是对过去生活的无意识记忆。无论如何，这些都不是纯粹个人对某些特定事件的记忆和保存，它们向我们

① 王明珂：《历史事实、历史记忆与历史心性》，《历史研究》2001年第5期。

昭示着社会记忆的存在。”[①]相对困难的是，民众不具有主导和操控社会舆论的力量和能力，也不具备以系统的文字形式表达自己利益诉求的条件，其集体记忆只是通过散在的各种民变事件曲折地加以表达——当然，这种记忆是十分零散和不规则的。

戊戌政变后不久，清政府即推行新政，并在地方自治的试行中仍守定以“兴绅权”为“兴民权”的政制建构走向。绅权的扩张不仅获得了时代的合理性，而且也披染了制度的合法性。1909年各省举行第一次咨议局选举，“结果证明很多当选者年纪在40—45岁之间，而绅士占大多数”[②]。

但是，也正是在“兴绅权”的制度变迁中，基层社会民变迭起，社会生活处于严重失序之中，其中绅民冲突骤然升高的趋向成为整个新政时期的时代特征。按清政府颁行的《逐年筹备事宜清单》可知，新政到1905年开始全面展开，到1908年时已经初具规模：咨议局始行筹备，地方自治也试行并颁布了《城镇乡地方自治章程》，教育、财政、法律方面的改革也次第推进（1908年颁布清理财政章程，1908年编辑简易识字课本和国民必读课本，1908年修改法律等）。1908年末，整个新政事业已经进入第七个年头，地方自治的政治改革也已运行长达三年（如本书十二章所论述），此时，民变及绅民冲突也进入了高发期，这提示着二者之间的历史相关性或制度性关联。魏光奇的研究也注意到这一问题，特别指出“由新官绅把持的地方机构借办理‘新政’和

---

① 孙德忠：《重视开展社会记忆问题研究》，《哲学动态》2003年第3期。
② 〔美〕费正清、〔美〕刘广京编：《剑桥中国晚清史（下）》，第390页。

各种自治性事务而向农民、小商贩滥征税捐、强行摊派财物，并从中贪污中饱，是清末至1930年代初的普遍现象”，因而，“对于‘绅权’膨胀的最早社会反抗，乃是清末民初由下层群众发动的大大小小的‘民变’”。[1]

那么，对于“兴绅权”，底层民众有着怎样的集体记忆？从1904年江苏无锡发生大规模毁学事件开始，紧接着山东的沂州、江西的乐平、四川的夔州及广东等地皆发生乡民“毁学打绅”事件。《东方杂志》为此惊呼“自无锡毁学之事起，四川、江西，旋亦有毁学之事，今则广东毁学之事又见矣”，“考其原因，无非为抽捐而起”。[2]民众“观于无锡、广安之暴动，以抗捐为惯习，尤而效之”[3]。绅士则成为此类民变直接冲击的对象。当各地绅士主导了作为地方自治重要事项的“兴学”事务后，他们就与民众利益发生了直接的冲突。这至少表明，由官民对立转化为绅民冲突的直接原因就在于“易官吏为绅士”的制度变迁。1909年6月18日的《民呼报》报道：“自举行新政以来，捐款加繁，其重复者，因劝学所无款或警费不足，如猪肉鸡鸭铺捐、砖瓦捐、烟酒捐、铺房最小之应免者，复令起捐。”[4]汉口的《公论新报》甚至发表评论直接攻击新政，指责它“仅仅是一个蒙蔽我们的弥天大谎，以此作为由头来经常榨取我们的财富而已”[5]。乡民与学

---

① 魏光奇:《官治与自治》,第367、369页。
② 《毁学果竟成为风气耶》,《东方杂志》1904年第11期。
③ 《破坏学堂匪徒之何多》,《东方杂志》1904年第9期。
④ 马鸿谟编:《民呼·民吁·民立报选辑(一)》,第113页。
⑤ 〔美〕周锡瑞:《改良与革命:辛亥革命在两湖》,第141页。

堂之间存在的利益冲突也在一定程度上诱发了毁学风潮。当庙堂中的田产被拨充学堂经费时，一些既得利益者不能再染指这些资产，个人私利受损，因而在乡民中挑拨离间，促使矛盾更加复杂，甚至酿成流血冲突。如浙江慈溪民众听说学堂将把会田充公，遂聚众千余人，意欲把全体教员烧死；浙江遂安乡民也因米价飞涨而迁怒学堂。[①]地方自治或地方“新政”事务的实施，依赖于地方捐税，“凡立一学堂，则经费甚巨，初以公款充其费，继则搜刮民财，不肖官吏借此渔利”，“教育普及以学校普设为基，而学校普设必以筹款为基”。[②]到1910年，毁学事件更是发展到顶峰阶段，成为清末民变的主要内容之一。

此外，与兴学无关而与新政紧密相关的人口普查乃至编钉门牌也都会激起民众强烈抵制。《东方杂志》特别撰文宣传户口调查对于现代国家建立的重要意义，认为：

> 清查户口所以为今日必办之要政者，不仅为教育或禁烟计也，其最大之关系，在使他日编订宪法，组织议会，颁布自治制度之际，预核全国人民，厘定选举区，划分自治制，具权利能力者几何人，应负担义务者几何人，服役兵事者，因是而定其额，征收国税、地方税因是而剂其平。[③]

---

① 参见《毁学类志》，《教育杂志》1910年第5期，转引自杨齐福：《晚清新政时期乡民毁学述论》，《福建论坛（人文社会科学版）》2002年第5期。

② 刘大鹏：《退想斋日记》，第158页。

③《清查户口问题》，《东方杂志》1907年第4期。

然而，乡民却对此调查怀有一种强烈的猜疑，以此触发的民变也层出不穷。1910年3月，广西南丹州农民反抗户口调查，打死知县，焚毁衙门；河南“密县知县徐某，自去年到任，即以筹款办新政为要务，颇为绅民所不悦”，全县农民反抗征收自治费用，近两千人进入县城，烧毁县署。其后，直隶易州、中原叶县也相继发生大规模民变，或烧毁自治局和中学堂，或要求知县归还官仓积粮，并且处死自治局某成员，或要求停止抽取自治费用、停办自治。[①]

当民权理念落实于新政或地方自治实践时，绅权就成为其最基本的时代内容了，“至于各府厅州县的议员，亦当为绅士所独占”。由绅士主导的地方自治甫一展开，底层民众就形成了与绅士阶层完全不同的集体记忆。对此，我们只能从各地层出迭起的民变事件中，汇聚出民众集体记忆的基本特征和利益取向：

首先，由民变事件所呈现的民众的集体记忆或利益诉求表明，绅民冲突并不由于新政本身，而在于绅权扩张对于民众利益的过度侵害，甚至危及民众基本的生存条件。如1909年陕西北山一带，当地民众“并不知新政为何事，特以羊税为切肤之灾，故不得不纠集多人抵抗官府”[②]。乡民们的切身感受是，“以前不办新政，百姓尚可安身，今办自治巡警学堂，无一不在百姓身上设法”[③]。

① 参见张振鹤、丁原英编：《清末民变年表》（下），《近代史资料》1982年第4期。

② 马鸿谟编：《民呼·民吁·民立报选辑（一）》，第188页。

③ 《河南叶县因乡民聚众请兵》，收入中国史学会主编：《辛亥革命》三，第435页。

从1910年长沙抢米风潮中，我们可以分辨出绅士与民众在事变中不同的利益取向：湘籍旧绅们充分利用新政引起的冲突，意图从新派士绅手中夺取控制地方新政的各项权利，湘绅之间的冲突集中于地方新政本身，如旧绅之首领孔宪教就借机向湘抚提出停止一切新政，“孔、杨（孔宪教、杨巩——引者）之必欲演成此剧者，其宗旨在反对新政耳”[①]；而民众之怨则在于地方官绅“唯是浮慕新政之名目，以自欺而欺民，施令如牛毛，挥帑如流水，无一事使人民能食其利”，反而“十年以来，田赋之暗增于旧者，已不啻二三倍，故负担之赋之小农，前此仅足自给者，今则岁暖而号寒，年丰而啼饥矣”。所以，“当时关于‘暴民’仇视学校、破坏教育的指责，显系故意造谣”[②]。

可以看出，在民变的原因中，新政仅为其表，苛政实为其里，“近年新政繁兴……诸绅遂出入衙署，甚且借以牟利，为众所侧目，以此丛为怨府”[③]。一些看似偶发的绅民冲突事件，似乎源于民众无知的迷信，如直隶易州乡民因天旱进城求雨，发现城中开元寺的佛像尽被自治局销毁，“以为久旱不雨，皆自治员警董等之毁弃佛像所致”，“遂蜂拥至自治局哄闹，局绅闻风逃窜，乡民愈怒不可遏，焚烧自治局、中学堂等广厦百间”[④]；但

①《湖南省城乱事余记》，《东方杂志》1910年第5、6期，转引自饶怀民、〔日〕藤谷浩悦编：《长沙抢米风潮资料汇编》，第268页。

②《一九一〇年长沙饥民抗暴见闻》，收入饶怀民、〔日〕藤谷浩悦编：《长沙抢米风潮资料汇编》，第286页。

③《山东巡抚孙宝琦奏遵旨复查莱、海滋事实在情形折》，收入中国史学会济南分会编：《山东近代史资料》第二分册，第53页。

④《中国大事记》，《东方杂志》1910年第8期。

其本质原因仍在于，乡民认为关乎其基本生存的条件（即绅士毁佛导致久旱不雨——引者）受到了绅士们的损害。

面对戊戌变法尤其是新政以后“兴绅权”的历史进程，在士绅的集体记忆中，他们是作为“民权”代言者深度介入地方社会事务，从而使近代绅权获得空前扩张。而在民众的集体记忆中则呈现另一种走向，即士绅阶层借机谋利、把持乡政、鱼肉良民，从而以“兴绅权”而“兴民权”的历史进程，变为愈演愈烈的“绅民冲突”。

其次，民众的集体记忆呈现出绅民矛盾或冲突的极端性或暴力性，劣绅的称谓几乎成为民众对士绅阶层的具有时代特色的一种指称。“实施新政，不断以各种名目加征田赋，”1900年前“每年实征田赋不足三千万两”，至1909年“清理地方财政，各省实征田赋四千三百九十六万两”。“一些地方也还以新政名义，随意加征。”①而承办新政的地方绅士则成为向民众征收款项的责任者，从而与民众的利益形成直接冲突。直隶宣化办理自治时，“查直隶警员之系本县士绅者，大抵易坐所弊……至于办案非碍于情面即慑于势力。刁绅劣董以警员多系本地士绅，先存藐视之心……”②在征税过程中，地方官绅或自治机构一旦营私舞弊、层层盘剥，则民怨更甚。当时就有人愤愤不平地揭露说：“他们总是假借地方自治的名义征税，并把税款落入腰

① 蔡美彪等：《中国通史》第十二册，人民出版社2007年，第207页。
② 韩延龙、苏亦工等：《中国近代警察史》上，社会科学文献出版社2000年，第177—178页。

包。”[①]从而绅民冲突时常以极端的形式爆发。如浙西“乡民衔怨绅士”，“必欲将绅士书吏房屋，尽行打毁而后快”。[②]在江西调查户口过程中，因发生纠纷时乡绅“出而排解，乡民不问理由，竟将某绅痛加殴辱”[③]。1910年11月，浙江遂昌县“乡民滋事”，“指索劝学所总董，声称欲食其肉，寻至该绅家，肆行劫毁”。[④]打绅事件不断走向高潮，“乡民愈闹愈烈，殴绅拆屋，遍处抢劫，被害绅士，逃匿城内，不敢回家”，乡民欲将绅士灭口。[⑤]江苏“泰州风潮最烈”，“城内巨绅储某……被乡民吊打，又用火烙之，晕死数次”。[⑥]从1904年广东阳山民众提出“抗官杀绅”口号，到1909年直隶丰台乡民“聚会立约”中提出的“毁学杀绅”（江西袁州乡民也提出“进城毁学杀绅”要求），[⑦]以及次年广西全州民变打出“官逼民反，绅逼民死”[⑧]旗号，大体反映出各地绅民冲突一步步走向极端和暴力冲突的相当普遍的趋势。

从1909年到1911年9月两年多的时间里，直接针对地方自治

---

① 〔日〕市古宙三：《绅士的作用：一个假说》，转引自〔美〕周锡瑞：《改良与革命：辛亥革命在两湖》，第133页。

② 《浙西乡民闹荒汇志》，《东方杂志》1909年第8期。

③ 《记江西调查户口之风潮》，《东方杂志》1909年第8期。

④ 《浙江遂昌县乡民滋事捣毁学堂监狱及巡警总局》，《东方杂志》1910年第11期。

⑤ 参见《续记江西调查户口之风潮》，《东方杂志》1909年第9期。

⑥ 问天：《中国大事记》，《东方杂志》1910年第4期。

⑦ 《直隶丰台乡民抗捐记事》，《东方杂志》1909年第11期；《江西袁州乡民暴动余闻》《东方杂志》1909年第11期。

⑧ 《记广西匪乱近状》，《东方杂志》1910年第7、10期，转引自张振鹤、丁原英编：《清末民变年表》（下），《近代史资料》1982年第4期。

的骚乱事件就遍布全国15个省区。其中江苏37起，江西15起，浙江5起，广东、广西各3起。①许多出任调查员、办事员、自治会董事的绅士被殴打，自治局被捣毁。随着基层社会矛盾的激化，清政府也感觉到了空前的压力，于1910年7月朝廷颁发谕旨，指斥地方官说："乃闻不肖州县，平时上下隔绝，于行政筹款等事，不加体察，委之地方绅董……挟私自肥。"民众"则怨窦丛生，驯至布散谣言，酿成事变。"②清末的社会情势几乎就是由新政和民变共同构筑而成：一方面，地方士绅们积极宣讲新政于中国有利无害，即使民众暂时不能接受也要必定推行，并以兴民权为旗帜、以兴绅权为内容，主导了地方社会公共事务和公共权力，造成绅权扩展之势；另一方面，新政的推行及绅权大兴，在基层社会尤其是乡村引起的非但不是广泛的响应，而是普遍的冷漠、不满和反抗，甚至"谣诼蜂起，民怨日腾"③。在底层民众的集体记忆中，劣绅已经取代了绅士的称谓，如"一切新政，全凭三五劣绅把持"④。通过各地民变，"足知激变之故，固非一端，而蠹书劣绅，皆无所逃其罪"，"乡民平时所痛心疾首者，官也、劣绅也，蠹书也"。⑤无疑，"劣绅"称谓事实上已经演变为民众对勃然兴起的"绅权"的一种"集体表达"。⑥

---

① 参见冯兆基：《晚清军事改革引起的社会反响》，《国外中国近代史研究》第22辑，中国社会科学出版社1993年，第160—193页。

② 《清实录·宣统政纪》第60册，中华书局1985年，第661—662页。

③ 中国史学会编：《辛亥革命》三，第401页。

④ 问天：《中国大事记》，《东方杂志》1910年第8期。

⑤ 《记丹阳乡民暴动事》，《东方杂志》1909年第9期。

⑥ 《山东旅京同乡莱阳事变实地调查报告书》通篇指称地方掌握公共权力的绅士为"劣绅"。（见中国史学会济南分会编：《山东近代史资料》第二分册，第5—27页。）

最后，在民变中反复呈现的民众的集体记忆，逐步为社会舆论所关注，从而形成一种具有时代特征的社会记忆。这一记忆伴随着民变及绅民冲突反复形成并不断被强化，构成了从戊戌时期的“兴绅权”到大革命时期“打倒绅权”之间的历史转折过程。在传统皇权与绅权的政制架构中，向无民权之说，民权之倡导无疑是由传统社会进入近代社会的一个极富时代价值的标志。从戊戌时期倡行的“兴绅权”到新政时期绅权的扩展，始终举着“兴民权”的旗帜。即使戊戌政变后，地方政制变革的历史走向也并未发生根本性转折，反而在后来清政府新政或地方自治制度变动中，绅权得以大幅提升。

> 各省办理地方自治，督抚委其责于州县，州县复委其责于乡绅，乡绅中公正廉明之士，往往视为畏途，而劣监刁生，运动投票得为职员及议员与董事者，转居多数。以此多数刁生劣监，平日不谙自治章程，不识自治原理，一旦逞其鱼肉乡民之故技，以之办理自治，或急于进行而失之操切，或拘于表面而失之铺张，或假借公威为欺辱私人之计，或巧立名目为侵蚀肥己之谋，甚者勾通衙役胥差，交结地方官长，借端牟利，朋比为奸。①

由此，传统时代那种“绅为一邑之望，士为四民之首”②的价值

---

① 故宫博物院明清档案部编:《清末筹备立宪档案史料》下,第757页。
② 徐世昌:《将吏法言》卷五,第8页。

指向已不复存在，出现了一个与传统社会构造不同的所谓“与自治不能混合一谈”的“绅治”[①]的社会。从而，它就成为从“兴绅权”到“打倒绅权”之间的一个特定历史阶段。

就在新政实施不久，对于“兴绅权”的历史前景，《大公报》曾以“论绅权”为题作过一个饶有意味的评论：

> 世界文明各国，无所谓绅权也……绅权之发达与否视一地方事之繁简及为绅所自造之势力而异。百里之寄，非一人之力所能周也，刑名、钱谷、讼狱种种已有疲烦莫胜之势，益之以新政多门，旁午不遑，官有所不能任也，乃不得不重赖于绅。故自举行新政以来，而绅权遂稍稍发达……自新政举行后，若者为教育，若者为巡警，若者为地方自治，其事类非俗吏所能为，乃愈不得不重赖于绅，故曰有能力者事权，从而绅权遂渐益发达。

然则，以“兴绅权”而“兴民权”的政制构想究竟能否成真，或绅士是否能直接践行地方自治?《大公报》的评论显然游移不定，认为绅权“果发达矣，其究为可贺与否，则当于绅权作用所生之结果而定之”。至少，在当时绅民冲突日趋普遍也日渐激烈的情势下，以兴绅权来张扬民权的意图已受到社会舆论的质疑。《论绅权》预见了绅权的两种前景：

---

① 赵如珩:《地方自治之理论与实际》,第17页。

> （其一）使绅权发达以后，其一切作用而尽为地方人民之代表也，则向日民情之壅于上闻者，绅将言之；向日民事之丛脞待理者，绅将举之；贤有司案牍劳形方自恨用力之未周，得绅焉以共理之，是绅者，官之辅也。知地方之事者，莫如地方之人，以此而立自治之基础，即以他日宪政之基础可也！
>
> （其二）使绅权发达以后，其一切作用不过仍为官之代表也，则官之网利向有所不尽知者，可借绅力以侦之，官之渔肉向有所不敢发者，可假绅手以行之；官得绅而其恶态肆，绅倚官而其毒愈滋，惟意所向，无不如志。是绅者，一官之隶也。

其实，新政施行仅及六年，《大公报》就提出了“兴绅权”之忧虑：“所虑者不在绅权之不能发达，而在发达后之结果如何？翘望前途喜且惧焉！”因为当时基层社会权力建构的状况已然昭示了历史的走向：

> 自有此绅而学堂遂变为官之私塾，巡警遂变为官之快壮，一切新政，绅膺其名，官收其实矣！今日绅权之现象多类于是。然则，绅权之发达于我国，其又不尽可贺也！吁宪政不可望，乃降而望之自治，自治又不可望，更降而望之绅权。今所谓慰情胜无，少系全瞒之望者，此耳之贤绅，果怼更令失望者而继以绝望也耶！①

---

①《论绅权》,《大公报》1907年6月2日。

当新一代知识群体逐步成长为社会精英并主导社会舆论时，底层民众在绅民冲突历史事变中累积的“毁学杀绅”记忆，就天然地成为他们重构社会—权力结构的历史依据：“绅士与农民既然变成了死敌”，那么，只有“打破四千年来地方政治建筑在绅士阶级上面的政治基础，作一次彻底的改造”，才能“实现最低限度直接民权政策”。[①]由此，以“兴绅权”为“兴民权”就“历史性”地演变为以打倒绅权而实现民权。

三、社会重构中的权绅

虽然历史上“绅权之盛莫盛于有明之世”，但在皇权之摧抑下，“乾嘉以后，而绅权乃日堕，绅权者，固与专制政治之进化为反其例欤！”因此，“近者凡地方间一切新政类自多绅操之”的制度变迁才促成“绅权发达之萌乎！”[②]在新旧制度之更易和社会—权力重构的历史进程中，绅权获得了一个前所未有的历史机遇。新政之行不仅意味着一个“旧政”时代的消退，而且也标志着整个社会—文化的时代性更易。其时代特征类如梁启超所谓：“今日之中国，过渡时代之中国。”“故今日中国之现状，实如驾一扁舟，初离海岸线，而放于中流，即俗语所谓两头不到岸之时也。”[③]值此之际，社会利益关系、社会权力结构等均处于不断分化与重构之中，而历史上处于“官民之中介”的绅士阶层则既蒙

① 甘乃光:《绅士民团县长何以反对农会》,《中国农民》1926年第10期。
② 《论绅权》,《大公报》1907年6月2日。
③ 梁启超:《过渡时代论》(1901年6月26日),收入李华兴、吴嘉勋编:《梁启超选集》,第166—168页。

“兴民权”的时代所赐，又得清政府新政所倚重，勃然兴盛于此“过渡时代”。

过渡时代的社会利益、权力结构均处于剧烈变动之中。无疑，其间居于地方公共权力和公共事务中心的绅士，无论就其身份、地位还是就其与地方社会利益关系而言，与传统时代相去甚远。传统时代乡绅于地方民事，原不应有所干预，以滋把持官府之咎。乡居士绅们并不赋予制度权力，却拥有乡土社会约定俗成的天然权威，从而在官民之间的社会领域拥有灵活和宽泛的权力空间。

在官、绅、民三方利益关系结构中，绅士为“官民之中介”，但在1901年后的“新政”建构中，新旧体制的更易一方面导致绅士阶层内在结构的变化与重构，另一方面，绅士阶层本身也发生了大规模的剧烈的分化，“绅士阶层的多向流动，不仅使它所拥有的‘功名’身份逐步失落而不再构成一个特定的封建等级，它还被日趋细化的新兴社会职业所接纳而趋于分化”①。从而作为一个稳定的社会阶层的内在凝聚力已经变动的社会所消解。

经过“新政”之后的“连锁性制度变革”②，社会利益和关系结构获得了重新建构。在社会权力重构中占据地方公共权力的权势阶层显然已不具备传统时代绅士阶层以“士”为基本构成要素的特征。

---

① 王先明:《中国近代绅士阶层的社会流动》,《历史研究》1993年第2期。

② 即一个制度的变革引发另一个制度的变革,并最终导致整个制度体系的系统性变革。从清末新政始,地方自治、官制改革、立宪运动、废除科举,以至于共和兴、帝制亡,构成了相互关联的连锁性变革。

首先，绅士之士的特征已完全弱化。如魏光奇研究表明：“随着地方自治的推行，传统士绅主导地方公共事务的角色被一个新的群体所取代。这个新的群体由各种‘新政’和自治机构的首领人员组成，其中包括县议（董）会议员、议长、教育、警察、实业、财务等局所的首领，商会、农会、教育会会长、地方保卫团局首领，各类区乡行政首领以及中小学校长等。”这些人仍被社会称为“士绅”。但是，“在我们看来，传统士绅是一个社会地位群体，他们赖以成为地方社会‘上层’和‘名流’的资本，是他们的科举功名和作为致仕官僚的声望；而新的士绅则是一个权力群体，他们的基本身份特征是在现行公共组织机构中的职权，因此我们称之为新官绅阶层。”这些所谓“新官绅”的传统功名并不占据优势，其新学出身及对地方公权和公共事务的控制才是其权势构成的重要因素。地方“绅权”结构中，新式学堂出身者占多数，如直隶完县自1908—1928年历任劝学所长、教育局长者共14人，其中纯系新式学堂毕业者11人，纯系科举出身者1人，科举兼新学堂出身者2人。直隶高邑县1906—1929年县学务机关首长14人，全部系新式学堂及留学生出身。新官绅阶层则缺乏可以被认同的文化背景，“他们只是一个权力群体”。[①]民众对士绅与“新官绅”持不同的态度：“乡间子弟得一秀才，初次到家，不特一家人欢忭异常，即一村和邻村人皆欢迎数里外。从此每一事项，惟先生之命是从……即先生有不法事项，亦无敢与抗者……至此一般新界人，其自命亦颇与旧功名人相抗，然其

① 参见魏光奇：《官治与自治》，第360页。

敬心终不若。盖一般乡民皆不知其读书与否，故其心常不信服也。然老民常畏势力……故虽心不甚敬之，而未尝不畏之。”①

其次，对地方社会公共权力和公共资源的控制和占有，构成了地方绅权的基本条件。②在晚清以来的制度变迁中，“凡警察、保卫、学校、农工、道路、桥梁、土木堤堰、防火消水、卫生、救贫、医院以及一切庶务，皆为自治所当有事”③，当然地落入地方绅权控制范围。在以后县域政制序列中不断更易的各种局、所也成为“绅权”形成的主要制度依托，如1912年后普遍设置公款局，“主要职责为管理本县的地方收入、支出和特别捐款，主要人员多由当地士绅充任，非正式官吏，具有官督民办性质。局设局长1名，由当地士绅遴选，呈请知事委任”。此外的所谓劝业所、实业局、禁烟局等，也“大都由地方士绅主办……局长承县知事之命办理地方实业行政”④。

在20世纪前二十余年间的新旧体制更易过程中，“区董多由乡绅充任，他们得到县衙的认可，在‘自治’的名义下，由‘选举’而进入‘议事会’，开始‘议政’‘参政’”。甚至警款靠区董或警董（多是乡绅）筹集，乡绅们通过‘经济杠杆’间接地控制警察，仍要达到间接地操纵乡村社会的目的。⑤伴随着绅权制度化进程“早在清末推行‘新政’之时，有些地方负责办理某项

---

①《霸县新志·礼俗志》，转引自魏光奇：《官治与自治》，第362页。

② 对地方性公共资源及相关事务的管理，详见本书第十三章第三部分。

③《论地方自治宜先行之都市》，《东方杂志》1906年第9期，第191页。

④ 湖北省地方志编纂委员会编：《湖北省志（政权卷）》，第136页。参见〔苏联〕A. B. 巴库林：《中国大革命武汉时期见闻录》，第32、77页。

⑤ 参见从翰香：《近代冀鲁豫乡村》，中国社会科学出版社1995年，第58页。

事务的绅董，就已经取得了集体会议本州县地方各政的权利”[①]。所有地方公团法团组织“不过为一方之士绅机关”。“有当时人回忆1940年代河南嵩县的地方情况时，称该县当时曾在外做过较高级官员的为‘首席士绅’，称曾做过县政府教育科长……为‘中层士绅’”，“称曾做过区长、乡长、镇长、游击队大队副、保安大队长”的为“乡镇士绅”。[②]

最后，绅权已经被纳入“体制”内权力。传统士绅参与地方事务是经由官府邀请，而不是通过正式制度或他们所在地方村社的固有政治机制来实现的。[③]而具有现代特征的“新政”的制度建构，“是民主政治机制的发展，为士绅用较正式的政治方式行使权力和发挥影响提供了新的机会”[④]。此外，各种新式社团、法团等类权力机构也是绅权体制化的重要内容之一。商会、农会、校董会和各式各样半官方机构纷纷成立，旨在促进工商业的发展。……士绅控制着这些组织，尤其是商会。近代绅权借助于新政的制度化建设而进入“体制”之内，成为新的社会—权力重构的重要内容。

基于前文的论述，我们可以大致描绘出清末民初绅权演变的基本态势，即地方权力结构发生了由士绅向“权绅”的历史

---

① 魏光奇:《官治与自治》,第364页。

②《嵩县文史资料》第一辑,第20—21页,转引自魏光奇:《官治与自治》,第381页。

③ 参见冯兆基:《晚清军事改革引起的社会反响》,《国外中国近代史研究》第22辑,第180页。

④ 冯兆基:《晚清军事改革引起的社会反响》,《国外中国近代史研究》第22辑,第182页。

性转变。新政及其此后一系列制度性变革为绅权的扩张带来更多的合法性依据，使相对隐蔽操持地方公权的传统士绅变为了公然的权绅。

但是，对于这一历史性变动，尤其对于乡村社会权势力量的变异，社会文化的认同是滞后的，这从各种称谓的混用中可见一斑：除流行的“劣绅”之说外，当时还有所谓“腐绅、贪绅、假绅、破绅、奸绅”[①]，以及“痞绅恶棍”[②]诸类指称。孙中山指出，民国之际“充县议员者，不外劣绅、流氓、地痞，办县地方事务者亦然，则县自治之成绩，从可知也”[③]。这在一定程度上折射着“士绅”向“权绅”演变的事实。当时报刊上虽也有“权绅”或“势绅”[④]之说，如“在湖南省也有权绅不肯完粮的”[⑤]等，却并未形成社会共识；反而绅士作为特定的社会—文化符号的历史记忆却仍然被广泛认同，并内化于变动了的社会结构之中。

我们知道，“绅士的地位是通过取得功名、学品、学衔和官职而获得的，凡属上述身份者即自然成为绅士集团成员”。其中，与“学品功名”相关的“士”的要素是其最显著也是最基本的特征，“功名、学品和学衔都用以表明持该身份者的受教育背景。官职一般只授给那些其教育背景业经考试证明的人”[⑥]，也就是在科举考试中获取一席之地的人。但是，民国初年的地方绅士却

---

① 周秋光编：《熊希龄集》下《考查山西政绩纪要》，第1658页。

② 于忠迪：《生活问题与士绅阶级》，《中国青年》1925年第80期。

③ 郝盛潮主编：《孙中山集外集》，上海人民出版社1990年，第37页。

④《论势绅之可畏》，《大公报》1909年12月20日。

⑤ 徐羽冰：《中国田赋之一考察》，《东方杂志》1934年第10期。

⑥ 张仲礼：《中国绅士》，第1页。

并不再以“士”的资格、身份为主导，其范围十分广泛而庞杂，包括地方官吏、学者名流、社团领袖、地方武装头面人物、大商人、大地主甚至富农等等庞杂的群体。在魏光奇研究的直隶地区，地方新政和自治机构的首领人员包括“县议会议员、议长、教育、警察、实业、财务等局所的首领，商会、农会、教育会会长，地方保卫团局首领，各类区乡行政首领以及中小学校长等”，他们并不具有传统士绅的特征，但是“由于这些人员扮演着传统士绅的社会角色，所以仍被地方社会称为‘士绅’”。①

因此，绅士作为历史记忆并不只是一种社会文化符号，或者仅仅是历史资料信息，它事实上成为社会重构的一种文化要素。以前“士”是统治阶级，为各阶级之首。自中西接触后，他们的地位渐渐丧失了。②面对已然变动的社会结构和地方权绅阶层，社会依然以绅士来认同，只是此绅与彼绅的内容完全不同罢了。民国的“士绅阶级有两种，一种是从军阀、官僚、政客等落伍下来的：他们为势所迫，暂时休退，一有机可乘，便可恢复其原有的地位。他们进则与帝国主义相勾结，以压迫剥削人民；退亦可以不失为资本家、大地主、痞绅恶棍，以垄断把持一切，且可以假借民意，以自厚其势力。再有一种，所谓在野名流，他们先从各方面迎合人民心理，或是在人民团体中攫取位置，或是借以互相标榜，胡乱鼓吹，以自增高他们的地位……士绅阶级是没有职

① 魏光奇:《官制与自治》,第360页。

② 参见王造时:《中西接触后社会上的变化》,《东方杂志》1934年第2期。

业的，但他们是同我们人民因失业恐慌没有职业，他们是因为从官僚、政客等退下来，或尚未得着做官僚政客的好机运"[①]。如果不占有地方公共权力和公共资源，单纯的身份功名对于地方社会的影响已经变得微乎其微，"一个传统的比较正直的绅士，他明白自己已成为这个时代的落伍分子，在政治上又遭受了前所未闻的压迫，若是他真能以社区人民的利益为重，为了不愿意得罪农民，或者甚于慈善的心肠，他就宁愿洁身引退"[②]。历史记忆中的绅士与社会重构的绅士有着巨大反差。

绅士是一个久已存在且被广泛认同的社会文化符号，已经成为一种相对稳定的历史记忆。虽然清末民初基层社会权力结构发生了时代性变迁，权力主体已经由传统士绅转化为权绅，但作为历史记忆的绅士称谓却嵌入重构的社会权力体系之中，对变异了的权绅仍以绅士而加以认同。

四、利益诉求中的士绅缺位

1909年的《大公报》曾刊有《绅学生》一文称："某绅家无恒产，不事生业，自谓权术过人，可以赤手起家，往来衙署，结交胥吏，剥削乡民脂血以饱私囊……见邻之子留学东瀛，航海归来，挟一纸文凭入京考试得进士大头衔，居学界要津，诚为官迁之捷径。遂变其鱼肉乡里手段，钻营留学生……"然其"惊女色多皎，花天酒地"，"学费不足"乃归国。"同乡父老郊迎十余里，

---

① 于忠迪：《生活问题与士绅阶级》，《中国青年》1925年第80期。

② 吴晗、费孝通等：《皇权与绅权》，第128页。

拍掌呼曰‘绅学生万岁！’”此“绅学生”“交官吏、联学会，运动官款以办学校，植党营私，无所不为，学界中又多一蠹贼而已”，“今日预备立宪，各省设立咨议局，卑鄙如某绅者，亦厕足其间而为议员也，悲夫！”[①]这可能是极端的个案，但它所记述的在新旧制度变迁中，传统士绅经由“绅学生”（新学资格）而厕身地方政务，从而演变为权绅的过程，却不无普遍意义。当然，这一过程与绅士阶层的分化过程同步展开。

叶德辉1923年的《郋园学行记》也从一个侧面记述了湖南地方绅士分化和绅权变动的情形。这部“坦率而翔实”的日记表明，戊戌之后湖南地方绅权日重：

> 凡有兴革及枢府咨询之事，巡抚集司道耆绅会议多所依违，惟吾师（叶德辉——引者）侃侃而谈，动中窃要，历任巡抚皆虚己以听，立饬施行。因是外间有湖南绅权过重之谣，又有王、张、叶、孔四大绅士把持省政之谤，以致外来官吏不由湖南起家者往往误听人言先谋应对之策。及至共事日久，相见以诚，又无不乐湘绅之有为，可以御外侮、塞言责。文襄因办学、争路受人指斥，言官弹劾，其辩奏动引吾师如何云云、湘绅如何云云，亦可知吾师之声望盈于朝野矣。[②]

---

① 《绅学生》,《大公报》1909年1月6日。

② 崔建英整理:《郋园学行记》,《近代史资料》总第57号,中国社会科学出版社1985年,第107页。

湖南确有“乡绅之势，驯至大于县官矣”[1]之征象，不过，随着新旧学制的更替和新知识群体的出现，地方绅权也发生新旧交替换代，所谓“改革以来，湘中耆绅大半物故”[2]。据张朋园研究，民初湖南地区新知识精英迅速成长并取代传统士绅成为地方社会的主导力量，“咨议局仅有20%的新式教育成分，国会高达64%，尤见蜕变之迅速”，“传统士绅阶层逐渐在衰微中”[3]。而且，权绅们借助新政之便公然与民争利，“争相开矿，贫儿暴富，炫耀乡间。有利共趋，争山争地之案因之而起。乡人无所恃，则展转求识省中要绅，为之合股，以作保障。……故湘省绅士多以开矿致富，亦或以开矿失利”[4]。权绅与士绅的兴衰进退，是清末民初地方社会权力结构演变的基本形态，它昭示着传统士绅的衰退及其话语主导权的丧失。

“辛亥革命后，绅士阶层受到巨大冲击，乡绅在官府及地方事务中的作用已经减弱。”鲁迅在《阿Q正传》中说：

> 至于当时的影响，最大的倒反在举人老爷，因为终于没有追赃，他全家都号咷了。其次是赵府，非特秀才因为上城去报官，被不好的革命党剪了辫子，而且又破费了二十千的赏钱，所以全家也号咷了。从这一天以来，他们便渐渐的都发生了遗老的气味。[5]

---

① 《绅衿论》,《申报》1872年5月1日。
② 崔建英整理:《郎园学行记》,《近代史资料》总第57号,第141页。
③ 张朋园:《湖南现代化的早期进展》,第168页。
④ 崔建英整理:《郎园学行记》,《近代史资料》总第57号,第143页。
⑤ 《鲁迅全集》第1卷,人民文学出版社1973年,第415页。

这从一个侧面体现了乡村士绅地位的跌落。即使曾有人提出恢复乡绅制度，但从当时的社会舆论来看，传统士绅已经被视为不合时宜的“前朝遗物”。如《申报》就发表了极尽嘲讽之能事的文字说：

> 敦聘地方乡绅，襄理政务，责何其大，事何其繁，非严定资充其极，阿毛阿狗必滥竽其间，爰定数则，俾采择焉。（一）前清曾为官吏或前清告老之大员；（二）前清曾与乡饮大宾之耆老；（三）前清宣统纪元所举之孝廉方正；（四）开口尧舜、闭口孔孟之道学先生；（五）开设门馆之老学究；（六）年君百岁伛腰曲背之白发老人。[①]

辛亥革命后，传统士绅借以安身立命的功名、学历和身份等级失去了制度支持和合法性，其社会文化威权和社区领袖地位必然受到新制度的质疑，尤其受到新学青年群体的挑战。

即使在乡村社会的日常生活层面，这种挑战或冲突的时代性和深刻性也值得关注。在1920年代的广东农民运动中，新知识青年将乡绅们定位于“非亡清遗老，即退职官僚，其思想行为，无一不大悖民主政体者，何可同日而语。……其与农会会员相较，一为革命者，一为反革命者，诚判若天渊矣”[②]。1938年福建沙县学田分配事件中，因传统秀才们须与各级新式学校的毕业者均分，从而引发新学青年的反对。他们指斥具有传统功名的士绅：

---

① 觉迷：《戏拟聘用乡绅资格》，《申报》1915年3月25日。

② 司马文韬：《国民党与广东农民运动大事记（1924年—1927年）》（续一），《近代史资料》总第96号，中国社会科学出版社1999年，第234页。

“彼等反革命满清老污腐为现代所厌弃反得享受，乃敢忝颜相较，混分书田，实属无耻不义。”[①]显然，传统士绅对于新的时代而言，已不具有法理优势，“封建余孽”或“亡清遗老”的时代印记已经注定标记其身并难以自脱。因此，当新知识青年成为民国社会舆论或话语主导力量时，传统士绅就基本处于失语状态，社会对与劣绅相对应的正绅也几乎处于失忆境况。尽管绅士作为一个整体的社会阶层，即使在新政之后的连锁性制度变迁中，其正绅的一面仍然存在并不无影响。据熊希龄记载，在1910年长沙抢米风潮中，虽然起因在于“向之所谓绅权者，遂尽归诸小人之掌握”，但省城中仍存在“公正明达，众望素孚，足以仰赞鸿猷”之正绅。[②]但正绅之势力与影响力却处于大幅消退之中，在湖北乡村社会中，有“所谓士绅者，亦大都以礼义自处，以艰重自任，立乡约，讲经训，兴农桑，筹守卫，地方利尤赖之”的正绅。不过，与权绅相比，这些传统士绅“在乡者之不愿出而问事；往所谓任率简谅，磊砢倜傥之慨，为之一变”[③]。时势之变，使“此项势力，失其依凭，士绅阶级乃退于无能。公正人士，高蹈邱园……”[④]

“夫吏治固在得人矣，而有所补吏治之不及者，则惟引用正绅。……非汲引老成持重之正绅，恐群情涣散，既不足以成城，而新进张皇，又不足以治变，殊为桑梓前途虑也。”“乡绅不顾百

---

① 《关于各族书田改作族内升学补助费》，沙县档案馆1938年案卷，卷号156，第36页。

② 周秋光编：《熊希龄集》上《指责前抚岑治理不力致新任湘抚杨文鼎函》，第352页。

③ 湖北省民政厅编：《湖北县政概况·导言》，1934年，第10—11页。

④ 湖北省民政厅编：《湖北县政概况·枝江县》，第1039页。

姓，百姓抱怨乡绅，乡绅百姓又全与商家隔膜”[①]的情势表明，正绅的存在及其行为取向难以聚为社会焦点，他们的存在和作用几乎被权绅所遮蔽。当然，这也与社会结构变动中新学知识群体取代士绅主导话语的历史进程不无关系。“具有新型政治意识的通商口岸群体的兴起”，“减弱了绅士在中国社会结构中的重要性”[②]。随着“乡村权力关系开始发生结构性变动”，“民国以来因学校的普及而形成了以农民家庭出身的知识青年为主的区域性青年团体或学生联合会，他们展开了地方政治斗争”，这些“知识青年的出现分别是1920年代农民协会发展的结构因素的主体因素”。[③]从而，新知识青年的崛起，更多地在社会重构中表达自身的利益诉求，并借助民众动员，将对权绅的社会记忆放大，而对传统士绅尤其是正绅的实相，却选择性失忆了。当然，这只是问题的一个方面。

“‘集体记忆’总是和当今现实联系在一起……记忆总是具体的、主观的、带有感情色彩的，集体记忆总是和一些特定的集体和共同体联系在一起。”[④]所以另一方面的问题是，当1920年代国民党致力于向乡村社会大幅渗透民族—国家权力的重建时，却遭遇到乡村权势阶层——权绅们的顽强抵抗。湖南乡村政权基本由团防控制，而团防则“各自为政，士绅者流，拥枪自卫，声

---

① 〔清〕汤颐琐：《黄绣球》，收入阿英编：《晚清文学丛钞》小说卷上册，中华书局1982年，第168、353页。

② 费孝通：《中国绅士》，中国社会科学出版社2006年，第132页。

③ 柳镛泰：《国民革命时期公产、公堂问题》，《民国研究》总第5辑。

④ 沈坚：《法国史学的新发展》，《史学理论研究》2000年第3期。

气不通，殊失守望相助之义”。由地方绅士掌控的各区团防分局虽然形式上“呈请县府委任”，实际上县府权力被虚悬，难以真正深入乡间社会发生作用。“惟因各自为政……且各局常兼理民刑诉讼，总局命令，多不奉行，致有尾大不掉之弊。故民间有称八区局长为八路诸侯之徽号，其势炎可想而知矣。”[①]广东南海县佛山地方“公共之财团，久已被一般劣绅、退职官僚、亡清遗老，任意侵吞，霸占产业，据为已有……党部派员到仓监视，查核数目。该劣绅抗不与查……”中山县劣绅控制的护沙局，“压迫农民，破坏党治”[②]，对国民党权力渗透基层社会形成强大阻力，许多县乡党部人员遭到地方士绅商团殴、杀。[③]当国民党努力于国家政权的建构并试图深入乡间社会时，打破权绅的权力控制就成为其题中应有之义。“目前要解决县政问题”即“取消绅耆名目，严禁绅士会议以防止土豪劣绅垄断乡政”。[④]“国民党努力于国民革命，而土豪劣绅百方以破坏之、陷害之。”所以，“土豪劣绅为国民党的罪人”[⑤]。这就决定其“本党为领导代表民主势力的农民与代表封建势力的土豪劣绅、不法地主的争斗”[⑥]的时代选择。

---

① 曾继梧等编:《湖南各县调查笔记》上,第23页。

② 司马文韬:《国民党与广东农民运动大事记(1924年—1927年)》(续二),《近代史资料》总第97号,中国社会科学出版社,1999年,第230页。

③ 参见《佛山市第三区部被无赖捣毁》,《广州民国日报》1925年9月12日;《查办丰顺县党部被捣毁案》,《广州民国日报》1925年12月16日;《阳江县长殴辱县党部筹备员》,《广州民国日报》1926年1月5日。

④《县政问题议决案》,《汉口民国日报》1927年3月23日,收入《第一次国内革命战争时期的农民运动资料》,第486页。

⑤〔日〕田中忠夫:《国民革命与农村问题》上卷,第60页。

⑥ 1927年3月《国民党中央执行委员会第三次全体会议对全国人民宣言》,收入〔苏联〕A. B. 巴库林:《中国大革命武汉时期见闻录》,第230页。

当时，共产党人在动员农民“打倒绅权”的政治主张方面与国民党所持立场基本一致。至1927年4月，共产党组织仅在湖南地区就在63县组织了农会，吸收会员达五百万人，动员农民近千万[①]；通过打倒土豪劣绅，发展到彻底变革乡村权力关系的地步[②]。与国民党不同的是，共产党人不仅将绅士视为一个阶级概念，而且划定了一个更宽泛的范围，认为“绅士阶级的出身，大概是贵人公子；或读了书，得到了前清功名——举人秀才；或现在的得到甚么毕业学位，因而列入士林，得到绅士的地位”[③]。在此，绅士阶级已广泛指代所有有财富者或知识分子，即“他们大概是资产阶级（不必一定有不动产，但一种莫名其妙的资格，已经可以使他们一生吃着不尽）……他们同时也是知识阶级，缘于他们的一种惰性，与因袭的地位，常常为旧思想旧制度的拥护者”，他们“当顾问，当咨议，当‘高等跑腿’，是他们要钱的方法。推荐厘金局长，保举县知事，办专领津贴的报纸，乃至包揽词讼，侵占官产，假慈善教育等募捐……无一不是他们要钱的方法”[④]。这几乎就是“有土皆豪，无绅不劣”[⑤]口号的另一种诠释。

因此，从晚清的绅民冲突到民国时期新知识青年与传统士绅

① 参见《湖南农民运动的真实情形》，《向导》第199期，第2190页。

② 参见曾贵成：《试论大革命时期党领导湖北农民运动的经验与教训》，《党史研究》1986年第4期；梁尚贤：《国民党与广东农民运动之崛起》，《近代史研究》1993年第5期。

③ 步鸾：《应该打倒绅士阶级》，《中国青年》1926年第124期。

④ 舜生：《中国的绅士》，《中国青年》1924年第17期。

⑤ 据李维汉《回忆与研究》记载：毛泽东在作报告时讲了“‘有土皆豪，无绅不劣’的口号，一时流传甚广，到处写成标语，影响极大”。（见中共党史资料出版社1986年，第103页。）

的矛盾纠葛，从国民党政权与权绅在乡村社会的对峙，到共产党组织的农民运动与绅权的较量，历史的指向性已经确然不移："打倒绅士阶级！"就成为新时代社会—权力结构重建的一个具有广泛认同性的号召。从而，"兴绅权"的历史进程终以"打倒绅士"的历史选择而完结。

历史记忆并不仅仅是对过往或逝去历史的单纯的记述、回忆，尤其是当其作为一种集体记忆并被社会认同时。首次提出了"集体记忆"概念的哈布瓦奇（Halbwachs），特别强调历史记忆的当下性。他认为人们头脑中的"过去"并不是客观实在的，而是一种社会性的建构，回忆永远是在回忆的对象成为过去之后，人们如何构建和叙述过去在很大程度上取决于他们当下的理念、利益和期待……记忆是社会中不同人群争夺的对象，也是他们之间权力关系的指标。主流文化往往控制记忆资源，而对异文化采取压制态度，因而异文化抗争的重要手段便是保存一种相对于主流文化记忆的他类记忆或者福柯所说的"反记忆"（counter-memory）。[①]从清末民初关于绅士阶层不同的历史记忆来看，它并不外在于社会生活本身，它与社会生活进程和社会结构的关联性难以分割，或者它本身也内化为社会重构的要素之一。晚清以来，关于绅士阶层不同的集体记忆，不仅呈现出不同利益主体的选择性"记忆"或"失忆"，而且这种历史记忆也成为重构的社会权力和利益关系的社会认同因素。

---

① Halbwachs M., "Individual Consciousness and Collective Mind", *American Journal of Sociology*, Vol. 44, Issue 6(May.1939), pp. 812–822.

第十六章
“青衿”远逝——乡绅阶层的消退

马克思说过：“人的本质并不是单个人所固有的抽象物。在其现实性上，它是一切社会关系的总和。”①而制度则是人与人的关系的规范体系，它直接规定了人与人的关系，内涵了人与人在社会行为中的权利和界限，也间接规定了人与物的关系。作为中国乡村社会权势阶层的乡绅，其基本的社会地位与社会角色，实际上为传统科举制和身份等级制所赋予。1901年以后，随着清末新政的展开，地方自治、官制改革、宪政改革、科举制度的废除，乃至共和政体的出现，中国进入了一个新旧制度竞相更易的时代。基于制度层面的各种改制和变革运动，或层层递进，或根本颠覆；甚或有其兴亦遽，其亡亦速者。然而，制度的存废与乡绅阶层的兴衰，在历史的进程中却并非呈现为同步的演变轨迹，即使在废除科举后以至于清朝专制政体灭亡后的三四十年内，借助新的制度建构和地方社会资源，乡绅们仍然不断变换身手，影响和制约着地方权力的重建和功能运作。

---

① 马克思：《关于费尔巴哈的提纲》，《马克思恩格斯选集》第一卷，人民出版社1972年，第18页。

制度的变革当然可以改变这个势要阶层——乡绅——最终的命运，制度也可以改变乡绅阶层的内在构成[①]；但是，乡绅们也在一定程度上改塑制度本身，甚至也可以使“制度设计”的目标发生偏移，成为符合自身利益诉求的工具。在制度变革与传统乡绅的应对之间，存在着很大的张力和运作空间，并由此为民国时代的国家与社会、地方利益与中央权威，乃至新制度与旧权威诸多力量和要素的角力、互动关系提供了充足的历史场景和机缘。而且，正是这种张力与空间的形成和不断变动，加深了乡村社会矛盾的激化，增强了地方社会利益的冲突，并由此形成了农村大革命的前提。

革命最终导致了社会结构的根本性重构，也从根本上导致了乡绅阶层在乡村权力结构中的消退。因此，深入考察特定的社会结构、传统习惯、地方惯例下的乡绅阶层的活动面相，而非仅仅囿于制度变迁的视角，并在不同场域的地方性的生活情景中，抽绎和凝练出超越地方性的具有共趋性的历史特征和认知价值，是本章讨论的重点。

一、制度变迁中的乡绅

乡绅阶层的蜕变是晚清之后地方社会不靖、民变蜂起的基本原因之一，致使一向居于民望之首的乡绅蜕变为平民之公敌。[②]

---

① 参见王先明：《士绅构成要素的变异与乡村权力》，《近代史研究》2005年第2期。

② 参见《绅士为平民之公敌》，《河南》1908年，转引自张楠、王忍之编：《辛亥革命前十年间时论选集》第三卷，第302页。

劣绅的称谓成为当时人们对于地方权力恶化情状的一个基本评判，其间更多包含着的是一种道德指向的评判，而缺少了对于社会结构和制度演变的深度分析。因为劣绅的形成，尤其是当其成为一个普遍性问题时，就显然不是（或不仅仅是）个人道德问题，而有着制度性的原因。从制度变迁并由此而深入社会结构变迁中寻求普适性的解释，远比一个劣绅的简单认知更接近于历史实际，也更趋近于真知。

1901年后的制度变迁呈现出一种连锁性。尤其是“新政”引动的一系列地方自治和制度性的改革，官绅从中谋利，“假公济私，结怨于民”，“绅董积恶于前，官吏激变于后”[①]，结果导致刻意推行的新政竟成大局糜烂之因。与乡绅阶层直接相关的制度变迁（影响其社会地位和历史命运的变革），一是清末新政，二是废除科举。新政的推行，未能从根本上消弭清政府深以为忧的统治危机，反而使地方官绅“借机谋利，把持一切，安置僚属，局所林立”[②]，终究将制度变迁推动为“以新政而害民生”的大势。如前文所述，晚清民变风潮中的绅民冲突呈现出日趋频繁和激烈的走向，而且绅民冲突的递增趋势又远远高于民变本身，这无疑既揭示出绅民矛盾的日趋激化，也彰显出绅民利益及其关系的冲突和恶化正是晚清以来地方社会民变大潮持续涌动的基本原因之一。正是基于这种制度性变迁，传统社会中相对稳定的官、绅、民利益—权力制衡关系猝然破解，造就了权绅。新政及

① 中国史学会济南分会编：《山东近代史资料》第二分册，山东人民出版社1958年，第28页。

② 《毁学果竟居风气耶》，《东方杂志》1904年第11期。

由此推进的地方自治制度，为日趋扩展的士绅权力提供了合法的和制度性的基础，并将传统社会基于习惯或地方情境的非制度性绅权合法化和制度化。[①]新政使士绅合法地占有乡村社会的公共权力和公共资源，并使之在利益上与乡民直接对立，从而一定程度上改变了传统时代官民对立的基本格局。所以，新政所导向的制度变迁实际上构成了绅权向体制化扩展的制度性基础，而权绅的形成及其体制化也就构成了民变或绅民冲突的制度性根源。

1905年的废科举、设学堂的制度改革，从根本上决定了绅士阶层的历史命运。“此事乃吾国数千年中莫大之举动，言其重要，直无异古者之废封建开阡陌。”[②]它从制度上切断了传统乡绅与国家权力联系的管道，改变着乡绅阶层固有的角色和功能，从而引动了乡村社会结构和权力结构的重构。一方面，新学教育为士绅社会地位的重新选择提供了最基本的途径，而且对近代由身份社会转向职业社会过程中开放性流动机制的形成产生了一定的催化作用，从而使大量壅滞在乡间的乡绅进一步得以疏散。新学教育从社会结构层面导致乡村权力主体发生明显变化，即占据乡村权力中心地位的传统士绅让位于具有新时代特征的绅商或绅学阶层，传统时代作为社区权力力量的士绅们借助新学途径，直接介入地方权力，成为与行政权力体系密切相关的绅董、局绅、团绅等，传统中国乡村的社会权力结构也发生了历史性变动。另一方

---

① 参见魏光奇:《官治与自治》,第118页。

②《论教育与国家之关系》,《东方杂志》1906年第3期。

面，随着那些有文化、能适应社会变化的士绅向城市的流动和新式知识分子在城市的滞留，使得占据乡村权力中心的士绅阶层失去了制度性补充，从而在很大程度上中断了延续千年的常规继替。在传统社会结构中，士绅阶层不仅源源不断地为帝国的官吏队伍提供后备力量，而且也持续不断地吸纳平民阶层成员和士绅家族成员。他们稳定的继替，保证着基层社区领导权有赖于士绅阶层，正所谓“绅出为官，官退为绅”[①]。乡村士绅阶层继替中断，使乡村社会的土豪劣绅一跃而起，填补了权力真空。原先皇权与绅权这样双层架构的政治格局变得繁复而纷乱，乡村政权的私利性变得更加赤裸，无复有道德之掩饰，“中国农村的黑暗，算是达于极点”[②]。

乡绅阶层的蜕变当然不是新制变迁的直接结果，它是清王朝专制体制下的地方权力演化的必然走势。但显而易见的是，正是晚清的制度变迁为这种蜕变提供了制度化基础，从而不仅加速了这种蜕变，而且使得乡绅的私利化可以在新政的庇护下公然进行。需要强调的是，伴随制度变迁而形成的乡绅阶层的历史性蜕变，显然不是地方性权力结构所致，也不是一时一地的某种特例，而是具有制度性的普遍现象，虽然各地的具体进程和表现形式或略有不同：

---

① 《江苏学务总会文牍》，转引自王先明：《中国近代绅士阶层的社会流动》，《历史研究》1993年第2期。

② 李大钊：《青年与农村》，《晨报》1919年2月20—23日，收入童富勇等编：《中国近代教育史资料汇编》，第949—953页。

(天津)新城村正王文宗借办巡警为名，蒙混请提该村公款拨充经费……当此举行新政，理当和衷共济，上下交孚，何堪任用劣绅，肆行扰累？……勿准不肖绅董骚扰争执，假公济私，致起衅端。其各禀遵毋违，特示。①

(上海)不肖士人恃一衿作护符，结交书役，牢笼保甲，恐吓乡愚，鱼肉善类。在官称之曰衿董，亲友艳之曰出场人，乡民恶之曰吃白食。②

(山东)及今各处水会、善堂、积谷、保甲诸事，则虽以本乡之人办本乡之事，然选举之法无存，把持之患愈亟，贤者有涂炭衣冠之惧，而自好不为，不肖者煽狐鼠城社之风，而路人以目……即如近数年间，教育会、商会等，其办有秩序者，固日进于文明，其貌是神非者，或益丛为诟病，此其所以为难。③

……

晚清的制度变迁很快终结于辛亥革命的爆发。然而，革命只是导致了清朝专制制度的崩溃和形式上的共和制度的建立，而远远未能触及社会生活的深层——乡村生活依旧，文化依旧，绅权依旧。“推翻那个大皇帝之后，便生出无数小皇帝来。象现在各省的督军、师长和北京的总统、总长，都是小皇帝……故

① 《天津县示》,《大公报》1904年10月20日。
② 民国《南汇县续志》卷一八《风俗志》。
③ 《山东巡抚袁树勋奏山东筹办地方自治设立自治研究所情形折》,收入故宫博物院明清档案部编:《清末筹备立宪档案史料》下,第741—742页。

民国徒有民国之名，仍受专制之实。”[①]甚至“种种黑暗腐败比前清更甚，人民困苦日甚一日”[②]。新政体的建立和政治层面的剧烈变动并未带来人们期望的社会发展乃至社会生活秩序的稳定，乡村政制无论形式上还是内容上都没有因“国体”之变而陡然更易，比如：

> 萧山警政机关，前清时，在城者一，在乡者五，城中自光绪三十一年，即已成立……但城中、义桥、闻堰三处，其初皆由绅士主管，自为风气，不合国家行政也，宣统以来，规模始具，县行政方有系统（县城警署职员设总办一员，知县兼任，正巡警官一，教练官一，正副巡董各一，另巡长三，巡警三十；义桥职员：巡董一，副巡董一，巡长一，巡警十二；闻堰职员，区长一，巡重一，巡长一，巡警五至八）。[③]

其间，制度上的延续性隐然可见。由绅而董、由董而官的转变，体现着近代以来中国社会乡村制度发展的一般趋向，而且乡绅始终是掌管警政的主体力量（比如志书记载：光绪中，萧山西江塘外鲇鱼嘴地方沙地冲削，岌岌可危。时邑绅黄中耀任塘事……厥后任邑绅王晞昌、王燮阳、林国桢为塘董）。[④]

---

① 《孙中山全集》第9卷，中华书局1983年，第59—60页。
② 《孙中山全集》第9卷，第99页。
③ 来裕恂：《萧山县志稿》，天津古籍出版社1991年，第148页。
④ 参见来裕恂：《萧山县志稿》，第11页。

“乡村中的封建势力——封建政治的基础，还是与革命以前一样完全没有变动。”①

即使在革命首义之地的湖北，乡村社会结构也迄无改观，不仅如此，辛亥革命的政制变动还为乡绅地方权力扩充创造了更多的机遇。革命党人为了安定局势的需要，也承认“凡我绅士皆地方领袖，当尽保卫地方之义务”②，乡绅们的统治仍旧得以保持，并相当程度上获得革命政权的认可。尤其是县域政治则几乎完全落入乡绅股掌之中，人们讽刺议员们：“议酒，议菜，议薪水；会官，会客，会姑娘。”③在晚清民国间的权力更迭中，帝国时期有用的政治结构模型和范式都是三种同时不断扩展和重复的权力中心：北京的中央政府、地方的省级政府和军队、县以下的地方士绅。这种范式中包括的重要思想就是在权力中心之间存在着比我们所以为的更少的竞争和更多的合作。这种现象的一个很好的原因是：它们在面对来自共同的敌人——西方和日本帝国主义不断增加的压力时需要密切的合作。而且，如果这三级的权力扩张结构是以任何一方的牺牲为代价的，也就是说对于农民群体来说，尽管可能会存在着随时暴动或起义的危险，但直到清朝早期他们都紧密地和中央政府结合在一起，并随时受到地方士绅

①《全国农协临时执委会发布全国农民第一次代表大会宣传纲要》，收入中央革命博物馆、湖南省博物馆编：《湖南农民运动资料选编》，第16页。

② 转引自章征科：《辛亥革命时期没有“大的乡村变动”原因剖析》，《安徽师范大学学报》1994年第2期。

③《第一次国内革命战争时期的湖南农民运动》，收入《中国现代史资料选辑（第一册）》下，第507页。

的控制。[①]

从旧制走向新制的乡绅们，获得了更为广阔的权力空间，由此生成的社会矛盾和利益冲突也在不断地蓄积。因而，超越制度变迁本身的社会运动——革命（相继而起的国民革命和新民主主义革命），迟早会寻找到一个历史的机遇。

二、制度变迁与利益冲突

如前文所述，晚清以后，民变风潮中的绅民冲突呈现离散型特征，各地爆发的冲突源于不同的地方利益和矛盾，或因警捐抽收，或因学捐派摊，或因路捐不公，或因绅富抬高米价等，很难一概而论。民国初年湖南乡村民团局绅号令一切的“八大诸侯”[②]的权势，更多依赖于对地方武装的掌控；而山西文水县到任知县必须先行拜访的“大绅”[③]，却是基于对地方人脉的垄断；山西晋北区域所谓乡绅与城绅的分派与斗争[④]、福建闽中学田案中秀才与学堂毕业生的利益冲突[⑤]，等等，毫无疑问地彰显着乡绅权力变动的地域性特色。这是我们的研究之所以从地域样本切入的原因。我们同时也认为，样本之所以为样本，就在于它的个案性和典型性：尽管样本是有限的，但样本并不能孤立存在，样

---

① 可参看更生和罗伦的《清代山东精英地主的社会性质》(济南，1959年)和穆玉姬的《晚清和早期共和时期中国江南地主阶级的文献研究》。(见《东方学报和非洲研究》29.3，1966年，第566—599页。)

② 详见曾继梧等编:《湖南各县调查笔记》上，第45页。

③ 在1930年代，晋中文水县“每当新县长(以前是知事)上任，由太原到文水，必先经过开栅镇去拜访‘杜先生’”。(见晋西区党委:《名人传略》，第15页。)

④ 晋西区党委:《名人传略》，第25页。

⑤《关于各族书田改作族内升学补助费》，第33页。

本的意义就在于它一定程度上体现了整体的特性和价值。因而它所具有的地域特色的差异，也不能遮蔽整体历史进程的同质性和趋同性。通过关于不同样本的地域内乡绅权力建构及其活动情况的描述，我们能够抽取出其共性的历史特征。

首先，基于功名和学历的文化资源，依然是地方权力结构中的重要因素。1910年，在顺直咨议局的推动下，各州县先后设立议事会和参事会。首届定州议事会的选举，共有23人当选为议员，陈廷秀、刘锡璋、阎元士、张符节、王廷献等5人被选为参事会参事员。关于这些议员（包括参事员）的身份，据可考证的部分看可分为三类：一部分属于定州士绅或士绅家族成员，像田雨郇、燕兆庚、王廷献、张敬等；一部分是商人或者绅商，如刘锡璋、李鸣阳等；还有新式知识分子，如陈廷秀等。[①]地方新政成为乡绅们施展权威建构权力中心的平台，1904年，米鉴三被定州牧吴国栋聘为劝学所学董，他利用此机会，“即与本村绅民规划村治，订定村规；越二年，复举办小学，定贫寒学生贷费章程，遂奠定翟城村的教育基础，而民风亦日趋朴厚”[②]。

新桂系首领黄绍竑在回忆录中曾记述了其父秀才黄玉梁庚子国变后在家乡广西容县兴学的情形：

> 光绪二十七年……当时舆情愤激，维新图强之议，又嚣然而起。清廷亦痛定思痛，于是年秋下诏兴学……吾父

① 参见《定县志》卷一一《人物篇·人物表五·清代科第》《人物表六·选举》。
② 王维显：《“模范县”期与“实验区”期的定县县政》，《政治经济学报》第4卷，南开大学经济研究所1937年，第638页。

> 知科举将废，新学必兴，乃在粤聘教师二人，回乡教学，设馆于故居之万松山房，而自为馆长，以谭师荔垣课国文，罗师子岳课英文、算学……常作革新的言论。设馆后，邑中风气，为之丕变。……闻风向往的，亦踵趾相接，实为吾邑兴学之嚆矢。①

民国建立后，李景汉曾在1928年对河北定县515家之受教育者及其家庭与家中自有田亩数之关系作过统计分析，表明家庭的富有和地位与受教育程度呈正相关。从对1940年代晋西北保德、河曲、五寨、岢岚、朔县、静乐、临县、离石八县地主士绅题名中所载的78人学历情况统计来看，地方乡绅大部分接受过新式教育，这从另一个侧面反映了通过新式教育，流动的阶层依旧局限于地主、士绅阶层。按周荣德的调查研究，民国时期的士绅阶层较之晚清的士绅阶层，其变化主要在于其成分，传统士绅阶层多为传统学绅和官绅，而民国时期的士绅则更多地包括了商人、军人、受新式教育者，以及部分以非法方式进入这一阶层的人物(土匪、寇首)。不可否认，民国士绅的来源更为广阔，因为科举制度的废除弱化了对绅士功名的要求。但是，与晚清绅士阶层相同的是，广大民众对获取士绅地位的要求与渴望一如既往。而且中国人有这样的行为习惯，无论是为官还是其他，总会老归乡里，买田置产，成为士绅。

① 广西文史研究馆编:《黄绍竑回忆录》,广西人民出版社1991年,第2—3页。

在时人眼中，“绅士阶级的出身，大概是贵人公子；或读了书，得到了前清功名——举人秀才；或现在的得到甚么毕业学位，因而列入士林，得到绅士的地位。……其状态，如老者，则蓄起八字须，手拿像杖一般大的烟袋，步行的是八字脚……少年绅士呢？则鼻上架了金丝或玳瑁眼镜，手拿一根士突克，行起来，必竖起两肩，摇着身子，一步一步，睬人不起的样子缓缓踱着。人家叫他‘先生’一声，他不过点一点头……”①这段描述形象地表明，晚清民国时期乡绅的构成具有制度转型的典型特征：他们或者基于传统功名，或者借助新式学历，或者兼具二者出身，以其传统与现代的复合性重构了民国时期乡村的社会权力。

其次，士绅阶层的分化也突出体现为城乡二元结构特征，而且乡绅权力制约关系的缺失导致地方利益冲突激化。诚所谓托名公共，而阴为私利。晚清地方体制变革采取市议事会和县议事会形式的地方自治，是乡绅名流进入权力体制的最重要渠道。“在自治会会员之中，相当数量的人是有低级功名的绅士。大部分被选为自治会会长和镇乡董事的人是绅士……这种自治会很象咨议局和资政院的情况，实质上就是政府的一个辅助机构或咨询团体。”②这些摇身一变的“四民之首”几乎抛弃了传统时代固守的社会观念和价值观，“‘私’已经压倒了‘公’”③。

士绅作为一个阶层力量，自科举制度建立以来就占据了地方

---

① 步鸾：《应该打倒绅士阶级》，《中国青年》1926年第124期。
②〔美〕费正清、〔美〕刘广京编：《剑桥中国晚清史（下）》，中国社会科学出版社1985年，第462—463页。
③〔美〕费正清、〔美〕刘广京编：《剑桥中国晚清史（下）》，第586页。

和乡村的统治地位。传统士绅的资格是有明确规定的，至少必须是低级科举及第的人才能有进县和省官衙去见官的特权，这就赋予他作为官府与平民中间人的地位与权利。至民国时代废除科举制度和抛弃儒学为正宗之后，那些具有科举功名的士大夫则很快被排挤出政府，并为新式学校出身的官吏所替代。在正式的行政权力体制中，新学人士是主体，如“湖南省政府的几乎所有省务员都是留学生……民政厅长是法国大学毕业；财政厅长是日本陆军经理学校高等科毕业；建设厅长是日本早稻田大学理工科毕业；教育厅长是美国哥伦比亚大学政治经济学博士；司法厅长是日本法政大学毕业；工商厅长是日本师范学校毕业。此外，还有四位兼职的省务员，全部都是日本士官学校或日本大学毕业。留学日本的‘学生’居多数”①。他们纷纷走出乡野，踏进都市。这造成了乡村精英人才的急剧流失，因此民国时期地方官员“最堪忧虑者，厥惟士绅不安于其乡”。而留居乡村的士绅素质却不断恶化，“非是劣衿、土棍，即为败商、村蠹，而够绅士之资格者各县皆寥寥无几”②。新学之士基本上跻身国家政制和企事业机构中，而乡村社会权力则或受控于传统乡绅，或操持于豪强土恶，形成了权力结构的城乡二元分化局面。因此在晚清和民国，绅士与地方官僚的关系就成为极有趣的话题。出身不同、身份不同的官与绅，同时也体现着权力区位上城乡地位的不同。“省政府对于县长的好坏，因为没有真正的民众的意思可以参考，当然

---

①〔苏联〕A. B. 巴库林：《中国大革命武汉时期见闻录》，第86页。

② 刘大鹏：《退想斋日记》，第336页。

只有听绅士先生一面的说话，以为标准。”“所以县政府的结果只有两条路可走，一是做了绅士阶级的‘父母官’，一是和绅士阶级冲突而成为贪官污吏。县政治的好坏是完全决定于绅士阶级的。”①可见，在这种社会地位体制中，绅士已成为当地政府不可缺少的部分，并已自己形成韦伯所命名的“地位群体”——他们享有共同的意识形态、荣誉和特权，具有相当的社会地位和特定的社会功能。当然，失去了国家制度性支撑和常规流动渠道的乡绅（如传统的科举制和身份等级制），也同时失去了对于国家权威的本质认同和效忠依赖；同时，国家对乡绅权力的控制由于既缺乏有效的制度保障也没有坚实的社会基础而显得困难重重。

由于新制度下的乡绅的权力缺乏传统意义上的合法性，所以加紧了与强暴性力量——军阀或地方武装的勾结。二者的利益合谋导致社会舆论对于帝国主义、封建军阀的痛恨自然而然地落实到绅士身上。传统时代的社会文化威望型阶层被民国时期的社会舆论认同为革命的对象。对于绅士阶层截然不同的社会评价，判若天壤地区隔了传统与近代的时代性差别，也揭示着传统乡绅的文化权威角色被地方性的“土豪劣绅”角色替代的历史变动。

最后，乡绅权力的无序扩张成为地方利益冲突的主要矛盾方面。乡村社会矛盾的激化更多源于权力结构的变动，在乡绅权力无序扩张的过程中，地方公共利益被不间断地私利化，由此触发地方社会利益冲突的不断爆发和升级。当然，其中也包括士绅之间的利益分化，如晋西北兴县的士绅就有所谓“城派和乡派”，

① 克明：《绅士问题的分析》，《中国农民》1926年第10期。

“城派首领为刘训三，乡派首领牛友兰。城派代表人物7人”①，由于地方利益分割问题，“两派势力互斗不已，城派在政治上占优势，乡派则操纵全县经济”②，从而造成兴县地方社会秩序的长期不靖。对于地方利益资源的控制和垄断，成为晚清以来乡绅权力变动的一个共性特征。

乡绅对于地方公产的占有和私利化，是整个乡村社会利益冲突和矛盾激化的核心所在。以儒家“公伦理”为基础形成的统治秩序中，地主、士绅、富商捐献宗族及乡村的公产（公田、公款）给族人及乡民以施功德。他们通过这种捐献获得理学所强调的治者的名分，即士大夫不仅要抑制谋求私利而且要维持乡党秩序的公道，他们同时也从族人及乡民那里获得了权威。乡村权力关系是以这种“保护—认可”为基础形成的。③公田越多，佃农越多，佃农对公产的依附程度也越大，公产主持者的权力也就越来越大。公田捐献者被国家授予士绅称号。他们既获得在乡民中的权威，也获得国家授权许可。同时，他们以公产办理书院及各种善堂并编修族谱，一边再生产士绅阶层，一边宣讲儒家伦理，

---

① 晋西区党委:《名人传略》,第40页。其中记录城派士绅7人,其出身及背景:白怀章,大地主兼商人,落后分子;李聚兴,名医生,中间分子;孙逸斋,现任县政府第一科科长,中间分子;刘雨畲,现任商会会长,中间分子;白万桂,已随赵承绶退走,顽固分子;王金斗,大商人,现仍有势力,落后分子;崔士英,贫苦知识分子,抗战前曾任县政府财政局长,新政权财政局主任。乡派代表人物7人,其出身及背景:温鼎三,牛的得力分子,落后分子;孙良臣,现任县政府第二科长,中间分子;张仁,恶霸无赖,顽固分子;贾干青,曾任朔阳县长,国民党员,现赋闲在家,落后分子;李绍荣,地主兼放高利贷者,落后分子;王海龙,名士绅,落后分子;马××,中间分子。

② 晋西区党委:《名人传略》,第25页。

③ 参见柳镛泰:《国民革命时期公产、公堂问题》,《民国研究》总第5辑。

从而掌握了社会、文化资本。1920年代，公产及“公伦理”为基础成立的乡村权力关系发生了结构性变动，而由此形成的乡绅权力扩展的无序性和失控性，便成为地方社会矛盾激化和政治斗争的直接原因。当时在湖南，农民家庭出身的新学知识青年集结为区域性青年团体或学生联合会等，展开地方政治斗争的主要理由，就是乡绅和地方权力集团把持公共资源管理机构并谋求私利的乡村权力者的非道德性，以“新青年”姿态出现的进步力量因此而与乡村权力者相对立。

乡绅阶层对于地方公权和公共利益的控制更加直接，“土豪劣绅一般都兼作收捐人、庙宇管事、公有土地管事、公有粮仓管事，等等。……说明了行政公职对土豪劣绅有多么大的好处”[①]。民国时期，“华北乡村势力人物集经济、诉讼、荣誉、特权于一身，其势力有时超过县令”[②]，甚至乡村集市都成为地方乡绅实施权力的重要场所之一。李正华的研究表明，乡绅对乡村集市的控制十分强劲，不仅县以下各级行政机关多设于集市所在地[③]，而且集市的兴废命运也多由地方乡绅把握[④]。乡村势力人物操纵乡村集市，不仅因其本身的势力，而且还因为他们的行为很大程度上要受其他乡绅所左右。“在一些地方，主持庙会的乡公所和僧侣，在庙会举行的前夜要请客，客人是当地的地主和绅士，否

① 〔苏联〕A. B. 巴库林：《中国大革命武汉时期见闻录》，第108页。

② 参见李正华：《乡村集市与近代社会：20世纪前半期华北乡村集市研究》，当代中国出版社1998年，第115页。

③ 参见民国《满城县志》卷三《建置一·区乡》。

④ 参见李正华：《乡村集市与近代社会》，第116页。

则就无法开庙。”①

晚清以来的制度变迁和乡村权力结构变动，已经将乡村社会矛盾和历史积怨汇聚于掌控地方权力和利益资源的乡绅阶层身上，因而对于民国社会政治进一步的选择而言，一个必然的历史进程就以简洁的口号揭示出来：“应该打倒绅士阶级！”当清王朝作为制度意义上的革命对象被推翻后，现存社会的一切弊端就指向了作为社会基础的革命对象——绅士阶层。“绅士阶级是什么？就是宗法社会底下的出产品，是帝国主义和军阀的基础建筑。”②“士绅阶级是帝国主义的走狗，在我们一方面是奸细。我们要毅然决然铲除我们的奸细。”③

三、“反革命”：革命诉求下的士绅

社会生活在本质上是实践的，历史不过是人的实践活动在时间中的展开。借助制度变迁而充分地扩充着自己权力的乡绅阶层，当然也被变迁的制度赋予时代的特性，同时成为这个制度的创造物。因此，到1920年代时，在传统时代曾为整个社会价值取向所崇奉的绅士阶层，简直摇身而为全社会的公敌：

> 社会上最不祥的东西，就是绅士阶级，它是直接压迫平民者；所以干革命的人，应该起来打倒这个阶级。今来

① 适时：《江都新益乡的流动市场：集》，《新中华》第2卷第2期，转引自李正华：《乡村集市与近代社会》，第118页。

② 适时：《江都新益乡的流动市场：集》，《新中华》第2卷第2期，第15页。

③ 于启迪：《生活问题与士绅阶级》，《中国青年》1925年第80期。

数一数绅士的罪恶：

（一）绅士在地方包揽诉讼，所以绅士也讲得一个“太平愁”……所以他常常去挑拨小民打官司……

（二）绅士在地方上武断一切，祸乱是非。比方，有贫富二人，诉讼事端，富者必须贿赂绅士，事虽属非法，必能逍遥法外，贫者终至屈辱莫伸。如地方官吏，不由他的意志来操纵，必借端上控，甚至有势力者，包庇重犯要案，地方官莫可如何，也有助地方官“为虎作伥”，以渔厚利的。

（三）绅士包办或承办收税各机关——如厘金、公卖、印花、赌捐等局……此外若管理地丁税的城绅，屡唆使地方小军阀，先借地丁税，各县甚至有借至民十八九年者，绅士实负有大咎，因为他要借以得利润呵！

（四）绅士大半是地主，当他到乡收租时……一有半个不字，他就拿了一张纸，做了一张禀，到衙门去，那如虎亿狼的差役，就不分皂白，拉农民到县坐监。

（五）绅士是小军阀的小走狗……

（六）绅士勾结土匪，摧残农民。如广东东江的农民协会，屡被土匪残劫；又高要的农军被民团包围，都是地方绅士唆使。

（七）绅士包办一切。如地方上的学校，多被劣绅把持……商会长应该商民做的，选举结果，又是绅士派当选。民选议员，也莫不是绅士获选，猪仔议员，从前都是地方上的霸绅士豪。[①]

那么，如何重新认定绅士阶层，并从社会道义上取得政治选择的正义性和合理性？当时站在进步立场上的社会舆论几乎取得了惊人的一致。《中国青年》发表了《中国的绅士》专论，认为绅士“是一种上不在天，下不在田，立于官僚军阀与民众之间，莫名其妙的一个阶级”。“莫名其妙的一个阶级”的评述，说明当时社会舆论对于绅士的阶级属性并没有科学分析意义上的认识和确切的理解，却对他们在社会生活中的角色和地位有着足够的感知，因为所有的评判都只是基于事实的列举：

> 他们非民非官，亦民亦官，衙门里去得，民众团体中间也去得。他们大概是资产阶级（不必一定有不动产，但一种莫名其妙的资格，已经可以使他们一生吃着不尽），所以最富于苟且的精神，最欢喜谈的是“息事宁人”，所深恶痛绝的便是革命。他们同时也是知识阶级，缘于他们的一种惰性，与因袭的地位，常常为旧思想旧制度的拥护者。他们大概都是受贿要钱的，一面可以分官僚军阀的余沥，一面也可以吮吸民众的膏血。当顾问、当议员、当“高等跑腿”，是他们要钱的方法。推荐厘金局长，保举县知事，办专领津贴的报纸，乃至包揽词讼，侵占官产，假慈善教育等事募捐……无一不是他们要钱的方法。他们是从旧的

① 步鸾：《应该打倒绅士阶级》，《中国青年》1926年第124期。

> “仕宦之家”蜕变而来的，是从旧时的“士”的阶级蜕变而来的，是从新近的学者、财团中蜕变而来的，所以一切腐败的思想行为，他们应有尽有。年来地方自治绝无成绩，代议制度之根本败坏，乃至教育事业弄得像今天这样无可救药，他们算是罪魁祸首。①

在新知识青年一代的革命话语中，或者在所有以“革命”为名的政治选择中，作为传统社会遗存的绅士，显然构成了中国之所以不进步的一个阶级的力量，是中国之所以落后的根源。绅士是一个自上而下的结构性的力量，“一乡有一乡的‘乡绅’，一县有一县的‘县董’，能干涉一省的政治的，便算一省的‘耆硕’，对于一国的政治能够暗中牵线的，便算一国的‘名流’，名目不同，其为害病民的绅士则一”②。

此时，经历新政和废科举的制度变革已经二十多年了，传统乡绅毕竟失去了制度性支撑，活动于乡村社会权力场域的新学之士也当不在少数。但是，出身的不同并不影响其社会角色和社会地位的认同，至少在权力性质的评判上社会舆论也将后者归类于绅士：

> 在都市过剩的知识分子……挪到乡村来，其作用自现……如果不是回乡来作土豪劣绅，图占乡间人的便宜，则我想此两种作用（第一种作用好比为乡村扩增了耳目，

① 舜生：《中国的绅士》，《中国青年》1924年第17期。

② 古梅：《乡村建设与乡村教育之改造》，《东方杂志》1933年第22期。

第二种作用好比为乡村添了喉舌——引者）是一定可以见出的……他们成则为达官贵人，败则为土豪劣绅、讼棍、刀笔吏、教书先生……这些废人应考不中，只有做土豪劣绅、讼棍、刀笔吏、教书先生几种出路。他们没有真本领赚饭吃，只得拿假知识去抢饭吃、骗饭吃。[①]

而且，“老八股如此，洋八股也是一样。试看近年来学校毕业生之无出路，即可知道”[②]，“土豪劣绅”只是作为“行为概念”或“道德概念”的泛泛之论（而不是经过严格理性分析的概念）弥漫于社会，并在相当程度上影响着人们社会政治方向的选择。所以即使是致力于乡村建设的青年知识分子，一旦回归乡间社会，也不免是“除给与绅士，村乡族长，吏，官，及治官之官以新的非法剥削的机会外，便没有别的解释了”[③]。当然，这也体现出“环境也创造人”的另一面相，如张宗麟所言：

最后我必须提出一种人，就是因干乡村运动而成为乡村中土豪的，这也是这几年来很常见的。这种人最初到乡间去，当然得不到地位，他就极力拉拢旧的土豪劣绅，一旦有机可乘，便取旧的土豪的地位而代之……官厅要办什么事，他便从中来欺压农民，从中再来得一大笔款子。更可以因地点关系，声言创办某某事，如和尚开缘簿，逢人

① 陶行知:《中国教育改造》,收入邰爽秋等合选:《乡村教育之理论与实际》,第200—201页。

②③ 古梅:《乡村建设与乡村教育之改进》,《东方杂志》1933年第22期。

> 写捐。这样，过不了几年，一个乡村小学教师可以面团作富家翁，在一个村庄愣以称南面王……这种人是乡村运动中最大障碍。①

因此，民国时期绅士阶层的身份认定早已不局限于传统身份功名，而具有了相当灵活的现实功利性取向。

社会舆论普遍将绅士归结为反革命的阶级力量，不仅仅是共产党人或新青年的立场，国民党也在相当程度上支持这一立场。在1927年3月《国民党中央执行委员会第三次全体会议对全国人民宣言》中，我们可以看到其明确的态度："本党为代表领导民主势力的农民与代表封建势力的土豪劣绅、不法地主的争斗。"②所以，"在中国，土豪劣绅、小官吏和买办是一个特殊的阶层。这个阶层与军阀勾结得非常紧密，以至军阀缺了他们就弄不下去。在是否需要征税，是否需要建立政权机关等问题上，这些绅士都是活跃分子。军阀离了他们就办不成事"③。

我们不难发现，至少在国民革命的时代，国共两党在对于绅士阶层的革命诉求上取得了比较一致的认识，绅士阶层必将为国民革命和以后更为深入的革命风暴所席卷。

---

① 张宗麟：《中国乡村教育的危机》，收入邰爽秋等合选：《乡村教育之理论与实际》，第14—15页。

② 《汉口民国日报》1927年3月17日和4月1日，转引自〔苏联〕A. B.巴库林：《中国大革命武汉时期见闻录》，第230页。

③ 〔苏联〕A. B.巴库林：《中国大革命武汉时期见闻录》，第314页。

四、革命时代：乡绅权力的衰退

乡绅权力的扩展乃至“权绅化”的形成，是晚清制度变迁的产物。辛亥革命后，当革命泛化为一个时代的主流话语时，乡绅必然无可选择地成为这个时代的革命对象。同时，改变乡村权力结构显然也是当时国共相对一致的认识，“中国国民党第一次全国代表大会大会宣言中申明：故中国之国民革命，质言之，即是农民革命。吾党为巩固国民革命之基础，惟有首先解放农民”①。即使在1927年2月，唐生智仍在明确说：“目前的阶级争斗，与其说是劳资冲突，毋宁说是压迫者与被压迫者的冲突。几千年的历史，农民都伏在统治者之下忍气吞声，现在革命的呼声将他们唤起了……还有许多土豪劣绅，因平日作恶太多，怕人报复。”②这显然不是唐生智个人立场，他的提法完全基于国民党第二次代表大会宣言精神：“封建势力以土豪劣绅为唯一之基础，土豪劣绅为帝国主义和军阀官僚之工具，为直接掠夺工农利益者，为阻碍农工团体之发展者……提出‘打倒土豪’口号，盖非此不能扶助农工团体之发展，亦非此不能铲除封建势力之大本营，而使帝国主义军阀官僚失其依据也。”③

与共产党人从事的农民革命运动有所不同，国家权力（国民政府权力）与地方社会的矛盾纠葛是国民党从事农运的主要

① 邬丹云：《闽西善后委员会最近施政概况及其土地问题》，《东方杂志》1933年第24期。

② 〔苏联〕A. B. 巴库林：《中国大革命武汉时期见闻录》，第70—71页。

③ 〔苏联〕A. B. 巴库林：《中国大革命武汉时期见闻录》，第101页。

的着力点。国民党政权的建构及其向基层社会的扩展当然遇到了传统权力结构的抵制，因为绅士的权力是沟通和连接社会与国家的关节，不打破这个关节，任何权力的真正实施都将困难重重。

五、“青衿”远逝：一个时代的结束

对土豪劣绅进行大扫荡的革命行动，当然不曾有革命退潮后的那份冷静和思考。事后人们的认识和事前的行为显然不同，特别是在对于“土豪劣绅”的判定问题上。[①]《大公报》批评道：“所谓土豪劣绅者，并不以其平日有无劣迹而定，只视财产之多寡而加以土豪劣绅之头衔。”[②]革命进程给予传统乡绅权势的打击和其历史地位的动摇是巨大的。“湖南省联席会议通过了乡村自治条例草案，提交省政府批准。联席会议决定取消团防这种绅士武装，决定建立农民自卫队。”[③]当时，具有约二百万会员的湖南农民协会，“正在进行一切权力归农会的斗争”，而“夺取政权只是消灭绅士地主土地所有权的一种手段”。[④]在前所未有的革命风暴的冲击下，“土豪劣绅都从农村逃往城市”[⑤]。

---

① 不仅国民党的何键曾说：“指有饭吃有衣穿的人为土豪，指有学问有道德的人为劣绅。”共产党领袖毛泽东亦承认：“有些地方甚至有五十亩田的人也叫他土豪，穿长褂子的人叫他劣绅。”（见《中华民国史事纪要（初稿）》1927年4月至6月），第564页。）

② 《大恐怖之长沙》，《大公报》1927年4月27日。

③ 时为1927年3月，见〔苏联〕A. B. 巴库林：《中国大革命武汉时期见闻录》，第92—93页。

④ 〔苏联〕A. B. 巴库林：《中国大革命武汉时期见闻录》，第87页。

⑤ 〔苏联〕A. B. 巴库林：《中国大革命武汉时期见闻录》，第154页。

1920年代的大革命轰然而兴，却也骤然而亡，事件本身更多牵连着国共两党政治路线的歧变和两党之间复杂的分合关系。大革命退潮之后，乡村社会权力仍处于不断重构的历史进程之中，国民党大幅调整了国民革命时期的政治立场，放弃了“打倒劣绅”的政治诉求，转而选择制度重建路径实施国家权力向乡村社会的渗透。因此，1930年代中叶，国民政府对于乡村社会控制体制的构造复归于保甲制，所谓“寓保甲于自治之中”，即大体保持原来的自治体制，“以乡镇为范围一律编组保甲”①。由此，在乡村最基层社会控制组织层次上，保甲替代了自治组织中的闾邻制。蒋介石认为，未经训练的农民固守旧习，缺乏自治能力，自治人员向为村民忽视，导致自治组织始终未能健全；农村百业凋敝，无实力同时举办自治与保卫。中国向来家族组织发达，只有以家族为中心的家长制重建成乡村组织“可执简而驭繁”，率以保甲之复兴重建乡村组织。“居今之世，行古之道，欲恢复社会组织之灵魂，重振人类互助之美德；变他动的自治，为自动的自治，变役民防民之政，为保民教民之方。”②

但是，国民党政权并没能达到循保甲以控制乡村社会的目标。一方面，革命之后大多数绅士“失其依凭，士绅阶级，乃退于无能。公正人士，高蹈邱园，必多方敦请，始允与闻县事”③。

① 胡次威:《国民党反动统治时期的“新县制”》,《文史资料选辑》第29辑，中国文史出版社1995年,第200页。

② 黄强:《中国保甲实验新编》,正中书局1935年,第5页。

③ 湖北省民政厅编:《湖北县政概况·枝江县》,第1039页。

绅士阶层或者大规模离却乡村，“近数年以来，士大夫阶级类多全家去乡，侨居他埠……绅富相率既离乡，则地方临时之供应，及各种税捐，遂不得不由贫苦之户负担，力小任重，其苦弥深”①；或者“士绅寄居外埠经产……此辈多系知识分子，即已出外，即不与问地方之事，故目前公正有能力之士绅，甚感缺乏”②。另一方面，则造成1936年以来，“乡村优秀分子多集中都市，其比较公正之士绅，复相率规避，不肯承充，因之一般保甲长程度每苦低下，人品亦至为不高”③的困境，以至于“各地之保甲组织已渐趋普遍，惟农民对之多无兴趣，甚之仍有视如军阀时代之团队者；其最大原因，在于此种组织对农民仅有命令和服从关系，而未与农民整个生活发生联系”④。所以，政府控制乡村社会的成本虽然加大，但“保甲制度，难于推行”⑤，其实际效益十分有限。小农经济是当时国家的主要税源，保持农村社会的稳定是国家面临的最大的课题。“即使国民党把基层政权延伸到区级后，传统社会所形成的国家基层政权与农民之间的中介层次——缙绅和宗族，仍担纲起社会自治的功能。”⑥

大革命之后的共产党对于乡绅的政策也有所调整，不仅不再张扬“有土皆豪，无绅不劣”的激进观念，而且也不再笼统地将

---

①⑤ 湖北省民政厅编：《湖北县政概况·襄阳县》，第1104页。
② 湖北省民政厅编：《湖北县政概况·阳新县》，第205页。
③ 内政部：《保甲统计》，战时内务行政应用统计专刊之二（1938），第8页。
④ 龙发甲：《乡村教育概论》，商务印书馆1937年，第100—101页。
⑥《明清以来苏州社会史碑刻集》录有此类资料，参见张翔凤：《从碑刻看近代苏州乡绅与宗族保障》“国家、地方、民众的互动与社会变迁”国际学术研讨会暨第九届中国社会史学会年会论文，上海师范大学2002年8月。

绅士作为一个阶级，尤其是敌对阶级[①]来决定自己的政治选择。张闻天提出：

> 我们可以登记某一个士绅的政治态度、政治意见，称他为中间派或进步分子，然而对于此人的经济地位、阶级地位，却可以毫不调查。讲“一打一拉”，却不知打谁，拉谁；讲减租减息，而不知租佃关系、借贷关系是什么……这种态度，显然是非马列主义的。[②]

抗日战争爆发后，共产党在根据地实行的“三三制”政权在一定程度上吸纳了“开明士绅”，虽然具有明显的统战策略意义，但也标志着对大革命时期激进的绅士政策的适度修正。

传统科举制和等级身份制的废除，并没有彻底动摇绅士阶层及其权势地位存在的社会基础。社会结构形成的权势力量也只有通过改造和重建社会结构而根除；对此，单纯的制度变革和激烈的暴力作用都是有限的。大革命本身和此后国民党复兴保甲的举措，仍然没有从根本上改变绅士权势存在的社会条件。“绅士阶级有两个必备条件：一是农村里的知识分子，二是能够代表农村里资产阶级的利益，或者自己本身是一个农村里的资产阶级。又

---

① 大革命时期的说法则是：“中国的绅士阶级大概可分为两种：(一)都市的绅士他们大都是失意军人，政客，或前清遗老，买办阶级。……(二)乡村的绅士大概是：恶地主，劣土棍、无聊的半知识分子。”(见邓良生：《农民运动的障碍——绅士阶级》，《中国农民》1926年第10期。)

②《张闻天选集·出发归来记》，人民出版社1985年，第328—329页。

占了一个中间位置。”①“农村中的民众没有教育，没有组织，不能够和县政府发生直接的关系，绅士阶级便是介于县政府与民众之间的中间阶级，这两个原因是绅士阶级所以发生的重要原因。”②因此，对于乡村绅权的颠覆，“我们必定要的一条道路可以使县政府和下层的民众发生直接的关系，不必假手于绅士阶级的，同时要把农村里压迫的资产阶级打破。”③

中国共产党人对于中国乡村社会和权力结构实行了根本性变革。尤其是抗战胜利后，共产党在农村广泛开展土地革命和“村选政治”，以各级劳模群英为主体的乡村新式权威逐渐控制了乡村政治生活，传统权势阶层的政治影响力大幅消退。对于中国乡村社会而言，绅士权势地位的最终退出可以说标志了一个旧时代的终结。

新社会结构的重组及其新的权力建构，当然亦会出现许多新的问题——但这毕竟是另一个全然不同的时代问题了。

以“绅带”或“青衿”为外显标志的乡村权势阶层，随着剧烈变动的历史进程，留下一个渐行渐远、或隐或显的历史背影……

①②③ 克明：《绅士问题的分析》，《中国农民》1926年第10期。

新版后记

2024年暑假临近结束的一天，我正在承德避暑山庄消闲，突然接到金晓芸编辑的电话，与我相商是否能把《近代绅士——一个封建阶层的历史命运》（下称“近代绅士”）列入天津人民出版社“长城砖”书系，想和我商议一下有关的具体事务。这部书是我的硕士学位论文及其扩展研究的成果，也是我走向学术研究的处女作，在我的学术生涯中，它确实有着无可替代的影响和作用。我没有多少犹豫就答应了金编辑，且约定一个时间面谈下一步事项。

十分感谢天津人民出版社“长城砖”出版团队的精心策划和高效率工作，尤其感谢沈海涛副社长的热忱和信任，使我们在无比愉快的合作中顺利推进出版计划，并在约定时限内完成了书稿的修订和增补。

《近代绅士》由天津人民出版社于1997年出版，距今已近三十年了。弹指卅年间，天地竟巨变；学术本身的内与外亦然另一重天地，可谓旧貌换新颜。在新时代旧作如何再版，并在历史传承中怎样达到开新的境界？令我产生了颇多思量。

《近代绅士》原稿十章，自成体系；聚焦的问题和文字表述自带一种青春年少的风格（虽显稚嫩），但其中亦不乏“激扬文字”——二三十岁青年教师的心志和理想毕竟不自觉地流露其间。在后续的进一步研究中，乡绅与乡村社会仍然是我的主要研究课题之一，但问题的聚焦和著述风格与此前却显然不同。此次再版，增补了其后相关的研究内容（即下编六章），使得这一论题的研究形成更为完整的学术体系。但是，此后的著述风格和问题研讨，却显现另一种“老成”（不是老练）情貌，多了一层沉潜和平实。下面，简要介绍一下重新结构书稿的几点考量：

其一是保持原稿十章内容不变，只是对相关引文注释及史料进行校核补正（当时要求与现在学术规范完全不同），以符合现有学术规范；同时对个别错漏、失误和明显表述不当略作修正。

《近代绅士》于1997年出版后影响颇大，在当时北大“风入松”销量排行榜上，曾经较长时间列于榜首。还有不少研究生是因为读到此书，报考了我的博士生。它承载着那个时代的记忆，这无法修改。

而且，它事实上浸染着我自己青春的记忆与梦想。1990年代时，山西大学图书馆近旁有一个颇有江南气息的“小花园”（人工建造的假山、湖水及亭阁、长廊等），记得我在图书馆古籍部常常有阅读困乏或者写作有碍时，便会独自一人在小花园漫步遐想，间或遇到一些学友（大多是哲学系和中文系的），亦会在谈天论地中求得心灵上的快乐——当时研究中的许多学术灵感和文思妙想油然而生。从某种意义上而言，这部书实际上体现着20世纪八九十年代的时代特征，它本身就是历史；保持其内容和风格实际上就是对历史本身的尊重。

其二是以此后研究成果构成下编（六章），完成了对绅士阶层从晚清到民国的历史性演进过程的系统研究（此前研究主要聚焦于晚清）——这部分内容是我在2001年调入南开大学后的研究成果。

进入新世纪后，又调入新的单位，学术环境和个人境遇发生了较大变动。随着年龄增长和大学院系的变换，以及龙城（太原）和津城（天津）不同环境的磨砺，学术研究的状态和风格也有较大变化。所以，下编六章内容的各方面都与上编十章有明显的不同。既然物是人非俱有变，辞章文风又岂能不变？时也！势也!!

全新增修后，本书上编主要讨论晚清大变局时代绅士阶层走向分化的历史，下编则集中探讨民国时期绅士阶层如何蜕变为“人民公敌”，以及其在历史进程中最终消亡的历史轨迹。如此，这一研究主题才能以一个相对完整、系统的叙事逻辑和历史逻辑呈现给读者。

与此同时，基于新书稿的整体架构和叙事逻辑，在书名和个别章节的文字表述上也略有修饰和调整。

其三，我还想说的是：“纸上得来终觉浅”，书本中的知识无穷无尽，但有些苍白！历史的实践和正在实践着的历史，会给予我们更富活力的真知！我们相信，很多情况下历史其实并不遥远，并不是远离于我们的生活本身，而是浸透在我们现实生活之中，并仍然影响和制约着我们的未来。

仔细品读枯黄史册中的文字，我们常常惊讶地发现：许许多多我们正在经历的事，在百年前我们祖辈的生活中有着似曾相识的情状。执着于倾听历史的回声，是为了我们在面对现实时，尽量减少一些无知的冲动和短视的行动。因此，当一再发现“历史有着惊人的相似”时，我们不能不怀着一种历史的敬畏和历史的责任，以历史学的方式警示世人：历史无可轻视，正如民心不可轻慢！

当你真正走入历史，揭开曾被尘封的册页时；当你真诚地面对历史轮辙挤压下的乡村民众的生活景况时；当你真诚地聆听他们时而低吟的乞求，时而高亢的怒吼时；当你透过一幅幅历史片断，发现看似偶发的并不相关的众多事件，却又顽强地标示着同一个指向时，你会惊叹于历史必然性无可抗拒的力量！

最后感谢责编燕文青对本书细致艰辛的编辑与校核，她的努力为书稿增色不少，也减轻了我的许多重负，在此郑重道声：谢谢！

2024年12月底

于阳光100国际新城寓所

长城砖

垒书为城 故史惟新

总策划

沈海涛

编辑团队

金晓芸 燕文青

郭聪颖 郭金梦

发行统筹

沈会祥 张 凯

乔 悦 李 鹏

装帧设计

图文游击工作室

汤 磊

印制统筹

王 静

新媒体专员

朱书睿

营销专员

秦 臻